AF351156

www.ingramcontent.com/pod-product-compliance
Lightning Source LLC
Chambersburg PA
CBHW041650110726
48005CB00003B/769
9789948154693

واحة الحكايات للنشر والتوزيع
الإمارات العربية المتحدة

Wahat Alhekayat publishing
and distribution

UAE: 0097143336366
00971504599804
00971558236687
Email: w.hekayat@gmail.com
www.wahatalhekayat.com

أين دبدوبي
تأليف: صفاء عزمي
رسوم: ناتاليا

ISBN 9789948154693
الطبعة الخامسة عام 2022

أيْنَ دَبْدوبي

تأليف: صفاء عزمي
رسوم: ناتاليا

أيْنَ أيْـنَ دَبْدوبي؟

دَبْدوبي ضَاعَ... ضَاع.

فَوْقَ السُّلَّمِ... لا... لا،

تَحْتَ السُّلَّمِ... لا... لا،

فَوْقَ الطّاوِلَةِ... لا... لا،

تَحْتَ الطّاوِلَةِ... لا... لا،

فَـوْقَ الشَّجَرَةِ ... لا...لا

تَحْـتَ الشَّجَرَةِ ... لا...لا

القِـطُّ مَحْبـوبي
أخَـذَ دَبْـدوبي،
قَفَزَ ولَعِبَ وسَلّاهُ،

ولَـمّا تَعِبَ وَضَعَهُ في السَّـريرِ وغَطّاهُ.

1	لا في قِـطٌّ (القِطُّ)
2	ضَـاعَ لَمّا
3	أيْـنَ فَـوْقَ لَعِبَ تَحْتَ أخَذَ تَعِـبَ قَفَزَ وَضَـعَ (وَضَعَهُ) سُلَّمِ (السُّلَّمِ)

4

سَـلاَّهُ غطَّاهُ

سَريرِ (السَّـريرِ)

5

شَجَرَةِ (الشَّجَرَةِ)

6

دَبْـدوبي مَحْبُوبي

طاوِلَـةِ (الطّاوِلَةِ)

الـمرحلة الأولى

القصص في المرحلة الأولى تتكون من عدد محدد من الكلمات البسيطة في القراءة والنطق, في القصص ربط مباشر بين الصور والكلمات، وفي كل صفحة جملة واحدة، الكلمات بسيطة ومكررة، والصور واضحة ومعبرة، وفكرة القصة تتيح المشاركة والنقاش في جو من السعادة.

قبل القراءة: نقرأ العنوان ونتحدث عن صورة الغلاف، نفتح الكتاب، وننظر إلى الصور، ونثير عدة ملاحظات وتعليقات، على الصور، والشخصيات، وتعبيرات الوجه، والأماكن، والملابس، مما يولد لدى الطفل الفضول والاهتمام بالقصة.

أثناء القراءة: بعض الأطفال يحب أن يبدأ القراءة، وبعضهم يحب الاستماع، وفي الحالتين يجب أن نشجع الطفل، فمن المهم أن يتولد لديه الاهتمام وحب القراءة.

في حالة الاستماع للطفل الذي يحب القراءة بنفسه: عندما يبدأ الطفل القراءة، يجب أن نساعده بالإشارة و نطق الحرف الأول من الكلمات الصعبة إذا احتاج لذلك، حتى لا يفقد حماسته.

في حالة القراءة للطفل الذي يحب الاستماع: أثناء قيامنا بالقراءة يجب أن نشجع الطفل على المشاركة في قراءة الكلمات البسيطة، ونساعده بالإشارة إلى الحرف الأول، فهذا يساعد على جذب نظر الطفل إلى الكلمة ومن ثَمَّ يحاول قراءتها تدريجيا، وفي كلتا الحالتين، فإن الإشارة إلى الصورة في الوقت المناسب تساعد على تأكيد المعنى، وتخطي صعوبات النطق والقراءة.

بعض القصص فيها مجال للغناء والتمثيل، فيجب أن نستغل هذه الفرصة فنستعمل النغمات والإشارات للاستمتاع والتكرار. ويجب أن لا ننسى أن نشجع الطفل طوال الوقت.

بعد إكمال قراءة قصص المرحلة الأولى : نعود إلى المفردات في نهاية كل قصة ونساعد الطفل على قراءة المفردات مستعينين ببعض الأساليب السابقة، وقد قمت بجمع مفردات القصة وتقسيمها إلى ست مجموعات تبعا لعدد الحروف:

المجموعة 1 : كلمات من حرفين

المجموعة 2 : كلمات من ثلاثة أحرف منها حرف مدّ.

المجموعة 3 : كلمات من ثلاثة أحرف.

المجموعة 4 : كلمات من أربعة أحرف منها حرف مدّ.

المجموعة 5 : كلمات من أربعة أحرف.

المجموعة 6 : كلمات من خمسة أحرف أو أكثر.

في المجموعة السادسة نشير إلى الكلمة ونقرأها ثم نطلب من الصغير أن يشير ويردّد وراءنا .

ملاحظات للمعلم: قُمت باختيار بعض الكلمات ووضعتها بين قوسين مثال: (لعبَت)

ثم وضعت الكلمة الأصلية خارج القوسين مثال: لعبَ (لعبَت)، مع الاحتفاظ بتشكيلها الأصلي مثال: حماسِ (بحماسِ) وقد اخترت هذه الكلمات كالتالي:

1 - الكلمات التي تبدأ ب (ال) القمرية، الكلمات التي تنتهي بحرف مُنوَّن، والكلمات التي تشتمل على (حرف جر، تاء التأنيث ، ضمير . . . .) بشرط ألّا يتغير تشكيل هذه الكلمات بعد تجريدها.

2 - الكلمات التي تبدأ بـ (ال) الشمسية.

ما عدا ذلك فقد وَضَعت الكلمات كما وردت في القصة في المجموعة المناسبة تبعًا لعدد الحروف.

صفاء:عزمي

AF351155

www.ingramcontent.com/pod-product-compliance
Lightning Source LLC
Chambersburg PA
CBHW041649110726
48005CB00003B/764
* 9 7 8 9 9 7 7 8 5 1 3 5 2 3 *

© واحة الحكايات للنشر والتوزيع
الإمارات العربية المتحدة
واحة دبي للسليكون

Wahat Alhekayat publishing
and distribution
Dubai - UAE

UAE: 0097143336366
00971504599804
00971558236687

E: info@wahatalhekayat.com

متجر واحة الحكايات
www.wahatalhekayat.com

أكاديمية واحة الحكايات
مكتبة إلكترونية ومنصة تعليمية
www.wahatalhekayat.academy

زيارة للمتحف
تأليف: د. صفاء عزمي
رسوم: ناتاليا

ISBN 978-977-85135-2-3
رقم الإيداع بدار الكتب المصرية
15845

متجر واحة الحكايات

أكاديمية واحة الحكايات

زِيارةٌ لِلمُتحَف

تأليف: صفاء عزمي

رسوم: ناتاليا

قالتِ الأُمُّ: هَل أنْتُمْ مُستَعِدّونَ لِزِيارةِ الـمُتحفِ يا أولاد؟
قالَ عُمَرُ: نَعمْ، أنا مُسْتَعِدٌّ لِزِيارةِ الـمتحفِ، كَيْ أجمعَ معلوماتٍ، عَـنْ حَضارةِ الفَراعِنَةِ، الَّتي هـيَ منْ أقْدَمِ الحَضارات.
وقالتْ نادينُ: وأنا جاهِزَةٌ لِتصويرِ أجمَلِ الـمَلِكاتِ، وفُنونِ النَّحتِ والرُّسومات. قالَ الأبُ: لِـماذا لَـمْ تُبدِّلْ مَلابِسَكَ يا هِشامُ؟ يَجبُ أنْ نَذهَبَ إلى الـمُتحَفِ مُبكِّرًا.

رَدَّ هشامٌ : أنا لا أُريدُ أنْ أذهَبَ إلى الـمُتْحَفِ.
قالَ عُمرُ: يَجِبُ أن نَذهَبَ يا هِشامُ، لا بُدَّ أنْ أكتُبَ بَحثًا عنِ الـمُتحفِ الـمِصريِّ الكَبيرِ.

رَدَّ هِشامٌ بِبطءٍ وهُدوءٍ: لا أُحِبُّ المتاحِفَ. ثُمَّ ما هِيَ الأشياءُ الـمُهِمَّةُ الَّتي سَنَراها في الـمُتحف.
قالَ عُمرُ: نُشاهدُ تَـماثيلَ وعَرَباتٍ، بردياتٍ ومومياواتٍ، وأشياءَ قَديمةً.

قالَ هِشامٌ: لا أحُبُّ الـمُومياواتِ، ولا الأشياءَ القديمةَ، أنا أُحبُّ الاختراعاتِ، والأشياءَ الجَديدَةَ.
قالتِ الأُمُّ: سَنُشاهدُ الآثارَ الفِرعَوْنيَّةَ، ونَعرِفُ التّاريخَ. قالَ هشامٌ: أنا لا أُحبُّ أنْ أعرفَ الماضي، أحِبُّ أنْ أقرأ عنِ المستقبلِ والتِّكنولوجيا.

قالتْ نادينُ: أنا أُحِبُّ أنْ أُشاهِدَ
الرُّسومَ الفِرْعَوْنِيَّةَ، والتَّماثيلَ
والمُجوْهَراتِ الذَّهَبِيَّةَ.

ردَّ هشـامٌ: كلُّها على (الكمبيوتر)، يُـمْكِنُكِ أنْ تُشاهِدي كُلَّ ما تُريدينَ.
قالتْ نادينُ: لا أُريدُ أنْ أراها عَلى الكُمبيوتر، أُريدُ أن أُشاهِدَها في المتحفِ.
قالَ هشامٌ: هُناكَ أفلامٌ عنِ الـمُتحفِ، تَعرِضُ الأشياءَ كَما هِيَ في الواقِعِ.
يُـمكنُكِ أنْ تُشاهديها عَلى (الكُمبيوتر)، ثُمَّ أضافَ مُستاءً: قُلتُ لَكُم أُريدُ أنْ أذهبَ إلى مَعرِضِ الكُمبيوتر.

قالَ الأبُ: لا تُضَيِّعُ فُرصةَ التَّعَلُّمِ والـمُتعةِ يا هِشامُ،
إذا لَبستَ بِسُرعةٍ، سَنذهَبُ إلى الـمُتحفِ الـمصري،
ثُمَّ إلى مَعرِضِ (الكُمبيوتر)، هذا وَعْدٌ مِنّي.
فَـرِحَ هشـامٌ، وأسرعَ لِيُبَـدِّلَ مَلابِسَـهُ.

قالتْ نادينُ: أسْرِعْ يا هِشـامُ، الفَراعِنَةُ في انتِظارِكَ.
قالَ عمرُ: الفراعِنَةُ في انتظارِكَ...إنَّها جُملهٌ شائِقَهٌ،
سَتكونُ عُنوانًا لِبَحثي.
قالتْ نادينُ: لَكنْ يَجِبُ أنْ تَدْفعَ لي مالاً مُقابلَ
حُقوقِ الـمِلكيَّةِ الفِكريَّةِ، عنْ هَذا العُنْوانِ الـمُدهشِ.
وراحَ الجميعُ يَضْحَكونَ.

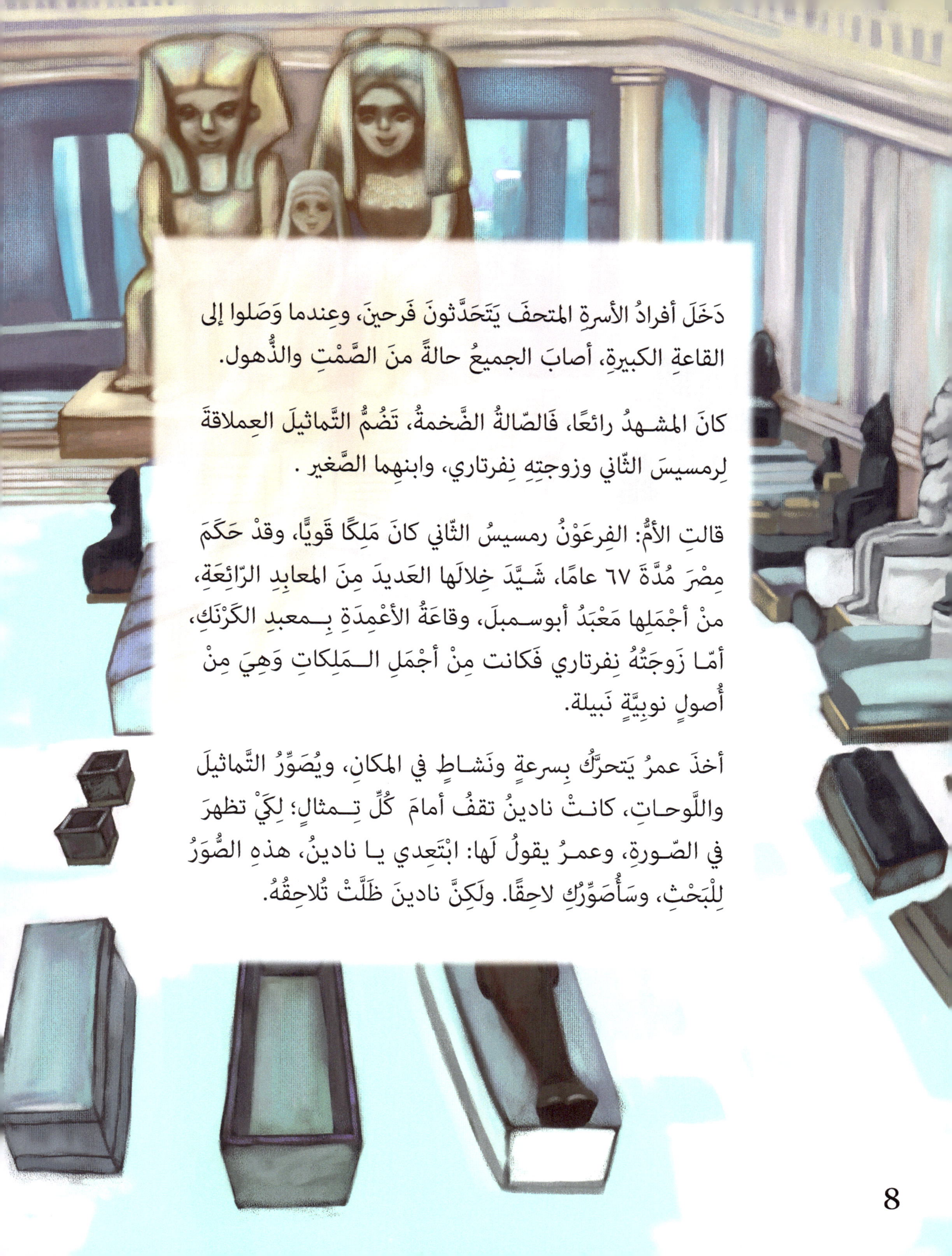

دَخَلَ أفرادُ الأسرةِ المتحفَ يَتَحدَّثونَ فَرحينَ، وعِندما وَصَلوا إلى القاعةِ الكبيرةِ، أصابَ الجميعُ حالةٌ منَ الصَّمْتِ والذُّهول.

كانَ المشـهدُ رائعًا، فَالصّالةُ الضَّخمةُ، تَضُمُّ التَّماثيلَ العِملاقةَ لِرمسيسَ الثّاني وزوجتِهِ نِفرتاري، وابنِهما الصَّغير .

قالتِ الأمُّ: الفِرعَوْنُ رمسيسُ الثّاني كانَ مَلِكًا قَويًّا، وقدْ حَكَمَ مِصْرَ مُدَّةَ ٦٧ عامًا، شَـيَّدَ خِلالَها العَديدَ مِنَ المعابِدِ الرّائِعَةِ، منْ أجْمَلِها مَعْبَدُ أبوسـمبلَ، وقاعَةُ الأعْمِدَةِ بِـمعبدِ الكَرْنَكِ، أمّـا زَوجَتُهُ نِفرتاري فَكانت مِنْ أجْمَلِ الـمَلِكاتِ وَهِيَ مِنْ أُصولٍ نوبِيَّةٍ نَبيلة.

أخذَ عمرُ يَتحرَّكُ بِسرعةٍ ونَشـاطٍ في المكانِ، ويُصَوِّرُ التَّماثيلَ واللَّوحـاتِ، كانـتْ نادينُ تقفُ أمامَ كُلِّ تِـمثالٍ؛ لِكَيْ تظهرَ في الصّـورةِ، وعمـرُ يقولُ لَها: ابْتَعِدي يـا نادينُ، هذهِ الصُّوَرُ لِلْبَحْثِ، وسَأُصَوِّرُكِ لاحِقًا. ولَكِنَّ نادينَ ظَلَّتْ تُلاحِقُهُ.

دَخَلَ الجَميعُ إلى قاعَةِ التَّوابيتِ، وكانَ هُناكَ تابوتٌ كَبيرٌ ورديُّ اللَّونِ،
قالـتِ الأمُّ: هَـذا التّابوتُ يُصدِرُ مُوسيقى جَميلةً، إذا وضعتَ أُذُنَكَ بالقربِ مِنهُ.

أسْرَعَ عمرُ، ووضَعَ أُذُنَه بِقربَ التّابوتِ، وكذَلكَ فَعَلَتْ نادينُ وهشامٌ، كانوا يَستَمعونَ لِلموسيقى بِتَعَجُّبٍ ودَهْشَةٍ.

سَألَ الأبُ: ياتُرى! كَيفَ تَخرجُ الموسيقى مِنْ هَذا التّابوت؟
قالَتْ نادينُ: رُبَّـما توجَدُ داخِلَهُ آلَةٌ موسيقِيَّة.
قالَ هشامٌ: وَكيفَ يَتمُّ تَشغيلُ هذهِ الآلةِ أو شَحْنُها!!
لا،لا توجَدُ آلةٌ، بَلْ هُناكَ شَيءٌ آخرُ.

بَدَأ هِشامٌ يَدورُ حَولَ التّابوتِ، ويَنظرُ بِتمَعُّنٍ.
قالَ عُمرُ: رُبَّـما تَصدرُ الموسيقى بِسببِ صَوْتِ الرِّياحِ الَّتي تَـمُرُّ بِداخِلِه،
قالتْ نادينُ: لَكِنْ، لا توجَدُ هُنا رِياح.

قالَ الأبُ: انْظُروا إلى السَّقفِ الـمُرتَفِعِ لِلمُتحَفِ، وحَجْمِ القاعَةِ الكَبيرِ.
قالَ هشامٌ: قدْ يَكونُ جَوابُ عُمَرَ صَحيحًا، فَتأثيرُ الهَواءِ في الرُّخامِ الَّذي صُنِعَ مِنْهُ التّابوتُ، قدْ يُصدِرُ هَذهِ الـموسيقى.

قالـتْ نادينُ: نَعَم، في القاعةِ هَواءٌ كَثيرٌ، يَدخلُ منَ الفُتحَةِ الصَّغيرةِ، بَـينَ التّابـوتِ الكَبيرِ، والغِطاءِ الثَّقيلِ، فَيُصْدِرُ صَوتُ الموسيقى الجَميل.
ضَحِكَ الجَميعُ مِنْ تَعبيراتِ نادينَ الموسيقِيَّةِ اللَّطيفة.

عندَما دَخلتِ الأسرةُ إلى قاعَةِ الفِرْعَوْنِ (توتْ عَنْخ آمون)، راحَ الجَميعُ يَدورونَ في صَمْتٍ وتَأمُّلٍ حَولَ التّابوتِ الذَّهبيِّ لِلفِرْعَوْنِ (توت عَنخ آمون). قالَ هشامٌ: يَبدو أنَّهُ كانَ ملِكًا عَظيمًا، حتّى أنَّهُمْ صَنَعوا لَه كُلَّ هَذهِ التّماثيلِ والتَّوابيت.

قالتِ الأمُّ: لا، لمْ يَكُنْ مَلِكًا مُمَيَّزا، ولم يُذْكَرُ كَثيراً في التّاريخِ الفرعوني، ولَكنَّ أهَميَّتَهُ تَرجِعُ إلى مَقبرتِهِ الَّتي عُثِرَ عَلَيها سَليمةً، ولم يَسرِقْها اللُّصوصُ، كَما فَعلوا في المقابِرِ الأُخرى.

قالَ الأبُ: مُعظَمُ مَقابِرِ الفَراعِنَةِ تَـمَّتْ سَرِقَتُها، لِـما تَحتَويهِ مِنْ ذَهبٍ وحُلِيٍّ ثَمينٍ.

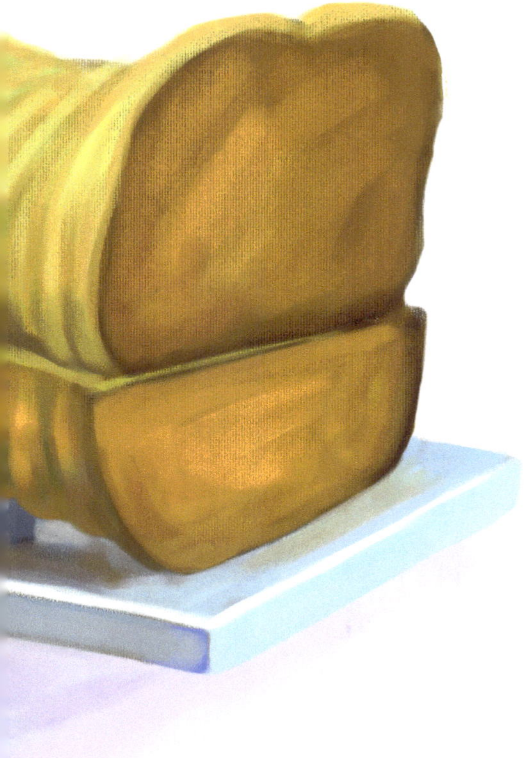

قالتِ الأمُّ: إنَّ مَنْ اكتَشَفَ مَقبرَةَ (توتْ عَنْخ آمون) هُوَ عالِمُ الآثارِ الإنجليزي هَوارد كارتَر.

قالَ عمرُ: نَعمْ، لقدْ دَرَسْنا ذَلِك، ودَرَسْنا أيضًا أنَّ وَلَدًا مِصريًّا صَغيراً هُوَ الَّذي اكتَشَفَ مَكانَها.

نَظَرَ الجَميعُ إلى عمرَ بِتَعجُّبٍ، وقالوا: كَيف ذَلِكَ؟

شَعَرَ عُمَرُ بِالفَخْرِ وهُوَ يَشرحُ لِأسرتِهِ فقالَ: كانَ هُناكَ وَلدٌ صَغيرٌ يَسقي الماءَ لِلعامِلينَ في التَّنقيبِ مَعَ العالِـمِ الإنجليزي.

في أحَدِ الأيّامِ وعِنْدَما تَسَلَّلَ اليأسُ إلى الباحِثينَ؛ لِأنَّهم لم يَعثُروا على المقبرةِ، جَلسَ الولدُ الأسمرُ الصَّغيرُ؛ لِكَيْ يستريحَ، وبيْنَما هُوَ يَلعبُ بِيَدَيْهِ في الرِّمالِ، وَجَدَ صَخْرَةً مُمَيَّزَةً، تَختَلِفُ عنْ باقي الأرْضِ الصَّخْرِيَّةِ. أسرعَ الولدُ الصَّغيرُ يُنادي العالِمَ كارتر: لَقَدْ وَجَدْتُ صَخْرَةً مُختَلِفةً.

أسرَعَ العالِمُ كارتر ومَعَهُ العُمّالُ؛ لِيَرْفَعوا الصَّخْرةَ، فَوَجَدوا وَراءَها مَدْخَلاً لِلْمقبَرةِ، وعَثَروا بِداخِلِها عَلى هَذهِ الاكْتِشافاتِ الرّائِعَةِ.

فِي إحدِ الممرّاتِ الكَبيرةِ لِلْمُتحفِ كانَ هُناكَ إعلانٌ عَن عَرْضٍ لِأشعَّةِ (اللّيزَر)، يُصوِّرُ مَعركةَ (قادِشَ) الحَربِيَّةَ الَّتي انْتَصَرَ فيها الفِرْعوْنُ رَمسيس الثّاني عَلى الحَيْثِيِّين، فَوَقَفَتِ الأُسرَةُ تَنتَظِرُ العَرضَ.

شعرَ عمرُ بِالحماسِ الشَّديدِ، فقالَ لِأبيهَ: هَلْ يُمكِنُ أنْ نزورَ جَميعَ أقسامِ المتحَفِ اليومَ يا أبي! وغدًا نَذهَبُ إلى معرِضِ (الكُمبيوتر)؟
رَدَّ الأبُ: أنا وَعدتُ هشامًا وَعْدًا، لَكنْ يُمكِنُ ذلِكَ إذا وافقَ هِشامٌ، فأنا حريصٌ على الوفاءِ بِالوعدِ.

ابتَسَمَ هشامٌ، وهَزَّ رأسَهُ مُوافِقًا، وقالَ: يَبدو أنَّ زِيارةَ المتحفِ تَحتاجُ إلى أكثَرَ من يَوْمٍ.

قالَ عمرُ مُتعَجِّبًا: أكثرَ منْ يَومٍ! هَذا شـيءٌ رائعٌ، إذنْ أنتَ أحْبَبْتَ الأشياءَ القديمةَ يا هشامُ.

ضَحكَ هشامٌ، وقالَ: لا، هِيَ لَيسَتْ قَديمةً، هيَ جَديدةٌ.

قالَ عمرُ: لا، لا، هيَ قَديمةٌ.

وقالَت نادينُ: نَعمْ، هيَ قَديمةٌ جِدًّا.

قالَ هشامٌ: أنا أراها لِأوَّلِ مَرَّةٍ، إذنْ هيَ جَديدَةٌ... بِالنِّسْبةِ لي.

صَدَحَتِ الموسيقى، وبَدأ العَرضُ، كانَ الملكُ رمسيسُ الثّاني يركبُ العربَةَ الحَربِيَّةَ الَّتي تَجُرُّها الأحْصِنَةُ، ويُحاربُ الحَيْثِيِّنَ.

اندَهَشَ الجَميعُ منْ رَوعةِ العَرضِ، واستخدامِ أشعةِ (اللّيزَرْ) في تَصويرِ المعركةِ الحربِيَّةِ، كانَ العَرضُ ثُلاثيَّ الأبعادِ؛ مِمّا جَعَلَ المعركَةَ تَبدو وكَأنَّها حَقيقيَّةٌ.

بَعدَ انتهاءِ العَرضِ دَخلَ هشامٌ حجرةَ التَّحَكُّمِ في العرضِ، وقابلَ مُهندِسَ الإضاءةِ، وسألهُ بعضَ الأسئلةِ.

أُعجِبَ المهندسُ بذَكاءِ هشامٍ، واهتمامِهِ بِالتَّفاصيلِ العلميَّةِ، وراحَ يَشرحُ لَهُ فِكرَةَ استخدامِ أشِعَّةِ (اللّيزَر)، وتكوينَ الأشكالِ ثُلاثيّةِ الأبعادِ وتَحْريكِها،

ثُمَّ أعطى هشامًا بَعضَ الـمُلصقاتِ، وأسماءَ عَدَدٍ منَ المواقِعِ (الإلكترونيَّةِ)، الَّتي تُقَدِّمُ شَرحًا مُبسَّطًا، وتُساعدُ على فَهمِ هَذهِ التَّقْنيَةِ الحَديثة.

خَرجَ هِشامٌ سَعيدًا وبِيَدِهِ الملْصَقاتُ، وقالَ لِعمرَ: في هَذِهِ الملْصَقاتِ بَعضُ المعلوماتِ العِلمِيَّةِ الَّتي يمكنُ أنْ تُضيفَها لِلْبحثِ، فيها طَريقَةُ تمثيلِ التّاريخِ وَشرحِهِ بِاستخدامِ تِكنولوجيا (اللّيزَر).

قالَتْ نادين: الحَمْدُ لِلَّهِ، لَقَد وَجَدَ هشامٌ تِكنولوجيا و(ليزَرْ) و(كُمبيوتَر) في المتحفِ، وَرُبَّـما نَجِدُ معرِضَ (كُمبيوتَر) فرعونيٍّ أيضًا.

قالَ عمرُ: نَعَمْ، معرضُ (الكُمبيوتَر) الفرعونيِّ لِصاحِبهِ ومُديرهِ هِشام عَنخ آمون.

ضَحِكَتِ الأمُّ، وقالتْ: ما رأيُكمْ أنْ نَتناوَلَ غَداءَنا في المطعمِ المُلحقِ بِالمتحفِ، ثمَّ نُكمِلُ جَوْلَتَنا بعدَ ذَلِكَ؟ وافَقَ الجَميعُ، وقالتْ نادينُ: زيارةُ المتحفِ كانتْ فِكرتي. قالَ عمرُ: لا، لا، كانت فِكرَتي أنا.

وقالَ هشامٌ: لكِنْ زِيارَتهُ أكثرَ مِن
مَرَّةٍ هِيَ فِكرَتي أنا.
ضَحِكَ الجَميعُ وتَناولوا الغَداءَ، ثُمَّ
أكْملوا الجَوْلـةَ في المتحفِ الكَبير.

بَعْدَ قِرَاءةِ القِصَّةِ أقُومُ بِبَعْضِ الأنْشِطَةِ والنِّقَاشَات:

- اقتِـراح: أقترِحُ عُنْوانًا جَديدًا لِلْقِصَّة.

- تَفكير: هَلْ هَذِهِ القِصَّةُ حَقيقيَّةٌ أمْ خَياليَّةٌ؟ ولِماذا؟

- نِقاش: لماذا نَتَعَرَّفُ على الحَضاراتِ القَديمَةِ؟

- مُلاحَظَةٌ: أُلاحِظُ الأَجْهِزَةَ الإِلِكْترونِيَّةَ في حُجْرَةِ هِشامٍ!

- بَحث: أَبْحَثُ عَنْ مَعْنَى كَلِمَةِ «عالِمُ آثارٍ»!

- زِيارة: أَزورُ مَتْحَفاً أَو مَكاناً أَثرِيًّا أَوْ مَنْطِقَةً قَديمَةً.

- رَسم: أَرْسُمُ صورَةً لِشَيْءٍ أَعْجَبَنِي مِنَ الْآثارِ الْقَديمَةِ.

Easy (13)

	5	7			7		2	7	
5						4	2		7
	3		7	1		5		7	7
3					9		5	8	
5	3			9		1	5		8
		5		5	9		8	8	3
5	5		5		4	4	7		
		4	5	2	4				
	4	6		2		3	7		
			1			7		5	

Easy (14)

1		8		8	8		4		
2			4		5	8	2		
3	3	3		5		8		5	
	4				3		2	2	
5				3		9	9		
	5					9		4	5
		1		4			9		6
	6	6	3	3		3		3	
3			2	5	4		4	6	6
	3	1		5				6	

Easy (15)

				4	1	3		8	
2			9		6		8	8	
9		3		1	6	6		2	2
	9	1		6		5			4
9			6				5	1	
	6	6		6	3	3			4
8		8		8		8	7		7
	6		6				6	6	
6	6	4		3				7	7
	6		5				5	2	

Easy (16)

7		7		7			9	3	
3	3		1	9	9		3		7
	6	3		3		9		5	
		6	6	9	9	9	5	5	7
	5			4	5				7
	5		4			5		4	
	2	5		5		3	2		7
7		7	7		6		2		
	4	7		6		6	4		6
		7	1		2			4	

Easy (17)

		6		3		3		5	
	4	8	6	4			3	3	
4		8	3	3			6		
	1		3		4			6	
	8	8			7			9	2
3	3	8	7		4		9		9
	4		3	7	7	3	3	3	
4	4	4		1		9		9	
		5	2		3		6		6
		4		4		3			

Easy (18)

				5		3		2	1
7		7	4		7			8	
	7		4				3	3	
7		2	4		1		3		8
7	4		7	7		4	1	8	8
9	5	4				3		1	
	5	5		8	4		5	7	7
9		8	8			4		2	
	8	8		4			5		7
9		9	9		4			7	

Solution on Page (170)

Easy (19)

6		6	7			6			
			7	7	5		6		2
6		7	7	7		1			
				8	8		3		8
4		2	9		6	6		8	
	9			6		8	6		6
9			9		9		8		
6	6		5	6		2			6
	6			6	6	2	5	1	
6	6		6		6				1

Easy (20)

			6	6		6	2		
5	5	4			5		6	9	9
5		4	2	2					
	7		8		4		1		9
7		7	8		1	4		9	
6	2	2			8		7		4
			3	4		8		7	
6		4	4				7		6
		6		3		7		6	
	3				5		3	6	

Easy (21)

			6				6		
	7	7		9	9				
2	6	1						4	
	6	6		4	6	6	9	4	4
6		6	4	6		6			1
5	5			6	3		8		
2		3	3		3	8	7		
		3		6		8	8	8	7
7	1		7	4	4	4		6	
	7			2	6		6		

Easy (22)

7			6		6		5		3
7		7	7	6	6	5		3	
			1		3		3		4
7		4		4		6			6
	3		5		6		3	3	
9				6	6	2		3	6
	9		7			7	7		6
9		4			8	8	4	5	
	4		8	8	8	8			5
2	2		8	8		4		5	

Easy (23)

	6	1			8		5		4
	6		4		8	8		4	
6		4		6		8	5		4
	2	4			8				6
5	2		6	5		2	9	9	
5		6	5		9	9		9	
5			7	5		9	9		
		3		7			2	2	7
			2	7		5	5		
6				3	7	1		7	

Easy (24)

2		7		5				9	
3	3		7		5	5	9	9	9
	4	4		7	5	1	9	2	
5	5		4		3			5	
		1		3		3		5	
	5		4		7		7		5
7		2				3		8	
7	1		5		5		3		8
		4	4	5	6	6		3	
7		4							

Solution on Pages (170-171)

Easy (25)

8		8	3	4	4	4			
				3		4	5		5
2		8			3	3			1
5	5	5		8		3	4		9
6		6	2	4				9	
6	6	6	4				9	4	4
	3	3		3		3		4	
	1				6		9		
7			5	3		2		3	5
	5	5		5	6	5			

Easy (26)

	8		8	8		8	2	2	9
2		1	8		3	1		1	
	3			3	3		3		9
1		4	5	6		6	3	9	
	5		5	5	6				9
		8		3		3		6	8
	8		4				6		
3				2	4	6		8	
2	2	8			7		3		
	7	7		4		4	8	8	

Easy (27)

	5				7	1	6		4
3		5		1			6		4
5	5		2	2				3	
		6		7			3		
	5		6			3		2	
1		6		4	1		2	1	3
	9	2	2	8		8	3		
	9		8				3		7
9	6	6		5		5			7
		6	6		6		5	7	

Easy (28)

7		7		3	3	9		6	
	7		9		9		8	6	6
6				9		3		6	6
	2	1			9		8		8
6	6		4	3				8	
	6	4	3		4		3	8	7
		3	7	7		7			
	7				7		7	1	5
6	6	6	5		2	3			5
6	6	6		5	5		3		

Easy (29)

	6		6		5	5		6	
6		3	3	5		5	6		5
	8	3	8				6	9	
7				9		9		9	
	7	1	2			8	9		6
	7		7	3		8		5	
		4	4				1	5	
2	2		5	5	5		8		6
	6	5	1		3	3		6	
				2	3			8	

Easy (30)

	5			7		3			
5		2		7	7		6	6	
6	6		3		5	5		5	5
	6	3		7			9	5	
6		8	7		3		9		6
	5		1				1	6	
5		8	4		4		6		
	8	8			2	9		9	
8			7	7		7		2	
	7	1		4			5		

Solution on Page (171)

Easy (31)

6		3	1			5			
	6		9	9	9	5	5	6	6
				9			9	8	6
5	5		3	3	4	3		8	
6		5	5	4		3	2	8	1
	4		6		4	6			8
6		4			6		8	8	
	4	7		5		1	8		
6	7		2		5		1	5	
		7		5		6			

Easy (32)

6	6	6		5	3				4
4		5	5		3			4	
	6	6		9	1		6	4	
4		2			9	9		5	
5		4		3	3		9		2
						9		8	8
2		4	1		3		8		3
	7		5		5	5		8	
1		3		5			6		8
	7		7			6		2	

Easy (33)

9		3		9		2	6		6
			9	6	3			6	4
9		9		6	6		6		
1	8		8		6	4		1	4
6		8		8		4			8
		1	8		3	3		8	5
6		7				4		5	
		6	5	5	4	8	8		
7	7							2	5
				6		6			

Easy (34)

8				3	7		7		3
	8		6	3		7	6	3	
8				3	9	7		6	5
	8		9	1		2	2		
3		8	9		9		6	6	5
6		6		9		3			5
	3		5				6	6	
4			5	5		3	6		3
	3	2		8	2		8	8	
	1		8			8			

Easy (35)

	6		6			4			4
8			6			3		3	
4		8		2					3
4			8		1	2		8	1
	7	4		8	5				
7			4	5		7	7		4
7		7	8		2	7		4	
8	8	8		9	1		7	9	
	8		8		9				1
5		5				5		5	

Easy (36)

	7	6		7		2	2		
					5		5	9	
	6	6		5	9	9		9	2
7		7		7		9	9		2
	7	8		8	5		9	3	3
	4		8	5	5	6	6		3
4		4		2			3		
	5	1		6	6	6		6	6
5		3				5	3	6	
	5		1						4

Solution on Page (171)

Easy (37)

	6		6	6				7	
6	6	3		6			7		7
6		7	7		3	5		2	
	7	7		8	5		9		
7	2		8		8	8		9	
	8	5	1	8		9			
8			6		1	9		9	
	8			5		4	3		7
8	8	5	6		5		2	2	
	6				5				

Easy (38)

		6		7					3
6	4	6		7	3			6	3
		6	9		2			6	
	2			3		5	6	3	3
7		7			5				3
			9	1		2	6		
7				9			1		7
	6		9		4	3		7	1
7		1		4	3	6	6	7	
	4		9				6		6

Easy (39)

	6			5		6		5	
6	6	3	1		5				
	6					6	6	6	
		9			9	8		6	8
1	2		9	4		4	8		
	2	3		7	7	7		6	6
	4		2		3		2	2	
5		3			7	3	4	4	6
	4			4	4	5		4	
		3		5		5			2

Easy (40)

4	1		8	3		2		7	
	8			1	3		3		7
		8			6	6		7	
5	3		2	6	6		3		7
	3	9		6		3		3	4
	5				3			1	
	5	4	4		2		2		4
		6				8			
6	7	6		9	9	9	8		6
			7		7			6	

Easy (41)

		3		2		9		9	8
	7		3		9	6	8	8	
		7	9		9				6
	6			6		6		6	6
6		6			3				
	3	1		1					3
4		8	8	4	4			2	1
	8		4			1			4
4		4		4	7	2		5	
	8		7			5	5		

Easy (42)

4	4		9		7		7		6
4	4	9	9	9	2	5		6	
3		9		4		5	7		6
3	2		4		5		1	5	
	9	9	3			8			6
2		9		8			8		3
5	1		2		8	8			
			4	4			5	5	
6		5		1	3	1	3		
				6	3		4	4	

Solution on Pages (171-172)

Easy (43)

				6		6		6	2
5	5		3	3	5	6			
	5				5		9		
3	6	6		1	8	2		3	
		2	8				9	3	9
4	4			4		8			
	6	4	7		4	4		6	
6		1			7	7	3		6
4			7	4		4	5	5	
	4		7		4	5			6

Easy (44)

4		7			1		8		
		7	7	4		4	8		
6		6		8	8	8		3	5
	6		7		3	8	8		5
		3		9					5
3	3	1			1		4		7
	9	9		9	7	7		7	
			3	3	2		5		5
	3	2		3	2	3		5	
4		5	5		5				4

Easy (45)

3			9		9		9		
	5	5	4		2			9	6
8	5		5				3		6
	8	3		4		5		3	
8	8		5		5		7		7
8		1		3	7	1		7	7
4	4			7		6		6	
	4					2	6		2
5		6	6		7		6	3	
	5	6		7		5		5	5

Easy (46)

		9				6		6	
8	8	4	9			1	3	6	
			4	4		4		6	3
2		8		5	4		3		4
3	1		5	5				5	
	3	8	2		4				4
5		5	1			4	3	3	
1				3	7	2	3		
	6	5	7		7				
	6			7		7		2	6

Easy (47)

7		9		6	6		6		4
	7		3						
7	9		3	6			3		3
	2	9			5	3	3	5	
		9	1	9	8	2		5	7
	4		3	7		2	8		7
6							8	1	7
	4		1	7		7			
6		3				3	2	2	7
	3		4	4	3				7

Easy (48)

7		7				6			
	4	7	7	3		3			5
4		9		3	6		6	5	
	9			3				6	3
2	1			6	5	3		6	
6	9		6			2		6	6
	9			5		2	8		
6		5	5		3		8	8	
	3		5	4		1		8	3
6		3		2		8	8	8	

Solution on Page (172)

Easy (49)

	3	5		6	6			6	
6			5	3	9	9	9		5
6	6		5		3			5	
		3			9		3		
5		6	2		7	8		3	
	5	7		7	7		8		2
6		1	7	7		3		8	8
6		7	3				3	8	8
	2			7		7		3	
	6		7				5	3	3

Easy (50)

	4		2	1		3	3		4
3	3	4			8		8		
3			8	8		5		2	3
	5		5		3		1		
7		9		9		5			4
	7			3		3	7	7	
7	7	9			5			7	4
			5		4	4	4		4
7		1	4			6		7	
	6								7

Easy (51)

	6	6		8	1		5		4
6	5		8					4	4
5		5	1	8		5	5		7
	3	5	7			1	2	7	
6		6		7	1		2	3	
			7				9		7
5		5		2					
4	4		5	2		8			9
5		4		8		8	5	9	
	5		5		5		5		2

Easy (52)

		5	9	9	1				
4	5		9				2		7
	4	4		9			9	3	
7		6	6		5			7	
	7		4	4					7
		6	3	3	3		6		4
	1		6		8			6	
4		4	8				8		
	2	2	1		8		2	5	6
7	7		7	7		7		5	

Easy (53)

	7			3	8			3	
		7	8		8	8			4
7	7		5	5	5		6	6	
1		4			2	8		4	6
		2	9	5					
	4	4		9	7			4	6
9	9		9	1			7		
	9	2	6		4	7		4	
	9			6		7		4	6
		4	6		6		3	3	

Easy (54)

7		2	2			3		2	
	7				6	3	4		6
8		9	6						6
	9					6		7	
		1					6	7	6
	3		1		9		7		
8		8		6	9			5	6
	7	6	6		4		6	5	
7	7		4	4		6		4	5
7		7			2	4	4	4	

Solution on Page (172)

Easy (55)

6		3	3			9		2	
6	6		9	9			4		
	2	2			8		8	4	
6		5				8			5
6			8		1		4		5
3			1		3		3	6	
7	7	7	2			5	1		
	5		2	5	6		4	6	
5		3	3		6	4			6
	5				5	5		5	

Easy (56)

		8				7	4		
8		2				6		4	6
	8	8	3	7		4	6	6	
3	1	6		3			3	3	3
			3			4	6		
2	2								
	3	3		5	5		6		7
6	6		2	5	5	3		3	
	3	6	2		5	9	2		9
6		3	9	9	9		9	9	

Easy (57)

	1		3	3	3		6	6	
9	4				7	4	4		6
9		4		7	3	4		3	
		1	7		3	7	7	7	3
9		2		1			7		2
	4						3	3	3
		8		8					
8	1		2	7		4	2	4	
	6		6		7			6	
8		6		7		6			

Easy (58)

	1	8						7	
2		8		3	4	4	3		
5		8	3					3	
			7	7		1	4		6
5		4		7		7		3	
	5		4	7		4	4		5
4		2		4			8	3	
	9		4		2	8			5
	9			4	2		3	4	4
9		9		8		8		4	

Easy (59)

4	4	8				4		4	
4		8	1	4	4		3		4
4	8	8		5		5	3	6	6
			3	1	4		6		
2		8	8	4			2	5	
		5	6		9			5	5
3	5					3	3	4	
	5	6					3	7	4
3		3	5	9		9		7	
	5	5		9	9				

Easy (60)

4	7								
	3	1	7		6		5		7
4		3		3	3	5		7	
			7	7		5	4		7
	6	6	4				4	1	
6		4		4	9	5	9		7
	5	3	3		9		9	9	
		2		1		9	6		
5	3		6		2	9		2	6
6		6		6		3		6	

Solution on Page (172)

Easy (61)

6				6	3		2		5
2	2		5			7	2	4	
	4			5		7		4	5
9	1		5		1		7	4	
9		4			3	7	2		4
	9		9	3			8	4	
	3	3			8	8	8		4
6		6		3	7	3		6	
6	6	7	3	7	7		4	4	
6		7				3		4	

Easy (62)

		6	6		2		2		9
6	6			3		8		5	
		1					3		
3	1	2		8		5		5	
5		4	4		4				
	5		7	5		5	4		
	5			7	5	3		1	9
	4		7		8		2	2	
3	3	4		7	8	8	8		
3			5	5		3		1	

Easy (63)

7	4		4				7	7	
		4			5	7	7		1
7	6	6	3		8	7		5	
	6		3		8				3
7		6		7	2			3	
	6			7		3	3		6
7		9		7		3		7	
		5	9	2	7		7		6
	5	5	6		6	6		7	
	5			6	6		7		2

Easy (64)

	6		2		3	3		7	
3		6	1	9	9			7	
	6	6				3	3	6	2
	4		9			4	6		
	4	3	3		9		4	6	
6		5		9	8	8		3	
	5		3	4	4				
6	6			6	4	4			1
		6	3				2		
	7		7	7				2	

Easy (65)

	5		5		3			4	7
7	7			3	3			2	
	1		6	4			1		7
7	6		4		9	9		7	
	7	7			9		7		4
3			9	2	9			2	
	3	8		2		5	7	3	4
5	6		8			4			1
		6	8	8	4	4			
	5					8			7

Easy (66)

	7		3	3			6		6
8	8	7			4	4	5	5	
			7	4		2		3	
8		4	4		8	2		1	
	5	5		8	8		5		2
	8		2			2		7	
	8	5		9			7		6
3					8		7	7	
	9		5		6	6		6	
3			9			6	7	6	6

Solution on Page (173)

Easy (67)

8				5		6		3	
3	8		5				3		3
			3		5		3	7	
3		2		9		1		7	
	8	9			9		4	4	7
5	3	3		9	5		4		
			9			5		8	
4				8			7	8	8
	2		1		2	2			8
4	8			8		7		7	1

Easy (68)

6		8		7	6		6		
	3			7		7		6	
		8		4	4		4		4
	6		3		3				
		8		5		3			9
1	8	5	5	2	2		9	9	1
	7		7				3		2
		7			2	4		3	6
6	6	4	1			4	6		
	4			3	3			6	

Easy (69)

3	5		6			6		5	
3		5		9			4		5
	4	2	1	9		8	3		
			9						5
4	6	3		9	2	4		8	8
		7	3		2		4	8	
		7		9		4	7		7
					4	1		2	
7		4		4	6		7	2	
		4	6		6	3		3	

Easy (70)

	6		6			3			
3		3		6	9		2	5	5
5	5		2	2			1		5
5			7		3	9		3	
	5	7		5	5		9		9
4			1	3		5		9	
4	2				6		6		6
	7	7		6		3	3	8	
	6		5	5		3			6
6		6	6	1					

Easy (71)

		6		7	2		4	4	
6	6		3			7		2	2
	2	2			3		7	7	
	3		9	9		3		6	
	3	9		9			4		6
5				7		1			4
	5	6	1		3		3	8	
6	5		7		8	8			4
	3			7	4		8		
		6		7				8	4

Easy (72)

2		5		5	3		3		4
	7	7				6		7	
4		7	7	4	6				
	4	7				6	6		4
	3	7	7	8	8	8		7	
			1		3			3	3
9	2	4		3		7	3	6	
	9		5	5		7	3		6
9		1		5	5		3		
						7	1	2	2

Solution on Page (173)

Easy (73)

1		4		3	3		4		
	9				5		5		5
9		6		4		5	4	4	5
	6					6		6	
9		4		4			4		4
9	9		2		6				
	9	9	2				4		4
	5	2	1	4		5		6	4
	4		3	3		5		4	2
5		4		1	5		5		2

Easy (74)

6	6		8	8	8		6	6	
3				8		2	6		3
		6	6	1				6	
6		3		3		1	4	4	3
	6		7		8	3			5
				9		9		5	
	7			6		9	9	5	5
2		5	9			2		6	
	3			6	3		6	6	6
3		6	6			5	5		6

Easy (75)

		6	6	9	2		5		
	2	6				9		3	
3		3		9	3		5	7	
	7		3	9		7			7
3		7		9		9		3	
2	1		5		5		7		8
		3	5		4	8		8	
		3				3		5	5
6					5		8	8	
	6	4		4		5	1		5

Easy (76)

6			2		5		5	5	
	6	6						5	
		4	4	1	8				4
	5	9				4	3	3	
	5			9		4		3	1
	1	9		3	4			7	
2	9		2		5	6		7	7
5		3	2	6	5		7		7
				6		6	6	4	4
5	6				5			3	

Easy (77)

5				5	5		3	5	
			4		8	5		3	
5		9				3	2	5	
9	3		1		8		2		4
	3	9		5		8		4	6
9			9	5	2		7	4	
			4		4	1			6
			4			4		7	
		4	6		6		7		6
5	3		6			4		4	

Easy (78)

7	7		2			3	6		3
	3	3		2	4		6		
7		7			4	4	4		6
3	3	7			3		7		
		8				7			5
	4		3		8		3	7	
4				2	8	3	9		5
	3		3		9	9		3	5
	3	7	1	3			9		4
1					3			4	

Solution on Page (173)

Easy (79)

	6		4	4	8			2	
4				7	7			1	6
		6			4	8	8	8	
	6	1		4				8	6
			1		6	3			6
3			6		4		4		6
9	3		6				4	3	
	9		7	5				6	6
2		3		7	5	6	6		3
			7		7		2		

Easy (80)

7				3				5	
	3	1			3	4	5		5
7	7	7			6		6		3
7	7		6			3			
	3	3	3		4		4		7
		9		3		8		4	
	2	9	9				3	3	
	2		5	9				7	7
4		3		3	8		7	3	1
	5			3		8	8		

Easy (81)

	6			6		7	7		
6	6	3	5	5	6	6		7	2
			5		3	6	7		3
2	6			3	3		2	9	
			7		1	9		9	3
8		1		4		9	5		
				3	1	9			9
		8			7			4	
	4	4	8		6	1		6	4
4		7		7	6				4

Easy (82)

5	5				4	7	1		5
	2	2				7		5	
		7			5		5	4	
	3		5		5		8		4
	9		5	2	2			8	8
5	9		9			4	4		3
	9	9			6		6	6	
5	9		2	6				4	6
			7	1	3	3	3		
	4	4		7	7		6	6	

Easy (83)

	6		9		3	2	1		
6		1		3	9		3		
	5			9		9		8	
1	2	5	5	8	4		8	8	
	2			8		4			5
	4	4		8	8		8		
		8	1	4		4			5
	1				8	7	7		2
		4		8	8		7	7	7
	6		6		8	3		7	

Easy (84)

6		5	5		4	4	8	8	
6			5	5	4		8		
	6	4	6		8		3		8
6		6		6		3	4		1
	4		6	1				1	
2	4	2		4	8		8		3
2		2			8			5	
	9			9	8		3		3
5	9	9		3		1		1	
			9		7		7		

Solution on Pages (173-174)

Easy (85)

	3			2			9	4	
4		4	4	7		7		4	
	3	3		7	1	9	9		
5	4		4		2		9	3	3
		3		3		9	5	4	
	7					5	5		4
		2	2	5				4	
		7	7			5	4		
1		1		5	8	4		4	6
		3	2			8	1	6	

Easy (86)

			7	7		4			
6		7		7			3	4	9
	4		3					9	
4			7	3	9		2		3
5	4	2	7		3	2		3	
	5					2		4	
5	5		7		7	1	4	4	5
		3	1		3	6		5	
	4		3	4	4		4		4
2	2	1		4		6			

Easy (87)

				4			4		6
5		9		5	5	4		6	7
3	5				5	4			7
3	3		4	4	5		3		
	9	9	1					3	7
9			4	6		5		7	
2		2		4	4				7
			3		5	5		2	
3		7		1	5	1	8		5
	7		7				8	5	

Easy (88)

3		2				2		6	
	3		4		7		5		
			7			7			
9	2	9		1	3		7	5	3
	2		9	4		3	8		3
		3		4	1				
7		6	4		3				8
		6		6	5	6	6	8	8
1						5		3	
	3	6		3	5		6		

Easy (89)

	6		2		4	4		4	
6		6		4		6			
	4		9	9	6	5		5	
		4	9				5		6
	5			9	3		5	6	
5		2	7			7		1	6
	5		5		3		7		1
6		5		5	8	3		8	
			5					8	4
7		7		7		8	8		4

Easy (90)

6		3		7			7		1
	6		6	9	9	9		7	
	8	6		9		9	3		
8	2				5	3			
				5			1	6	
8	7	2	6		5		4		4
			6		5	7		6	
7		4		6	1		3		
	7	4	4	4		7	7	6	
1		8		8	8		8		

Solution on Page (174)

Easy (91)

3		3		9	9				
	5	5				6	9		9
	6		4		6			3	7
3		2	2		7			6	
3	6						3		
	6	1	7	3			5		7
4		4		2		5		5	
6			7	8	8		5		7
	6		4					8	7
5		5		5	4				8

Easy (92)

		6		4				3	
2	6		3		2		6		
8		8		7	7		3	6	
	8	8	1		7	7		6	6
	7		4	4	4		7	3	
8		7	7		6		7	1	3
7			7	3				9	9
3		8	2		3	9	9		4
	8		2	4		9		4	
3		8			4	9	9	9	4

Easy (93)

		3		1					
	5		7	2	4		5	6	
	5	3	7		4	5	3		6
5	3		7	7		4		6	
4			4		4				
	9			6		3		8	2
9			4		6	6	8	8	
	4			4	4		8		8
9	1			5			8	4	
			4			2		1	4

Easy (94)

2	6		4		5				5
		6		6					
7		6			5		5		
		5	5		6	5	7	8	
	5		5	6	1	5			
		9		9		2	1	6	
	7		1		3	2		6	7
4	4	9		9	6		4		6
		5	9	9		6		3	6
5	5		5				3	3	

Easy (95)

		6		5		7			
9		1		5			5		5
	9		9		7	2		6	
9		5		5	7	7	5		
	5							5	
7	1		4	2			6		
	2		4			6			5
7			5	3			5		
	1	8			8	8			5
7		8	8	8		8	1		4

Easy (96)

5	3		4		4		5		5
		6	6	6		5	4		
	5		6		2		6		4
5		4		4	2	6			3
	3	3	1				8	8	
2	3			8				2	3
		9	2		8			4	6
9		9		4				6	
9			9		3	3	7		6
4		1		1	3		7	7	

Solution on Page (174)

Easy (97)

	8		4			4		6	
5	5	8				7	7		
	3		4	4			9		
		8		4		2			3
5	3		3	4	3	9	9		
2		8	3		5			2	2
6	1		3	5					
	3		5		4	9		4	6
	6		5			3	9		
		5	5		3	6		6	

Easy (98)

4		4	5		5		6		6
	5	5		7		5		6	
3			7		7		5	6	2
	9		9		2	7	1	8	
1			5		3		8		2
3				5					
3	3				3	7	3		3
	6	6	1	5					
6	6	5		3	7		7		5
			5	3		4			4

Easy (99)

7			4						
	6	9		3		3	2		6
	6		9		3		2	6	
7	7	6			9				4
				4				3	
5	3				9	1	8		3
5		5		4		8		3	
	4		3	2	3		8		
4		3			7	3		2	4
	3	7		7	7		4		4

Easy (100)

	5	5				6	4		
5		3	3		6				5
	4		3	1	2	4		5	
1	5	5		7		9	9		
	5		7	7	1		9		1
	7	5	7		4	4			
		3	7	4	4		9		4
	7			3		7	7	3	
8	8			3	2	7			7
8							5	5	

Easy (101)

	8	3							9
8	2		1	7		3		2	9
8		8	7			9	9	2	
			3		8		9		9
5	1	8		8		6	9	8	
	5	3	7	7	8			8	8
6	3		7	7		6		8	
		7		4	8		8		7
	3		7	4		2	2	7	
6				4	4		7		

Easy (102)

9	9			4	7		7	1	
	9	9	4		7		7		
3		9		9	9	4			6
4			1		4		2	4	
4		8		8		5			6
5		3			8		5	5	
	5			8		8		5	3
4		3	4	2	2		2	1	
	3	1				4			7
			3		7			7	

Solution on Pages (174-175)

Easy (103)

	6		5		5			5	
6		6	5	5	8			3	
	4		4			5	5		2
7		7	4	1				8	1
7		4	6	5		5	8		4
	4	4			6	5		4	
9		4	9	6		5		1	4
					2		7	2	6
9	6		2	2		7			
9		6		6	1	6			6

Easy (104)

				7				5	
	9	9	5		1		6		6
	9		5	7		5		6	
	9	5	7		1		5		8
2		5				8		8	2
	4	7	1		8		5		
	7		7	6		6		5	5
	2	7			5	4	6		
4		7	4		5		3		4
		4		5		4			

Easy (105)

4				2	5			3	
	4		1	4	4				3
4		7	7		4	3	3	3	
		2	7	7	7	7		4	
3	6		3	3				8	
	6	4	9		9			4	4
3				5	9		2	4	4
		4		5	8		8		6
	6		9		4		4	6	6
6		6					6		6

Easy (106)

	5		3	1		7		1	
	5	6		5			7		2
	4		3		5	2	7	4	
4			6			2		4	4
	6	6		3	6		3		2
9					8	6	6	6	
	3		3	5				6	5
9							2	5	
	9	9	7		7	5	2	5	5
4			7	7		7		3	

Easy (107)

	6	6	6		4	3			2
	4		1	6	4		3	8	
4	4	7		4				8	
		7	4				2		6
	4		4	6		1	8	8	
		5	1		6		9		6
	2	2		5		3			2
5		1		5	9	9			6
			5		9		4	6	
		8			9				6

Easy (108)

6		6	3		1		2		5
			4					5	
	6	4		7	7		6		5
	1				3	7	4	6	6
		5		5	3		4	6	
	7		9		3	8	4		3
6				3		8		8	
	6	2	9		3		8	8	
6	6		9			8	6		
6		3		2	1			3	6

Solution on Page (175)

Easy (109)

7			7		4			8	2
7	5	1				2	8	8	
	5	5	8			4		2	3
6	5		8			4	8		
	5	8	8		2	2			
6		8	4	4	1		7	1	4
		9		4		5		4	
9			9				7		6
		4		4	4	7		6	
5			5	5		7	6		6

Easy (110)

	4			9		4		7	
4	7				1				7
7							9	2	
3	3		2		6	9		1	
	3			9	6		5	3	
	6	7				6			
6		6	5		3		5	7	
					8	3		1	7
2	6	3	4	8			1	7	
2		3		8	8		8		

Easy (111)

7		2	2		5				4
		3		3			5		3
7		7	2		3			6	3
	9	3		3	1		5	6	
		9	1	7				5	
		8		8	7		5	5	
9		3		8		7	4		
1	3			2		4		4	1
	4		5	5		3	3		5
	4	5		2	2	3			

Easy (112)

	6	6				5			
6		6	2	2			3		6
7	7			7		7		5	
5			6	2		3	5	5	9
	5				6		2		
5	3		6					5	
		4	2	3		4	4		9
4		1		1	3	9	9		9
5	5		5		5	5		9	
	5	6			6		3		3

Easy (113)

	6		2		4		5		5
6				4					
		4		4	6			3	4
	6	9	9	1	6	3	3	4	
4	9		4			3	2		1
		2						8	
	9	4		3		8	8		1
9	9		4		8	4		4	
3				7	7		6		4
	3							6	

Easy (114)

			7	9	2				4
1		7		9		9		3	
	7	1	9			5		5	3
2		6		9		2	5	5	
	6	6	6	8					8
4		4	8		8	8		8	
				4		8	6	8	8
5	5	1	4		7		7		
	4		7	4	3				8
4	4		7		7	7		7	

Solution on Page (175)

Easy (115)

		9			9	9			9
	4		7	5		2	1	7	
		4	7		5				
	4			3		4	3	3	
6			7		5		3		
2		4		1					
	8	8	8				4	4	5
4	4		4	1	2			4	
	5	4		4				3	3
4	5				6		6		3

Easy (116)

6			3	5		6	4		6
	3		3		6		4	6	6
	3		7	5				6	
		7	8		6	8	2		6
		7		8	8				4
	9		4	4		8	4		3
9			1		4	8			
	3			2	2				1
2		9	9		3			7	
	7	7				7	3		3

Easy (117)

	6				5				6
		6	3	3		3		6	
3	3	6		8		8		3	6
	4	1	8	8		8			2
4	4		3		2		1	8	
	4	7		8		6	6		8
			9		4		6	6	
	5	5					3		
7	5		3					3	8
		3		4	1			8	

Easy (118)

	5	4		2	3	5		2	
		4	6				5	1	9
	6	6			4	5			
5		6	4	4		9		9	
	2		7		9	9	5	9	8
		7	1	3			5		8
	7					7		8	
				4	7		1		8
8	8		4		6			3	
	4		6	6			7		8

Easy (119)

6		7	8		4			5	
			8	8		4		5	2
				8	4	1	7	7	9
3	3		1		8				
	7			6	7		4		
2					5	4		9	
	3	6		5	3	9			7
3	3		4	5		2		9	7
	5	4		4	3		7	7	
	5				6	6		7	7

Easy (120)

3		6	6		5			5	
	3			3			3		3
2	2		6		2			1	
3		7		3	8		9		9
	3			7		9	1	5	
2		4		8					5
	4		8			3		4	5
6	4	5		4	3	1	6	6	
	6		4				6		6
6			7	7				7	6

Solution on Page (175)

Easy (121)

	2		8		8			7	
5		8		8			1		2
5	3				7	6		3	
			3						6
3		3		9	9	3			
	5		5	9			9		3
2	3	5	5	9		4		4	4
		3	7		9	6	6	6	
			7	4	1		6		3
3		3	4		4	3		6	

Easy (122)

	4	4		9	6				
4	9			9		6	5		
8		9			8	8			5
		8	6				8	8	
	6			6		5		8	2
	5	3	3		6		2		8
			7		5	6	6		3
	5	1			5	5		3	
3			3	7		5	5		6
		2	7		7	6		6	

Easy (123)

8		7	7		7	5		5	
8		2	6	7	7		4		4
	8	8	6	6	5	1		4	
		6		6			8		
	9	9	9	5	5	8	7	8	
8	9		9		5		7		5
2				9		7		5	6
6			6		9		7	6	
				3	5	7			6
6		4	5	5		5		2	6

Easy (124)

	3		6				5		5
3		6	8			5		3	
	8			2	3	3	4		
8	8	8	3		2			5	4
6		8		3	2	5			
	5	5		7	9		9	1	2
	5		5		9	3			
		4				3			
	4	5	3					3	6
6		5		5		6			6

Easy (125)

2				3		2	5	6	
2	8			8	8		5		
	3	8	8		6	5	5		
6		1		3	6		1		
	6				3	6			
6		1		7		6	8		
	6		3	7				4	
7				5	8		8	9	
	7	4	3	5		4	8	9	9
4	4		5		5		2	2	

Easy (126)

	4		4	4	6		6		
3		6		3	9	7	6	5	
6	6		6		9		7		5
5	6		9	9		4		7	
		5		2	9	4	4		5
	5	9	9		5		2	8	
7		7		7		5			8
7		7	4		4	5	5		
	6		4		6		1	8	8
6		3				6		2	

Solution on Page (176)

Easy (127)

5	7			3		6		3	3
5		7	5	3		6	2	3	
	5	7		5	6			8	8
5		7		4			8		8
	8		5		7	1	7	3	
2			4	7			7		3
4		8		9				4	
	4		1		1	7	7		7
4								3	2
					7		3	3	

Easy (128)

3			8		3		7	7	7
			8	1	7	7	7		4
3		8	1	4			7	4	
	5	2	2				8		1
		3		9	4	3	8	8	8
5		9	9		8			8	
7		3		5		5	3		2
7		9	9	8				3	
	7		8		8		3		6
7		7		8		3		6	

Easy (129)

				3		3		3	
6		6	3		4	1	5		7
5	5		9	4	9		5	5	7
	5		9			5	5	1	
	4	4			1	2		3	7
4			4			2	3		
			5	7			8		6
4	7		7		4	4			
	7		5	7	2		6		3
2				5		4			

Easy (130)

	4		2	1	5		5		5
6			9			9		4	
	6	4		4	4		4		
6			9	8		3	6		4
	3	2		8		6			
3	3		8		8		8	3	
6		4		8		3			7
6		4	1		2	1	7	7	7
	3	3		4		4		7	
			6				2		7

Easy (131)

7		7		5		2	1	3	
7		7	7				6		
	4		1	8		1		6	
5		4	8		8		5		6
5	5	4		7		7	7		5
7		2	8		8	7		2	2
	7	2			9		4	4	
7			9	3					4
	7		9			1		5	2
3		3		3		7		7	

Easy (132)

	8		4	4		2	7		
3		2		1				5	
	8		3		7		3	3	
	8	8		3	7	7	1		8
3	3				9	3			
		9		3			8		8
7	7	9	3				1	3	
	5			4			5		8
7		5		4	5	5			
7		5	4		2		7		7

Solution on Page (176)

Easy (133)

				5	1		7		4
4	4		5	7		7	2	2	4
4		9	9			2	1	4	
	3		9		1		5		
5		3		4		3			
			9		4		3		7
4		8		4				6	7
	1		8			8	7		
2	2	6			8	6		7	7
	6		6		6		6		6

Easy (134)

	6		4			6	6		6
6		7	3	4		5		6	
	6				5		1		1
3		7			7			3	9
	3			4		4	9		9
6			4		4	1	9	9	
	2			6					3
	2	5		6	8	2	2		
		5	6	1	8	8		1	4
3	3		5	5		2	2		

Easy (135)

	7		7		2		3		4
	6	7		9		6		6	4
	6				9		6		
4	4	6		9		3		6	
	5	5	2		9	1		2	
	3		5	9		9		3	3
3		4		7			8	1	
6	6	4	7		3	8		7	7
			7	4		8	8		
		4	4		3		8		

Easy (136)

4				8		1		4	6
3	4	3	8					6	
	4			8	8	2		6	6
3		4				7	2		6
6			3	3		5		5	
	5	4		7	7		5		7
6			4	9		7	1		3
	6		9				4	7	
7		7		9	9	4		7	
	7			9		9	4		1

Easy (137)

2					4		5		
	5	5		4		6		5	1
			3				3		7
3		7		3		3		4	7
	8	3	3	2	6	9		7	
			8		9	9		7	7
8			8	9		9	8	7	
	4	8		9	4	4	8		8
	4		2		4			5	
4		3	1	9	5	5		5	

Easy (138)

3					9		7	7	
	3	1	9	3		3	2		
5			9			4		4	
	4	6	6	3	3		4	8	
		6		3		5		8	
5	4		6		4	2			8
			3				7		
		5		1	7			8	8
6		6	2	3		7	7		6
	6	6		3	7		6	6	

Solution on Page (176)

Easy (139)

7	7			4	6		6		
7		4	6			2		3	
7	7	3		4	9	2		6	6
7	7		3	4			6		9
6			4		1	9			6
	6			8				6	
5		6		7	7		2	5	6
	6		3			7	7	5	
5		6	6	6		7			5
	3			6	6	7			2

Easy (140)

	6		6	5		7			
3	3	6	6				6	6	6
6		6			7	7		4	
6	5				7		7		2
	6	6				6		6	
6	4		4		6		3		7
		4		3		5	3	7	
9		9	9	9			6		7
	9	2			3			6	
3		2	1	9		3	6		6

Easy (141)

		5		5		5	6	4	
	4		4		6		6		
		3	3	4	4	6			1
	4		9			9	9		
	2	4		4		6	1		5
6	2		4				4	5	
	5	7	7	2			4		3
5		7		3				3	
	3		3		4		6		8
5		7	8			8		8	8

Easy (142)

		5		5		6		7	7
8	5		3			2	2		4
	1	6	6	4					
	6		6	4			4		4
		5			4	2	2	7	
	8		5	5	5	4		7	
	3	8		2			8		8
3		2	2				4	8	
						9	8		5
4		9		4		4		5	

Easy (143)

			9		8				
9	2			1	8		5	5	6
	9	6				8	8	6	
6		6	6		5	8		8	6
	3		2		7		6		
6		6		7				6	1
			7	7	4				
7		2	7		8	6	6	4	
	6	8	8	8		8		7	7
7				8	8		7		

Easy (144)

		3				6		4	
5		3	5		4		6		4
5	3		3	5	4	3		3	
	3			5	7		6		
2	3				7	3			
2				2		1	3		8
3	3		9	7	7	7			8
	3	9	2			7	3	5	
5		3	3			1	3	5	
		6					3		5

Solution on Pages (176-177)

Easy (145)

5	5	8			6		6		5
5	5	5	8	2		4		4	
2		8	8	8	6		3	4	5
2	6	6			8	3			5
	6		1	3		4		3	5
	8	6					9	1	
3		8		9			9		
	8		4		2			4	4
						3	7		
	5		8			3		7	

Easy (146)

	7					6		6	
		2	5	5	6	6			5
	7	3			2		4	5	
	2		1			4		3	3
		5		8	3	3	6		3
3	5		3	8		3	6	6	
	5	5	1		8		9	6	9
6		2	8	8		5		9	
	6		4		8		9		9
6		6		5		5		4	

Easy (147)

			7	8	8				
3		1	4			3		5	
		4			3	6	6		5
3		4	6		8			4	
	3	6		6		8	1		4
2		3			2				
	7			1		1	3		
	2				3	4		9	4
4	2	7	3	2		4	9		9
	4	7	3		3		4	9	9

Easy (148)

3	3		5		9			8	
	3		1	5	9	5	8		8
8	8	3	9	5		5	5	4	
8	8		9			5			4
5				9	9			8	1
			7	3				8	
5		8			8		2		3
	7			3		3	3	6	3
		7		7			3		6
	1		3			7	7	6	

Easy (149)

		6	2			3			
	6		9		3		8		8
6		3	9	1		1		5	
	7	7		5	5		8		8
7	7		9		5	7		7	
	2	2	9	9	3			5	
7				8		3	7		3
1		6	4		8	8		5	
	5				8		5	5	4
5	6			6		2	2		4

Easy (150)

	5		5		5	9	6	6	
		2		3			3	6	6
2	8			4	5				6
		8		1		9	9	9	
	6		8			9		9	3
	6	1		4	4		2	9	
6		7	8			1			4
	7			5	1		6	3	
3		7	3		3		6	4	4
7	7			5		6		6	

Solution on Page (177)

Easy (151)

	8			8		8	8	4	
4	2			7	7	4		8	4
4		6			4	4	8		4
1	4			7	7			2	
			6	6		8		9	9
7	1	4	4		5	8	8		9
	7		7	5	5		3		
		1	8			8	2	9	
	6	3		5				9	
	6		5				8		

Easy (152)

	4	4		9				9	
2		8	8	8			2	2	8
	8		4	4		4		1	
8		8			7		5		8
	6	3		7		5	5	5	
6			5	3		3			
				1		6	6		6
	3		5	8	8	3		1	
2		3		5	8		8		3
			6					8	

Easy (153)

		3	3	6		1			7
	4	3			6		6	7	2
2			4	3		3		7	
	6	4	6		5	1	7	1	4
		6		5	5		8		
	4	4		4				4	
				8	8		6		6
9	9	4		4		8		6	
3		6	4		7		3		1
	6	6			6			7	

Easy (154)

4		4			6				4
	3		3			6			8
8		8		4	8			6	
	8		3		8	8	8		5
8		9	1		4	3		6	
5	5		9		2		6		
		7		9		2		7	
	7		9		2		4		5
7		5			4	4	4	7	7
				5		1			

Easy (155)

	6		7			6			
6		6		6	2				
	3		7		7	6		5	
		1		1		1	6	6	6
7	7						3		5
		7	5	6		4		5	
7		7	5		5	8	8		
			5	8		8		2	2
9	9	2		3	7	7	8		
		9	9		7		7		

Easy (156)

7		3		5			5		
	7	2	2	9		9		1	
7			3		9		8		8
5	5		3	9			4	4	8
5		8	9		4	5		5	
	8			9		6	5		8
5		2		4	4		6	6	
4		4	8	8		6	6		7
	6	6	1	8	2		2	2	
			6	1		3			7

Solution on Page (177)

Easy (157)

	5	5		5		3	7		7
1		8	8				7	7	
2	2		4	4		7			5
		8	4	4	2			5	2
	8		3	5	5		2	8	
		9		5	5	8	8		8
6	9	9	3		5			4	
			1	4			7		1
5	9			5		4		7	
5		5		5	5		7		7

Easy (158)

3		5		5	5	9	9	2	
3	1	3	3					9	6
	7	7		9	9				
	4		4		2	2	4	6	
6		7		3				3	6
	6						6	3	
	6		3		1	6			6
3				3		7			3
	3				7		5	7	
2	2		8	8		5		7	3

Easy (159)

	9		2	4		3			4
			2		3		5	5	
9	1	6		4	6	6	5		5
	6	6		6				4	
		6	4	4	4		6		
	4				5	3	7		7
8		4		5				6	
4	8		8		4	1			7
	3				2	3	1		6
	4		1	4				6	

Easy (160)

	7		7		4				
		6	7		7	2	9	6	
	4			4	7				6
6				9		9		1	
	3		4		9	5		5	3
5		4	8	8			5	8	
6		5	2				8	8	3
	6			4					1
3			6	3	7	6		6	7
	3		3				7		7

Easy (161)

6	6		7		2				
	6	3				5		6	3
		7		7	1		6		
	5		7		4	5		5	
3		5		4		6	4	9	
6	6	6	5		6				9
				2	6		1		9
	3		1	6		3	6	2	9
6				4		3		2	
		6	2	4		3			

Easy (162)

			3		6		5	5	
8		4		3		6	6	5	5
	3		4		4	9		3	
8		9		1			9		8
	8		9			5		4	
3	8			1			5		8
		8			3	7	5	1	
		4	2			7		6	8
6	6		1				6		
		6		7	7	6	1		

Solution on Pages (177-178)

Easy (163)

6	5				3		7		5
	5	3				7	5	5	
	6		3		7	4		4	
	2			9	9		4		4
6	2			9	9	3	4		
		3	9		4			5	
5	3		7			4	8	5	
		1			1				2
3	7			7		8		4	
	3		7				3	4	

Easy (164)

	6		6		6		3		
		4		6	9	9	3		6
	6		8		2		9	6	6
3	6					9			
4		4	8		9		3		
	3	4		8		4		3	
3	3		8		2		6		7
6		1		4	4	6			7
6	6		4					4	
	6		1		5	5		6	

Easy (165)

5			6	6		6	8		3
5				8				8	
	6	6	6		3		8		2
4		6	6	5				7	
	3	6	9		4		7	1	3
4		3				4	7	7	
4	2				4	1		6	
		9		3	2		7	6	
3	3	9		6	4	4			3
3				6			6		

Easy (166)

	6		3		6	6	4		3
6		6		6	4		4	4	
1	6					6	1		1
	7	5		1	4			8	8
7		6	5	3			8		2
7	6		4		4			4	
	6				2	8		6	
7			5		3		6	6	
7		5	5		9	4	4		6
	9	9				2			

Easy (167)

	5			5		8		8	7
6		6			8	4	8	7	
1	6		9		1		4		7
	8	6		9					1
8		3		9		3		6	
		8		9	4		4		6
7		8	9	9		4		7	
	7	6		9	2	8	2		
7				8			8	7	7
2				8		8	7		

Easy (168)

	7		7						6
1	7	6		4			2	6	
	6		7	1		3	2	5	
	6		8	8	8	8	9		5
3		5	8		8	9		9	
	5	7			1		6		5
3		7	4			4		9	
6	7	7	7		5		6		
			7	3		5		6	2
			2		5	5	4	4	

Solution on Page (178)

Easy (169)

	7	7							8
	2	7	7	3	8		1	8	9
3		5	1	3		6	2		9
5	5		5		6	6			
		8		3		6	3	3	
6	8	8	8				9		9
6	6		8	1		2		3	
	4	8		4	4	1	3		2
6		6	6	6		3		6	6
6					6		3		

Easy (170)

8			5		6	6	6		
	2		5	7	7		3		3
8		3		3	7	6	2		8
8		8	7	7		6			
8	8	5	2	7	1		9		8
3				4		3		6	
	6				3		9		
6	6	5	7				9	8	
		6		1		3	5		
		7					3	5	

Easy (171)

	4		2		5		3		
5	5			5		5			
	5		3				3	5	
7		4		8		8	8		2
	7	1				1	9	9	
	7		4	5		4	9		9
	3		3		5	6		5	5
4		4	4		5			9	
5	3	3					4	2	5
	5								5

Easy (172)

	3	2			3	5	4		
4		3		3			4	5	
4	2		9		5				6
	2	9		9			6		
			4	9	9			3	3
3	6		4		2		7		3
	6	3		8			3		
6	1		3	8		3		6	6
	8		1	8		6	6		
		8	8		6		3	3	

Easy (173)

		7			1	4			4
	8	8						5	
8		8	1				5	6	3
			2	7	6	6			3
	7	4		4		6	2	6	
7		4	3	2	1		9		6
8		3				9		6	
8			8			4	4		
6		8	3		9	9		4	5
	6			3	9		3	3	

Easy (174)

	7			8			9		9
		3		8		3		9	
	2		3		3	5	9		
1	2			8				2	
7		4	1		1			2	5
	7		4			5	6		6
		4		3	8		4		
2	2		5	3		6	4	5	5
3				3		3		4	
	5		6		6		3		

Solution on Page (178)

Easy (175)

	5		4		6	4			
5		4			6		8	4	
	6	6	2	2	8	8		5	
5	6		3		5				
				5	9	9	8		4
	4		4	9		9	8	4	
3		4			2		7	4	
	2			4		3	7		7
3		6		3				1	3
	6		6		4		1		

Easy (176)

	5	5		4		5		6	
5		8	2		5		6		9
2	2		8		5	5	9	9	9
		6		4		9		6	
6			8	9	9	9			7
2		8		3	1	5			7
3	3		8				5	6	
		6					3		7
	3	3	4			2		6	
		3	1			6	6		6

Easy (177)

7	2		6				6		3
7		3		3		6		5	3
	7						3	5	
3		7		3		4		5	7
		4	8	1	3		5		
2	4				2	1		7	
8		8			3		3		
8			1	9		9			
5		2	6	9	6		5	5	3
	5	6		6			9		5

Easy (178)

	4	3		5		3		3	5
		3	3		5	6	6	5	
4	9	9		9		6			5
	9		9				3	6	
7		6		2		5			
7	6			1	5		2		2
	5	5			1	4		4	2
7		4	4	3	4		8		
7	5				2		3		8
	7	2	4			8			

Easy (179)

		7		7		9		9	
2	2		6		6		9		
3		3		4		3		3	
	5				4		8	8	8
	6	5		4	1		3		7
			2	2		8	3		
2		3	8		1	5	5		7
2	6				4		5	5	
	2	2		3		1		7	
8		8	8	8	4				3

Easy (180)

	5		6	5					5
5		6			5		4	2	
	3			4	4		7		5
5		6	3		1	4		7	
		9			7		7		
3		6	6		3	8		6	6
	9			3		8	2	6	6
6		9			5		2		
	9	9	2		5			4	4
			2	5		5	8	8	1

Solution on Page (178)

Easy (181)

		9		4	4				4
			2	4		3		4	
4		4		1	3		5		4
	9	4	4		5		4		
	6			6		3		4	
9	3	3		1		3	2		7
	5		8		8		2		
3		1	8	1		3	3		7
		8		6	8		5	5	
5			6		6		3		3

Easy (182)

		9				5		5	
	2		9				6		5
6	5	5		9	7	7	1		
	5			9				6	6
		9		9	5		8		3
	3		2		4	1		8	
7		6					8		7
		6	3		1		6	8	
	7		6	2	6	6	7		7
7		7	1			6		7	

Easy (183)

			5		3		3		5
1	3		5	3	3	9		5	
	2					9	1		
7	2		3	3			6	6	6
	7	7	1		2	2		5	
7		5				3	4		6
	5		7		1				6
	7	7		7		7			
		8				6	3		3
	8	8	5		5	6			

Easy (184)

3		6	6		4				2
3	2		6			6		4	7
		6	9		6			4	
	1	6	9	6		8			
		9		8	8	1	3		1
	5		5		8			6	6
5	5						3	6	
5		3	2	2		4			4
5		6	6				3	3	
4		6	6		6	4	3		4

Easy (185)

		7		7		2		3	
	2	6			9		9	1	3
3	6		6	9		1		5	
		6		9		4		5	
6			3		9		5		5
		8		8	9			3	
	3		8	8	6	5	6		5
6	2	2	8		6		6		
	1		8	8	1	5	6		
1		4		5				3	5

Easy (186)

	5	5	7			7			6
3		5		7	3		7	4	
	5					7		4	
4		8	3		3		4		
	4		1	5		4			6
4			3		5	4			
8		2		2	5			5	
	9		1		5	7	4		
	9	9		9	9	7			2
3		1			9		7		2

Solution on Page (179)

Easy (187)

4		9	9				8	8	
	4		8	8		5	5	7	
2	3	9		8	3	3		7	
			3		1		5	4	
7	3	9		3			3		7
	2				2	1			
7				1				3	3
	3		3			7	2	3	
6		1	6	3		7	7		4
	6			1	7		7	7	

Easy (188)

	9	9		9	7		1		5
9	6		4	4				5	
			4		3	7	7		5
	9		1	6	6		4		4
				6			4		3
8	8		8		3		6	6	
	8	2			3	4		6	6
3		2		2	1		4	6	
6	6	4		3		4		2	7
6								7	

Easy (189)

7	6		6		3	3		4	
		7	6	5	3				3
		3		5		7		3	3
	3		8	5		7		2	
7		8		8	8		1	4	4
	9		9	5	5	5	2		
		9		5		5		1	
	5		2		8		8		
4	5		9		8	3	8	8	
	5	5	5	8		3		7	7

Easy (190)

5		3		7			6	6	
			7	2			7	6	6
6		5			3		8		3
	6		3	3	6	3		8	
	6	2	6				8	8	4
	9	2		6	6	8		4	
		1	5				8		5
	9		7	5			5		
9		7	2					6	6
	7	7				2	3	3	

Easy (191)

1	6		9		9		3		3
	8	6		9	9	5			
	6		9		9		8	3	3
		8		9				3	
1		2	2		3	8	8		
	7	7			6		8	4	
3		2	2	4		6			1
			4		6		4		
	7	4		6		4	7	7	
		7	4		6	6		7	

Easy (192)

4	4		4		7			8	
3		7		7	5		3		8
3	3	7	7	5		5		8	
	8		8		8			1	9
7		4			8	3	9	9	
	7		7	1		3		9	9
7		3					8	9	9
	4	8		8		2	8		7
4		2	6		3				
		6			3		1		

Solution on Page (179)

Easy (193)

7		7			8	8		3	
	7	7	7	8		4		3	
3		6			8		7		7
7				6	8	8	7	1	
7	7	6			1	3		5	5
7	7		8		3		5		5
	7	6		8	8	8	8	2	
	8		6	2		1			5
	2	2	6		8	5			
		8		9			9		9

Easy (194)

	2	2		4		5		6	6
		6	6		4			6	
7	7		6		4	7		6	6
		7		3	3				4
2	5		5	5		2			
		5	1		3		3		
	5	6			1	6		7	
6		6	8	6			1		9
6		8		8	6	9		9	
	4		8				9		3

Easy (195)

	8		8	4	4			7	
	8	5	8		2	7		3	3
5			8	1	2		7	7	
6		5		7			3		3
		6	7		7			2	
6				3	3		1		4
	9			4	4	3		5	
4			9		2		3		5
3		4		4		8	4	4	
	3		8		8			4	4

Easy (196)

	6		3		5			6	
6		3		5		4	6		6
			1	4		4		8	
5				9	9		8	1	2
	9	9	5		8	8			
5	5		4			8			7
		4	4		4		5	1	
7	7	7		7		3	5		7
		7		7	4		5	2	3
	2		3		1	3			

Easy (197)

8	8			8		4		5	
		8	8		4		4		
		8	4		6	6		8	5
	6			5	5			8	
	6		6			5			8
7	6	8	4	4	5	8			8
	5					1	9	2	
3		8	8		9			9	6
	5			9		9	2	6	
5		2	8	3		9	2		6

Easy (198)

4			6		5			5	
		4	3	6	6		3	5	6
4	6		3		6	6	3		6
4		4	3	7			7	6	4
6	6		2		3	4		6	
						4		7	4
3		6		9	2		4	8	4
	3		2		8			8	
6		6		9		3		8	3
	5			5	5		8	3	

Solution on Page (179)

Easy (199)

3		5	5		4				5
	3				3			6	6
7		5	2	4		6		6	
		7	2		5	6		9	6
7		4		5		6	3		6
6	5		2		6		6	9	
6		5		9		9		9	2
	5		4		4		3	3	5
		1		1		8			
	6				8		1		

Easy (200)

	6				5	3		4	
			4			3	6		3
	6	6		5	6	6			
	5		6	2		6	6		7
	3	4			4			2	
8		4				7			7
	8		8	1	3		3	9	
6		7	7		7	9		9	9
6		3		7	7		3	9	9
	6		3		7	3	3	9	9

Easy (201)

3			6	6		8		8	8
	9	1			8		1		4
			6	8		7		4	
	9	1			5	7	7	2	
6			6	1	5		7		
6	9		7	7		4		4	6
	9	6	6		2			6	6
9		6		7		3			
	9	2			7	7	5		6
		6		6		4			

Easy (202)

6		6		8		8		3	9
4	6		3		8	8	8		9
	4			2	8		3	9	
2			3	1		6			9
		7	3	6	6	9		9	
7	7		7				4	3	
	5	7		1	6	4	4		
	4	3	3				4	3	
5	4		6		7	7	7		
		6			7		2	5	

Easy (203)

6				5		3		3	
	7	6	6						3
	4						4	6	
	2	6	4		1	2		6	6
7			6	6	9		1		
7				2					4
	6	5	6			4	4		
	6		3		5			8	
6	6	5		5		5	4		1
	1		2	8					

Easy (204)

6		2				8	8		
6				4	2		7	5	
	6				7		7		6
6	3			5				5	
	3	5		8	7	4	5	3	
8	8		8		1				6
	8	1	4	3	3		6	3	
9		4				6		7	7
5	9				1		6		
	5					9	7	7	

Solution on Pages (179-180)

Easy (205)

6		5	5	4		5	5		
		5			5		7		
6	6		5		5	3		7	
1				8		2	2		4
	8	4	7			4	1	7	9
8					7		3	7	
			4		7	1			9
				2	7	9		9	
6	3			3		9		4	
	6	5		5	5		3	4	

Easy (206)

5	4			7	7		6		6
		3	9	9		7	6		
	5			1	3	7			7
	5		9		3		2		
9		9		9				4	
	1				2		7		7
2			8		1	7		7	7
	7	4		3		7		8	
7	7			8	3		2		8
	8	8		1		2		8	

Easy (207)

	4	6	6					8	
	6		6		8	5	5	6	8
4		6	8				6		
			8	8		6		3	
2		3	4	1	7		9	3	8
		3		4			9		8
6	6			1	7		3	9	
	3	6	1		7	7		2	
3		7	7		4				4
			7		4	2		4	

Easy (208)

6		6	3		3			7	
6		2	2		7	7			8
	5	3		7			5		8
5	5	3	3		5		2	2	
5			4	4	2			3	
3	3	3		9	9		3		3
	5					4		4	
7	7	9			9	9	4	1	3
7		5			9			6	
		5				4	6		6

Easy (209)

4			3	3		9			5
	4		6		3				
3		6	7	3			9		9
	3		7		7		1	2	
6		2	2			4		2	
6	6	6		8	1		8	1	
	4		4					3	
	6	6		2	2		5		
4		6	1			7		3	
	6				7		7		5

Easy (210)

	6	6				8		5	
4	6	6	1	8	8		4		5
	4		3		8		4	3	
3		6		6	5	8	8		5
	3				5		4		7
		4	2		2	2		7	7
	4	4		5			3	3	
5	6	6	9			9	9		
5	6		6	9	9		6	6	
	6			9		1		6	6

Solution on Page (180)

Easy (211)

		2	2		6		6		6
	4		9	9			6	3	
	4	4	5		5			3	4
6		4							
	5		4	4		9		5	
5		5	4	3		8	1		5
	4	3		3	8		4	3	
3			6	3		2			4
	4	3			8	7	1		7
		6			2		7	7	

Easy (212)

				5	5			9	
	5	5	3			4	2	2	9
6		4					5		9
	6		3		5			1	
		3	1	8		8	8		9
	3		7	8	8		4		
7	7				8	4			9
7		3				7		3	
1	5				4		7	7	2
2		5		3			4		2

Easy (213)

			3		3		6	6	
6		8	1	4		7	3		
	4	8			2		3	6	
4			1		7	7		3	
	3		8	8		5			
3		8	8			3	4	5	
	1		9	9		7		4	
9		9		3		7			6
2		6	6		3		6	3	
	6	6		6				3	3

Easy (214)

6	6		6	7		2	5		6
	6	5	7		7	5		6	6
	3		5		7				
	8	8		8				5	6
9			8			6	5		2
	9		8		5		5	5	
9	9	3		6		6			
		6					1		
	2	1		6	8	4		1	
	9				8		8		3

Easy (215)

	2		8		5	3		4	1
	2			5	5		4	1	
	6				4			3	7
6			4						
8	8		3			7	7		7
9		5	5		8		4		
	5	1	5	8	4				6
	9			8		3	1	6	
9		4	4		3	6	2		
	4		6		6		4	4	

Easy (216)

6			3		3	6		6	
6	4			7		4	4	9	
	6	4		7	1	4			
7		7	7	8			2		1
	1		8		4		4		2
3		8		3		5			2
6			3	3		5		9	
		8		7	7		5		4
6	3	8	7		5			2	
			7	3				4	

Solution on Page (180)

Easy (217)

	5		6		6		6		4
3	3			2		6	4	6	
	7		7			4		6	4
4		7		4	7		6		6
	4		2		4				
4	8		3	3			1		9
2		8	3		9		6		3
4	7				3	6	6	3	3
			7	1		6		5	
4				7			5		5

Easy (218)

		7						4	
6	6	1	2		7			3	4
	6	6			7	6		6	
4	4		2	3		6		6	3
4		3	2		9		3	6	
	7		3			9	9		2
3		3		8	3	1	4	9	
	7		8	8					4
1		8		8	8		5		5
	7	7	3			3		3	

Easy (219)

		3		3		6	1		
	8				6		7	7	
		8		8		5		4	7
5	8		2	1	6		5		
	3		1		6	5	1	6	6
5	4			8	8				
4		4		3			7	6	6
			9		8		7	7	
9				2		2	6		6
	9				4	2		6	

Easy (220)

			3	3		5	5		5
9		9	3		2		5	3	
1	9			7		7	2		5
	9		7		7	7		5	
2		8			8		6		
	3	4		3		1		6	
4	4		3	3	5	3		3	1
6		6	5		5	6		4	4
	6		6		3			4	
8	8		8		8	3			

Easy (221)

		6		2			6		6
	5			7	4	4		6	6
		6					7		6
9	6	5		4	4	7	7	8	
	6	9	4	4		4	8		3
9				9	6		4	8	
2	2		9	1		1	4		8
		4	4			6		8	8
	5	4	4	2	3		1	7	
3						7	7		7

Easy (222)

4		9		9	9		9		5
	3		3			9		3	5
		2		9			8	5	
	3		7	2	2	8		5	8
		7	7		1		8		8
2	7	1				1			3
		4			7			6	
					4		6		3
6			5	4		7		1	
	4	5		5	6		6		

Solution on Pages (180-181)

Easy (223)

	6		5		9		9		7
5		5		5		2	1		7
			5		9		6	7	
5		3	8	9		4		6	
	3	8		4					6
			8		8	7	4		
	7	7		3		7		7	4
		7	7		2		3		3
3			7				3	2	
	5	7		1	3	1			

Easy (224)

3		2		4			3		
					4		7	3	
4		3	9		1	3			6
7	4	3		3	9		7	5	
			9		9	3	7		
7		4		3	2		7		
	4	4	3		2	7	2		5
7	1		1	4	4	7			
		5		4			7	4	7
	2		5	3		3	4		4

Easy (225)

			4		7				
6	5	9	4			2	7	3	2
6		9	1			7		7	1
	6	9		9	3	4	4	8	
6			9	9	3		4	8	3
	3				3	8	8		3
4		7		3				8	
	4		3		7	7	8		5
				5	5				
	5		5			1		7	7

Easy (226)

			2		1	6	6		6
4		6	6	6	7		6	4	
5	4	4		7			4		4
	5		5		8			6	
4				3	8				
4	4	9		3		3	5	2	1
	6		9	9					5
6	6	3	9	9	8		5		
6	6				1	8		6	
2		9		3	3		2	2	

Easy (227)

					4	2		6	6
	7	8	4	4	4		8	6	
1				8					
3	3		1	8			3	8	
6		8	5		3	8			
	6	9		5	5		3	3	3
	6		5		7	7	7		1
	2		9	3	2				5
3	2	9	9		6	6		1	
				6			6		5

Easy (228)

		6	9				6	6	
	2	2		9	5	5		6	2
6		4	9			5	6		
					5	8	8		7
4		4		9	8		8	8	7
4			7	1	5	8		8	
	7		4	4			2	6	
3	3	6	4		5		2		
	3			7		3		3	
6	6		7			2			6

Solution on Page (181)

Easy (229)

	3		9			7	7		7
6		2			1		3	3	7
	3		1			9		6	
	6		2	3		7	6		7
5		4	2		7		7	6	
5		4				3			1
	6		3		8		7		3
6		6		4		8	8	3	
4	4	6	4		8			7	
			2	2		7			

Easy (230)

				8	8		3		2
2	2		1	8		9		9	
	5	7	3		2	9		9	
5	7	7		4	2	3	3	9	9
	5		8	4				4	
7				4	6	6	6		
		5	8		5		5	7	
			8	8		7	7		7
6	5	6		8	7		5	5	
			1		4	4			5

Easy (231)

			3		6	6		4	
4				6	3		3		4
	1		8		8		1		4
6		4	3	3	2	8		6	
	6			3		1			6
	2	4	7		7	7		4	4
	2	8					3	9	
6		7	7		8		3	9	
7	7	7	5	8	8	8		2	
7	7	5		5		9			

Easy (232)

			9	8			6	6	
9	9	9	2			8		6	
6				1	8		2		7
	6	8	3		8			7	7
		8	3	8		8	8	7	
		8		1	7				8
6		8	2			4		3	3
7	7		2	3		4	4	4	
7	7	7	5		7		6	6	
7	7		5			5	6		

Easy (233)

7		3	3		6		6	6	5
	7	7		2		3		2	
8	7			1	9		3	1	
		8		8		9	9	2	
	8		7			4			
		3		7	9		4	1	8
	1				9	4		8	
5	5		7	3		8	8		3
	4	5			2		7	3	
4		3				7		7	

Easy (234)

6		3				7		2	
	6		3	1	7		5		7
	3	6				1		7	
3		3	3	3				7	7
			9		9	2	7		4
5		1	9	4	4		1	4	4
	3	9		4	4	8			5
3	4		3	3			6	5	5
	4	5	3	8		8		6	
5		5		2		8	6		

Solution on Page (181)

Easy (235)

3		6					2	1	
				8		4	7		7
4		3	6		4	7	7	7	5
4		8		8	6	6		5	
	5		8	8		6	6	5	5
	5	5		3	4	6	6	2	
2		3			4		8		6
	3		9	9				4	
9		9				4	4		
	9	1		3			6	6	

Easy (236)

7		7	7		7				4
			1			8	8	3	
	4	7						3	4
5	4		9			7	2		3
5				8	4			3	
7	7		9	2		7			6
7		9		2	4		6		
	5	9	9		9	4		6	5
5		5	5	8	4		4	5	
	8						3		3

Easy (237)

			5	3			5		7
	4		3		5	5		3	
		6			6		6		
	4		6		4	6	3		
7		7		5	5		3	3	
1	7	7	6	8		5	1	7	
2	1		8		8		8		4
	6	6			3		8	3	
	6		2	2		9	9		
9			9		9		2	3	

Easy (238)

			4	7				6	6
3		3			1		6	6	
8	8		7		4		6		4
	2	8		3				3	
4		3			4				7
	4		8	3		9		7	
	3			3	9		7		
3		2	9		9	1		1	
	6	6		9			4		5
6			3			5		5	

Easy (239)

	6		2		6		6	6	6
	6	6	6	7		6	8		4
4						7		8	
6			5				8	8	
	6	8	3		5	3			1
6	2		8	3			3	9	
		8	8	8	3	9			2
4				3				9	
4	4	4	1		2		3	3	4
	5	5		5	1		3	4	

Easy (240)

		6				4	6	6	
9			5		1		3		6
	9	6		5		1		1	6
7		4	4		1		7	7	
	9	9		9	8	7		7	4
	2		9					7	
7	2	3		8		8			4
			5	1	5	2		7	
6	6				5				4
		6	3						

Solution on Page (181)

Easy (241)

	5		2		9		9	9	
5	3	4		8					9
	3		8				9		6
5		1		8			5	6	6
7	7			3	5	5		3	
	3	5	5	3	3		4		4
7		2			7			1	
	3		4	6	7				3
7				6		6	7	5	
7	3		4		5				3

Easy (242)

		3		3		8		8	
6		9		9			2		7
6		9	9	2		8	3	3	
	9		9		3		3		7
3		9		3		1	6	7	
	8			4	2	6			6
	8	8	4		4		7	7	1
6		8	7	7				7	
	8	8		6			6	4	
6			7		6	6	4		4

Easy (243)

	4		3	3		6			4
	4	5					6	6	
6			4			3		6	6
	6	6		6	3		4		7
	2	7	3		2	1	7	7	
7	7		1	3				3	7
4		7	4		9		1		3
4	3		8			9	9	2	
		8	8			9			
					9		4		4

Easy (244)

	6	4		8		4			5
6			4		9	9		4	
	6	8		8		2	9		5
1	8		6		3	9		5	
		3		1		1	9		
6			6				3	1	
	5	2		4		3		8	8
5			3	4				8	
			6		7		5	8	
3		6				5		5	

Easy (245)

3		8		8		9		9	9
	3		6		8	5		9	9
6				5				9	
	3		6		5	8			9
3	5		5	6		8	8	7	
	4	4		6		8		8	7
4	2		6		2			7	
			6			6		3	
6	3	2				7	6		2
6					7		7	1	

Easy (246)

7	7		7	1			5		
	3			9		3	5		4
7	7		9		4		3	5	
3		4			9		9		7
	2		1	9	6	3		4	7
	4		6					4	
			5	4			4		7
	4	7	7	4			2	2	
4	4		7		7			8	8
4		7		3	3				

Solution on Page (182)

Easy (247)

	9			8	8		3	3	
8		9		8		8	8		
					8	7	6		5
8	1	2	2	6	8				
	8		3	6			2	2	5
8		3		6	1	7		5	
	2	2	1		3		5		4
8				7	5	5	5	4	
	5	5	7			5		4	6
4	4		7	7		7		6	

Easy (248)

			6				6		9
6		8		2			4		9
	4		8		3		4	4	
8				8		5		4	9
1	6	7	1		4	5	5	5	
		7				9	9		
6		7				5			6
	7		1	4	2		1	6	
4		7	7	4		1		6	6
	4				8		8		8

Easy (249)

	5	7		3		4	4		
5		7	4	4	6		4	5	
5	5		4			6		5	5
	9		3			7		2	
	9	7			2	1	7		
			1		8	8		2	
9					6		8		7
	1		1		1	2		6	
9				3				6	6
	3	1	3		5	5	8		

Easy (250)

			1	7				6	
3		6			7		2		
			6	6	6	8	6	6	
6		4				8		5	5
	6	5		5	5		5	5	
6			9		5	7		7	1
9	5		9				7		
		5				5	2		6
7		9	9	7	5		4	6	
	7					4		4	

Easy (251)

	3		1		6			3	
		5				6	6		3
	3		3			9		3	
3		7		9	9		3		6
	2			6		8		6	
3		7	6		8		8		4
		3			8		4	4	
2	2		8	8		2	2		6
3		6		7	7	7		7	
	6				1		6		6

Easy (252)

4			5		6		8	1	2
	4	5		5		6		8	
	3				6	6		3	
6	4	4				5	8		
		1		1	3		8	1	6
6	6	6		9		4	4	5	
	4		2		9	4		5	6
4		3			9	4			
5			9	9		9	3		
	2	2	9		4			3	

Solution on Page (182)

Easy (253)

				9		6	5	4	
		5	6	9	6	6			
5	6		6		6		5		6
		3		9	4		5	6	
2		2		9	4	5	3		6
	5		1	9		5	3	3	
1		4	4						1
		3		3		2			
6	6	6	3		1	4	5	3	
6	6			4		4			

Easy (254)

		4		3			2		
5	5					4	1		9
		3			1	8			9
	3	3	4	3	8		3	3	
	7		4		8	8	8	3	9
		7		2	8	2		4	
7			1	6		5	5		
		3				4		4	
1	5		4			4		6	6
		5		6	4		6		6

Easy (255)

			3		5			7	
5			3	3		4		2	7
	5	9		9	3		4		7
	5		9		3	4		2	7
4	4		9	1	5		5	2	
6		3		3	5	3		1	7
	6		3		8		4		4
4	6	6		2		3			
	3		8		8		8	6	6
		2		4				6	

Easy (256)

6	6		4		5		5		
	6			4		5	5		4
3		6	2		5		1		7
	6	9		9		7			
	6	6	9	5					1
		9			5	8	6	6	6
	3	9		8	8		3	6	
3			3		8	1	3		2
		6		1	8		7		
		2	7		7			5	5

Easy (257)

		6		5					
	6	1	3		5		2	1	
6		9		9		9		6	5
	7		5	2	2		3		5
7		7		5		9		6	1
6	7				3		9		6
	5		5	4				3	6
6		5			2			3	
	4	4		4		7		3	
	4		6			7	7	4	

Easy (258)

2		5		5		3	6		6
	8		1	5	3			1	
3		8	8		8	8	5		6
2				5		5		4	4
2	1				4		4		5
		4		5		5		5	
5	4		3		6				5
	9	9		9	9	6	4	4	4
				9				4	
	5		6				2		3

Solution on Page (182)

Easy (259)

6		5	5		6		3		3
	3			4		5			
6		5		4	6			5	
	3		1	7	6	4			3
	7	7				4		5	
	2	7			3		9		9
6	6		1	2	3	2		9	
4	6	6	8				9		6
4		6		8	8		3	6	
4	4		8	8		8			6

Easy (260)

	3		3		3		6		
		5			2	2		4	
	2		3	3		6	6	5	
		7		8	8		6	5	
	1		5			8	1		6
6				1	5	9		9	
	3	7			5		9	9	6
6			5	3		5		2	
6		6			4	9	9		6
	3		1		4	4			

Easy (261)

6		4		3		8	8		
			8				1	7	7
6	6	6		2	2	3		6	
6		2	6	6		4	3		
	1				4	4			7
2					5		6	6	
3	9		9	9	5	3		4	
		9		1	6			4	
2		9		3	5	5		6	6
2				5					4

Easy (262)

	3	3		3		4			3
2		3					5	5	
9		9		4		4	3		
	3	9	9		8				
4		8	8	8					7
				8	4	4		6	
3	3		8	4		6	6		6
4		4	7		3	3		5	4
4				1		5	5	5	
	2		7		1		2		4

Easy (263)

	4		9		9		7		3
						7	7	7	
	9			2	7	4		7	8
7	9		4		1		8		8
	2	2	3				8	1	
7		7			6		3		
	6		3			6		7	7
6		5		4	5				7
	6		5	4		5	5	7	
	3	3		5	5			7	7

Easy (264)

		7		8		8			
			4		6	2	2		7
	4	4	3	1		7		7	
2				4	6	4	4		
6			6		6		4		
5		4				3	4		2
5	5	4	6		3			9	5
	5		4	7	7		9		5
	4	6	7		7		9	5	
4		6				1		9	5

Solution on Pages (182-183)

Easy (265)

			1	2		6	6		6
9	1				5		5	6	6
	3		9	2		5		5	
8	8	9		6	6		3	5	
	6				3				
8					3			6	7
	7	7	8			7			
6	7			1	4		4	4	
		7		3		5	6	6	
6	6		7		5		6	6	6

Easy (266)

4		6	5	2			7		
	3	6		5	7			3	4
	3		5			7		3	
	6	6		9	9	1			4
			9		1	6		3	
	3	9	3	3	3		1		
8		9	9		4			7	
4	8		8	8		5	1		7
	4			3	2		5	2	
4		2	2		5				

Easy (267)

4		7			7				
		4		1		3	3		3
5	5		9		6			6	
	9	9	9		2		3		4
3		9		9	4			7	
	3		2	9			4		7
	4		3	8	3		8		7
		4		8			8	7	7
			7			8		3	
6		6	6		7	8	3	3	2

Easy (268)

	5		6		6		2	6	
6						7		6	6
6	6		2		6		7		4
	4		2	8	6	7		4	
3			4				7	6	4
3		6		8		3	8		6
	6		3	8				6	
1		4	4		4			6	
	4	4		9		4		1	2
	9				4		7		

Easy (269)

	3	3		4	5		3		5
5	3	6	4	4				3	
	5		6		6		6		5
		3		4		9		6	
6	3		4	2	2				
	6		3		3				6
	6	6		2	2	3		9	
	2	4			4		4		4
7	2		4	8	4	8		8	
	7		8			8			

Easy (270)

		6	4		9	9		2	
1		6	4	9			3	7	
	6					4	4	7	7
8	8		9		4	4	7		8
8		4		9		5		2	
		2		9	5				8
8	4		1	3		3		8	
	6	4		1	6		3	1	8
	6		6						
	4	4			4				1

Solution on Page (183)

Easy (271)

		7		7		6		6	
			3		6		6	1	
	3	7		7		4	4		9
2		1	7		7			9	
	8			7		2	2		9
8	8				6	5			
		6				5	4		7
7	8		2		5			7	6
	1	6		3				4	
7		7			3				

Easy (272)

	5		4		6		1		9
5	4	4			6	2		9	
5		6		6		7			
	6	6	3	1	7	1		2	
	8		8		7		4	2	
8		8	8			7	4		6
7	8		4		7		5	5	
		3		3	4				
7			3		6	3			6
			6	6			3	6	

Easy (273)

			8				8		
7				8		2	2	7	
	3		8		3	3			
3		8		2	6		6		6
	8		6		6		5	5	6
8	8	5	5	6		9			
8				9		9	8	3	3
8	1				4				3
	6	9		3		8			8
6	6		6		2		1		8

Easy (274)

8		8		7					7
	3		8	7	6		4	4	4
1	8			6			5	4	6
	7		6		5		9	9	
3			3	6	4			6	6
	7	3	4	4	4		9	6	
3	7		3		2	2	9	2	
2		8		8	3			9	
	8				3			3	9
3		2		8		4			

Easy (275)

			6		6		7		
1		4	6	3		7		6	7
4			4		6				6
	7	7	9			4	2		3
		7		9	4	3		6	
9		9	9				3		3
				9	3	2		2	
		5		8				1	
	4		3	3		4	2		3
3	4	5	3		8	4		4	

Easy (276)

3	3		5		5		2		
	6	2	3	3		3		7	
	8	2		6		7			
	8					1		1	5
6		8		6		9	9	2	
6	8	8	3	3					
	8	1	7		7			5	
6		6		4	7		6		6
			4		3	9	9	6	6
3		3				1		3	

Solution on Page (183)

Easy (277)

				4	2				4
2			4		4			4	
9		5				7	7		4
	6		6		7	7		7	2
9		3	8	8		1	3		
9	9		8		8			2	3
	9	6		3	3		8		
3	4		6	1	3				1
	4	6			6		8		
		4		3		6		6	8

Easy (278)

	5		5		4		6		
3		5		4		6		5	
9			9				3		3
		9		9	9	8		2	
2	4		4		6		8		4
		6		4		6		4	
	3		4		6		8		4
3	3		6	5		3		7	
4		6		5	1	7		7	
	4	4	1	7			3		

Easy (279)

	6	6		6		6		8	8
		5	1				8		3
		5		6		9		6	
		6					5	6	6
4	9		9	9		2	5		6
	7	3		1		3		5	
	7		5	5	3	3			7
	6				6		7	2	
	1	6		4		6			
7		6			4		6	6	

Easy (280)

7		5		2		3		3	2
7	7			1	6	6	9	9	
	3	8		8		6	9		9
7			1		6	9		4	
	8	8	8		6		9	4	
	4		3	2		1	6		
4		4		5	5			6	
	6				3	3			3
		6		7		3	8	3	
6	1				7				

Easy (281)

			3	9			3		5
7		3	9		4	8		5	
	7	1	9	9	4		8		
3				4		8		4	4
3	1	4	4	8		8	4		
	4		2		1		7		2
5		5						7	
5		4	6	3	3	8	4	4	7
		6		8	8		4		6
	6		8						

Easy (282)

9	9		3		3			6	
	1	9	9	6		4		5	
9			6				3		6
	2	2		4		3		6	
9	1				7			1	
	7		7	7		1			7
		4	4		4			7	7
3	2	4		5			4		
5		4	3		5		1		5
	5		6	6		6		6	

Solution on Pages (183-184)

Easy (283)

	6		3		6		6		6
4		6	7			6		4	
	6	7		7	7		4	4	8
	4	6	7		3		8		8
2	6		7		3		7		
	6	6			3	2	4		
7					9	4			7
	4	9			3	6	4	1	
7		4	9	9					2
	7		1		6		3		2

Easy (284)

	7	7		6	6		6	5	
7	7		8			6		5	8
	2	2		8		2	2		8
		3	3		3	3		8	
7	2				3	4	4		
	7	8			5		4	8	
7	9		2	5	5	8	4		4
		9	2		5	8			
	9			8			3		6
		4	4		4	6			

Easy (285)

3		3					5		
	6			3	3		1	7	
3		6	8		9	5		7	2
	2			2		9	7		2
4					8	9		5	
	6	4		8		9		9	
					3		9		1
		4		7	3			3	
6	7		7	5		3	7		3
	1	5						7	

Easy (286)

	8		7				6		
2		8	7				6	6	6
	1		3			1		3	
	3			3		6	6	5	5
5	3		9		4		5		
	3	2	9	9		4	3	3	
	9	9	9		7			1	
5	7		9	5		6	7		7
		2	2		5				
	7	7		5	5		6	4	

Easy (287)

		6		6	7		7	7	
	3	4	4		5			6	6
			4	6		7	7	9	
	6	1			5		4		6
6				2		4	1	9	
	4	8				1			3
4	3		8		5				3
		8	3	3		9		2	
	3	8			2	5	3		5
2			5				3	5	

Easy (288)

3		5			6		5		5
			6	6			5	5	
5				2	9	4	9		
5	6		5		9		9	5	
	6	2			7	7	6	5	
			1			6			
	5		8	3			6		6
6		5	8		7	2	2		5
6	5	5		8	7	7		5	
	6					1	3		3

Solution on Page (184)

Easy (289)

	5	5		3	2		7	5	5
3		6	5		3	7		5	5
			6	7			7		5
3		4		5	8			3	
	4		5	1			3		3
		4		8	8		5		
	6	6			3	8			7
5	6		3	9		3			7
		9		9	9		3	3	
6		9	9		2		3		7

Easy (290)

7		2		5		4	4		4
	7		4		3	3			6
7		4			8	8	6		
5	7		4		8	8	5		5
	5	9			8		2		
5	9		9	4		7		5	3
		9			8		7	7	
	3	9				4	1		7
3			9	9	6	6		7	1
	4		6		6				5

Easy (291)

	7						3	9	
4	4	7	5	5		2	9		
	4		5		5	9		1	
3		6		6	9		2		7
	3	5		6				1	7
5			6	4	4		3	7	
3					3	3		7	6
	8		7	8			2	7	
8		1		3	3			4	
			7				6		6

Easy (292)

	5		5		3	7		7	
4		5		2		4	7		3
	4	5		2	4		1	7	
7		2				2	2		4
		1	8				3	3	4
7		9		8				3	
9			3		4		5		
	9	9		3		5		3	
9	4		4		8		7	1	7
8	8		8	8		7		7	

Easy (293)

6		3		2		4	2		
	6		3	8	8	4		7	
6	4	4					7		
	1	3		8	8		8	5	
9	9		4	8		4		5	5
9			4		5		1		2
9	9		3						
7		3		5	5				6
	7		1		3	3		6	
				6	6		4		6

Easy (294)

			2	3		7	3		4
		7	7			7		3	
2	7		7		7				4
	6			7			5	5	4
	6		9		9	3		6	
	5	5		9		4	6		
5		5			3			1	8
	8	8		7		8		2	
		1	8		7	8			8
	3		3	7			7		8

Solution on Page (184)

Easy (295)

		7			3		8		3
7	7		6		6	1			
	1	7	8		3		3		3
	3	8			4			8	
	2					3	4		2
		6	6		6		3	4	
	3		4	4		6	6		4
3		2	4	6	6		9	4	
	5			9	9	9	9		6
	5		9		9	9		6	

Easy (296)

		1	7		7	9	5	5	
	2			7		9	9		5
8		3			9			3	5
	8	3	9	9		8			3
	8	5			6		8		8
7	5		5			2	2		
		7	1		6	6		2	
	6			8			3	3	
3			1			4		3	6
	6	6		8		8	6	6	

Easy (297)

	7		7		8		8	8	1
6		7		5		2		6	
	6		5		8		5	5	
6		6	5	7			5		6
1	3	1			7			5	
5			6		7	1			5
5		6		4		9	4		6
5	6		6		9		4		
	5	2		4		9	4	6	
			4		9		9	2	

Easy (298)

	2		3		7	7		5	
3									5
	3	9	1		4		5		5
	2		3	5		5		6	5
	1	9	3		4				
			3	8		8		4	4
	3	3			4		7	7	
9	7		8		4			7	3
		8		4		5	5	1	3
	7		7	1		5		5	

Easy (299)

		3			3		5	5	
	3	8		8	3	3			
5			2		8		5	1	4
	5	6		6		1	9	9	
4		4	6	6		4	2		9
	2	4			4				
4		1	4		7	4	4		
	7					6		6	6
		3			6		6		
	6					4			6

Easy (300)

2		1		7		8		8	
6	6		7		8		8		5
	6	6	7		9	5		5	5
6				9		5		5	
	8			5	5		6		1
8			5			2		6	
	5		3	3		7			4
				3	6	6	6		
8	2	1	7				6	5	
	8		7		5	5			4

Solution on Page (184)

Easy (301)

				5		6		3	
3		4	4		3		2	6	
	4		7	3		6	2		6
	7			8	5		9	9	
2		8	8		5			9	6
		2		8		9		9	9
1			8			3	1		9
5		5	7	5		3	3	1	
	5	7		5					
			7	4		4	8		

Easy (302)

	6		4		4		6	6	
4		6	6		4	3			6
		4	6	9		9	9	6	
6		5	2		9		9		3
			5	5		1		4	4
		6	5	1	6	2		4	
	7	7	3		6	3			6
7		8		6	6		6	6	
7			1	6		7	2		7
	8	8		1		7			

Easy (303)

3		4		4	4			3	
	9		2	2			7		
9		9	3	3		3		3	
	9	9		4					7
5		9	9	3		4		7	
5	3		9		2	2	6		7
	3	8		8		3			
3		6	2	8	8	8	7		7
	6				8	8		1	
3			3	3	3		7		7

Easy (304)

		6	6	7	1				5
	5	6		7	7	6		3	
2				7				6	3
	8	5	7		7		9		9
8						5	3	9	9
4		4		5	5		3		9
		2	2	5		4	3	9	9
	3		3		7		6	9	
5				7	7	6			6
	2	1		7		4			6

Easy (305)

5						4	1		3
	4		6		6		6	1	3
	2	2		1					
3	3		6	6	9		6		8
3				9		6	6	2	
8		8			6		3		8
8	8	6			7		7	3	
	8		4	6		5		7	8
2		8			3		5	3	
2	3			3		5			3

Easy (306)

	9	9						6	
9		9	9	3			6	6	5
	7	7	3	4		2	6		5
7				4	4		7		
	2			6		1		3	5
7	7	1	6		8	7	7		3
4			8	8			5	7	
		1	5		5	6			
	2	3			6	6			4
4		3	3		6		4		

Solution on Page (185)

Easy (307)

7			7	9	9				
	2								6
7	2	4		9		3		3	
7	4		9	4	4	2	5	6	
	4	9		7		2		6	7
	5		7		7		3		
5	5	1	5	1		8	8	3	
6		2			8		7		7
	5			8		5	5	4	4
6	6				5	5			

Easy (308)

	9		7				7	2	
1		3		3		7			
2	9		1		6	6			6
	9	9		9	6		2	7	
6	4		4	5		5			7
		6	4	5	8		7	7	5
	6		2		8	8	5	5	
4	4	3		3	8	8			5
4		6		8	8	8			
6	6			6		4		6	6

Easy (309)

5	3		3		6	3		6	
	9			6		3			6
5	9	9	6		4		3		
	5		4	4				2	2
9		9	4		8		8	8	
	7	7						8	8
2	7		7	3	3		1		2
3	6		6	5				3	
		6	6		5		3		6
4				3		3		6	

Easy (310)

7		3			7		6		
7	7				7	6		3	6
	7	1		3		7	5	3	
7		7			7				5
	3	7		1		9		5	
	8		7		9	9	3		
8	8		4	4	4		1	4	
6		8		4		9		7	7
6	6		3		7				3
	6	2		2		7		2	

Easy (311)

	2		6		6		3		2
		3							7
		3	3		3		4	4	
3	6	4		4		1			7
			3	9			9	4	7
8	8	1	3	8	2			4	
4		8		8		9	9		7
	6		6		5		3	5	
4		3		3		5	3		5
		3	6		5		3	5	

Easy (312)

	5	5	4	1			7		7
5		5		6		8			
	9						4	2	1
7	7	9		6	8			2	
	7			6		8	8		
7		1		9	8		7		7
7			4	6		1		7	
7	3	4	6				5		4
			5	6		6	5	7	4
2		5	5			3		2	

Solution on Page (185)

Easy (313)

		4		2		8			
	6	6	8				2		7
6		6		5	5	4	4	7	
1		8	8		5	4		4	4
		9		2	5		6		4
		3	3		1	6	6		2
	9	9		5	5		6	7	7
	5		4			1	7	7	
		5	6	6				5	5
5	5					1	5		

Easy (314)

	7			3		5			6
7			5					6	
	7	1				7		4	4
	8	2			2			7	
	3	3		6		1			7
8			8		6		9	7	
8		6		7	9		9		6
	6	6	6	7	1			9	
1	7					4	2		6
6		6		6	6		2	9	

Easy (315)

6		6			4		5		
	6		3	5		4		4	
3		6		3	5		5	8	2
3	2		2	1		5		8	
7		7			3		8	8	8
7	7		4		1	8	6		8
		7						6	
	3		3		5	2	6	6	3
3		6		5		9		9	
	3				9				9

Easy (316)

6		4		4		3		7	
	6	6	8	1	7	7	7		
7		6		8	7		6	6	
			8	8		2		5	
		4		4	8			5	6
	3		3			3	7		
7		1		9	4			7	
			8		1		9		
8	1		2	9		9		3	
		5		5			3		

Easy (317)

6	6		3	7	7		7		4
6	6	8		7		9		4	
6	6		4	4	4		2	2	
5		8	2		9				3
5			9		9		4	6	
	1	8		1	4			6	6
5	3		4		6	3	3		
3		8	3	4			3	2	
	4	8		1	6	6			6
4		4	3	7		7			

Easy (318)

6					2	4		7	7
6	6	4		6	4			7	
	7		4		6	4	7	2	7
3	7	7		2	6	6			3
3		7	7	7		4	8		
	4				4			8	3
6		4	9	9				4	
	9		9			6			5
	6			3	8		5		5
9		9	1		1				5

Solution on Page (185)

Easy (319)

		6			6				
3	3		5	6	9		9	9	3
5		5					3		3
	3				4	1	8		4
5		5	5						
	4		2	1		8	2		4
				5	8				5
5	3		6		5	7	3	5	
	5	6		6		7	1	5	5
	5		6		2				

Easy (320)

	6		5	1		4			1
	6	5		7	7			4	
6			1		7		8		
	6	6		7		5			
2	6		9		5		8		
		6				5		4	7
3		2	2		1		8		4
5	5					5	5		6
			5		9	3			
7		7		9	2		6		

Easy (321)

6		2	2		2		6		
			6	8	8	8	6		
7	7	1		8		8	7	3	6
	1		8		4			3	
7		4		5	4				
	4	4	5	4		6	7		
	3				4		6		3
7		3	9	2		3		3	4
9		9			8	8	8	4	
	9		8	8		8	8		4

Easy (322)

1	9				8	8		7	
	9			4		8	2		
6		3	9		4		2		
	3	3	9	4		3		2	2
		5		9	9				4
6	5		7	7		8		3	
		7		3	3		8	8	4
	7				1	8		1	
	1	5		5		2	7		7
	8		8		5		7	7	

Easy (323)

3	7		2		3		5	5	
	7	7					6		4
3			1		3		6	4	
	3	3		9		9	6		3
6	6		5		5			6	6
6		5		8	5			4	
	5				8	9	4		4
1			5	1		4		6	
	4		4		8	4		6	6
3		3		2	8		3	6	

Easy (324)

	7		6	6		5		5	
7		7			4		5	8	8
1	7	6		1	8		1		2
	9		6			8		8	
2	6			3	5			3	3
6			9		5	1		7	
		5			5	6			
6	5	5	5	5	8		6		
	4		8			6		1	
3		4	4		8		6		

Solution on Pages (185-186)

Easy (325)

9	4		3		5		3		
		4				5	3		4
					3	6		3	
9		3		3		6	3		1
9		4	5	6		6	1		
			8		2		7		4
9		9		8		7	2	2	
3	3	3			3	3	3		4
6	6		8		2				5
	6	6	8		8	5	3		3

Easy (326)

5		6			7				
	6		5	5		5	9	1	7
	4		4	3	3		9		4
	4	6			2	2	9	4	
4				8		9			
	2		8		8	8	9		9
5	3			8	8		3	5	
		6	6	8		3		5	5
	6	6		7	2	7	6		6
6		7		7			1		

Easy (327)

5		7					7	6	
	4		7	1			3		3
5		5		5	6		6	6	
	5		5			3		3	2
		2	8	8		8	5		
	9		9		8	2		7	7
	1	6	6	1		2	5		
	7	7		3		7			7
7			6		1		4		
7		7		3		5	5		4

Easy (328)

	4	4		6		5	5		
4	3						6	6	6
2		4		9	5	5		6	
	5	4	4		9		4		4
8	5					9		2	
8		8	1				4		4
8			8	8		4	7	7	
			3		5	4			7
6		6		2		5	7		1
	3	6		2				5	

Easy (329)

	4					7			6
4		3	1	7		7	7		
7	7	7	7	4	4	8			6
	7		5	4		8	8		4
7		5		4	8		8	1	
	2		7	7		8	4		3
3	3	4		7	3	8			3
3			4	7					
6			7		9	9		3	
	2	2		7		2	2		3

Easy (330)

4		4	7			1	6		
			7	1				6	
2		4	4		7		9		3
	7	4		9		9		4	
	7		5		9		9		3
	6	6		1		3		3	
	6		6			7			7
	8		4	2	8		7	6	
8					8			2	
	8	4		8		8			6

Solution on Page (186)

Easy (331)

8	7	7				8		3	
8		7	7	3	8		3	3	6
	8		1	8		8		6	
8		1		4		8	8		6
		7		1	4	1		3	
7		7		7		8			8
	2		3		4			4	
	6	3			6	6	9		8
6		6	9	6	6	6		2	
	2	9	9		9		9		3

Easy (332)

					4				2
	7		4					6	8
9		7		7	5		5		8
	2		5					8	8
9				4	5		5		
	5			4				8	8
9	1	6		4	7	1			1
7		6		5				2	
7	7	3		5	3		7		6
	7		3		5	3		6	

Easy (333)

2		8					8		6
	4	8	1	3	2	4		4	
	4						3		6
4			1		4		5	3	
	9		9			5		1	
4		6		4	3		5		7
	4		4		5	4		7	
5	4		4			4	4		4
5		6	6		5		4		4
	5	6		3		2		7	

Medium (334)

	4		2		9		6		6
	5			5		9	9	9	
3	5		3		1	9		6	
	8	8		6		9	4	3	
3	1		3			2			
					6		6		6
3		3			3			3	
			8			4	6		
			8		4		7	7	
	6	3						5	

Medium (335)

2				8	8		7	7	
3		3			8	7	7		7
9			7		7		7		
	9	7		3		2			4
5		9	3	3	7				3
	5		9		3			6	
5	3	7		4	5	5	3		
		1	7			5			
6	6		7	7	4			3	4
6	6					1	3		

Medium (336)

1	8	8				3	3		
	4		8		8	4		4	
		5	4	9	4				
5		4			2			6	
8		8					9		6
	8			2	2	1		4	
	1		1	4			7		
	4	8	4		4				1
2			3	5	5	3	7	7	
				3				7	7

Solution on Page (186)

Medium (337)

	4			9	3		6	3	
5		5	5		3			3	1
	5					9			7
3		3	3			9			
	4		2	4	3		8		7
2		7			2	2			
	1		7		8		8		
	6	3		7		4		4	
6					6	6	6		
	6	3		1		6		3	

Medium (338)

4		5		9			7		5
	4		9		5	7		5	
4						7	7	5	2
3		5		5	8	7			2
6				5			5	5	
	6	6		3		1	2		
	6					8		4	5
4			5	2	2		4		4
6	6			3			7	3	3
			6	7		7			

Medium (339)

					9			1	
5	1	5		6	7		5		5
	9	9		6		7		4	
					4		7		4
		3		6		8		4	
	7		3		2				2
	3	7		3		8	8		8
6	6		4		5	1		8	
3		6	4		3		2		6
	6					3		6	

Medium (340)

			6		6		2		7
5				6	6	4		1	
7	1	7			3		7		7
7		7	2	2		1		7	
7	9	9			8		8		3
			9		3		8	2	
	4	4		3		7	8		3
5			6		5	7	8	3	
				6	5		7		6
			5			7		6	

Medium (341)

				6				3	
7	3			6	3		6		3
	3	3				9	6		
1				2		1		3	4
9		9				6	6		
1		8			3	6		6	
	4			8				5	
	3	8				2	5		5
	1		6	1		2		3	
					3		4		3

Medium (342)

6		6			3				6
		7		2		6		3	
7	7						1		6
	2	7		2	4	8			
	4		8		8		7		6
				3		8		1	
9	9		9		8		7		
9	9	9		3				5	6
3	9	9	4		6		3		4
			4	6		3		4	

Solution on Pages (186-187)

Medium (343)

	7			8		8		8	
3		5	5	5	6		6	1	8
		5						8	
3				9	1			8	8
		6		1				6	8
7	6		9				5	6	
	2	1		4				4	6
		9			1		4		
			9	3	6		3		
			2		6	6	6		

Medium (344)

		6		8		5		6	6
	8						6	6	
	8		3	6		5	1		3
8		3	3			1	4	4	
3		4				5		2	4
	6		4		4		5	3	
6						4			
	6	6		7	2	1		9	
			4		2	9		9	2
	3	4			7				1

Medium (345)

7			8		8		5		
	7	4				2	4		
		7		8			8		4
	4	7	4		1	3			8
7		3						7	
		7	4	7	1	5		8	
7	7		4		5		6	8	
	7	8	8	2		5		8	
8			1		1				9
				9			9		

Medium (346)

8		3		7	7				
	2					6		7	
8	8	3		2		3			6
		1	6		5		3	3	
8	2					3		6	6
	2	1		5		3		6	
			9				6		7
5	3		3	9				7	
	4			2	3	9	1		7
		4	3					5	

Medium (347)

		8		8		7		7	3
			2		7	7	7	6	
8		4							
		4			4	8	8	6	
	2			6				3	3
	1	5		5		4		8	3
9			5		7	8		8	
	1	3		7		4		5	
	5	3	7				3	5	
				5		5			1

Medium (348)

	7		6				4	5	
	1		6		6				2
7		2		6	4	6			
	7			6		6		1	
8	1	5					5		7
			8	9		4		5	
		6		3			4		
8			6		9		4	5	
1					5	9		9	7
		5		6			6	6	

Solution on Page (187)

Medium (349)

				3				3	
	6			3	3		3		
		6		8		6		5	
3	2	9	8		5		5	8	
9		9		8	1	5			
	9		3	7				7	
		9	4	4	7			7	7
		4		7		7	5		7
3	9		5	5	7			2	
	2	5	5	5				7	

Medium (350)

		4		8				8	1
	4				4	8	8	8	
6				4	6		4		3
	3	6				4			2
			8	6	6		1		
4		1		2		7			5
	4		5		9	5			
6		9							5
		6		9		9			
	6		2		4				

Medium (351)

		6	6		4		3	1	9
				3		3		9	
2		6	6		9				8
	8		6	5		9		4	8
6	8	8	5		6			8	
	2		5	4			6		8
			7		4		6		
		3		4			6		1
6	2			1	5	5		4	
		7							6

Medium (352)

	4	7						7	
			3	6	6		4		
7			7			6	6	2	7
	7			1				7	
9			9		5		4		7
	1		2	4		3		8	
		5		4	4	6	3	8	
7	2	7				6	6		
		7					7	7	
7		7	2		1	7	7		7

Medium (353)

		9		8		3	2		
9	9		5	1			3		7
		5				8			
6			5		6		2		1
6	5		4						3
		6			4		6		
5	5	2	8	8		3	3		
					8	8			
4	4	6			3		2		
	6			6	8	8		3	6

Medium (354)

	6								9
7			8		9		4	9	
5				6		4		1	2
5		8	8		8		4		5
	5		8	3	8		3		
5			1			7	7		5
	6			5		7		4	4
2	2		5		3		7		2
6		1	4					7	5
	6	6			3	5		5	

Solution on Page (187)

Medium (355)

7			3		6			6	9
				3		1	9		9
3	1	7			2		9	3	9
	2	2	5		3			3	
	3		5	3	3			9	9
	6	5		5		4			
6									5
	2	7			5	5		8	
	4	1		8			8		
4		3			2	3		3	

Medium (356)

5	5		5	3	5	5			4
	5							6	4
3				3	2		5		
6			7				7		4
6		4		4			7	9	
	7			6	6	6		2	9
3		1	7		2				
5		5		7	8	8			
	3	8	8		8		3		4
3				8		3			

Medium (357)

		8	8	7				6	
	8	1		7		7	6		6
3		3	8				4	4	
2		9		7	7	3	1		
3			4					3	
				1			2		5
5	3		9						
	3	2				4			5
5		3			7				
	6			6			3	4	

Medium (358)

	7		5			2			
7		3		2	3		6		6
	6		3	2		8		8	6
7		6		5	1		8	8	
	1		7				9		6
7		5				9			
					9		4		6
	5		9		9				
6			9	4			2	4	
	6	8		8			8		8

Medium (359)

5	5		4	6		1			4
4		5			6		3		
	2		8	4		7		3	6
	2	8			6			3	
5		5		3	3		4		
				3				6	
	2	1		4	2		7		
1			9			2			
			9	7			7	3	4
9		9		7			7		4

Medium (360)

		3		5		7	2	2	
	5			5	5			3	
5	4			3					4
	6							7	
6		4		6	3		7		5
	6		8	6		2	3		
6		8	1					5	
1			8	3	2			3	
		3	1			9	9	2	2
			6		9				

Solution on Page (187)

Medium (361)

		4	8						6
1	9		8	5	2		3		6
		9						6	
	1	4	8		5	2	3		4
9		4	3		7		7		
9	9			7		7	7		7
		4		2	2		4	4	
7		7	6		3	3		4	
	7				3		6		
1			6	4				6	

Medium (362)

2		5		5		4	5	6	
9	6		6		2		5		6
9		6		6		4	5	6	
4	9			9				5	
	4	8	9		4		7		
	8	8			3	3		1	
	8		8			3	4		8
3	3	4		2	1	8		4	
3	4				6				
	4	6		6				4	

Medium (363)

	4			6		6			6
3				3		3		3	
		4	5			4	9		9
4		6	5	5	4		9		
	3		6						3
3		3	8			9		6	
	2		3	1			3		6
7	7	7		7		8		8	6
7		5	5		3		1	3	
1	2	2		3					

Medium (364)

9	9		9			3		4	4
	9	4	4	9	3	3	6	6	
9		8			7		2		6
	8		4			4			
	8	3	7		7	1			
8	8		4			6		6	
	2				6		3		4
	1	3		3					
			3						4
6		2		6		6	5		3

Medium (365)

	4				5		5		5
5		4	4	6		6			4
5	5	7		4		2	9		
	7		7			2		9	
	3	1		7	3				5
2		8				9	1		
	8			8		9			
	3			8		7		2	
3	6			7	5		4		3
	6	6	1					3	

Medium (366)

		3		9	9		9		
			2				6		6
	7	3	2		1			9	
				2	3	3	9		3
		6				3	8	3	
8	7		7			7			6
	8	7	1	2					
8		6				4	8		
	6	6	5	5	5	6		8	8
	6				5		6		6

Solution on Page (188)

Medium (367)

2		7			6	6		3	5
5		5			1		6		
					4				
	5	4		4		4	3		3
	4		6		2	2		9	
	3		4	6			5	9	
		4			1			9	
6			4	6		7	7		9
	2	7	7				2	9	3
		5		4			2	3	

Medium (368)

				7				9	
6		7	7	5			9		2
	7		5	5		1	9		4
3				4	4	4		1	
8	6		6		4		9	6	6
8	8		6	2			1		
	8	8		8				3	
2	4	8				7	1		
			3		6	7	4		
						5			

Medium (369)

	5		2						6
5		4	2			6	4	6	
	5		9	4	3	3		6	6
9		9		4	4		1		5
9	2		9	4		8			
	3	3	9		3		5	5	
4		5			1				1
	3		1		2		4	3	3
4						4	1		
	3		3				5		2

Medium (370)

	5	4		1		2		5	
5	4		8		8		4	5	5
		4					4		4
9	2			3	4	8		6	
		7	4						6
	9				1			4	
		3	6	1	7				4
	9				7		4		
	9	6		3				6	
		3		3	7		2	2	

Medium (371)

5						5	6		
8	3		1		7	5			5
	8		7		7				
		8	8		7	7	1		
7		5		5		9		2	
	3			3				3	5
		7	5		3	9			4
		3			6		9	3	
	6	6	6		6	6	9		4
6	6			4		1		2	2

Medium (372)

4	4				9		9		9
	5			9		4	9		
	5			7	4		2		7
	5	3				7			
	6	6		5			4		
5	1	5	7		7		3	4	
						2		3	
1				8		8			6
	3		3	8	3		8	6	
6		6		3		8	8	2	

Solution on Page (188)

Medium (373)

			5		3		3		9
3		3				6	9	9	9
	4		6	4	2		9	9	5
1		4		4		4		9	
			3		1		9		5
6		1	3	2					
	6	6		3			6		3
6	6	7	7	3				5	
7				7	2		3	3	5
	5				5	6	3		

Medium (374)

7		3	4		4	5		5	
	7			2			4		5
	5			4	8		2		
		5		4		1	2		6
7	3		4			8			
	1	2					8		4
		5	5	3	2		5		1
4	7		7		5		5		
4		7				5		9	
			7	2	2				9

Medium (375)

	4		2	4		5		4	
3							5		6
	2	2	9	4	4		6	6	
3			9		9	3		6	
	5			3	9		1		1
		7	7	1		9		4	
	4	7		7			4		7
		4	7		2				
	3		5	3		8		4	
3		5		3	3		4		4

Medium (376)

	3		5	5		4			4
	3	4	4		5			6	
6		3		3			3	9	
							9		6
6	8		8	8	2	9		9	
2		3		8		3			3
			3		1		4	4	
	1		5	7				2	
6			5	1		6			
	6	6		3					

Medium (377)

2		1		7		7			3
	3	4			7	9		4	
3	7	7		4	7		2		4
1						9	9		5
		4			4	9			
		8	5					5	5
						9			3
	4	7	1	4		3	3		
8			7					6	6
4		4				2	2	6	

Medium (378)

5		5	3					3	
		1		9	6		6	3	
5					9	4	4		4
	7	3					8	1	4
2	3		9			9		8	
		6		3	3	9	8	1	2
			5						
6	6	3		5		8			
		7		7			4	4	
	4	1	3		3	7	2		3

Solution on Page (188)

Medium (379)

	6						7		5
3		6	6	6		3			
	4	4				2	7	5	
4	2			3				4	
9	9	8		8	8		5	1	
9				8		8	5		2
		4	4		8			1	
6			9	4	3		6		
6	6			6		6		3	
	6		4		3		4		

Medium (380)

6		6	8	3		6			
	6				4		4	6	
7	7	6		8	3	3		9	
7					3				5
	2	3				9	9	3	5
		3	9	1			3	3	
	1		2	3		5			
3									6
	6					7		5	
6		6		4		7	2		6

Medium (381)

3		3	2	5		1		4	
	2		2		5	7	7		7
4				7			7		7
			4			9		9	
	7	1		7			9	6	9
4	8		8		9		6	6	
			8				2	6	
			1	7		6	2		6
4			7		6		8		5
	3			8	8			5	

Medium (382)

		4		7	3	5	5		4
1	7				3			2	
		7		4		4		2	4
						3	3	7	7
	9	3				3		7	7
9		3		4	3				7
			8			3		7	6
8	8	1		8	2				
3		5		3		6		4	
	5		3				6		

Medium (383)

6		3	9	9	9	4			
6	6		9				9	6	6
	6	9	9			4		3	
6		2		2	4			1	6
	4		4	4				6	
	5	3	4						3
5	5		5			3	8	3	1
5				4	7	7		8	
6							7		8
6		6	2	2		7		4	

Medium (384)

		5						4	
4	4		6		9	9	9		3
4	4		9		9	9	9	3	3
	3	6	6	9		3		7	
	6				5		7		
	4	6	2		3		7	2	
5			2		1	3		1	4
	4	8		8					
	2	8	3	8			8		6
	2				1				

Solution on Pages (188-189)

Medium (385)

	5		8					8	
	5	9	9	2	1		8	7	3
1	9	9		2			2		
			1	5	5		7		7
9	8					5		4	4
3				8	2		4		
	1		8		2	3			
		5		5		2	7		
			1					3	5
6	5	5	5		7		7		

Medium (386)

				5		6			
	6	6	5		4		6		6
6	6	3			9		1	2	
					9	9		3	
		4	8	1				6	
	4	8		8				4	4
5		5				6	6	6	
2	1	8				6		4	4
			6					3	
6		6		4		1	5		3

Medium (387)

6	6	6		5			3		2
6					5	4		9	9
	8	6	3	6			9		9
3				6					
3	8	8				4	9		3
	8							9	
		2	8		4			5	6
5	5	4	1	3		3		3	
			7	7	2	7	1		
3		3		7			7	6	

Medium (388)

1	7		2			4		3	
4		7	2	3	4		7		3
		7		2		3			
8	7		3		9		1	9	
8		7		8					5
		3	8			9			
	3	2			3			6	
8	8	2	3				5		
8	8	5			5	5		6	6
	5		5		2		5		

Medium (389)

6	5	5			3	2		7	
		6					1		3
5			6	9		7			3
	9	9			3		5		1
	9		5	5		5			
6		9						7	6
			8	8		6		2	
6		1			6		7		
	8				2	6		6	
4		4	4			6	3		6

Medium (390)

			6						4
2	6	6	6	2	7			4	
						8	8		9
				3	8				
	6	7	7		6		9		
6			7	1		6		9	
	6				6			4	1
5	4		1		8	7	4		2
	5	3				7			4
	5		3		7		7		

Solution on Page (189)

Medium (391)

					6		5		
		5		8		5	5	5	
2	2				6			6	
	7	7		8	1		4	6	6
7		3	8	2					
	7		4		3		8		4
1		5				8		4	
	6	1	5		3	9			4
6		6		1		3		5	
	1		9		9				5

Medium (392)

4				8	8		8	8	3
	2	8	8			7			
	3	4	4		6	7	7	7	
3								1	
				5		3	4		7
4			6		6		1		
	2	4		6		9			
	7	7		9			4	4	
		4	7	7		9		7	7
		2	7		3		7	7	

Medium (393)

	6		9	3		6		6	
	3	9		1	3		6	2	5
		2	9			9	1		
6			9		9		4	5	
			4	8		2			
		8		8	4				
		3	8			5		3	
	8	8				5	5		6
	5							6	
6		5	5	3		7	1		6

Medium (394)

3	6		6			3			
	6	6	4		3		2		5
	4			7		8	4		
	7	7			5			8	
7		4	4	5		4	8	1	
	9	9			5				3
3				3				2	
3	9		9		3	7	7		3
	1	3				3		3	3
	2		3		4		7		

Medium (395)

	8			1		8			
	8	4	9		8	3	6		
8	8	4		2	3	3		6	
8		9			4				7
	3			9			6		
6	1	3	9		8	4		2	
	6	6		3	8			6	6
7	6			8		8	6	6	6
	6		7		8		8		
	7		1	4		4	3		3

Medium (396)

8				8		7		7	
	4	8					7	7	2
		8		3		5			5
2	2		3	3	6	3	5	6	
	7	7		1	3				6
	4		8					6	
	4	1			2	2		3	3
7		5	5			9	9		3
1	3	5		6	6	9			
			5		3		1		

Solution on Page (189)

Medium (397)

					7		9		
4	6				7		5	9	
	3	3			5			9	9
2	2			3		5	9	2	
7					3	8		6	6
	7		7	6					
7		7	6		1		8	6	
6		3		3			4		6
	5			1			1	3	
			6						5

Medium (398)

3		5		3				6	
	3			7		5	5		6
9					5		7	2	
	9	7		5	7		7	7	3
	7		5			3		4	
				5	7		8		4
			2	5	8			8	
9			7	7		3		8	
7		3		5	5		3		6
7	2		3			5			

Medium (399)

9		9			4	7		2	2
	7		7		4		7		
	7	7		8		8		1	
2					8			7	4
	3	3					3	3	
	6		6	4				2	
5		6		2	2		1		
	5		6			4		5	3
5				4	1		1		
	3				5	5		3	

Medium (400)

				8	9		9	2	
	7	8	5			9	4	4	
7	7		5		4			9	1
		4		4	4				2
	4		3		4	7		6	
				2		7	6		
	4				1		6	4	
6		5		1		7	4	4	
	4				7				1
			5	6		8			

Medium (401)

		5	2		6		6	7	
		8				6		7	2
1			8		8			7	2
	7	4	8		8	6		3	
7		4		8	2		6		
	5		5		2	6	4		3
9	5							6	
9		4		6		4			6
	9		9	1	6			6	8
9		9	9		8				

Medium (402)

		3	8	8		6			5
8	8			8			6	2	
	2		6	8	4				
3	3	6	6			9	4	4	6
3			1	9			4		
		7		9					
	7		1	6			9		2
	6	3					3	6	6
	6		4	6		6	3		6
		3		3	3			6	

Solution on Pages (189-190)

Medium (403)

	6					2			
3		1		7	1			6	
		6	7			7		8	6
	3				4		8		
6	3	4		2	4	5		5	
		4		4					7
6		4			4				
	9				8	5		1	7
6		8		8			1	4	
			3		3				

Medium (404)

	6	4		4		7		5	
	4		6	6			7	5	
	4	4	4						2
	5	5		7		7		2	
		5			1	4	4		9
				8					9
6		3	7		1	2	9	9	
	6	3	5	7			4		5
6		5					4		
	5	3		3		4			

Medium (405)

6		6			5			4	
	5	5		4				5	
		2			8				3
6		7						1	2
	7		7	3		1	3	8	
	3	3	2			8			9
	3		2	4	5		5	9	9
	4	6	6			5		1	
4		6		6	5	9			9
3			6	5	5				9

Medium (406)

			7		5	5			
	4	4			5			6	
2		4		4		4		6	6
2		7	9		5		8	8	
7	7	7		9		8			3
	7		2	9	4	4		8	
7		6	2		9		4		
2	4		9			3			
			4	1	3			6	
	4			4		1	7		6

Medium (407)

5			7			6	6	5	
	7	7		4	3		6		
			4	4	3	3		5	2
	3	6						6	
3	6			3	3		8	1	
	3	6			2			4	
4		3			2		8	9	9
				4			4		
	5	5		5	1		9		
	6						2		3

Medium (408)

	4		3		3	6		6	
9		4		7					6
		4			4	2	2	5	5
3		2		5					
	9			4	7				2
1			7		7	3			
9	9								
	4		5		5	5		7	
4		3				5	1		5
5			5			6		3	

Solution on Page (190)

Medium (409)

	2				3		4		
1		4		5		5	4	6	
	7		5		3		6		6
		8		8		4	4	6	
	3		4	9		4		2	4
	7		4		8		1		4
4		3						3	
	4		3			3	4		3
6		6		9			3		
			6		2				5

Medium (410)

			2		9		2		3
				1		3		3	
5	6	6	5	5	9		3		
	6		5				1		
5			6	8	9				5
	6		8	8		9		7	
6		2					1	3	
	3		1		3	3			
	3	7	7		6		6	5	5
	3	7		7		6		3	

Medium (411)

		9	5	5		6	6		6
	3	9		5		3		2	
5	5		5	5			6	1	
5					3	2			
			2		4		1	8	
9		3				5	5		6
9						6	8		
	4	6		4	6		3		8
4	4		6						
	6		1		7		7		7

Medium (412)

3	1						6		6
			7		9			4	
		7	7		9	6	3		
	2	6	1	3					
6		6		9	9			3	2
	4		3		8			6	
3		2		8			1		
3	3	5	5				4		
	5		5	8		5	3		2
		4			8	3			

Medium (413)

	9			7	1		5		5
3		9						6	
3		9		4	7		6		3
	2		4	1		5		6	
5	2	9	3		5		5		5
		5			1	8		5	
	5				8		8		5
2		3		8		6		7	
	4		5				6		7
3		3		6		6		2	

Medium (414)

7				8		8		8	
		7	3		6			7	7
	4		3	3		5			7
					5	5		7	
2	4		1	2	8		5	3	3
9		9		9		8			3
	4							3	5
5	4	2			7			5	
	5			9			7	5	
5		3		5		7			

Solution on Page (190)

Medium (415)

		5		1		8		2	
			6	8			3		
5			6				3	3	5
		8		8		5		6	
7	4		2	4			3		
	1	5	5			9		6	
		3			9		9		2
			3					6	
	7	6				3	9		6
6		6	3		1		3	6	

Medium (416)

6		7		7		7		9	
	3		7		7	4			
6				2			9		1
	6		3		5	7			
7			4	5		1		9	2
7				5				3	
	7				4	7	7		6
	6	7		4		8		6	
6		3			8		6		2
	3		7					7	7

Medium (417)

			6				8		8
2				4		1		4	9
	1		2	2	8			2	
6			3	1			9		
		3		5				9	9
6				4			9	9	
	5	3			6			4	8
4			4	6		8	8	8	
		3		7		8		3	3
	4		7				2		3

Medium (418)

2				8		2	6	6	
	8		1	4	4				
	4				6	2		3	
	8			3	6			6	6
		1			6	9			6
	4			6	9	9		9	9
5	5	5		7	6			9	9
6		1	7			6		9	
4	6			7		4			4
	4						5		

Medium (419)

5		5			2		3		6
		8				6			
7	5		5					4	5
	5			4		8		4	
	1	4			1				
	2			6		6	4		
		5	5		6			4	
7	9	5	5			6	3		5
			2		1		6		5
3		9		9					6

Medium (420)

	2		3		1	4		4	3
		8		9				7	
			3	9	9		9		
	5		8		4				
	4		1		2	9		1	
	2			8	2		3		
	3		4		3				
3	3		4	3			6		6
5		5		3		5		4	
	3		4	3		4	4	4	

Solution on Page (190)

Medium (421)

7		3	4	4		3			
	7		4		3	3		5	
	9			9		9	5	8	
	6		4	4	2		9		
7		6	4			1		2	
8		6		6	6	4		2	
	8		8	6		5	4		
8		8							
	3		3	1		3			7
			7				3	2	

Medium (422)

		4			9				
4		3	4	4		9	2		
	4		9				4	4	
8		8		4				3	3
	7			4	3	3		3	
8				2	7		8		8
			4		7		7		4
1		7	7	5		7		4	
	3		5		3	3	1	4	
2				5	7				

Medium (423)

5								5	
	3		9			9	9	4	
6	5	2		9		9		4	4
6	5		5		1		7		3
	5	2			3	9		7	
6		6	8	1		7			5
	4								
5		6		5	5	7	1		3
5	5								5
						5			

Medium (424)

	5				6			2	
5		6		8		8	8	1	
	4	4	6		8		1	6	
5	4		5	3		7	7		3
		6		5					
		6			7		2		5
5	5		5		3	3	3	5	
	3	2		9		9		5	5
	6		6		9				9
	6	6	4			9		3	

Medium (425)

			4		6		5	5	4
	4	3		6		6			
8	8			4		2	2	4	
	8	8		5	9		9		
8	8		5		5				1
	4	4				4			9
7			3		5	1	9		
	5	5		5	5				
			4			6	2	6	
1	5	5			6				5

Medium (426)

				5	2				6
2		6	4	5		1		7	
	4		4		5		7	7	
		8		5		1	7	6	6
	3	8			4	4			
3	7			9					6
	7		6		3				3
4	7		6	5				6	
4	4		6	6			6		3
		2		6					

Solution on Page (191)

Medium (427)

		6		3		6			
			9	2	2			3	6
3	9			9	3		3	3	
	9		1			5		7	
		6		6		8	2	1	
	7			6				7	
					8		8	7	
	3		6	7		4		8	2
		6				3	1	4	
5	5		5						4

Medium (428)

		4	6	3		2			4
	6				7		7		
3				6		7	7		
	5	7	3	3	3		2	7	5
5	7		1		8		3	9	
		8				9			
	7				9	9		9	
3	2	2			6		1	4	4
	3		3			5		4	
4			6				5		5

Medium (429)

				6	6	4	4		
	5	4					4		3
					7	1		5	
	6			7				6	3
5	5		6		6	6	9	9	
	5	6	1			2			9
	2	8	8		9			4	
3	3		8	8		4		4	3
6	3	6	6	4		8	5		3
	6					8			

Medium (430)

6	6		6	7	7	3	3		
	6	3		7			3	6	
	4			6		7	7		
		4			5		5		6
			2		5	5	5	9	
1		3	2			9	9		
	7		7	4	2	2		1	4
7		4	6		3		9	4	
	7			6				8	
3		4	6		8				

Medium (431)

	5	4					3		
		5	4		5		5	3	
			4	9		3		4	
		6							6
5		6		9		9		3	
	5	1	8	4	4		6		6
3		8		8		2		6	
5	8		4		7			5	
5							7	5	
	4				7	7		1	2

Medium (432)

	8						2	3	
8				5	3				3
			1						
7		8		6		3	9		6
7			4			6		6	
	4					5	9		3
7	1		5		1		9	1	2
	2		3	3	3	9		5	
		4		4		1	6		5
6				4		6		6	

Solution on Page (191)

Medium (433)

3	5					3	6		6
			5		3	1		3	
3			8				9		
	4	4		5			4	3	
4	8					2			4
3		1	5	5		3		6	
				5			5		
4			2		4		1	7	
	1		2				2		6
	8			8				7	

Medium (434)

	8		8	8		7	7		2
		5		8	3	7		4	2
	7		8				4	4	
5		7		4				6	6
	7				8	6	6		6
		4				1	2	2	
			4		8		9		
3	4		4	4				4	4
	5			1		9	6		
4			1			2		6	

Medium (435)

	3				6				
5	5	3		6		4	8	2	5
			2		7	7		5	
9					7				5
	9	4	9		6	7		8	8
	4			1		4	4		
9		3	6		6	6		8	
8	3	3	4	4			3	4	
		8		2			3	3	4
8			7	7				7	7

Medium (436)

8	8	2	4			7	7		7
	8		4		8	7		6	
	7			7	8				6
8		7			8	8		6	
	7	4	2		8	9	3		
					6			4	
	2	2	4	8	6	1		9	
3	6					6		8	
	6		3	6	6				
	6			4		1	9	8	

Medium (437)

	4		4		5		7	7	
			4			5		7	
	8			3	7		7	6	
7		3	2	2		9	3		6
	3		7		3	9		6	
7				9			3		4
			2		4		9	1	
4		5	2	4		4		9	5
	3	5		6	6		4		
5									

Medium (438)

						7	7		7
	6	3		9	9		4	7	
2	2		9			3			1
		9		3			4		
3		1			3		6		5
	3			2		6		3	
5		4	8				3		
5	5		8	8	8			6	
	5	1			5		5	3	3
	4		3	1		2	5		

Solution on Page (191)

Medium (439)

6		6		2				5	
	6	6		9	9		9	4	
5			4				1		
	5	5	5	3	8			4	
4			3	1		1			
		3							
7	8			8	6	6	3		4
7		3		7				4	3
	7	5			7	7	4	4	
7	7				2		7		3

Medium (440)

	8					7			
8					5	2			6
8		4	4	5			6	3	
	3		4		5	3			
	8	3	3	1	9		3	5	
4		2		5				1	5
						3			
1		2	2		3			6	6
	6	3				9		3	
6	6		6		5				

Medium (441)

	4		5			5			
		3	4		4				4
	6	6				6	4	9	4
			6			3			
	3	3	6				9		2
		7		4	6			3	
1	7		4			4			3
		7		6			9	9	
		7		3		6		2	1
	6		8		8				

Medium (442)

			7	7		7	6		
1			2		4		7		
6	6	5	8	4		4		6	
	3					1			4
6			8	2					6
	3	8		9		3			
3	5				9	3			6
			8	2	9		8	3	
		3		5		3		8	8
5		3	5		5		8	8	

Medium (443)

5		5	9	9		4	6	6	
	3			9		5			6
			2	9		5	3		8
		5		9			5		
	3	8	8	2		5			8
					8	8			
2	8	8				5			6
	5		1		4			4	
				3		1		6	
	5	1	4				5	1	

Medium (444)

3		1			6		4		
	2		8		6	6	4	3	
	3		1		6		3		3
	3					8		4	4
4			3	7		9	9	4	
3	6	6		7	7			9	2
			6		6	3			
4		7		7			9	5	
			2	6		4	5		
4	4				6			4	

Solution on Pages (191-192)

Medium (445)

	5		5					7	2
		5		3				1	
6	6	3						4	4
		3	5		1	6	1		5
2			4	4	8		5		5
		9		8				2	
	9		8		8			6	5
		5	7	3				1	
9		5		7	7			4	
	5			7	7	7	4	5	

Medium (446)

6	6			4					5
	9	6	6		8		6	5	
9		9		9		8		5	
	5	9					7		
9			5			8	1		
	2		4		4		3		2
5		3		2				5	
	6			4			3	5	6
5		6	5						6
	5		5		4			6	

Medium (447)

	7				8		3		5
5	7	3		7		8	8	5	
	1		4	3		8			5
5		5			2		8	9	9
			4			3			
7	5	5	4				9	9	
7	7		5	5	9		9		3
	8					3		2	
7		5	5		8		6		6
	1			5		4		6	

Medium (448)

			7			8		5	6
	7		7	8		8	5		
4	9			9	9		5	6	
	6	1		8		8			6
6		2	9						5
	6	8		8	2	7		1	2
			8			7	4		
4		3		8	3	7			4
	3		8					7	
2				7		7			3

Medium (449)

				5		5		4	
		6			5			2	
			6	6	3		3	2	
4	8	2				9	9		9
8		4		7				1	9
	7				4		7	9	
4	1	4		4		3	7		1
	5			4		3		2	2
4			3		6	7			
		3					1	4	

Medium (450)

			4		4		7		7
4		3						3	
9		3			3		7		
3	9		1	7	7	2			7
		3	3		7	7		3	
				3		3	6	6	2
	9		4		1				2
4		7					1		
4	4		7		4	4		3	
	7		3	3			5		3

Solution on Page (192)

Medium (451)

9		7		7		6			
	9		5				4	3	3
9	1	4		3			6	6	
9		4		3		3	6		8
9	7		4		1	3		8	
				7			1		
3			2		4	2			
	3	6		4				4	4
6			4						
	6				6	7			4

Medium (452)

		1		7		7		5	5
		7			8		2		
	4		3		7			3	3
		4				4		7	
	4	9	8		4		7		
5		9		5		4	7		
	3			3				3	3
	9	9	9		5	6	6		3
			9	9			5	6	
6		3			1				6

Medium (453)

5		7			2		3		
		5		7	3			9	
	5		7	7				9	9
	4	2	8		4		3		
	8		8			3		9	9
1		4			1	3		3	
				8	7		7	3	
	7		3		2	3			4
	4			1		3		1	
3			7		1	2			

Medium (454)

5		7		7		6	8		6
	5				6			8	
5		2		1	8				6
	4		6					3	
4				1	6				
	4		9			6		3	2
		2	9	9	6	6	4	4	
6	6			9		7			7
	9		5	9			7	7	
		5			1	8			

Medium (455)

8			2			6		5	
					6				
1				8				4	4
4		3	7		4		5	4	4
1		7		9		5	5		
		6			9			2	9
6		4		4	4				9
5	6					6		4	
5		4	2	3		6	6		4
		5	3		6	5			

Medium (456)

8	8	7			6	6		6	
8	8		1		6				4
8	8	7						1	
8	8		4						3
7		3		3		6		6	6
	3	2	1	2	2			6	
			5	5			1		6
7		5		1	8	8		3	3
	6		6		9		2	3	9
	7			9		9			

Solution on Page (192)

Medium (457)

8		8		3				6	
			8			5	6		3
8		3			3			6	
	2	1	3	5		5		6	6
9	1		2		3				8
9		9	1	3	3	8		3	8
								7	
5	1		5	3		7			7
		5	6		7				2
	6	6				2		3	

Medium (458)

	5			8	3	3			
5		9	8		8			6	6
	5		3			8	6		3
2	2		1			7		7	
9		9	9				7		7
8		5			4	6		7	
			5	6			3	4	4
6				6	6	1		4	4
6	6	8		2	2		1		
	6	6				7		2	

Medium (459)

	7		7		8		8		8
3		7				8	3	6	1
	3		4		2			6	
1		1	4	5		2	3		6
			8						
		8		8	8		6		3
3	5		3		9	6		6	1
	3				9	3		3	
	6		6			8	2		8
			9		9				

Medium (460)

4			3			7	9		2
				7	3			3	
	4	1	4		3				3
5	2			4	5		4		9
	5	3		5					
	5		1				1		
				3	5	3		7	2
3			6			7	7	5	
	5	5	4		3	3			5
5		5			2	7	7		5

Medium (461)

6				8					7
	2	2	1		4		1		
	6			8	8	7	3		7
6			8	8			3	3	
	3		8		6	7		5	2
				2		4	7		2
	5		9						
4	6	6		9	9	4			1
	6		6		9		1		
		6		3	7	7		7	

Medium (462)

	9		9	8					4
		9			8	8		3	
	9		6		6		8		
3	3		6	6		7		3	6
	3		1		1		6	6	
		7		5		7		6	
	5		2				2		
5		2		1		3	3	5	5
3					2	6		6	
	2	1		2			6		6

Solution on Pages (192-193)

Medium (463)

	8		8		9				
		2				9	5		3
				4	9		9	3	7
4		7		1	3	6		7	
	4				3		3		
	5	2				6		1	7
			3					8	
5			6	7		6		1	
	6			6	4		3		
5		5	5			3		8	

Medium (464)

	9		7		2		6		3
		7		7		3	6	6	
					6	6		2	
		7	1		4		8		8
8	8	8		6	6	3		6	
8	8	8		6					
6		8		3	8		8		
	6	8			5	4		6	2
6		5				7	4		
6	6		2	2		7		7	

Medium (465)

	3		7						
4				4		8		4	8
	3		2	2	7	8	4		
4				1	5		4		
	5	9	9			5	3		3
7	9		9		4	2	1		
	7	9				2	5		
		9	9	9	4			2	2
	6		6	6	4		7		3
	7	6	6	4				7	

Medium (466)

							8		8
7	5	5		5		8		8	
	2		5		3	8			6
	3				7		3	6	
2		7	4	3		7	1		6
			2		3		4		
	7	3		3	6				
	4	6	6				6	4	
			4	6			9	4	
9					9		9		4

Medium (467)

	5	5		5				2	
	6		6	5		6		2	9
3		3		1		9		9	
4	4			8				3	
5		3	3		3				
	4		5	8		3	4	6	
					2				9
	2	6			2				
	2		6	4	3		4		2
		6	4			5			

Medium (468)

	5				8		2	6	
5		4					6		4
	4		4		3	8		6	
	1		9	4	3				4
2		5		1		6		2	4
									7
5		3					5		
	4				9	3		4	
6		3		1			7		
	6		6			5		5	

Solution on Page (193)

Medium (469)

	5		5			3	1		
		9					7	3	
	4	4		3		3		3	4
			4		2	7	7		
9		7				8			
			3		2		8		6
4	7	7	7	8		8	4		
3	7	7		3		2	6		6
			4	6	3		5	5	
3	4	4	6						5

Medium (470)

	2		6	6					7
8	8	5		6	4				
	5		2		4		5		5
	8		3	4		9		3	
8				1		5			
	4		4			9			
8	7	4		6	9		5		
7		6			1		6		
7	7		7			7		7	
	7			4	3		3		1

Medium (471)

	1		3	8		6		6	6
9		4	3			3	6	6	
	9			8	8		8	2	
	9		1			5		3	
	9	9		4	5		8		3
				8		8		7	
	2	1	6		8	8			7
	6		6	6		5	2	6	2
6	6			5			2		
	5		6			6			

Medium (472)

	7	7					3		3
8				8		2	2	5	
8						7			
	8	7	7				4		4
6			6	9	6	6		4	
1		1				3	3		6
			9				3	6	6
8	6	6			9		1	2	
8	2		8		4				
		8	8		4	7		7	

Medium (473)

6	5		5	1	7		3		3
	6	6	5		7			6	
6	6		5				3		3
	9	9		7		8		8	
5					4		7	4	8
	3			9	9				
5	5	7		9		4	7		
	2		5		1		7	7	
5							7	2	
					5			6	

Medium (474)

	6		3		5	5		5	
6		4		3		4	4		7
4			5		4	9			
	6	4					7		
	8		1					7	
				8		9	2		2
	7		7	1	4	1		6	6
		7		3				5	
		2	3		7	3		5	5
					7				5

Solution on Page (193)

Medium (475)

	6	8				8	4		
	6			8	6		6	3	
6		2	9		6	2	8		1
7	1			9					
	7	4		9	8	8		8	2
7					4		2		
		9		6		7		1	
	7		6					5	
		3		6	4	4		7	
	5		3		4				

Medium (476)

	5				4			5	
5	1			5			5		5
	5	7	5		4				3
	2		7	5		8	2		
	8			8		7	7		1
		1	5	8					
	8			5	6			7	6
		8			9		9		
		8		8		9		6	
6	4		2		3				6

Medium (477)

		7					3		6
	4				5		3		
4		4		5	3	3	6		3
		9		9	3		6	7	
2	1				1	2			2
2		4		8		8			2
		4	3	8	3				
			3		8	6		7	7
5	5	6		4			6	7	
5		5	4	6				4	

Medium (478)

			5				6		7
		7		5		6		6	
2	4		4		6	2			
	9			1	3		6		
9				5				6	6
9	2			9	1	5			
	2	3	9	8	5		5	3	3
6		3	8		8	8	8	1	
			5	8		8			
	6	5			2			7	

Medium (479)

3	3		4	3		4	2	2	
	2	4			4		8		8
		4		6		8		3	8
					3	8	8		
		1	9	6		1	7		7
	7	9				4		1	
	8		4				7		7
8		4		4					
8	8				3				
2		6		6		3			8

Medium (480)

	5			7	7	3		6	6
9		7		7	7		6	6	
			7		4	6		5	5
3		9					2	2	
	3		8	5	5		6		5
8		8		8		5		6	
2		2				3	3	5	
			8	7	1		2	3	5
		3		7		1			
	6		1				7		

Solution on Page (193)

Medium (481)

		3	7		7	7	7		7
	6		6				8		
5		4		2					5
					5		1		4
	4	4			5		8	4	
	4				8			1	3
4	8		8	5			1		
4	8	8	8		9	9		5	
	3			9	9		4		
			2	9		4		5	

Medium (482)

4	4		6			2	5	5	
7		4	3						
						6	5		7
3		7	1	2	2	1		7	
					6		3	3	
4		3	1	5	1		3		5
4	5			5			8		
	6		3		2				1
				6		7	8		8
	4		4					8	

Medium (483)

			2	2		7			
6		6					7		3
	3	5			1			9	
5				5		4	7		
	5	6	6	3	4		9		
					1	7	9	4	
5						7		2	
	4	1	3		8		3	7	
6	6		3				8	7	7
		6	3				7		

Medium (484)

			6	3		2	2		3
4	4		6			9	6	6	
			9			6		6	6
3	3	9	9		9		4		4
	8	1		4	4		3		3
8			8			5			6
	4			8	5		6	6	
	2	2	8			7	7	7	1
	3		5			7			
5				2		4			5

Medium (485)

	2			2		6		6	6
	4		8		8	1		6	
4		8	5	1		8	7		7
	9	5			5	1		6	
				3		7	7	6	6
	1			3	3	7	5		6
9	9	2		8		5		6	
		3	6						
6		3		6	6	7	5		
							7		4

Medium (486)

			1	8		2			3
	6	2	8		8		4		7
	8							5	
		7			4			5	
4						5			
	6	4		4	7		9	3	
6		1	4	5		9			7
					4			9	
2		1	7	7		1		9	
		7			7		4		

Solution on Page (194)

Medium (487)

	3				5		5		6
3	6	2		6		5	5	6	6
			8		8		1		2
				5	8				
4	4		4		5	8			7
			7	5				4	
7		1	7		3	7	6		
5			3	4	4	1		6	4
		3	4			9	6	6	
5		2			9				9

Medium (488)

3		1	9	9				9	
	4	9		2	2		6		
4			3			8		6	6
					8		8	6	
		2		8		3		5	
6	3		5				3		5
	5	5		1		2	5	3	
		5	2			7		5	5
	3		2		3		6	6	
6				1		3		6	

Medium (489)

	7	2		3		4			4
			3				6		
	5			5		9			
5		1					9	7	1
					5	7			7
		3	4	9		5		7	
6	3				5			7	
	5			7	7			3	
5	5			2			1		
	5		2		4		8		8

Medium (490)

	5				6		6		5
	5			6		1		5	
			5		5				7
6	7			5				5	
	7		2		4	7		6	5
7	7	4	9	4		7	6	6	5
	7		9	3	3		6		6
	7		4		4				2
	9	9		4		8	8		5
4		9		9		8		5	

Medium (491)

	5				7		7		8
4	3					5	8	8	8
	4	3			5			8	
4	7			2	5		9		7
				2	3	9		1	
	7		4	3	3		9		
6	6		4	6		9	3		7
	3		6		6			6	
2			1	6	6		9		
	3	5				2	6	6	

Medium (492)

4	7					8	8		4
		1		2			8	8	
	3		3	2		5		8	
			2		5				7
		3		3		7	2	7	1
6			7		1		2		
6				9	9	9	5		5
6	6			1		6		3	
4		3		6	9				6
		6							

Solution on Page (194)

Medium (493)

7				4	2	6			
	7		4					4	
		7		8		4	4	5	4
	4		8	1	8		4		4
	7			2	8			5	
			4	2		4	4		
	4	9	9	3		3	5	5	
1	9				9			5	
	2	5			9	9	5		
			4		4	1		3	4

Medium (494)

4		4					2		6
	2		4	3	3	7	7		
	9	9		7			7		
					3	7			3
9		3		1	3		8	3	
3		6			8				2
	6				8		7	7	
		6		8		4		3	3
	4	4	4	4	6		7	1	
	5		3			6		6	

Medium (495)

8	8		8	8	6	3		9	
8					6		1	9	
		7		7		9			9
		7	7		6		4		9
		7		7				2	
7	2		5		6	6		8	8
				5	6		6		8
6	6		4	4		4		4	
	6	6	4			4		5	2
6	5		5		3				

Medium (496)

	3		3		3		3	5	
2		5	5				5		3
		5		4			5		
8		8				2	3		6
8								3	
	9	5	8	7			6		
	9			4		8	6	8	
9		9	7		7		8		3
9	1	9				7			
2		3	3	7	7				6

Medium (497)

2				3	3		6		6
	8					6		6	
	8			2	7	1	4	5	
6		4		2				3	5
	6		7	1					
4	4	3		7		6			6
	4						6	6	
	3			3		9	9		3
	6	9			2		6		
		6	6		3		3		

Medium (498)

	8							1	2
	4		8	8	1		7		
		5	4	4		3		4	4
							3		4
	4				4	7		3	
9		9	4			7	7		
	6	6			8		4	7	
					2	2			7
9	9	8		8		4		7	
	2		3						6

Solution on Page (194)

Medium (499)

		6	6		5				
	4					4			4
6		7							3
	7			4	6	6		9	9
7		4					5	5	
	4		5		4		6	9	
7		5		5		3			
1	2	1			5		3		
	7	7			2	8		9	3
7	8		8		8		8		1

Medium (500)

	3						4		
5		3	2	3		3		5	5
				7		1	3		5
		5	5			4		6	
	8		5	5	2				
8	3		5		9	4		6	3
8		4			9		6		
	3					4		3	
8	9	9		1		3	5		
	1		2				5	4	

Medium (501)

			9			9			
5	6			7	7	9		9	
	2	2	1		5		5		2
5		7	7		8	8	2		
	5		1	8		8		8	3
		3		6			8	6	
		6		1					
6	6		7		5		3		6
5		7		3		3			
			7						3

Medium (502)

6					8		1		5
	6	6		3				2	
5			4	3		2	2		
5	3			1		7		7	
			3	3	3				
3		3	1			9		5	
	6	2						7	
6			3			1		7	
	6	5		3	3		7		7
			5		5	5			7

Medium (503)

			7	7		7	7	2	
3		3		2	4	7		4	
	8				4		4		3
3		3		3		3		3	
					9	8	8		4
4		9					8		2
		4	4			8			
3			6		5		8		3
					6	6			2
	3		6	1		6		1	

Medium (504)

	2	3			4		4		5
	3		6		4			5	
9		3				8			3
			9	6	8			3	5
	5				9	4		1	
	5	5		9	4		3		
7		7	3		4		3	3	
	4			5		5	5		6
4			7		5			6	
	7				2		3		6

Solution on Pages (194-195)

Medium (505)

		3						5	
5		3	3	8	2	5	8	5	3
	4	4	8		8	8		3	
6	4		3	3		5	5		
	6	6	9		1		7	7	
5				9		5	2		3
	5				9	5			
				5			6	6	
5			7	9		3	3		
	2			4					

Medium (506)

	5		7	7		7			
	6	6		6	2		7	4	
	5		6	4		9		2	
3			4						6
4		5		3		9		7	1
	5	2		3			1		7
4				3		7		7	
	8						7		
5		8	3			9		1	6
					3	3			

Medium (507)

			3			7		6	
	4				3		6		
2		4		4		7		8	
2	6		3	3	1	8		8	3
1		6	6				8		
4		6	5	5	5			4	4
			5	5		9	8	6	
4		7		9	9				
5	5			6		9	6	6	
		6							9

Medium (508)

7					4			5	3
	2	6	1			8	4		
6	6		8		8				
	6	6	3		1			5	
2		8		9		9		9	
8			8		5	5	9	6	
		3		1		5	6		7
8	7	7	7		5				7
		7		3			6	7	
1		3		5		5			

Medium (509)

	2	7		7					
3		3	7			1	4		
	6		3		4	4			9
4				4	6			6	
4		8				8		5	1
	4		8		8				
2		7	7			4	2		6
4	7	7		4		4			
	7	2					1	6	
	4		5		4				

Medium (510)

	3	5			7				4
3		4			7	7	7		
	4	9		7		4		2	5
	1		4	4	7			6	5
	4				4			6	
		9		9				6	1
	4	1		2	8	8	8		8
							2	8	
6	5		9			7	2	3	
6		6		4	7				

Solution on Page (195)

Medium (511)

	2	2		4			3		8
4			7			4		8	
	6	5	5	1					
	6	5		2		7			
		2				8	2	6	
	1	8			8				8
7		8	3			4		6	8
	7	8		3	6			6	
7	6				3		9		
						9		9	

Medium (512)

		5	9		9			7	7
	5		8	6		6			
	5		8				5		7
		2		1				5	
	6		8		1	2			7
			7		7			2	
	4			4		7	5		3
	6	7			7		5		
		1	7		3	7		6	6
6				3		6	6		

Medium (513)

		3			3		3		6
	8	1		5			6		
8					4				7
	3					9	7		7
	4			8	1		9		
3		2	1			9		7	8
	5	2		2	3		9		
5			4		2	4		8	
	7	4		7		4		3	3
7		7							3

Medium (514)

9								5	2
	1		9		9	9		5	
		3		5	5	7		7	
	7		5	5	5		7		2
5		2	4		4			6	
		4		4		3	6		6
	4			5		5		3	
5				6		5	5		6
	4	5	6			4		5	
		1				4	5		

Medium (515)

8	3			2		6	3		
	3	3	8					6	
				8	6	6		4	
6		4					9		
				3	3	3		5	
3			3				9		4
3	3				1			2	
	6	4		7					4
		6	2		2		5		5
	1			7		3			

Medium (516)

	3			3		3	8	7	
6	6	6			8	8		8	7
		6	5	7			8		7
5					3		3	3	
3		3				1		7	
2			9	9	4		7	3	
4		9		9		4			5
	4				7		7		
5		2		2	2	7			5
		2		3		4		5	

Solution on Page (195)

Medium (517)

3	2	7							
3		7	5			8	8		5
				5	8			8	8
4	4		3		3	8	4		7
	4	5			6	3		4	
			6				4	7	7
4			7				7		7
	4		9		9	9			
4		2			3		3		3
		2	1	9	1			4	

Medium (518)

7			3			7	4		3
		2		3		7		4	
			1		8	7	7		
7		9		8		4		7	
	5		9		8			7	
5	5	9		4		4	2	5	
2		9	9		8		5		6
	4		3	6	1	3		4	
	5	5					4		6
			5					4	6

Medium (519)

				6			2	1	
	3	6	6		4		7		
			3	7		4		2	
	5	3		7	7	9	9	2	7
5				5			9		4
	7	7			5	9			
7			3	4		9	9		3
8		8	8		4	9		2	
			8	6	1		1		3
			6				3		

Medium (520)

7		7	7		9				
	7		5	5			5		5
2	1	2					9	2	
4			6		3	9		7	7
	1	6		6	3		9	7	
7			6	8			7		1
1		8		8		6			
4			6	8		5	4		4
	4		6	8	5	5			
4							4		

Medium (521)

		5	3			7		5	
1	9			4	3				
			3		4	7		5	
			4	2		8	7	4	4
4		4	4	2					4
		4	8			4		4	
9		9	3		6		6		5
	9		3	4				5	5
4		5				4			
			2		2	4		4	

Medium (522)

	3	3	3		9		4		
4			5		9	9			7
4			5		2		4		7
6		4		3		9			4
6			2		4		9	4	
		4		8		9			2
5		6	8		8				
	4		1				4		3
		3		7		5	5		
			3		7	5		5	

Solution on Pages (195-196)

Medium (523)

				4			3		
7	6		2		4		3	3	
	1		6	8		8		7	7
		4	6		1		8		3
				6				4	3
1		7		2		8	4	4	
	3		4		9			9	2
	6		3	7	7				
	6	3	7	7			9	5	
6			7		7			2	

Medium (524)

		3	1	8	8		7		7
	3		3			8			
5		6			1		3		4
	5		9	9					4
		9	9		1	7	3	4	
			9	3	3			2	2
	5	9		3			4		
5		9	6		4				4
	2		6	5	4	5	6		
3		6		5		5			

Medium (525)

4	2	4			8	8	8		
				4			5	5	2
	4				9	8			2
	6		4		3		8	8	
6	6		4		7	7	7	3	
6				3	7	7		7	3
4		8	4				4		6
	4			2		4			
	8				3		6		6
3		1		7					

Medium (526)

	7				6	6		6	
		7	9		1	6			
7	2	5				3		5	
	2		5		4	3	6		6
		4		9		1		6	6
8	4	8	9		4		4	4	
			8	5			4		7
5		4		6	6		1		
	5		4						
	5	4	6		2	2		3	1

Medium (527)

			8				5	5	5
7	3	8		8				5	5
7					2	7	2	2	4
	2		7		4	7			
	3	3		7			7	4	
6		4	4		7				
		6		6		4		6	
	5		9				6		
	4	4	4	9	9			5	
5		3		1		1	3		5

Medium (528)

				8				3	6
		4		8	4		3		
	8	4		8		1		6	
4		3	4		4		6		
	4		2	2	4			4	
	5		1		2			1	
5		4			4		9		
		7	7	4	3	3			
5		2		3		4	5		3
								3	

Solution on Page (196)

Medium (529)

7		8	6	6					
	4	8		6	6		2		
7		8	4	4				4	
			8				2		6
7		8	5			3		3	
	7				7			6	
		5	9					9	
	6		2		9	1	4		4
4		4	4	3		7		1	
	6	6				1			

Medium (530)

	6		3		2	2		6	
		6	3				9	6	
7		3				9	3		6
7		7			9	5		4	
	7		8	5				4	
2		3	8		8			3	6
	3			1	8		1		
3			4	3		7			3
		5			7				3
			4	4			1		2

Medium (531)

				3			6	6	
3	4	9	9	9		9		6	6
	2				3	9	9		9
					3		1	4	
	3			3			7	4	
5			3	2	2		3		
	4	3		3	1	7			
			2						3
		8			7		6		6
	3		3					4	

Medium (532)

3		6	6		9		4	4	
	3	6			9	9	4	4	2
	4		6		9		9		1
5		5	4			3	9	9	
			5		7		4		8
4	3			4		7			
	4		4	4	7		8		8
	7	7	7		1		1	8	
	5		7	7		4		5	
5	5	3			2		5		5

Medium (533)

6		6		9		7			7
6	6	9	3		5		5	7	
6		9			9	5		3	1
2				9			3		
6		3		1	4		6		
	3		5	5	1	4			
			3					4	
6		8		8	5		4	6	3
2	6		3		8	5			
	8				2				6

Medium (534)

	2	5		4				6	
5	1		4			3			
5		5		4	2	5		6	
	8			2	8		5		5
	7	8			8	9		7	5
							9		
		7	5		5		9		7
7		1			1	9		4	
1	5		3	6		9	3		7
		6		6		9		3	

Solution on Page (196)

Medium (535)

6		6	8				2		
	6			1		6		7	
3	3		8		8	5	5	7	7
		4		8		5			
	6			8	4		4	4	
	5		4		1	5		8	
	6			3	5		5		
2		6	9			5	1		
2			9	4				4	4
		9		4	6			4	

Medium (536)

			2		9	3		5	5
			4				5	5	
		7	9		1	3		1	3
	7			9	9	9			
	6	4	4	1			7		7
6	5			4	3	4		7	
	5		5	1	3		5		2
3		8	2					3	
	8		1			5		5	6
8		8		8	6				6

Medium (537)

		6	4		6		4		4
2	6					6			
2						4		4	
					8	7		7	
	4			4	9				7
1		4	7			4			
	8	1	7	4			4	2	3
8	1			4	1	9		9	
					2		9		3
	8	5		7					

Medium (538)

6		6	9		7		6		
	4				2	7		6	
		4	9		4		6	6	
		1						6	4
5	5		9	9	1	4		2	
	5	5	8	2					7
	8			8				3	7
6		6	8		3		7		3
	6			8		6		2	
5	5		3						

Medium (539)

	8		3	3		6			5
8					7		1	6	
	8		6	7		7			
	2	2		4	4		9	9	
7			6		6			9	
7	7			5			9		
		7		3			9		9
4			6	6					1
		1		4	6		4		
4	4			4		3	4		6

Medium (540)

		4				8		8	8
6	4	4	7	7	1		2	7	
					2				8
		1			4				7
		5		6		4	4	4	
6	2		6			5		7	7
	2	7		5					6
7			9	2	4			3	
		9	9					6	
9		9		9			4	4	

Solution on Page (196)

Medium (541)

5		5	5		1		6		
	7			7	7	5		3	
	7		3				5		
3		3		6	6	4		4	
	5		6		6	5	4		6
8		1		3	5	5			
	8		9		2		2		6
		8	9		2	5	7		7
1		8					9	7	
			6		2	2			

Medium (542)

3		3		8			7		7
	7				8	3			
7		7	7	8		2	1		
2	4		8		8		3		1
	3	4		8		7		7	
3			9		3	3	4		7
2		9		6				3	
		9	3		3		4		4
	1			5		5	5	3	
9		5			3			4	

Medium (543)

	9		8					3	
2	1	9		3		1			6
	9		5				2	6	
		9				8			3
	5			3	4		1	5	
	9			3	4		3		
6			7		4	8		3	
	7			8		8	6		
6	1			6			8	8	
	2		7		6	6			6

Medium (544)

	5			3	3		6		
5	6	6		2		7			
6		6			7		7	4	4
6		9			9	7		3	
2		9	9				7		4
	9		6		3			3	
	1	9		6		2	4		5
	3		1		4		4	5	5
5				8			4		
	3		8		8	7		7	

Medium (545)

				6			5	5	
9		9				5		4	4
		3		4	6			3	
	9		3		1	6		6	
3		9	5	8	7				
	5	5					1	7	7
3		8	8	8	4				
	3		2		2		6		4
6	6			4		4		6	
		6	3		4		6		6

Medium (546)

7		7		7	7			3	6
	3	9		7			3		
3		3	9		3	1		6	
		3					9		3
			9		2	3			
7	8			8	2		4		
	8		1		3	5		3	
4		8				5	3		4
	2	8	7		5		5	6	
4	4		7	7				6	6

Solution on Page (197)

Medium (547)

	2			8	7				7
6	6	1	8		3	5	5	5	
	3	3		9		5	5		7
			8			9		2	2
	4					9			
7		8		4	4	9	3	6	
	4		4	6	9		1	3	6
7		7				1	3		
		6	4			3			5
				6					5

Medium (548)

7	7				7	4		4	
	4	4	7	2		3	3	4	5
	4	4		3				5	
9		2	3					5	4
		5		4	4		4		4
	5		3		4			5	
		7		7		7			5
				1	7		8	5	
2	5	5			3				4
	5	5		6				3	

Medium (549)

		4		7				8	
	6		6		3	2	7		
3	6	5					4	4	
	5	5				3		4	8
6	6		5		3	3			
		6		4		2	2		8
7	4		4		5		3	7	
7						5			
	2		3		9		7		
	7	9				9		1	

Medium (550)

5				8				6	6
	5	1		4		6		3	
4	4				9	5		2	2
	5	8		8	9		5		
		3				5	2	2	
5		5	9				9		4
	2	2		1		3		7	
6	1		3		7		7		4
6		5			3	7	1		4
		6		3				4	4

Medium (551)

7						4		3	4
	7		2		4		1		4
6	6	7		9	9			4	
	3		9	1					6
		5		4	4	1	9	6	
	5		5	8					6
		7	7		4	4		8	8
	7			4			3		
4		4	6	6		4			
			2		6		3		6

Medium (552)

7		7	2	2		6		6	
		4				3	5		6
7	1				6		5		
	4	4	2	3	4	4		5	2
9	9	9		3			4	1	8
9	9		9	9				8	
6		4	9			8		8	
	4	4		6	3			3	
		4	6			6		3	4
		3		6	7				

Solution on Page (197)

Medium (553)

6	6		5		5				6
		9		9		3		6	
		1	9		9		5		6
	9				7			6	
		1	8	3		7		2	
	4	8			8		7	3	
5		5		8		4	7		2
3	3		8		3		4	7	
	4	6			1	2	7		7
			6		6			7	

Medium (554)

5							6	7	
	5	5				7	7		
3		2	5		5			3	
7	1			2			3	9	
	7	7		1		5		4	
4			7		5		4		
5		4	8					4	
		5			4		2		
4		5		7				7	
			2		7	1			3

Medium (555)

1		9	9			5	2		5
	6				8	5	8	5	
6				8				5	
	6							5	2
	5		4	9		8	6	6	6
		5	6		5		6	6	6
3		6				6		3	8
	5		5		7				
6	6	5	7			2	1		8
	6		6			7			

Medium (556)

	4		2		9	9		6	
	4	4		9	9		4		6
5		5	7	7				4	
8			7		5		4		5
	1			2			9	5	
8			5				6		6
8			3	3	5	5		6	6
	8	4			7		4	6	
		2	2	7		6			3
8						6		6	

Medium (557)

5		5				4	2		
			6	4	4			7	
3	4	5	6		2	7	4	4	5
			6	6	2	7		5	
4	9	5			9	2			
					9			3	3
9	9			6		5	3		
5	1	6	6	4	2				8
	3							8	8
	5		4				8	8	

Medium (558)

5	5	4		2			5		5
			4		4		4	5	
5		3	9			7	7		7
			9		9	7			
		1				4	2	2	4
	8		8		6		6		
4		4		8		5			1
	3		8		4	4	5		
4		2	8	8	4	4			2
	4	2			6		6		4

Solution on Page (197)

Medium (559)

	5			6				4	
4			7		6		4	4	6
	4			7	1	3			
			3		3		1		
6		7	9	4		8			3
	4		9				8	8	
6			4	2	4				5
				4		8	3		
	9		4	3	3	2		3	1
	9	9		3		2			4

Medium (560)

			9				4	4	6
			7	9		4			
1	7		3	3	9		9		6
3		4		8		3		3	2
	4		4				8		
1	5	6	2	5		5	1	7	8
					5		7		
	6					7		8	8
		2	2		3		8	7	
		3						7	8

Medium (561)

3	3		2	3		8			
	3	7			8		8		6
5				8					1
	3		7		5	3	8	4	
	3	7	9	5	5				2
4		4				8		4	7
		9		1				7	
9			9		1		3	2	
8			3		8				
	8			2			3		7

Medium (562)

	1	7	7		7		1		6
6			7	7	5	5		3	
	5	6							6
		4	4	5	5	4		4	4
	6			3		3		2	
		6	6		6		3	2	
2			6	3		8		3	
	9		9		6	8		2	2
9		5		4	4	8		4	4
5		5						4	

Medium (563)

	8		5		5		3		8
3	8	5	5			3		8	8
		1		3		8	8		
3	8				4	1	8	8	
	2			3	3	5		6	7
	1		9				5	6	
2		4		4			6		
	5		5	5		5			
	6	2			9		5		2
				3		3			

Medium (564)

	3		6	6			6	3	
	7		7		7	6		3	5
		7		7		2		3	
6			2		2		1	5	5
				3		8			
	7	7		1	3		5	8	8
	6	8		8		5	5		
	6	6		8	9				
2		8	8		8		9		
		6		6	6		9	3	

Solution on Pages (197-198)

Medium (565)

5			3				8	1	
3				8			8		3
	4	3	2			4			
4			3	8	8		7	7	4
	6		6		3	7	4		
				9		7		7	
2	2	1	3				9		9
	7			7	9	4		4	9
6			7	7				4	7
	6		7		3	7		7	

Medium (566)

	5		2				6		
				8		7	6		6
	5	3		7	7		1		
		2			8	6			3
		8		3		6	6	5	
	1				6		2		5
				3		6			
	9	4	6					4	
7	7		3	3		3	3		7
7				3	6	3		4	7

Medium (567)

3	7				7	7		6	1
	3	7			6				7
						6		7	
8		8	3	5		9			2
	3		8	3	3		3	4	
7			8		1	9			3
	3				9				3
2				9		6			
6	6		3		9		6		6
			3			2		3	

Medium (568)

5	5	3		7				5	
					1				6
	7	7		5		5		6	
9		1		3	6		3		
	9	6	6			6			4
9	9		6		3		1		
	2	5	6	6				8	
				5					2
		1	5			4		3	
	7		7		8	4	4	4	3

Medium (569)

4			7		3				5
	7		7		1			4	
9	9								
3	1			2	2	3		5	
	9		9	9	4		6		4
3	9	7		3		6	2	2	
	4		8						
4	4		8				3		7
	2		3			8		3	
7		7		3	4		8		

Medium (570)

	7	1		7			5		4
7			6	6		5		2	
	6	2							
7		2	4		6	6		9	
	8	8		8	8		9		
7		6	4						
			4	7		7	7		9
	4	6		3	3	3	7	9	9
		3	4		8	8		1	
	3		2	8	8				8

Solution on Page (198)

Medium (571)

6	3				1		5	5	
		6	8		8	4	5		4
6		1					4		
	2			2	6	6		6	4
4				3		3	9		4
	4		6					9	
	5	5		6			9		3
		5	3		6		4		7
	1		2	2	9	9		4	
	7			4		7			7

Medium (572)

	6		4		6		2	2	
				6		9		9	9
	7		3	2		6	6		
		7		7	6			1	
			7		3		2	8	
3		6	2	2	3	3		8	8
	6			8		8	8		6
	3				1				6
	1	5		5		4	3	6	6
	6		6		4		4	6	6

Medium (573)

		5	5		3		9	1	
3	3	5							3
			6		4		2		
	4	4	4			4	3		8
		2	4			3		4	
	5	2		3		4			8
	7			1	3				
	3	6	7		4	4	6	1	
3		6	7	3	6				
			3	3					2

Medium (574)

3					4	4			
				2			3	5	
6	4	5	5	8		8	8	1	5
	4		5		8		8	8	
4		5				4	2	7	3
			3	9	9			7	
6		6					4		
	5	1			4		5	1	7
	5	4	2	2					
							3		

Medium (575)

	6							6	
5		6		3	5		5	6	
	5	6	4			5		1	6
	2	1		7	3		8	8	
9	9		7	7		3		8	7
			9				7		
1		3		6		3		7	7
			3		2		7		6
3	3		6			3		7	
3		4		6	3		6		

Medium (576)

3			5		5				7
	6	6		7		3		5	
6		6	1		8		8		
6	5	1				8		7	
	5		7					2	2
7		5		3		3			
	7		7	7		5			
7	3		5		1	9		2	
2		6			6				1
						9		9	

Solution on Page (198)

Medium (577)

		2	2			1	7		3
	5		8	6		6		7	
5		7			8		7		3
	7	7							
	6	4	4	8		3		4	
				9			4		7
6		2	2	9		9	4		
	6	7					6	5	
	7		9	1		3	6		
		9	9		2	6		5	

Medium (578)

6		7			8				
	6		7	7	1		4	8	8
	6	3			3			4	
	3		4	4	6		4		
	2			3				6	
		7	7		7		6	1	5
2	2	7		7				4	
			3		9		9		9
	3					5		5	
	4	3		2	4		4		5

Medium (579)

7		3						7	
	1	9	6			3			
7	9			3	3				
	7	5			3	7	3	4	
				9				1	
	3		5		1		1		6
3	3			4		2			
	6	6	3		3			3	6
5				4		5	5	5	4
		6	6		2	5		4	

Medium (580)

7			5		7		7		7
	7	2	4	5				4	
		4	4		8		8		
	1	8			5		5		
		8		1		5			
2	2	8		8	3		9		9
	7		8			6		9	
5				6		9	9	9	9
5	3		7		7		6		4
	3	3	6	6			6		

Medium (581)

		6		6	6				
	3		6	6		7			5
5	3		8				6	5	
		1		3		8		6	
	3		2	2		4	4		
2	9		9		9		1		
9				9	9			6	
4	6	3	3		4	8		1	
	6	6		4	4		8		6
4			6	4					

Medium (582)

		4	2			7	1		
4				7	7		6		
	2	3	4	4		9	6		5
	2				7			5	
		5	5	3	3		5		2
		5			9		3		1
		9		9		3			
	8		5		4			8	
3				6		3	1	4	4
			6		1	3			

Solution on Pages (198-199)

Medium (583)

7	7		5	6		6			
	2	2	5		6		4		2
		7	5		7	7		7	
	1		9		9	1	3		
	6			9		9			6
		6	3	9				6	6
8		8		3		4			
			5		8	2	4	4	
		7	7	1			8		3
			7		8	8		3	

Medium (584)

	4			3		5		4	
4			5		3		5		
4	2	5		4	2	7	5	4	
	1	7	4		2		7	6	5
			7	7	3		6		
	8	4				7		6	
4		2				7	4		4
		8		8	8		4		
4		8			4		9	9	
	3	9						9	3

Medium (585)

6		6		3	3				6
	4			3		5		6	5
4	4	6	4		3		3		
4		9		2	8	8	6		
		5	9		8			5	5
	4	9			9				4
5					8		4	7	2
	4			9		8		7	
5		5	3		4			7	1
	6			6	6	2			7

Medium (586)

	7		7		7		5		7
7		1		4		5		7	7
	9		4	4	2		8	7	
						8			
	3			2	3		8	3	2
3						7		8	
4				8	7		7		
					8	7		3	3
4	7		7	3	1	7	7		
4		5				6			

Medium (587)

	5				5		6	6	
5		6		6				6	5
	3		6		4		6	5	
3			1		2		1		
5				7		4		3	3
	5		3	3				3	
5	1	8			3		3		
2		8						6	3
5	5	4	4			3	9	6	
	5			9	9				

Medium (588)

9			3					6	
		3			1	4			
	9		8		7		7	1	
	9	4		8		4			4
3	9		4	8	8	4		5	
	1				3	5	5		6
	3		3	8		3			
	5	7		7			1	6	
5	6		6					2	
	6		6	2	7	5		5	

Solution on Page (199)

Medium (589)

		3					6		6
		3	3		4	1			6
2	8			8		7		4	
	8	8					3	3	2
1	8			8	3			7	
	3			5		4	9		1
6				5	5		9		
	6		3	5				4	9
		5					9	4	
5		4		5		5	9		9

Medium (590)

5		4	4				5		
4	5		4	5					
	5	5	3		4	4		9	6
4					5		5		9
	6		6	3		5		6	
4		2				6	6		
2			4		3		5	5	9
		1	4					2	
1				4		5	5		
			7				8		1

Medium (591)

5				5	7	7		6	
3				7			3		6
6	6		7	7	7		8	8	
	6	3		4		8			3
		3	1		3	4		8	
	4			3			4		
		1		9					
2	2	8			3				
				8	6	6		4	9
4	2	2		6		6	6	4	

Medium (592)

1							7		6
2			2	3		7	6	6	
			4				4		4
5				3		4			4
			7	9	8	2	2	8	
	5		3				8		1
	5						5	6	
	9	9		6	6	5			6
6			6	6		5	6		
	5	5	5			5		4	

Medium (593)

	4		3		3		4	6	
4				4		4	4		
2			2		9				
5				9			4		5
			3	9		4			
5		4		3				5	5
			7		8	8	3		5
5				3	8	4		4	4
				4		8	1		3
6		4		1				2	

Medium (594)

	6			8	8		7		
6		4	8			4			1
		6		8	4		4		2
3			3			8		3	
					4		2	3	3
9		6	1			1	2		6
9	9	9						6	6
			3	3		9		7	
6	4	4	3		2	1			7
			4	5				5	

Solution on Page (199)

Medium (595)

	4		4		7			7	
		5					4		3
2	2	1	3		7	4		4	
					8		3	1	7
5	8	8	8		2	2		7	
1			8	9	9				
		5	1					7	
7	7					6			6
	7		5	7	9		2	6	4
3		5	7						

Medium (596)

	6			5	5	3			
6				5		5	1		
	5		4		6	8	8		4
8	5			4				6	1
8		2	6		6				9
	1		5	5	6		8		
	8								
8				5		6			
	7	7	4			6	9	2	
3				7	1		9	3	

Medium (597)

							7		
	2		3	3		2		1	
3	2	6	5	6	5				7
								3	
3		1		5	6		8	8	7
9		3			8		2		
	3	3		2		8	8	3	
	1		2		4		1		
	6	3	3		5		5	6	
		6				5		6	6

Medium (598)

	4		6				4		
4	4				7	7			4
6		6	1	8		3	7	2	
	3		2		8	3			
						1	9		4
5			4		2	9		4	
	5	3		4	4	9	6		
4				4	9		6	5	
	4		6			9	9		
		7			7		7		

Medium (599)

	8	3			4		3	4	
		3	3			3	3		
8	9			9			9		
	2			3		4	3		6
	1	6	3		2				
					3		6		1
3		6	3		2	2	1		
	6			3	1	5		4	4
					4		6	6	
	5		3	4			5		6

Medium (600)

7	7	3		3	7		7		
7	7		9						6
	7	2	1	9	2			7	
	9	9				7		7	7
			8		8	7	7		3
5	9	5			4		6		6
5		5	8			4			
			4		8		4		5
	4	6		2		2		5	
6		6	1	2	3			4	

Solution on Page (199)

Medium (601)

5		6		6		6	2		9
	5		6						
	5	4		8	9		9		2
6	6		1	8		3			
		8			5	1	5	1	
6	1							2	
3		3	8		6		3		6
	6				7	3		4	
6	3	6	7		7		6		4
6								6	4

Medium (602)

		5		5		5	1		5
			5		4		4	5	5
	6		7			5		5	
6		8		8				1	2
	6	6				2		3	4
1			2	8			6		
		9		8	5			6	
9		4		4	5			5	
		4	8	2		8	6		6
	8		8		8	8			

Medium (603)

	7	7		7	7				6
5			1		4			6	
	9	9		7		3	6		2
9								7	
	2		3	5		2	1	4	
		3							7
	8		5	2	1			5	
4		8	3			3	4	4	5
4		8		6	6	6	4	4	
	4					6		3	3

Medium (604)

	3		7	1					
3	4		7				6		6
8				4	4	9		3	
	7		4	3		9	6	6	6
				3					6
	2		3		9	5		5	
		3	3	2				3	5
	8	1		3			3		5
		3	2					5	5
	3	5			3		4		

Medium (605)

			8		2		9	9	
	5	8		8		4		1	9
6	5		5		8	1	9	9	
		5		3			1		
	4		2			5		3	3
5				3			4	5	
	5			2		7			5
		2			7		5	6	
		7		7					5
4		3		2	2	5		5	

Medium (606)

		2			4				
5			7	7		3		4	4
5		7			2			5	
	4		3	7		8		3	3
4						8		3	
	3	2	8		8		7		4
9	9				4			4	
9	9	3		1		7	3		3
4			9		7	1			
	4			3					6

Solution on Page (200)

Medium (607)

	3					7	3		8
	3		5		7			2	
4			1		3	5		5	
	4			2		3	1		
		3	8		6		6		
9		2			2			8	
		2					1		4
	9		8		4		4		5
9		8	4						
	3				6				3

Medium (608)

5	5					9	9		3
				9	1		9		3
4	4	5	4	9	4			3	
			4		8		4		7
6	6	8		8					
6		7		5		5	5		7
	4			5	2	5		5	
3			1		3		6	2	
3	7	7		7		4			
	1		3					6	

Medium (609)

	9		9						6
8		5		9	7	7		6	
	3				4		4	6	
		5	5	4	4		4		6
			1	4		5			
8	8	8		1	4	4	4		3
1		2	7		2		4	5	
	3		7			7			
	5	4		4	7	7	5		4
	5		5	6		6		6	6

Medium (610)

6					9	3		1	
	4		9		2		7		
		5		1		3	7	4	
4	4	5				4		4	
3		5	5		4		7	8	1
			2			8			
6	6	6		2	8			4	
6	6	6	3		3	3	8		4
	5			3		4	2	3	3
3			5						3

Medium (611)

			6		4	6		3	
	4	6		4	4		6	6	3
3		6		6					5
	4	1	7		7			4	1
				3		4	4		
5	4			3		8			
	1	3		9			2		8
5							5	3	3
9			3	6		2		5	
	2	2		6	6				5

Medium (612)

		6		4	8		9		2
	6	8							
6	8		8		8	4			4
		5		4			4	9	
2	5		5		5				
4		4	5	1		3	3		1
		4	2		4	4			
	5		4				7		
			4		7	3		7	
2				7		3		3	

Solution on Page (200)

Medium (613)

5		2			5	5	4		6
	5	9		2		5	4	6	
	3		9		5	5			
		4	9	9	9	1	7		7
			4	1					
4	4	3		8				5	
6		8				5	5		2
	8			8		6			
6	6	4	4	1			4	4	5
6		4		3		6		5	

Medium (614)

4		2	7	3			5		5
			7		5			5	
	4		3						3
	1	3	6		5			7	
	6			2		5	7		
8	8	2		2		8	9		3
8		2		8			9		9
	8		5		8	3		9	
		2			3	3			
	8			6		6	5		9

Medium (615)

	2		6			2			
7				6	5		7		
7		5		5		8		5	
	7	1			2				5
8	7		7	4		8	5	6	6
	3	4			8			6	
			8		8		3	3	3
		4			1	9			
	4		2	3				6	9
		4	1		9		6		

Medium (616)

	6		5		5			7	2
6		4		2		7		6	
	6		1				7		
5				4		3	7		6
	5		3	1			9	9	9
2		5			1	9			
2	7		8			8		3	
						7	8		4
	7		7		7	4			
1		5	7						4

Medium (617)

		7			7		8	5	
	7	7	6		7	8		5	
3	3	8		8	8				5
			6		3	1		7	
		8		3			7		7
8		4	2		2		6		
					4	3		4	
5	4	4		4		3	3		4
5	1	9					1	7	
	2			7					

Medium (618)

6		6				4	3		
	7		7		4			6	
7			7	2			4		4
7	4	1		9		9		9	4
					3		7	9	
2		4				7	5		1
	6				7			5	
1		8		7		6			2
			3	1			3		6
		3		6				6	

Solution on Page (200)

Medium (619)

		2		5		4		7	7
4	9		5		5			2	
		9	9	5				7	7
9		3		6	6	6	5	1	
	1				6		5	8	
		3				8		8	
7	2	7			7		3	8	3
		7	3						
6	6		4		7	3			
			6		1			4	

Medium (620)

		6		6	6	5		3	
3				5		5		2	3
	3			5	7		5		7
2		9	5		7	1			
	3		4	4		7	2	1	
				4	5		5		7
	3		2		5	1		8	
3		4			5	4	4		8
	5		8	8				8	8
		5	8		8				

Medium (621)

			2	7		7			
		6		5			7	8	
6	4			5		1	5		8
	4	4				5		5	
3	4				6	7			7
		2	3		6	4		4	
	7	6		4			2		
6			6		6	9	4		
		7		6				9	
6		7	7	9	9		9		9

Medium (622)

	4				9		9		5
4	1	9		3					
1	8					9	1	6	6
		3	3		8			6	
3		8			3				6
	3		3			8	8	3	
2		6		4			4		6
3					5			6	
	6	6		4	7		5		
2		6					7		6

Medium (623)

	3	5		5	3			3	4
			5	5		7	7	3	
	9		3		7		5		
		2				7		5	
	3		3				1		
	9	4		2	4	7	8		
	4		3			8		3	6
5		3		8				2	
		4	1	8			4	6	6
4				2	3	4			

Medium (624)

	5			8	2		5		6
	6				2			6	
5		6		3		3	6		6
5		3			5			7	
3			3	7		5	1		
	3	7	7		5		2	2	
6	6	4	4	7		7	1	9	9
6	6	4	4		6	6	3		
	5			5		6		9	
		5		6		9			9

Solution on Pages (200-201)

Medium (625)

	5		6	6			3	1	
		6	6		3	2		3	2
	3	3				7			
5		4	6		6			2	4
		4					7	5	
7	7		4		9	9		3	5
3			4		9		9		
	7		9	9		1		4	
			7		9		4		3
	1	3		7				3	

Medium (626)

						4			5
5	4		3	6		4			
	4	4		7	7	5	3	5	1
5			3	7		5	9		9
	4		7		7			3	
4	4			7	5	5	9		
	5		7			8		9	
2				8		1	4	4	
		4				4	4		
4		4		2	5				5

Medium (627)

	4	6		8			8		
4		6				5		4	4
		6	7		5	5	3	3	
					5	5	4		6
6	7	7			9	9			6
			4		9	1		4	
4	4	1		2					9
	5	4			3		2		7
4		3		7		7		7	
	5					2	3		

Medium (628)

		9					5		
	9		9	8		8	8		3
		3	4		8	3		8	
				3				1	
	8		3						2
		2		6		6	5	4	
	1	3	6		3		5		1
		3		4		3		5	
8							7		7
	1		6	6	6	3		7	

Medium (629)

7		3		6				6	
5		1			2	9	6		
	7			5	5		2	5	
	5	2		5		9	2		3
6		2	8	5	5		1	3	
					8			6	6
6	6		3	3		9	7	7	
6		8	3		9				
	4		5	6			6		7
5						4		7	

Medium (630)

5	6	6		6					
	5		4					2	
5		6		4	2			7	
	3			3		9		1	3
					9	4	9	9	
7	6	5		3				9	9
	7		5		7	4	4	9	1
7		7		7		5	5		4
	4		8				5	5	
4					7			3	

Solution on Page (201)

Medium (631)

9	9		1		3				
3		9		2		4	8	7	7
3	3		1		5			7	
	9	9		5		5		8	
6	6		4		5		8		2
	7			4	4			5	
	7	7	8					5	4
				4		3	5		4
6					3	7		7	7
				3	2		7		

Medium (632)

7		7	3		3			5	
7							4		5
		1				3	1	5	
		3	8		3		7		7
	5		2	8		7			
3		5	6	6	2		3		6
	3	6		3		1		9	
2			6		9				9
	4	4	6	3	9			9	9
4			5		5		6	6	

Medium (633)

			2		9				2
5		6			7	9			
	4		7	3		9		9	
					7		5	3	
	4	3				8			
6	6		3	5	8				3
		5		5	3	8	8	6	
	6	1			3		8		
	3		7	7	3	7		5	
3	2	2			7		5		

Medium (634)

		6			7	4		4	
4		8			7		4		6
6	8			7		1	6		
	1		8		7	7			
6		8	7	8		9	4	9	9
	4	4		7	7		9		9
	6		7	7		9	4	2	
8	2	3		7		9		5	
8			8				4	4	
			8	4			3		

Medium (635)

8		4		3		7			7
	8		3		5		7		
8	8	2		8		4		7	9
	8		8		5	9	4		
8			6			9			
	6		2	1	8	1	7		9
		7	3		8			3	
	6	7		3		2			3
3					6		7		4
	4	7		7		6	7	4	

Medium (636)

	7	7		7			9	1	
6	6		4	7					4
		3		4	2		9		9
	3		4			3	3		
6	5	5	3		4			8	
	3		5	5			4		8
	6	3					4	1	
					7			4	1
	6	4		7	5				
6		2	1			5	4		4

Solution on Page (201)

Medium (637)

		6		7			5		5
			2				8	5	
	3	3		8		1		3	3
3		3			4				5
		8		5				5	
	1	9	8		4			8	
	9		9			4		8	5
9		1		9	4		2		
	9		4		6		3		
						3			7

Medium (638)

	3		6		9	9		9	
3				4		9	6		
1			7	9	9		3	3	
7				7	6	9		3	
	2	7	3						4
3	2	8				3		6	
	3			8	8		8		4
4	4					7		5	
3		6	6		2	7		3	
	6		6		7		7		3

Medium (639)

2	6		6	9		7			5
	6	6	4		9	9			
7			7			1	5		5
			7			5			
6	7						1		5
					3	8		8	
5		3	1	8			4		4
	5	3		8		4		6	
5	3		7		4		6		6
		3				1	2		

Medium (640)

				6				3	
3	4		2		6	6	3		2
	3	3	2	1				9	
6				9		9		4	
	6	2		1				6	6
6		4	4	4		3	3		
7		4	5	5				6	
	7				1	8		4	2
	6	3					4	1	
			4						

Medium (641)

	1	7						6	
6	6		7		8	7	6		6
	4	6		2		5		3	
4				5	8				3
	3	5			8	1			
						5	5		6
	2	7	8		9			5	
7		5		2		1	5		
3		5		9	9	9		4	
	3		5		9		5		5

Medium (642)

	4			5	8			5	
4		6	6		8				8
			6				8	8	
	2	6		4	6			3	
	2	9	4			9	1		5
7				9					
	7	7			5	5	8	1	
	1		9		5				5
7		6			8	8			6
7			8	8		2		6	

Solution on Pages (201-202)

Medium (643)

	3								
		5	3		4	8			
3		5	6	3	7		3	2	2
				6		1		3	
	9		9	6	7		7	1	
9		3						2	
	9		9	3			8	4	
4	4				3		4		7
7		1		7		8			
			7		4		2		7

Medium (644)

4		6	8		4			9	
	6		8			8	9		9
	4	6			4	8	3		
	1			1		3		1	
				7	4			7	
		2		3					6
6		6	3		5		6	6	6
6		3		5	1	7		3	
	6						2	5	
		5		4		4			

Medium (645)

		4				6			
	4				3		5	4	4
3		6	4	3		8		4	
3	6	4		2	2		8		8
					4		3		8
2	6	2		3		8		3	7
		9				4	1		
3	6	6	6		9				5
3		6		6	4	4		5	
5	5		5						5

Medium (646)

		9		7		7		3	
	9		7		3		7	1	2
		3			3				
	9	4		8		3	3		5
2				6	8		6		
	4		6		8	2		5	
6				6			3		
	6		4	4		6		5	
3		3	5		1				5
							3	5	

Medium (647)

8	8			8	6		6	6	
		5	8			3		6	9
8				4		2	3	9	
7		3	5						5
	2		5			3	3		5
	7	7		4				4	
4		1			4				5
	4	6	1	4		7		4	4
		6							
	6		5		6	4		4	

Medium (648)

6		5					5		3
	5	5	5	1		9		3	
		6	9		9	9		8	
	8	2		4		9		2	
			9		4	9	8		8
				3	4		3		
7		7	1			2			4
				2	5		5	4	
7		7	3	2	7	7		1	
	5								1

Solution on Page (202)

Medium (649)

			3					5	
	4			9				6	6
		4	7			9	5		6
	3			5	2			9	
3	6	2	1		5			2	
				1		3	9	4	
	6	6		8	7		7		4
		8		4	7				3
	3	5	8		4		5	5	5
			8	4			1		5

Medium (650)

	9		5			3		3	6
		9			6				
	4	9		5		8		8	
4		4	7		7		8		5
	8	1	7	1		5		5	
2		8		2	8		8		
8				2			5		
		1	6		7		7	7	
	4	4		3					8
4	4				7		2	3	

Medium (651)

		5	7		7			7	
	6		7				2		4
6		6	4		9	1			
	6	8		9			4		6
8					9			6	
	3		4	1	2	2		6	
		8		8	4		4	3	
	3		1				6		4
	3	8	8		7	7		4	7
		8				7			

Medium (652)

			3		2		2	2	
	6	6	7				3		9
		7			9			9	
5	4		7	7		5	1		
		5	5		3		5	9	
	1	8			5	5		2	
3		8					4		
	8	4			4				8
		6		7	7	5		7	
					7				1

Medium (653)

8	8			6				6	
8	8			2		7	6		
	3	8		7	7	9		2	2
3	3	8			4		9	4	
	5			4		9	9		6
5	4	4		9	9				
3		4		6			2	2	6
	5	5			3				
5			3	3	5				
4						4			6

Medium (654)

		6		3		3			
		1			5		6		3
3	3	9		4	4	6		7	
			9			6	5		3
4		4							1
	4				3		5		8
3	3	2	5	9		3	1		
5		5				8		8	
	3				6		2		6
4			4			6			

Solution on Page (202)

Medium (655)

3			3			4		5	
	5			3	4	4			5
	2	2	1			6		4	5
8				8		8	1	4	
5					3	2		4	4
6	4					3			3
		5	7		3		2		
6		4	7	4		5		9	2
6		2					9		
	6		7	9					

Medium (656)

9	5	5			7			4	
	5	5	5	1		7		4	5
9	9				7		7	5	
				8		2			3
9		5			4			6	
6			8		4	4	6		
	5	5				7		6	
		5	3	3	3		3	5	5
	5				7				5
3		2		3			7		2

Medium (657)

		5				5			5
5	2		6	6		4		5	
			6		4		6	3	
1	8			4		1	6		6
8		8	9					2	
				9	1				
8		5				9		6	6
7	3	7		4				7	
	7		5	6		3	2		7
7					6		3		7

Medium (658)

			7		9		3		3
	7				1			8	
	2	4		3	3				3
4					3	6	7	3	
2			9	5	6	6		7	
		7	9			6	7	7	
	7	7		5	1				
	6		5	2				7	
1		7	3		4	4	6		
	2		3	6			6	5	

Medium (659)

4							5		7
	4	4		7	7		1		
		9	9	3		7	7		7
2	1		9		8			3	
				3		8	5		6
9			4					6	
	6	3		3		3			6
6	3				8	2		1	
	3		3	3		2	7		6
			4		8		7		

Medium (660)

3			4			1			7
	3			4				7	
		2	7		5	8	7		2
	5			7		8		5	
	5	7	5			3	3		6
	2			5		3		6	
		4							3
6	4				9	9	9		
	4		3			4		9	
5		5		9	9			9	

Solution on Page (202)

Medium (661)

7		1	4				2	2	
			7	3		2			8
8	7	4		1			3	1	
		4	4	9		3			
2		4			9	9		8	1
			4			4	4	4	
6		6	4		7	7	4		
					7		7	5	
	6			7	7	4			6
5		5	3					5	

Medium (662)

3		3		4		4		3	3
3			4	7			4	9	
					3	2	4		9
6			7		9		9		9
3			4		2			1	
					2	3			7
	5	4		3		4	4		2
	4			8	7		7		
5	5		8		8	4	5		
				8		4		5	

Medium (663)

	6		2		6				
		6	3	4		4		5	
	3		3		7	7	6	4	5
	5	1	3	4		7	7		5
					7		3		
			2	8	7	3	6		
5		3			3		6	9	
		1	8					9	1
	4		5		3				4
				8				9	

Medium (664)

7		6		1	7		7		
	7		4			4		3	
7			6		7		2		
	6	1		3		4	4		3
7				5	2			5	
9		9	5						
	3			5	4		4		
6			4	4		2		6	1
6	6		9		4		8	4	4
						8		4	

Medium (665)

	5	5		6					
5		3	4		6		6	4	
	3	3		5		4	7	2	
		6			4				7
1	6		5	5	5				4
	9		1		3	4			
9	2		3			4	6	1	4
			2		6	6			
	9		2	8	6		3		
9		8				2		5	

Medium (666)

			4		7	1		4	
6	6		4	8		7		2	2
4		1		8	4		7		3
			8	8		4		3	3
4	2		8		4				
6		6	6	8		3	6		6
	5		9		2		3		3
5		4				3			
		5			3	3		6	3
4									

Solution on Page (203)

Medium (667)

3		3		3			4	3	2
	9	9	9		3				
3			1			4	5	5	5
	9	3		6			5		5
3		7	7		3	6	1		3
7				1	3		2	3	
2		5	3	3		3		5	
3	3	5		5					
	3					5		3	
		4			3		4		

Hard (668)

2	6					3			
	7	6		6		7	7		7
7		3	3		4	4		7	
7	4			2					3
		4		2		8		5	5
1		6	6		8		3	5	
	6	6		1		1	9		9
1					4				
5		5		8	4		5	5	5
			2		8				

Hard (669)

		6		1				6	
6		7			7	2		6	2
	7		4					8	
6	7			8		4			4
								1	3
6		3		4		3	7		
			5		3				7
3		9			5			7	
		9	9	5		9	3	2	
	6	9				3			3

Hard (670)

		2		6	6				
	5	2	3	6	6		4		5
	7	7		6	6	3	6	4	
	7		7						6
2		7	3		3			6	
	6		8	5	5				3
	6	8	8	8		1		9	9
		3		8	1		5		
		2			5		5		
3								7	

Hard (671)

		1					6		2
5			9	9	3		6	6	2
	5		9				7		
3			9		5	2		7	7
				8	3				
		6	8					7	1
	6		7				8		3
3	5				3	2		6	
			5		7	5	6		
4		5							

Hard (672)

		3	2			8			
5	5	4							7
				3			6	6	7
5		3		8	1	5			6
			7					6	
6		4	7	3		5	1	3	3
		4		7	4				4
	4	5						2	
			5				1	2	
	6			9			3		4

Solution on Page (203)

Hard (673)

2		7			7				5
	1							4	6
6			7					6	
			1	8					
	3	3		3		9	9		
			7		7				
	5	6					2		9
3			3	7		5		1	
		6		2	4		6	6	
5		6	6		6		6		

Hard (674)

7		2		5			5	6	
			4	4			4		
		7	4		2	3			
	4		7		2			8	
7			7		7		4		
		9	7	7					
9			4						
9		4		4		6	4	3	
	5		2	2	3		3		4
		9		5		5		5	

Hard (675)

				5				7	
6		5	5	5	8	8	7		8
2								8	
		3	3	7					
		8		1	5			8	
	1	8		8		6		8	3
	3				6	6		8	
		8		9		2			
	2		9		9	2		3	8
7		1			9		1		2

Hard (676)

4						6			5
	2		3		3		6	5	
	2		3	7	9				
9						4		4	
9	9	9	3					5	4
	8			1					
		3				5		3	
			8			3	5		5
2			8	7	3	3	5		
	3		2	6		6			

Hard (677)

6								3	
			2	7		1	5	5	
6		3	3		4		5		
3			1	8		5		4	
		4			4		6	6	
3			8		4	2	9		
	5	3	6						9
	6				4			4	
			6		9			2	4
		4		8	3		3		4

Hard (678)

		4				1			5
5			2		2			5	
3		5	7		4	7	3		4
					7		3	3	
	5	8				3			
			9		9			3	
	8		3						
5		3		9	1		6	4	
	7	1	7		3	6			6
7			7				5		

Solution on Page (203)

Hard (679)

		8				7	7		7
	6			3	7		7	5	
	1					3			
8	6		6		2		3	3	3
		8		8	4	4			6
		8			4	4			
7		4		9		2	3		
	3	5			1			3	7
	2			9			7	1	
	2					9			

Hard (680)

	4		4					4	
7		4			2				5
		7				5		2	
7		1	8		4		4		1
	4						5	7	
		3	2	9	3		7		
	1		9						7
		5	1		1		3		3
3	5	2			8		5		
	5			8					

Hard (681)

		4		7	6				
6		7		5		5	5		3
	7			8			8		
		7	1						3
	3						5	5	
	5	2	2	3	3		1		7
6		5				9		7	
5			9		6		5	7	7
		1		4	6			5	2
	4		2		6		5		

Hard (682)

					9	3			
		2	9	9			1	5	
	5					4		7	3
5		4	7	7	7		7		
	5					2	7		
	4	2				8		3	3
	4		1	8				6	
6		3	3		3	6	6		
6		6				4	4	5	
	3		6		8		4		

Hard (683)

2		7		4			6		
6	7			4				5	
	6		4		8	3			2
			4			8		6	
	8			3	8		8		8
			4		4			1	
	2	3		6		3	7	7	7
					9		3		7
		3						7	7
9	9				1				4

Hard (684)

		7							
						8			
1		8	1		3		4	4	6
			5		5				
6	5		8	5			1	5	
		8		2				6	7
6			8	9	6				
	6		4		9			4	
4		4			9		4		
			2		9	2		4	

Solution on Page (203-204)

Hard (685)

			6					6	
2	9			1	5		5		
		5		8		1	8	6	
	2	2			8				
9			9		3		4		5
6		9				3		3	
			4			5		1	
5		3		7		5	2	2	
	5	5			5	5	1		5
		2	1	7			7		

Hard (686)

7		7		5		6	4		
7	4		9					7	7
		1				3	3		
	4							7	
2		1			1			6	
		9	9		7		6		7
	2		4			7			
	4	9		5	4		8		
		6	3		5			3	
	6			5			3	2	

Hard (687)

	6	6	4		6			3	
	6			4			3	4	
6		8		3	1		2		
4	2				4			3	
	4			3		1			
9		3				8		4	
					1		3		5
	5				3			5	
5	5	3	4	4		1	5		4
	5		4		3			4	

Hard (688)

			5		2	1		5	4
	5		3				9		
4		1	8	2	3				
			8						
4		8		4		9			
	6	1						6	
		4			4	9	3	4	
	2	2	7						4
		7		3			7		7
	5		7	1				7	

Hard (689)

5		3				6			5
					4		6		
		3		6		6	3		3
3	7		2		9		7	7	
			2			3			2
7	9	9					1		2
		4			3	2			3
7	7		4	3			6		
				7			6		
	8		7			1		3	6

Hard (690)

	4				9	9		9	
4	4	8					9		
			8		3			1	9
2							1		5
2	5	7	4	4				5	
				8			3		2
6	4	1	7			4		2	
6			7	7	4	4	4		
	6	4						5	
			2	7		6		5	5

Solution on Page (204)

Hard (691)

	2		1	9	3		6		
5		9		9		6	6		
	9				4	6		7	
			4		4		6		
3				8		3			
			4		2		8	4	4
3		2				3			4
	3				1				3
	1			4		3		8	
5			3				6		6

Hard (692)

			5			8	8		4
		5			2			3	
6	6		9			1			4
	7	7				9		8	
	3		3	9	2		5	8	
		6			3	5		2	3
	6			3		7		2	
		3							3
	4	6	3		1	3	2		
6					3		4	4	

Hard (693)

	5		7			3		3	
			2		4		4		5
4			2	7	8				5
	6	4				4		5	
		7			8				3
				9				9	9
		4	7	9	9	4	7	9	
		1		1			7	3	
		2		3	1			3	
		4							2

Hard (694)

	6	3						2	
		5	5	6			1		4
						6			
1		5	1		7			7	6
9	4	3		8	7		4	7	
							4		
						5	3		
		4		5		5		3	
6		9	1		2	4	5		
			6			4		4	

Hard (695)

		3		4			2		1
	7		7	9					9
			7	3		3		4	
7	3				7		4		
		6	3	2		7		4	
	6	4						8	
	4		1		3		8		1
3			6	7		4		4	
	5		6			6			4
3		6							4

Hard (696)

	4				9	9	9		
	5		5	9	9	9	9	6	
	5	5			8		6		
1	3					4	6		
6		8	8		1	7		6	8
	6	6		3	3		2		
6	6		8					3	
	7	7	1	7		4			3
7			4			2		3	
	2	2		6					

Solution on Page (204)

Hard (697)

					6		4		4
				7					7
				6	2				3
6	5	8			2		5		5
5		8	8	3		3			
2	2		8				5		3
	8				4			7	
		5					9		
	6		5	4	1		6		7
	5					9		6	

Hard (698)

				6		7			
3		3		7			2		
	8			5			4	4	
		8		2	5				
7		7	3		9	3		6	6
							7		
7		6	9			6	1		6
7	7			9			3		1
	8		9	1		6			
					6			2	

Hard (699)

7				2				5	
			7			2	3		
6	7	8		8	4		7	3	
6		8	8	8					1
				5			4		
2	6		2						
		4	9		7		4		3
4		7	7	9	7		4	5	3
	1								
			9		9	7		6	

Hard (700)

	4	1			8	2		3	
				3		8			
	7	2	3		8	6		8	
						9	6		
1			5		1			9	
		4		7	4				
2		4		4	4		6	9	
	4				4			1	6
5				4			4		
					5	4		4	

Hard (701)

					7		8	8	
	6		7		6		4	1	8
6								8	
	3	7			3	1	2	4	
5		3		9			9		
	9			9		3	2	2	
4	4		9			6		3	5
4		2			6		6		1
			6		3				

Hard (702)

						9		3	
		3			7		3	7	
	3	5		1					2
	5			4	4	4	4	1	
	8	8		3		2		6	
8		2	4				7		
	4	4	3		3	7			
	4	4						7	7
3			4		6		7		
		6		4		2		4	

Solution on Pages (204-205)

Hard (703)

				9					8
	8		3		3				
4		8		8			5	7	
	4			1	6	6	5		7
4		7				6			
2		7				6			
7				3	2		4	6	
4		4	7		5		4		6
	4			2				3	
			6		4				3

Hard (704)

6				5		7			
	6	1					6		3
	4			4	4			3	
6		1		4	7		5	5	5
	6		2		2		9		2
		5		8	8				
6	5	8	8			9			9
			8		6		4		9
6			2		4	6		4	
			2		4		4		9

Hard (705)

	5			3		7	3		
5			3		3			5	
		7		7	7		3		5
		7					1	6	
6	8						3		
	6		8	2				4	
6					9		5		
4				1	3		6		
	4	4		3				6	5
2	9			9	2			4	

Hard (706)

9		6		6				7	
	3		6	6	6			2	7
	9		9		4		7	7	7
		1			4	5		8	
	6	9		4	6	6	5		6
		3		6		6	8		
	3	1			6	7		1	
4		4							
	4		3	1	7	4		1	3
5			3		4				3

Hard (707)

	2		2			4		7	
1			8	4		4		1	3
	8	8		8				7	
6	2		8	4		4			5
		6	8		4				4
6	6			3	3	4	4		
3			4	3					
	9	9		9	6		4		3
3			5	5	4	6		5	
	9	5				4		5	

Hard (708)

	3		5	3			3		4
		5						4	
	3	2		4				3	
	6		1	3		4	6		8
			7			7			
	3	2	9	7		7			
7			9		7				
		9			4	4	8		
		4			9		4		8
6					6	4		4	

Solution on Page (205)

Hard (709)

	6		8		1		6		6
		6	8		3		6	5	
2		8	8		7		1		6
	6		8	7			7		
6		5			7				
			4	8		8	8		2
5	6			8	8	7		4	
				8	8	3			
	9	2	1					4	
9						9	4		4

Hard (710)

9				1		4		3	
	9	9			4			4	4
	2		9	7	4	3	2	1	
	2	5	5						
8	5		5					1	
			6			8	3		6
7	7		6	6					
		7	6	6	2	5		4	
7							5		
7	5		4		5	5			

Hard (711)

8			9		9				
			1			7	6	6	7
		3				7	7		
4	3		2	9		7		5	5
			3			5	5		
1		2		3	8		6		
4	4	5			8		2	1	
				6				8	1
7	4		6			2	7		
			6						

Hard (712)

			6	6		6			
6					4			9	5
3	3		3	3		2	9		
		1		3	5	5			
5				7		5		9	
	4		7				5		
5				7		8	9		
5		3	1	7	2		4		4
5	5		6					5	
				3	8		8		5

Hard (713)

	3		6		7		8	4	
6	6				7		8		
3		6	7	7		8		8	
			5		4		8		5
		5		7		7	7	7	
	1		4			4			
9	9	9	2		3		4		7
		5		5			6	3	3
	9					2		3	
5				9					

Hard (714)

		5		1	9	3		6	6
2	1		2		9				
7			2	3	9		4	6	
		7				9	4		7
6			7		9			4	
	2	3		5	1		8	7	
								5	
				5		5			3
		7		7				3	
6		4	7		8	8	6		

Solution on Page (205)

Hard (715)

					1				5
	6		4	5		5		3	
	6	6	1		9		1		2
5	3	3				3			2
		3			9		9	4	
	6		8	8		3		2	5
			6		8		5		
6	6	5			8	7		5	
	5		8						
5				6		2		3	

Hard (716)

7	6			5		6	5		5
		6	3		6			3	
		6			6		4		3
	1				2				
		2	3				2		
		2		3			3		3
9				8	8				
3		9	4				5	2	8
	2	1			4	7			
1									7

Hard (717)

		4			5			6	1
	5	2	5		5				7
	5		9		2	3		3	
7				1	5		7		
	7		3					7	8
7				9		5		8	
	3		4			5		8	
	7			6		4		4	
	6		4			6	8	8	
6				6		1			3

Hard (718)

			8		7				7
	4			4		7		2	
	8					1	4		
	4		8	4		9		8	
6			2		9		4		
	4	9	1	9			3	2	8
	3		9		1			7	
		6		3	4			1	5
		5	5				7		
				5		4	7		

Hard (719)

	7		9			8			3
					3		8	3	2
	2	9		4	6	3			
3		9				6		6	
					6	5			5
1		7		4			2	4	5
			3		3				4
7		6		5				4	2
7					3		7	7	
	6	6	6	4					3

Hard (720)

	8		5	5	5		1	5	
3	3	8	5	5		4	5		5
3	8			8	4	4		3	
	3		1		6				6
	3			1	6				5
4		1	9		9	9	5	5	2
				2	9			9	
		3			6				6
	6	3					3	5	
	4		6		6				5

Solution on Page (205)

Hard (721)

	6		6					7	
3		6		6	1		9		
3	5			4	7			4	
5		3			8				9
	5			3		2	4	4	
		1	2		8		3		6
	1					4		6	
2	4		4		8				
		3	4			6	4	5	
	5								6

Hard (722)

		3	8					5	
8	8			3	2	9		3	
5		5			9		5		
5	5	5		8				5	
	2		9						
5			5				5	5	5
		2		8	5	4	4	5	
2	1		6		5			4	
		7	1		5		6	6	6
			6			5	6	6	6

Hard (723)

	6	8				3			
6							3	5	5
5	4	1	8		8		3		
				8		1	7		
5		1			3			7	7
				1	2			4	
9			9		7				3
	9			7				6	
9		6		2	4	7	4		3
	2				4			4	

Hard (724)

	4			3				6	
1			3				2		6
				8			7	6	
		3	8		4		1		3
		5	1		4	4			
7	5		8		2		7		2
7		7		7					8
	9						4		
		4		3	3			6	8
	9	4	4		3	6		6	

Hard (725)

5		3				5		4	
5		5	5	9		6	6	6	
	2				6		6	3	
1			9						
				4			5		1
2	6		1					1	
6		6	3		6		6	5	2
	6					8			
3	6			3			5	7	
			5		7				

Hard (726)

	9			6			5		
			9		5		6		1
2	3	2		5			1	5	
2				9					
6	6			3		7		4	
	6	6		8	7				7
	7		2		7				3
		7					6	3	
7	7			6	7		5		5
7	7		6		7			6	

Solution on Page (206)

Hard (727)

	5		4		7		5		5
5	5	2		7	7	5			
	5		7			6	1		2
3	4		1	7	6		6	8	
			8			6			
8				5			3		3
	2			4	5		4		
8			9		4			5	8
				6	6				
9			6			6		1	

Hard (728)

							4		
3		4							
	6	4	8	4	2	7	4		
		6			4			1	
6			9			4			4
3		5		9			4	1	
	5		9				2		3
6			5	7		6	2		
					3		6		1
6	6	7		7		6	6	2	

Hard (729)

	4		6		6		3		
6		4		6	5				6
2			2		9	9		6	
	6	7				9	9	6	
			1		9		5	7	6
7		3		1		5		7	
	7		3	9				7	
5				8					
7	5					2		1	
7		7		7	3		3		7

Hard (730)

	3				5		6		
				4	2				6
			4	6				5	
		6		6	5		8		
					2			5	
6		1		9					
	5	5				9	5	2	1
	6			4		7	3	3	
3					6			7	
	3			4		7	7	1	

Hard (731)

	3			4				8	8
3				3	3		3		8
	9	2							
9	1	6		1		7	8	4	3
		4							
			3	7			6		5
	1	9		3	7			5	
	4				4			5	
4		7		2			6	4	
	2		3			6			

Hard (732)

			8			4	6		
8	7	3		8					
		7		7					7
4		7			4		2	7	
	4		4			3			
		9		6	6			3	
	2			6		6	3		6
		4			4			5	
6		6		9	1	4	3		
			6	1		2		5	

Solution on Page (206)

Hard (733)

			9		5	5		5	
				4	4		3		3
3		3		7		5		5	
			7				8		5
		5	1	2		1		3	
	5					7			
8		5			4		7		8
3			4	2			7	5	
4	3	6		6	7		1		8
	4					7			

Hard (734)

							5	5	
3		5		6		4		2	
	3		6	7		6	4		7
		9							7
	6		9						
2					5	3	4		1
	9		1		1		8	7	
		9					8		5
7	7	9		4	8	2			
						3	3		5

Hard (735)

	3		4			2	6		
4		3			3	7			
	2	7					1		8
		7		6			8		
					8	8			2
	4	7		1	8			6	
4		1			3			6	3
3			9	9	9	9	5	6	
		5	9					4	4
3	5		9	1	5				

Hard (736)

			7		3				4
3	3	7						3	
	1		9		3	3		6	
							2		
2	3		3				4		1
3		9				3			
9			8		7				2
5					3		6	3	
	5	3	5	5		6			

Hard (737)

4		2		8		8		1	
			4		8	3		4	
			3		3			5	
	7	3				1			
7			1	8		4		5	5
	2				4		9		
4			4		3	3		6	6
	4					7	9		
6			7				5	5	6
6		2			7	4		5	

Hard (738)

						9			2
	5	4		7	7	7			
3	4	4	4		5			9	
			1	4			9		6
7		7		7			9	9	
	7		5			6	9		6
4		5	5				3		
	1		5		1		3		6
3	8			8		2		5	
							8	3	

Solution on Page (206)

Hard (739)

6	6			2		7			
	4			4	7	5			
				8		9	5		6
6			1		7		1		
	8		6	8				6	5
7		6				5	9	9	
	6		4		1		9		
7				3	4	2	9	9	
		4		3			7		
2	2				5	4			

Hard (740)

	4				6	3			4
8							4		
4	4		1			6			5
	4		8	2			3		
		8	2		3	6	7	3	
2				4		7		7	4
2		3	4			3			
1					7	2	3	4	4
	3		4					5	
		9						3	3

Hard (741)

	4	5		5		2			4
		9	5	8				6	
9						6		4	
3			8		8	7		7	
					4				7
	5		1		4		7	3	
		7	3	5	4		8		3
				4		2		8	
5									
1						3	2		3

Hard (742)

5			3						
	7		3		8	3	9		4
7	1				4				2
7			8	4	4				2
	4		4		4	2			
1	2	2		6	6			9	6
5			5			6	3		
	6		4		4			1	
	5		4			5			
5		6							

Hard (743)

		6		2		6		6	
3		6	6	2	3			1	
	4		9				3		
3		9				3			
	2		9	4	4		7	7	
1	3	3	8	2				7	6
			8	8				1	
	4	4			6	6			
	4	4			6		3		3
7		5			5	4			

Hard (744)

	4		7						
1	9					8	7	3	
		9		8	8		6		
9	2	1		1		1	2		
	2		8				3		
3	4	4		2		3	5	4	
		8	1	2		1			
8				3				6	6
	8	8	8		3		6		
4						7	7		7

Solution on Pages (206-207)

Hard (745)

			7		4				1
	2		6	7		1	4	9	
	8		8	1		6			
4	2		2		4		9		6
				4		5			
7		7		4		5	5	1	8
3	3				4			8	
	3		7		4		4	4	
	6			5					

Hard (746)

4		3		6	6				4
			3	6		1	8		
	8	8		4	3		3		
4				2					
			8				3		3
2		8	3		5			8	
	3	8	3	3	4		5	1	2
1				9		5		6	
								6	
1	2		3		9	6			4

Hard (747)

			3					6	
	4		4	5	5	5	7	7	
6		4		5		1			
	1		4		4		7		4
				8		8		1	
	9		7		8			8	
9		3			3		2		5
	2		7	7		3		5	
4				7	6	6		4	
	5		6			6		4	

Hard (748)

		5	4		3		8		
				3		2			
6	6	2		1	3		8	7	
			6				8		4
		4			6		3		
3						8		3	
	3		6		9		2	1	
	6		3				5		
	6		4		1	9		5	5
	5			3		9			9

Hard (749)

			6	2	8		4		
	4		6						
		4		8			3	4	
	6				4	3		7	
		2	7			8			7
	3		7		3		3		8
						4		8	
				3			9	5	
3	7	1	2		4	9			
			5			9			1

Hard (750)

2			3						
7	4		6	6		9			6
	4		6	6	3		9	4	
			6		1	9			
	7	7	2				9	9	
2		5	2	5	5			6	
	5			3			5	1	
4		4	7		2	2		5	
7		4	7	8			8		
7				3				5	

Solution on Page (207)

Hard (751)

9	5			6					
			3		1	2	3	3	3
	9		7	7					
					7				6
9	9			5		4	4	6	
	8					8			4
9			8	8	2		2	2	
1	3			4					
	4				7		7	6	
4				6		6	1		

Hard (752)

		6		9				9	
		2	9				1	8	
		4		4	2			3	
			9		5		7		8
	3		5						
		3		5		6	1		
	6						7		
1		4	5		4		2		6
	5			5				3	
					8		6		

Hard (753)

				7				2	
		9	6		3		1		
	4	6		6		7			
				6	5		1		3
6			4			5			
	6					5		3	
	2	4		8		3	3		
			4		1		2	5	
3	3	4	8			3	6		
	5				8		3		

Hard (754)

		1		3					
				2		8	8		3
	8		8	5		8		6	
5			8	1			8	8	3
7	5		1		2				7
					3	5		7	
7			2						7
6			2			9			1
	5				4		5		
5	5		5	9		4		6	

Hard (755)

	6				8		2		
			3			3			
	6	6		1			7	2	
8			4			8			
	8		5	8	7		7	5	5
		3		1	7			5	
1	3				3		7		6
		1		4				6	6
	2		3			6	3		
3				3		5			5

Hard (756)

	3			6	4		6	6	
	6					4	1		
7		6						7	
7	7				6		4	4	
4				8		2			7
		1	6					8	
	7			6				8	7
6		2		5		1		3	
	6	2			5				
6		6				9			8

Solution on Page (207)

Hard (757)

			6	6					
7	6		6		4		4		
				5		6		2	6
	5				6			8	
9		4	3	3		7		6	8
	4	4	3			7	6		
	1		2	2					8
9		3					3		
		3	1	7	6		6		
9		9				6		3	4

Hard (758)

7	7						7		7
	7		1			1	3	2	
		5	3						
	7		5	6			3	4	
3						8			4
	7	9	2	9	4			4	
2	6		9			3		5	
		6		9	4		8		
		3	4	4		6	8		5
	3							3	

Hard (759)

5			2		8		4		4
	4		5	1	8	1		4	
		3				6	6		
			9					2	
5						6	5	3	3
9		1	4		6				3
2	9	2			4		4		1
	6		3					5	
		6							6
	6		4			3			

Hard (760)

5				1		9	9		7
	2		5	7					7
			7			4		9	
4						3	3		
	7		6	4			4	7	
				4					
	5			2	2			5	
5		7		8		1		5	
7	7		3	3		5	6		
	7	7			2			5	

Hard (761)

		5		9	9				
5		5		3				4	5
	3						4	5	
		7		5		4		6	6
2	2			9				6	
				8	8		8	8	6
7	7		7	7				1	
	1	3	7	5	8				2
	3					4		6	
2	4		4	5		5		4	

Hard (762)

7						5			
	7		3		4		4		3
2			7	6		4		3	
5	5	7		9	9		5		6
					9			6	
5		9	9			9	3		6
4					3	8			1
	5							4	
3		1			6		2		
4	4			8	8				

Solution on Pages (207-208)

Hard (763)

			3			8			
4		5					2		2
				3			6		3
4	4	1			5		4	4	
				6		6		6	4
	6		6		7		4		
9	4	4		6	2				
	4		1					5	
			4				6		5
1			5			6		6	

Hard (764)

		5	6						
	5	5		3	6	6	6	3	
	3	4	4		2	2			
	6					6	9		
		6		8	6		2		
		5			6		2	4	
2			6		5			4	
	5				5		5	4	
1		1		6	4			1	
	7						4		7

Hard (765)

2		8					6		
	3		5			8		3	
6		3			8		3	5	
	6		5		7	3	3		
6		5		1			7	3	
	4		2			1	3		
5	6	6		4			5		
5	3				7	9			
		3		6			6		
		9						9	

Hard (766)

			8	5	9	9	6		6
	5	4			9			3	
2			2			9			
	7	4				9		3	
			8				3		3
6		4			1	3	8	5	
								5	5
1		6	1			3	3	2	
	5						7		

Hard (767)

		8		6					
	8	8	3		6	1		3	
		4			9				
	1		3		9		2	2	
	7		3	9	1	7		5	
		3		9		5	5		
	8		8		5		7		
		8				7	7		6
	3		8	9	2		3	2	
1		8							

Hard (768)

						4			
		1			7				7
1	7		3				8		4
		3	1		3		4		
	4	5		9		3		6	
5			5				6	6	
	9			9		7		3	
6	9			9					
			2		6	2	4		3
6			4					4	

Solution on Page (208)

Hard (769)

2	2		8					4	
	3	1				3			
	3				3	3		5	
		9		6			5		6
	9			4		3		5	
4	4	7	6		2		7		
4	6	7						1	
		7	4			2			7
	6		7	3	3		4		
		1		5		5	4		4

Hard (770)

7					2				
	6						3	1	
2	6	4	4		2	1	9		9
6		4			5				9
	4			3	3			4	
			8	7		7	1		
1	8			3			6	6	
	8	8						5	5
	4	2	7		7		6	5	
	4			7		3			

Hard (771)

4			4		9	4			
		9		9			4		
5			3	5	9		6		
	4	4			1		5		
				5		9		4	5
		4			3		6		
	2	3	3		2			3	7
	2		4	4			6		
						5	7	7	
8	3				2	2		7	7

Hard (772)

							5		6
5		5					5		
	7	8					9		
			2	1		2		9	
	7	4			3	9		9	
		2			6	3			
	1		5			5		6	
1		5			4		6	6	
7		7	1				6	6	7
				6		5	6		

Hard (773)

6									5
	3		1	6	2			3	
6		6			2	3		3	
		4		2			8		
	6	6				3		8	
9		4	1		8		8		
	9					4		2	7
		9		8	2			3	
6		6					6		
			6	4	6				

Hard (774)

3				1			7		
	5		2	8	7	3		3	
	5		4			3	3	9	
	2	2	1		9		9		
			8	8		9		5	5
	4			6					4
8	8		6				8		
8	8	6	6	6		4		4	
8		8		7				4	
8	7				7	7	8	8	1

Solution on Page (208)

Hard (775)

							8		1
				3	8		6	8	
	7				7	8			2
			6		1	7			
6	4	6	6	3		7			
			5	3	2	3		1	6
	9	5			3			6	
9		9				8			
					3	2			6
	6		6	9					

Hard (776)

	7		7		8	2	3		6
7	6				8		3	3	
6		7				7	6	6	
		4			8		2		1
	1		4		3		5		
		3		1		7		5	
		7	1			1	4		
	7				9		9	4	
	8	8	5		9			1	
8				8	9		9	2	

Hard (777)

6		6		6			4		
	2		6			4		6	
1			5			8		3	3
	9			4		7	1	7	
9		8		8	8		7		7
	7					3		4	
				6			8		
				6	3			2	
	4		7		5				2
9		7		5		5			

Hard (778)

2		7			6				8
	7			7		4	6	2	
3		7	5		6			1	
8							6		
		1						6	8
4		3	8		4	6	8	8	
		1	9		2		1	5	
4		9					4		
7						9		7	
			9	9					7

Hard (779)

	5		5		5		7		6
		6						4	
		2		1	7	8		6	
					5				6
	3	5				4		3	3
6	6			3	8		8		3
	3	6	9			1	2	4	
2		9						4	
	7			9	9		3	5	
		7	7	9		3			

Hard (780)

								4	
	7	9		9		8			1
	7		4		4		4		
		2				4	7		
	4	3					7	7	
7			7			4			5
3		3			4		7	6	
					4		4		6
1			1	2				6	
		8			8	5	4		

Solution on Page (208)

Hard (781)

5		6			3	3			
	4			2					7
	1				4	7		3	
	7	3		3	4		3		4
	7	7		4				8	
7				2	5		8		
	1	7	4						8
	5		8	4			5		
	8	8			6	6			
5	2				9				

Hard (782)

5					6		8		7
	4		4		5				
	4				8				
	6		5	5				7	7
			6		4	1			
	9			9	9		2	1	
	9					1		3	
8		6	6	2		3			7
	6	6	5	5			4		
1					5			2	

Hard (783)

	6		6		6				8
8		6	1	7			8	8	
	8	8	2					8	8
3						5	8		
	3				4	6			2
	9	7		4				6	2
2					6		4		6
2				5		5		4	
	3		7		5		3		
9				3	1		4	4	

Hard (784)

				7				3	
	4				7	6			
6	9	4		3		6	6	3	
				3	3				5
	9		8			8			2
5		5		8	4		8		
6		5		4				2	
	6		8		3		8	8	
	6		2	8	8			1	
4							7	4	

Hard (785)

	8		3		3		2		
				6			2		
	8			3	4	4		6	
7		1		7			7	4	
		8	1	4				4	4
		3		9			1		
		7	1		2	2	6	6	
7		6		9					
	2	2	6		7	9	3	3	3
		6		6		7			

Hard (786)

5	5		5						
	5	3				3		6	
5	4		4		3		1	6	7
		7						9	
	7		5			1			
7		7				4		6	6
	4	7		5	7		4		
2		8		8			2	4	
			8		7			7	4
		4		4				2	

Solution on Page (209)

Hard (787)

						5	3		
	4		6	5		5			2
4					5		3		3
		3	7	7		9			
		1				1	5		3
		4		2	8		5	5	
	4			4		5		6	
6	6			6			2		
6		7		6		6	2		3
	2				6	6		3	

Hard (788)

	4			5	5		3	3	
	4	4			2		6		8
	6			7	7		2	8	8
	5		5		7		2	8	
		5	5	7	7	8			6
	9			7	7	3		7	6
	4		9	1	3			7	
	6	2		3		4			6
					6	6			
				6					

Hard (789)

		9		9		9		4	4
7	4	4		4					
	3		5			7		6	
			6	6	6			6	
		6		6				7	
				3	2	2		1	4
	7	6				4	7		
4		6		4	4		8		
	5		6				1	8	
5				3		5		5	2

Hard (790)

		2	6					7	
				3				4	
	1		5			3	7		8
		3	3					8	
	7	3		6	5		9	8	
	2					9			
8				9		2	9	3	
	1	8	3				9		8
3	3		1			3		6	
3			4			6			

Hard (791)

	6	5				3		1	
	6				7			7	
3		8							7
		3			4	4			6
6	3			2		7	7	6	6
6	9			8	7	2		6	6
	9				7		3		
				2				2	
	9		9		5	4			1
3			1	5		6			

Hard (792)

		5							
	6		7	2			7	1	3
5			1		5	5			
	3					2	1		
		3			6	6	8		
	5	3			6		6	8	
5				5		4		8	4
3				3	2		9		
3	3		3					6	
		6				9	6		

Solution on Page (209)

Hard (793)

	1			5	5				6
		9	5		8	2		3	
3			5			3			5
	5		8		3				
9				8	8		5		6
				4		2		4	
8					1				6
	8		5		7		7	1	6
		4			3	3			
			8	7		3	2		3

Hard (794)

				7		6			
							5	6	
7	3		2			4			
9						5		4	
	4			9		8		8	3
9	5	5		3	8		2		
	5		1		4			4	
7	7						3		
		5	5	4	1		8	8	
	5	5					8	8	8

Hard (795)

						5			
5		1			6	4			
9							3	2	2
	9	1				9		1	
7			4		3				4
	2	7		1		2		7	5
7				6			7	4	
					7				
				4		1			
6		4		6					3

Hard (796)

			4	6	6		6		
						6	1	5	
6			3		2		7	5	
	4	3	3		4			7	1
						7	7		
	4		9	1	2	7		4	6
4		4		8		8	6		6
	6		4		4			6	
		3		8			3		5
	6	6	2			5		5	

Hard (797)

1						8			3
9		4	8			6		3	
	2		9						4
		9		2		8	4	4	4
	7	9				1		8	
7	7	7				6	6	2	
					5		8		
	3		3			6			
3			8		2		1		3
	5		6			6			

Hard (798)

				5	5		4		
	7	1				5	3		3
	6	3	3	2	4	9			
			3					9	9
		6		8					
6		3	2			8	9		
	2	3		1		8		4	7
6	4	7	7		8				
					6		4		3
		4		6		6		6	

Solution on Page (209)

Hard (799)

9			1				4	6	
	9			3		3		4	
		3	6		5		4		
	1			5	3	6		7	
9				6			6		
7	2		7						
	7		5			3			3
		7			3				6
	3			3				6	
2			8			1			6

Hard (800)

5		4			7		2		
		7						6	
5	5		3	7	7				
8		8		1			5	4	
	8		8						5
4	4		2	2	6	3		7	
2		4	7				7		
	7				9	1	7	1	
7		7		9					7
	3		9		4	6			

Hard (801)

	3		2	4		6		6	
8		3	7			2			4
		7						6	
		5		3		3	3		
8	8		3		7		4	5	
				1				9	5
	6		5		9	9			9
5		4		5	9		9	3	3
	5					5	4	3	
	2	2				5			

Hard (802)

8				8					
			8				3	9	4
4		3			3	9		3	
	3	2	4	5		5	7		
	8				5				2
		8			7				6
	1		3		8		3		
				3		1		3	
		3		5		3	6		6
	6				3			4	

Hard (803)

6		9		4		4	6		
			3		4		8	8	
6									
	9	9	3	5	1		2		4
3	9		1		8			2	
		9		3					
		1	2		4				
5	5								
	2		6	6	5			6	6
1		7	7			5	4	4	

Hard (804)

			1		5				
		6	3			6			6
7				8	4	4			
	2	1		3				4	6
7		4		3	3		1		
	7				9				6
	7			8	5			9	
		7	8		5	5	2		
	3		2			5		4	6
4					7		3		

Solution on Pages (209-210)

Hard (805)

			6		3		3		
		4		2		9			
6		5	8		3		3		3
	5		1					6	
3	5				3		2		
					8	4			6
	3		1	8	4			5	
		6	2	5		4	6	6	6
	3			4	5		6	6	6
6		4			5	5		3	

Hard (806)

			5					3	
		7		6		4	3		5
			7	4				5	9
3	7	4		7	5			1	
5							4		
	5		2		4		2	9	
5				8		9			
	3		3			8	9		4
	5	3						4	
			8		2				4

Hard (807)

	6				4			7	
4		6		4			6		6
		4	6		8		6		
5			3		8		1	6	3
4		3		4		8		8	
			3					1	4
4						4			
4	5		6	1	4	1			2
		4		2		3			
	4		4			9			

Hard (808)

4			8		8		5		
	3		2			3		4	4
					8		5	2	
		1		3		8	1		4
					3			3	
	3			5			4		
4		7				6			3
5		9		5		5		3	
	5						5		
3		9				9		6	

Hard (809)

		5				9			
		2	7	9			9	9	
3		4		6				9	
3			7		3		6	8	
	5	2				4		1	
8						4		8	
			8		4	7			
	4	1		4			4	3	
4		4	7			4			
	2		7						7

Hard (810)

		7	1					4	
7	7				7		7		3
	8			8		2		3	
6			1			6		7	
		2		3	6			3	
6		8	3	3		6	6		
							9	9	
5		1	6	6		9		7	
		5	4		4		4		1
		4						2	

Solution on Page (210)

Hard (811)

			4						
	1	5		7				4	5
7			4		8		2	5	
	9				8				6
			5		8			3	
	9			2				6	3
9	1	9	6	6		8			
	4	4	8		7	1			4
				1	7		2	3	
	8		8		8				

Hard (812)

		3						3	
	7		3		9		6		6
3		7	3			3	3	4	4
	7		8	9		3			
			6				2	4	
	4								
			8		4	3			4
1	8	8		4	4		8	4	
7			3		5	5		1	
				1	5				

Hard (813)

		8	8			3			
	8				2	3	1		3
3			5	8		7		4	
	9	2		8	3				6
			4						
			9					6	
			8		8	3	7	7	4
4	1	3		8		8	7	4	
		3	6	8	8	7			4
	6		6				2	7	

Hard (814)

	9		3			7			
3				2	7	7	1	6	
5	5	9		2	8		4		
		9		8			8		
	4		2				4	6	
					3		3		
	9		7			7			
			5		7		1		6
3		3		7		2		5	
			4	3		5			5

Hard (815)

			9		9	6			
9		9	9		5		2		4
5		4				3			
			3		1		2	4	
		8	8				2		
	4					8	7		
5	1	2		8		7		7	3
3	3				4				6
		5	6	6			7		
4	4				6		2		

Hard (816)

				6	6			4	
		5	4	6				3	
8	5			6		9	3		
8	3			3	9		9		6
	1	5	5					9	2
8		5					9	9	
	8	7		7		1			
		7	4		1				2
	4		2	4		3	7		7
		6			3		7	7	7

Solution on Page (210)

Hard (817)

	3							4	
		4	1	3			9	4	4
	6		9	9				5	
6		3		9	2		3		3
			3				8		2
					4	4		1	
2		4	8						4
	7					3		6	
7			5		3	3			1
	7		5		8				2

Hard (818)

			7	3		5			3
					4			5	
	6				2		4		
5	5			7					
		4	5		2		1	8	8
	6			9	3			2	
6		4	9				7		3
3	7		7			3		3	1
	3	7	1		9			7	
	7			5					7

Hard (819)

5				6		7	7	3	3
			4	7			7		3
	5				7	1	5		
6			4	4		8	4		
		6	6	2	2			4	5
7				8	8		2	3	
7		1			3	9			4
	6	4					6		
6					2	9			4
			4			6			

Hard (820)

		6			4	3	3	3	6
6	6		4	6					
		4	6		4	7	7		2
3	2	2	7						
					3			6	
4				3	8				
				3	3			1	
		3						4	
6	6		7	7	2				4
	9		9					5	

Hard (821)

			4					6	
3	3	8	8		4		5	1	
3		8				2	7		6
			7				4		
8						4			
5	5	7	7				9		
3		1		4		9			2
	6		4	4	9	6		3	
6			6		9			3	4
6		3		1		2	6		

Hard (822)

	7				4				7
3		7	1	3		4	1	7	
	3	6					4		7
				5		5	2		
4			4	5	5				7
7	7	4			3		8	8	
7		7			8		2		4
	6						6	6	
6	6		1			8			
	9	9					2		

Solution on Pages (210-211)

Hard (823)

8		8				2	3		6
					4			6	
3	7	7	3	8		4			5
4		7			2		7	6	
	3						7		
		7		1				3	6
	5	9	9		7		7		6
5		5							
	3					1	4		
				5		9	1	2	2

Hard (824)

	4		3		7				
4	4	5	5			1			
9					4	7		1	5
			5				8		5
9	7				5	5		5	
	7			5					
9		1		7	5	1		4	
	5		2	7	3		4		
5	5				2		5		7
		6		5				3	

Hard (825)

		4						6	3
	3		4	3	6	6	6	2	
	5			8		5			
5	5		8	8			9	9	
5			7		7	9		9	9
3					7		9		9
		7				2		2	9
		5	5	7				2	6
	6		5		5	6			
7				5		3		3	6

Hard (826)

3				6		6		7	
					5	6	3		7
3		4	4	5			3	3	
		6		1		4	8		
	9		2		9			8	
3						4			
			5		4	8		8	4
8	5	5		2		8			
		5	7	2		7	2	2	
		7	7		7			5	

Hard (827)

7							6	3	
	7		3		1	6			
		6			3			4	8
			4	6		3	4		
		8		6	9			4	
	2		3			1	9		8
8		5			7				
		1		7		7	3	4	
3		2			7		2		8
	4			4				4	

Hard (828)

	5	3		1		7			
	9						4	6	
		7		8	8		2		
	9							4	
		7	7				8		5
9	9		7	7	2	8			
		7		7		1	3	5	
6		6	4			2			
		6		6	3		5		
	5		6					5	

Solution on Page (211)

Hard (829)

			7		4				
	5	5	7		3				
5		1				7		2	
	3	9		4	4				6
	2	7				7	7		
			3			3			6
	7	1		3			6	4	
									4
7		4		3	3	6	6	3	3
	8	4	4		3			4	

Hard (830)

		5			3	4	4		4
6	6			3		6			
			5	2			3		
	3		9			3		5	7
6		2			1	3		1	
	7		7			3			
	7		4		4		8		
	7	7	4					7	7
4		7	8		8		5	5	
				6		2	3		3

Hard (831)

			3		7	4			4
				7				4	
	7	8					5		1
4	4					7		4	
3				2			5		2
	2		1	3		5			
			4			3			
	7	8		4		4	6		
7			5	3				3	
		5	5		5				3

Hard (832)

	3			6	4				
	3			4				1	9
	2		7		2		9		2
6				7		4		9	4
	7			8			8	1	
	5		1					4	
5			7	3		8	8	3	
6					7				5
		7	7	1		4	4	5	
					6			5	

Hard (833)

					3				1
	6	6				3		7	
3		4	2	3	4		7		6
			1		8		7		
	3		7	7					6
	6		7						
6		3		1					4
	9		7			2		8	
	9	9						3	2
9		9		3	4				5

Hard (834)

	6	4	8	3		5			
6	4						5		6
						3		2	
	6		5		8		3		
		4	1	8				7	
	5		3	9		3			6
		1			4		1	7	
		2	2		9				7
	3	4				9	2	8	
	4		9			8			

Solution on Page (211)

Hard (835)

	5		9	3				4	
	5	9			6				
		9						4	6
2	3	1				7			7
		4	9	2	2		4	1	
		4		7		5			7
7				4				3	
8		1			4	7	4		3
							4		
2	4			4					7

Hard (836)

		6							
	3	6		7		2	2		5
	7		4				4	6	
7			1	7		4		4	
	2	7			3				5
6	6		7		8	5	3	9	
	6		4					9	1
6		1		8	8		9		4
6	2					8			
7					7				9

Hard (837)

	8	8		8		8	8	1	
6		4	8						5
6	6			3			9	2	
		8							3
			4	9		3			
1		8			3		2		3
			6	6		6			
2	8	1	5					6	
6		6	6		3				
		6				5		4	3

Hard (838)

		5		4		7			
	5				7	7			3
6				6	6		7	4	4
6			4		4		9	1	
				6		4			9
2	4							9	
1	8				4		9		9
			8	7		7		7	
5		8	8	8	7		2		
	2	2		8		4		7	

Hard (839)

	6			3	2		4		3
		1	3			4		4	
			7						4
4	2						3	6	
			5	5		8	2		6
4		1			5				
					4	3	3		4
		3	4		7			3	
9	3	3		7		5			
					7		7	3	

Hard (840)

1	7		3			9		5	
	3	7		3			1	4	
8			5		4		9		
	7		5	5		6			
		6		4	4				9
				1	6		6		9
					5	6			
				3			3		
	3	6	8						3
2		2				8			5

Solution on Page (211)

Hard (841)

			6		6	6			
8		8		8	3				5
7								6	
	2	5		9		2	3		
			7					1	2
	1		3		4		7		
				9	4		4		7
	3		9	9		7			
5				9	9		6		4
	4			3				4	

Hard (842)

	1								
	7	7	3		8		7	1	6
	4		7		5			3	
		4		8			3	3	6
3		5						2	
			8	5	3		9		3
3		4		7		3		9	1
	2						9		9
	2	7		7		2			4
4			1			5		5	

Hard (843)

	4	2		4					2
8		4					9	6	
8					4		3		
	4			8	9			6	
5	5		8			3			6
5		1		2		3		5	
	3		7		4		3		
3					3	5		5	
					6		4		5
	5	1				6			

Hard (844)

						5			2
			5		4			6	
8	5		2	8	6		9		6
8	1		2					6	
	8				6	6			
7		5	5	1				5	
				5	9			2	5
				7	7		3	3	
	7				4				
	1	5						3	

Hard (845)

		5	5			8			
	3	9		3	8				6
6	6		9		1		3	3	3
6	6		9	4			4		4
		9			8		8	5	
6	9			3			3		5
		9	6		6	5		5	5
5	5			5	5				
		4		5		6	2		4
	5							4	

Hard (846)

	2		5		9		9		
7		5	7			3		5	5
	7		7				4		4
			9					8	1
6			8		9		2		7
8							2		
3			3		3				7
		8	3	5		5		5	
		5	6		5			7	
5	5		5						7

Solution on Page (212)

Hard (847)

		6				7	7		
		4	1		6		6	8	
4	4			7	6			3	
3			2	7		3	4		8
	3	6		1				1	
	5					4			
	6		4						
6		6		2	9		9	6	
	3		5	5	3			2	6
6		5		5					

Hard (848)

			2	9	9				
	3	9	9			2		8	
	2				6		4	5	8
7		8	6			4	4		6
				3		4			
	1		8		3	7	7		
		8			7		7	5	6
			8	4	8	8		7	
		8	4		8		8		6
6		5				8	8	8	

Hard (849)

		7		2	3		4		
2	1		1	3		8			
2							3		7
			3			7		7	
		9	9	8	8		7		7
2	6		9						
9		9	1	7	4		4		6
			6						4
		6						6	
	5		6				3		6

Hard (850)

2		3	6			3			
	7		6		8		2	2	
7		8							4
					8	5			
		8						5	7
		3		3	6		5		1
	9	2		4				4	
3		9			5		3	4	6
1		9		3	5	5			6
	9			5			3	3	

Hard (851)

		5		4			9		4
3	3		3		6	6			
	3	6		4		6		9	
					6	9	9		3
1			4					4	
		1		2		7		6	4
5					7	7		6	
	8		4	2					6
		4		6		4	4	7	2
	5	4	6			4			2

Hard (852)

		8		5	3				7
6			5					7	7
	6		1		6		7		
	9			8		1	3		4
					8			4	
2	9				3		3		4
		9			8				5
		3		2		8		5	
	4					8		3	
6		4	4	7		2			5

Solution on Page (212)

Hard (853)

			4			1		2	
	3			4			9	4	6
2		5	5	9				4	
				9	9		3		
		3		3		3	3	4	
						2		4	
5	8			5	3		7	1	
5			4	5					5
	6			1	3		7		
6		3		4		1		7	

Hard (854)

5		4	1			2	6		
5	4							2	
			7			6		8	8
		9			7	7		5	
		9	1		3				
3	7		9	9	7		7	7	
		9		4		7			6
			3				2	1	
		6		3			4		
1					3		6		

Hard (855)

							1		
			3	3	9		4		
6				9		8	8	5	
	3	2	9	5	5				8
	6		3	5		5			
	8	8		2	2		4		4
				3		3	4		1
			5				5	7	
8		6	3				4		
1				6			4		

Hard (856)

6		6		6					
	6			4		4			4
3		6			5	4		1	
5					3		2		
4		1				8	1	3	7
		5	9		9				
	4			9			8		
5	5					4		4	4
	3	5			6	6			4
		4		6					2

Hard (857)

		6		4	4	9			
			4				5	7	5
		7			9	9		7	7
4				9		9	9		
		2	8		9	7	7		
7		3		8		4		4	
	6			2		8			
		5	7		7			2	6
	5			5	5		1		
	5			5		5			4

Hard (858)

9	9		3	1	7				7
		1				7			2
9			9		8		4	4	
7		4	3		3		8		4
7	4				6			4	6
		4			4		7		6
					7		2	4	4
3	6	6	6	3		4			
	6	6	6	3					5

Solution on Page (212)

Hard (859)

			9	6				6	
	9	5		7			1	3	
9	9		5	8				3	
	9	5		8			7		
3				5		2	2	6	
4					8		4		5
	1		1	8				3	
	7			7		1	3		5
5		7	5	3		3		4	
	2								

Hard (860)

			6					4	
				3		5	3		4
7			7	5		5	5	1	
	5		9		3		7	8	1
6		2				4			
	6			1				7	
		6	9			2	7	8	
	3			3	3				2
5		5		3		7			
	5	5					3		

Hard (861)

6		6	6		6		6		
	1		3	3		2		4	
	8	4			4			4	
	1					4	4	5	
		9		3	3	3			3
5		2					7		
	8		3		3				3
				5		7	3		
	3		5		5			1	
5		3					6		2

Hard (862)

			6	4		9			
	6	8			9		8		
8		8	7	2		9			9
	8				7		7		
8				5	7		6		4
				3					
		1	4		6		6		
	2		5		5	4			
	5	1		1		2	2		
5	7		7			6			

Hard (863)

6								7	
	6		1		5		7	1	
3		5			5	9		4	
	4			4					7
6				8	8	8	9		
			8		8		8		6
		3		7					3
6		7	4					3	
	5			1		7	5		
			2				2		

Hard (864)

			3		6	6		2	
				1		3	2		6
	5		2	6					
3	9	9			8		5		
9			4			5			5
	9		8		4			7	
9		7		8		8			
6			4		1		7	6	
				7		5		6	
					1		6		

Solution on Pages (212-213)

Hard (865)

			8			4			8
	1	5			4				
	5				9		2		3
		5			5			3	
8		7			5		8		1
			5	8				5	
	4				3		5	5	6
	4	2				7	1		
					5	1	2	6	
3		3	7			5			

Hard (866)

					8				5
6	4	4				8		6	6
	2						6		6
4		8	8	5		5	5	6	
		2		3	1		4	5	5
		3							5
7		9		3	2	8		5	
		7			1				3
7		5				2			8
	5		5	5	3		1		8

Hard (867)

8					8	8		1	
				5		4			5
	9		3			5			
	1	3	4	5			7	5	5
		2		4					
					5		3		7
		2	3		4	7		7	
	1		7				7		7
			5		6			2	
		5		5	6				5

Hard (868)

5		5			2		2		
		5	4		2		9		4
7		3	6				9		
	7				1		7	9	4
7	7	8	8	6				7	
7						2		4	4
		3		8		3	4		
3	4		3		8				7
		5		8	6	7	6		7
4				6		6		3	

Hard (869)

	6	4				3			
7		6	4	4			3	2	
							7	1	8
7	7		5		1	2	1		
							3	6	
	5	5	8	1		3		6	8
				3	3				
	9	2	9			3		3	3
	4			6					3
9						3		5	

Hard (870)

	7			3	6		6		6
2	1				3		7	5	
	9			4				1	5
		9	4	4	8				5
5	9	9		8		8	6		
	9		3	6			8		
5	2						4		
	2						3		3
3	4		4		2	1			
	3	4			6	7			7

Solution on Page (213)

Hard (871)

	6	8			6		1	6	
		2							6
	7	1		3	3			7	
6		7			3			7	
		8		8	5			5	3
		3	2		2	2		3	
	6						6		
3				4	8	8		3	
				3				4	4
3		6	3		8				

Hard (872)

2	3		7						
		7		7		6			9
						3	9		3
	5		6	6		2		3	2
5		6	6		6	8			
			8	8				3	1
	5	8	8	5	2	6			
	6	8					6	4	
6				5		6	6		4
4			5		3			5	

Hard (873)

5									
6				4		8	8		9
		6	4			8			
6				8	8		4		1
	5	5		4		5	1	7	
2	5		2					7	
	1			5			7		7
		7	3		3	4			3
		8	8		2		6	6	
3	8								6

Hard (874)

	7		7		8			8	8
5						5	8		8
	3	5	5		2				9
4		6					5	5	
4	3			3	5		9		
	7		6		5		5	9	
		4							9
	5		5		1	8	5		9
	7		4	2				3	
7		5	4				3		

Hard (875)

	9			9		7			7
3		1	2		2	2	4		
6				9				4	
	6	4	4	9	9		4	1	
	5					6			
5		3	3				3	3	
	5					4	6		6
1		2			8			4	
		6	8		6		5		5
				4		4			

Hard (876)

		9	7						
		3	5	7		7	7	3	6
	9			5				2	
			9	8			5		
	5		5		5			4	
		3			1		7		
4			1			3	7		4
1		4			3		7	4	
	2					7	7	3	
3			5	3			2		

Solution on Page (213)

Hard (877)

				6			2		
1	6		9				2		
		8		3	9	9			7
	8		3	3		4		9	
	4				4	4		9	8
6		4	5	5	4			4	8
	6	2		3				4	
	6		1		4				
		7		2	7		7	8	
	2								8

Hard (878)

	6	5		3	6			4	2
			3						
	7					3	4	7	7
			4		3	3			
		7		4	7			7	2
	6							3	2
6		5	8		3		1	4	
		5		8			7		
		9	9	9	2				
			9	9		9		9	7

Hard (879)

5				3		1	6		
					3	8		3	
	1			8			6		6
	8		2		6				
5		7		9	1				3
		3			9				3
	8					9	5		
7		7		3	9		2		
7	7	4	4	2			7		1
	7		3			7		7	

Hard (880)

	7	1		2		1			9
3	7		4	5		5	9	6	
	7	7		5	5	4	9		
7			6		4				9
	3	6				6	1		
2			8			1	5		
	5		8						
	6		6			3			5
		6		5		8		4	
5	6				8	6		4	

Hard (881)

			4	6		3		5	
6		6					3		
			7	2	6	6		7	
4	6						4		2
	4			7	1	6	1		
4	3		8			6		7	7
8		8		7	7		4		
		9	9	7		1			
9				9			2		
	9		3			1		4	

Hard (882)

3				7			4	4	
	3	1	7		7	2	4		
		3				3	4	9	7
5				1					
		2	8	8		5	3	3	
		8		3	3				
4			5					7	
			3			3		2	
6		1		5	7		3		
			3					3	

Solution on Pages (213-214)

Hard (883)

	4		6	6			3		
		7	1		4		6		
7	7		2			4	6		
		6				4			
	7		5			5		4	8
9		5	3				4	8	
					4	5			2
3	9			9		1		5	
		1				3	2		
	9		5	1		3			

Hard (884)

	4		7	7					4
6		6	7		5	7	5		
	6			5		7		4	
4		4	4		5		1	3	2
1	7		8				3	3	
		7	1						7
	7	7	3	3		4			
2			2				3	9	1
	4	7				9			
7									9

Hard (885)

8					6	6		2	
9		8		6			1	2	
	2	3					5		
9				2					
			5		5				7
		5		5	1			5	
	6		4			8	8		2
9	1	6	4					6	
3					3		3	3	
	6		3			5	3		

Hard (886)

7								3	6
	5	8		3		3	1		6
7		5					5		
		1		4			1		
	5		9	9		4			2
	3	9	1		3	2			
2		9			3	7	7		
			5			3			
		5		3					
	5			5	4		6		

Hard (887)

	8		8	1	6				6
		4			8	8		6	
	1	4		1			2	2	
7		7	7			6	5		
2	4			5	6			7	
	4	4		5				3	3
6			3			9	4		3
		3							4
		5	5	2	3		6		
	5			2		3		6	

Hard (888)

	7				1			3	
3	1	7		7		5	3		6
	3		3		5			6	
9			9	9	4		4	6	
2		9		4		3			
3	3	9		8			7		2
	3				8	7		7	1
	7	7		4			4		4
6		7	2				5		4
				6	4				

Solution on Page (214)

Hard (889)

4		8		3		3		4	4
					5		3	6	
	8							6	
	6	1			8		7		3
	3		2	5		1			
			3			2			6
	9		3		4	4			5
1		9			4		4		
	9			9		6		5	
3		2							

Hard (890)

9				3	7		7		7
			9		3			7	
	9	3		9				2	
8							8	2	
			6	3		3		1	
		7			7		6		
	4		7		4				6
		7			4	2	2		3
4			8					8	3
	7			4	4		2	1	

Hard (891)

			6					7	
6	4				1		7	8	8
3		5		1		4			
	5					9	3		
6		6	9				1	3	
	6			9	3			8	
6			3				2		6
		1		3		6	2		
			5	6		6		4	
3		7				2	6		6

Hard (892)

			5						7
	6	2		8	1	3			
	4		8	8		7		7	
4		1			8	8			
	4			8			4		
7			5		3	4		8	4
				8			9	9	
		7	3	8		3	9		
	2	5			8	1		9	4
5			3						1

Hard (893)

5							4	4	
3		3				6			
	7		7	6			3	4	1
3		2							
		2			5	8		3	
5		9		5			4		
	2	2				5			
		5	9	9			6		1
	5			6		6	4		
3		5	4					5	

Hard (894)

			3			3		5	
		3	7		6		3		6
6				6					
	3				7		4	4	6
	9	9	2	2	4		5		
						5		8	
			4	1			8	8	
		4	7			8	8	1	5
9	2	7							
			2		3	8	4		5

Solution on Page (214)

Hard (895)

		3						4	
		5			1	4			5
5		5		7		4		6	
			6				6		5
		4	1	5	5	5		5	
9							3		
	2	1						8	3
9	1	2	3				3		
			3		7			1	8
					2		4	8	

Hard (896)

4		9	2		2		6		6
	9					8			
	6				4				
4				6		8			
	6	9		9		8	3		3
					8		3		1
	5	5		3		4	3		6
5								5	6
	6		1	2		4	2	6	
5		5	7						

Hard (897)

					9			9	
	4	9				9		7	
5		8		2	3		3		3
	2				5	7		7	7
	5	8				3	7	2	
5		8		4	3				
				6	6		5		5
					6	4		5	5
	5		5			4			
4	4	5	7		7	1	6		

Hard (898)

		5		4		6			6
3	5	3	5		8		1		3
								8	
				1	3		8	4	
			9	8		8	4		
2		2					2	2	3
		3						4	
		6	6	8		8			5
6	7	1	7	7			4		
	7					6		5	

Hard (899)

	8	8							
	6		3			7			4
				3	2	3		7	7
	6	6	4	1	3			1	
2									6
	6		5	5	3			4	
		6			6		1		2
6						4	7		4
				4		7		4	
6		9	9					2	2

Hard (900)

		6		4					
		3	4		6		4		
	9		7	2	6	7	5		3
		9			7			5	
	9		2			7		5	5
9			7		1	4	4		4
	9	7						3	
	3		7	4	4			3	
6		7					2	3	
		6		6	4	8		6	

Solution on Page (214)

Hard (901)

				4	3	9		9	
		5		3	3		9		
		7	4				8	8	
3			7	9	9				5
		5		1		6			8
2	3		3						
					5		8	7	4
6	2		2		7				
		7				7		7	7
			6		7				

Hard (902)

3		3					6		4
	4				7		2	6	
	6	1		7			7		4
	6		5					6	6
	1	8		2			6	6	
6		3			4		4		
				1		7		7	3
	5		9		3	9		2	
	4		9	9	1		7		3
			9	9		9		3	

Hard (903)

				3				4	
	4	1			3		5	5	
9		4		7	6		5		
7	4					6			
	1	3					6	4	
		5		3	7		6		6
					4	4		6	
	5	3			8		2		4
	2		3				2	7	
8					8				7

Hard (904)

				6		4	6		
	4	3						4	
3			3	8				6	
3					2		7		2
4			8	8	5	5			5
		1		8		7	7		
5	4		3	8	7	7	7		6
		3		4	7	7			
	9			9	9	2		4	4
9			9				3	4	

Hard (905)

		9			7		3		
4		4		3		7			
4	9	9	9					3	3
	2		3			1	6		
5	7	9		7		3		4	
						1		9	
				7					2
	6		5		5		7		7
3		6		2	5		7		
	6		3		3	9	1		

Hard (906)

	4		9		9				
			9		4			8	
4	9					8	4		
		4					7	4	
	9	2	2	5					7
		7	6		3			7	
	6			3			4	1	
7	6			3					
7		3			5		3	7	7
	6					5		2	

Solution on Page (215)

Hard (907)

	5			6	7			1	
	5			2		7	7		
	5							4	6
	1		1	5	9	9		6	
	7		5			9	9		
8	8		5		9			9	
		6			6				
	3	2		6	6	8		4	
8		2	3	3			8	8	
					6	8		6	

Hard (908)

				6		4			5
5		3		3				5	
	6	3	4						5
		6	5	7		7			4
6				5			2	3	
2			5				1		5
	9			4	4	8		3	
4		6	9		4		2		5
	6	6			9	8	1	5	
6									1

Hard (909)

9				8	2	2		3	
	2	4		8	8			4	4
	9		9			1		4	4
	4	4		4	8		3		5
	3					8			
		2		5			3		3
		4	5	6		3		5	
	3						5	4	
	3	1				6		3	
			6		4		4		4

Hard (910)

5	1	7		1		4		7	7
	5				4		7		
3			7			7		3	3
	3	7							
4		9	9			5		2	
	9			9	4				8
	2		7	1	3	5		8	5
5						5	6	5	
	5				5				
7				3		5			

Hard (911)

			6		5				
5		4		5		5	6		1
	4				1				4
3		4		3		3	7	4	
		2		4	9		7	3	
			1			4	7		3
	5					4			
6		5					2	5	
		7		1		4	3		5
	5		3					5	

Hard (912)

	2	8		6			6		
	6	1			9	9		4	
6		5		9			4	4	
	6						2	4	5
5	5			9					3
		4		2			8		
4	4		8		3		1		
	6		7		5	5	5	1	
7									
					5	5		6	

Solution on Page (215)

Hard (913)

2			5		9				4
2		5				9	4		
1	4			5					5
4				5			6	6	
	6		8			4	6		6
	8			8			6		
	1					9		2	2
	7		7	5	7			7	
		7	2				6		6
2	7		2		3		7		

Hard (914)

7		6				1		3	
	2				1		8	3	
		3	6	2	8				
			3			3			
		6					6		9
6	1			5		6		6	
		8	3		3			6	2
5		8					3	3	
8			8	3				4	4
	8		6		6		6	4	

Hard (915)

	4	4					2		5
9			9	4	8		3		
	9		5		8	8		3	
9				4					1
	5		3		2		6		3
3		6			6			3	
			6	4	6		6		4
3	5				1				
3		5		7	7		4		5
	5		1			2			

Hard (916)

	5			4			5		3
				3		4		2	
2	5		8		8	5			
	7			1			5		5
7	1	7	7					9	
	3		3				9	6	
		3			9		3		
8	8		1	5				6	6
8		8	8		5				4
	3	2							7

Hard (917)

	5		9						3
	5		2		1		1	3	
5		4	9		9				
	7		4			7			8
		7						3	
7		8	4	7		3			
	8		8		4			3	1
		6							7
	5	5			7	7		5	
			5	4			4		5

Hard (918)

	5							6	
	3		2		6		6		5
3	8		9	3	9	4	4	5	
					9			3	
2		8		4			9	9	1
	3		4	4		4		5	
8				4					4
			3	1	2		6	4	
	3				7		6		4
3					6			3	

Solution on Page (215)

Hard (919)

				4		2		8	8
		6	4		3		8	8	
	1			9		4			
	3		5	5	9				2
6		5		5	9		8		
			6		6				3
						2			6
			2				4	4	
6			7	3	8	8			4
5		7	7		8		8		

Hard (920)

		4		8			6		3
2	4	6	8			6		6	
9					8		4	4	3
		3		3	8	8	5		
			1				1		
9	6	9			3				7
				6		4		5	
	6			4	4	1	3		
		6	6		3			7	
	5						5		2

Hard (921)

			2				4		3
	4	4						7	3
5		5		2		4		3	
	6	4		2			4		6
			6		6		4	6	
	6	3	4	4			3		
	9		4	4	1		3	3	1
				8		1		7	
				5	5				7
		8		8		7			7

Hard (922)

				8	6	6	5	5	
7	7		7		6				5
5		5	8	8	3	6	6		7
	2								
	8	8				1	2		
5			4						7
	7				4		3		
7	7		6			5		1	
		7	1			5		9	
7		2			4		4		4

Hard (923)

7				7	7	3			
	4							1	2
		7	4		4		7		2
				3		7		4	
				2			5		4
	4	2	2		4			5	
	7		6			9		3	5
7				4	4				3
	1		6			4		9	3
	7						8		

Hard (924)

	7		7			5	5	4	
3				7	4	5		9	4
			7	7					
	8	8		8		1	2	9	
		1			8	9		9	3
	7		5	5			6		3
3				5		7		9	3
8	8		8			5			
8			2	2					7
			7		5		2		1

Solution on Pages (215-216)

Hard (925)

	9			9				5	
		4	9		6		5		
7		4		9	5	5	2	2	
	5	5		3				4	
7	5		4	1	5				8
								4	
7	1	4			5	1	4		8
	7		4	7			7		
	6							4	
6	6				2		2	2	

Hard (926)

4			2	1		5			7
	4	3	3	7			7		
6		3			7			4	4
5			7	7		7			
			7	7			5		
	4	2		3		6			2
		4				8		3	
	4		2			4			3
3			2		8		8		
	9		9			8	8		4

Hard (927)

							2		4
4		7	2			7	4		
5	5					1			
	5	4	1			5		6	
	5		8	8	8				
6		3		3		4	5		3
	6	2		9	3		5	4	
6		2			9		4		
4		6		6			6		
		6	6	6			9		9

Hard (928)

5		8		5					1
	5	8	5			6		7	
	5		5		3	5		7	7
	4	8					7		3
		8	3	2		2		8	
			9				8		
				9					1
9			4		4		3	8	
		5	3				1		
5		3		4	4			7	

Hard (929)

				4		1		4	4
	4		4	3			4		
3	2	6	6		7	8	1		
			6	1				3	
	7		7				2		3
	4			3					
6		6	9	9	9			2	4
		6	9		3	3	6		
6	5			4	3			6	
		5	9						

Hard (930)

1			7						6
	7		7				9		
	4		2	2		3		6	6
6	4				9		1		
		4	6		6	4		5	
	5			6			2		8
	5	7	7		3	1		8	
	5						3		
4		4		6		3		1	8
	5		6				2	8	

Solution on Page (216)

Hard (931)

					7		3	5	
		5	8		8	7			5
7	1			8	3		1		5
		2		8					
			8				3		
	5	7	2	5				2	
		5		5		9	4		6
		6	4		4	1		4	
3			3	3	2				
	3						6		

Hard (932)

4		4		2			3		6
	3		3	8		6			6
2		7	3		8			5	
						3	3		2
		3			4				
	1	3		4		2	4		1
3	3		5		7		4		7
			8	3		3		4	
									7
8		7					1	7	

Hard (933)

			7		7	7	9	9	4
4			5	4	4				
			5		9	9			
5		5		9	9	9		5	4
			8	2			4		5
1		8	4					5	
4	4		1	4			7	4	
	6	8			2	7			
		6	1	3				7	2
			3		2		4	4	

Hard (934)

7					5	5	4		
	5	7							5
2	5		5	7		8		6	
		9		1			6		6
	9		5					6	
				2					
1		4	4			8		3	
3	9	2	4	4	5				6
		2				4			
	7				1		4		5

Hard (935)

	7	4		6		6	4		7
7		7							
	2		4		6	3		9	7
	8	8		6	1		4		7
8	8		8		6				
8			1				5		9
	6	1			8		8		9
	2		7					2	
	7	7		3			6		6
1					3				

Hard (936)

		4	4				2	8	
	2	5		8					8
	2		5		2	6		5	
		4				6	6		1
	3		3		5				9
	8					4		3	
			7	4		9	3		9
		4							
4	6		6		5	9	2		4
		5			5		4	4	

Solution on Page (216)

Hard (937)

				2	2				
	8				7		2	5	
8			3	1			4		
9	8	6			3		8	4	
	4		4			7		2	
		4		5			8	7	
	9								7
4		6		8	8		7		5
	6			6					
6						1	7		5

Hard (938)

7		4							4
			8	8		6	4		
7		4			9				9
	8	4		1	4			9	
8							5		
		4		2		9			
	3						7		7
	7	2		4		4			
	7	2			5	5	5		7
7			7	7	3		3	2	

Hard (939)

	7	1	6		2				4
7					8			4	
	7					8		7	4
7	7		1	8		4	2		
	9				9		2		
	3		3	9				3	
	2				7		7	3	6
5	8			7			7	1	
	5	5		6		5			
5				8			2		1

Hard (940)

				6	9		5		2
2	2	1		6		5			1
					9	9			3
	3		4		5		4	1	
2	2	4	5				8	7	3
		7		5					7
					8	3		7	
1	7	4							7
	3		4		7	6			6
3				6				6	

Hard (941)

2			8						
5		8	6		6	4		4	
			8	4		1		7	6
9							3		
9		8							6
2			4		7		7		
		9		9		3			
5			9		7	4			
	4				7	2		6	
5				4	3				6

Hard (942)

6		7	7		7			5	5
				5	3		6	5	
1		9		5		6			5
	9		5		3	4		8	
				5					
		9	8			8		3	2
9		6	5		1		4	3	
2				3					6
	5		5	3	3		6	6	
				2		5			6

Solution on Pages (216-217)

Hard (943)

			2					2	7
6			2			4	3	7	
	4				7	3		7	7
6	8	5	7	5			7	7	
			7					6	
8		8					6		4
	3			4		6		4	
9	5				2	8			7
	5	5		1	2				8
	9		9			8		8	

Hard (944)

		3	4	8		2		4	
	6					3	1		1
4						8			
		6		8	8		4		
		2		8				7	
	4				7				3
6		7		4				6	6
	4				9		6	6	
	6	2		1	4	9	6		5
	6		4				9		

Hard (945)

	7		5		5		3		6
2			5	5		6			
	4				8		2	3	6
4		2					3		8
	4	6	8		3	1		5	
		6		5				5	
	4	7	7	5			5		
		1			2		9		
	7				2	3			8
3			7	9		9			8

Hard (946)

	7				7		2	6	
4		6			3		2		6
	6		1	7			8	7	
4		6		8					
					8			7	7
3	5	5	4	2	2			7	
	4		1			5		3	2
7						6	9	1	
	7		6	6		9			
		9	9				4		

Hard (947)

	3	1		8			7		
					7			2	1
	2	8		8			5	5	
1					7			5	3
			5		7		7		
	7	3			9	6	4		4
	9	9			6			6	
1			9						5
			5		6		3	5	
	4	2						3	

Hard (948)

	4		5			4			4
	7		7			3	5		7
7		3				5		7	
	7			3		8		2	7
		4			3		5		
	5		4					7	
	1			1		8	2		
6		1	3		3	3	1	5	
	5	3		9		9	9	5	
5						9		2	

Solution on Page (217)

Hard (949)

6				6			2		3
	5		3		6	6		5	
		3			5		5		3
	6		1		1	3			2
	8	3					9		9
8		8				4	4		
	3	6	4						7
		6		5		5		9	
	6	5	5	3	3		2	1	
				3				7	

Hard (950)

	5		4		6			5	
				3					5
	5		4		6			6	
9	2	2		5		2	6		
	5					8		6	
	9	3		4					
			1		1	3			
2		7		7		8	8		5
4		4	6	6		1		3	
	6				5		5		3

Hard (951)

		5				6		6	
		3			7				
4			4	4		3	6	6	
2		1			3		6		5
	4		2					3	
8		8		5	1		5		3
			3			2			9
1		8	2	5	5		9		
	8	6		6		3		5	
			6		3	9		9	

Hard (952)

		3							5
	5	3		4		7		6	
1		2			7	4	6		
		2		3				6	
9		9	4			4		6	4
			2		7	5		5	
5	2			4	8				1
	3				3			1	
			9					5	
			5			5	3		5

Hard (953)

	6				2		8		
4					3			8	
		7		6		5			
7	3		4				2	8	9
		7		8	3				
	1				1	9		5	
	6	6	8			9	9		9
6	6	2					9		
6		3	3	8		6	4		6
			5		2	6			

Hard (954)

		6			3		6		3
	4	6				3			4
	2			1		2		4	
3		3			9				
							9	3	
3	8		5		4	4			
				5		4	4	9	
		5		7	7				9
3			4	1	4		5		2
	3		3		3				

Solution on Page (217)

Hard (955)

4		4					7		
	4			5		4	7		
		7	3		4			1	
	5			6		2			
9			6					6	
	9							2	
	1	5			6		6	2	
9		9		4			1		8
			5	5	2			1	8
6			5		8		3		

Hard (956)

		3			2				3
	4	1		7		6		3	
9		9					3		6
	1	3						8	
		3		3	3		7		
	9	3	7			2		3	
	6			6		5	7		6
	6	6	6		5				
7						1	7		4
		7	2		3		4		

Hard (957)

5			6		7				
	5		9			7	2	4	
				9	8		2		4
5	4					5		5	
	8			6			2		
	2		9				8		3
8		9			3			8	
	6			1		7		7	
	6			7			7	7	
8		6	3		1	6		6	

Hard (958)

	7		7				3		2
		7		2	8			3	
	6		6	1			4		7
6						8		7	
	3		1	6	8		4		4
1						8	8		
5	8	3	9				3	4	4
			3					7	
	5		9		2	2		3	
					4		7		7

Hard (959)

				1		5	4		4
4				7					
1	8	6	6				4		1
					6	7			5
		4	2		1		5		
	3	9	2			1	2		6
						4		6	
			2			4	4		
	6	4	7				7	3	
		6	6		7		7		6

Hard (960)

	6			9				8	
6	6				2	1	8		8
5		6		1	5		4	8	
7	5			4	5	5			
	5	7		4				2	
7			4		6			4	
6		5		6		6			5
		5				6		2	
		6				5			3
	5		4		4		5	1	

Solution on Page (217)

Hard (961)

			7	4			3		
7	7		2			5		2	9
	8	3			4		3	2	
8						7			
					7	4		7	7
3			4	8				7	
	4	1			7				
			1		3		3	2	
	5	6				5		5	
5			6	4	3		5		

Hard (962)

	3	5			4		7		2
	3		5	4					4
		6		4	1		7		9
2			5		4			7	
1	5	5					3		9
8		8	5			1		9	
	8				7		3		6
6	6		6						
	6	3	3	4		3		6	
6	6								

Hard (963)

	7		7	9			4		
7		1	3						4
	7	3		9	4	9			3
	3	6		3		4			4
	5		6				9	4	
5		6	6		4	3		2	2
		6			5			1	
		8	3	2					
	6		3			5			
		8					3	8	

Hard (964)

	5			4			7		
		8	8		8			5	
	4		8	8		5	5		2
5		1						5	
			4	3		3			6
					6			4	
	1		2	1		6			4
7		2		3		3	4	5	
	4	2		9		9			
	9			9	9		2		

Hard (965)

	7		2	2		6			6
		7			2		6	5	
	7		4	1		1	2	2	5
6		5	4	8	3			4	
	6				2				
6		1							
	8		8				5	4	4
5				5		7		3	
	3	3			5	7			
	9		9	9		9			7

Hard (966)

5	6		6		1				6
	5	6	6	4			1		6
5	5		6	8	3			6	
		8	8		8	2	4	4	4
		6			8				4
		9	2	8		6			
	2								
		6	3		9	5		4	4
6	6			3	9		6		6
6		5				6		3	

Solution on Page (218)

Hard (967)

	6				4			6	
	2			6		6		3	
3	3	1	8		7		6		3
	6						4		
			1		2				
6				4	7		3		3
4						3		2	
	8		3		9			1	5
						5		5	
	7				7	1	9		

Hard (968)

		1		4			5	5	5
4	4	9		6		5			6
	2		6			3			
	8	9		6		3	6		2
	1		9		5				
8	3		5			4	4		6
				5	3				
	7		7		3		6		
8	2		4					7	
	2			7	7	1	7	6	

Hard (969)

		1				6	5		9
	6		5	8	6			9	
								9	5
6		5	2		1				
3					9				
		5			5	5	6		
4						6			
	4						4		6
		5		2	3	4		6	
	6				7	1			

Hard (970)

			8	6		2		4	
8		1	6		6			6	6
			6	6		7	1		6
8	2	2			3				
	4			5		2			6
2		4			9		3		6
	4	5	5		1	5			
		2				5		7	
			9		3				4
	6	3		7		7		7	

Hard (971)

			6				6		
7		5		1	6			3	6
		5	5	8		5	5		
	6	6					5	6	
	7	1			3	4		6	2
	9		6	8	8		7		7
9		9			8	7			
	9			2	2		7	6	
	1		6		4	5			
			2				6		

Hard (972)

4	7		7						
		3			4	8			
6		5		5				1	
		6			8				
	7		5	3		5			4
7		7	2		5		8	3	
				3					
3		9	2	9		4	5		
	2		2	9		4		5	
		9		9		9		1	

Solution on Page (218)

Hard (973)

9		9	9	1	3	3		6	
		4		8					
9		4		8			4	4	
	4	6	2		4				
	9				5				
3			5	6		8	8	1	
3	3			6			8		
	2			7				6	
		5		7	7	4			
	6		5			6		6	

Hard (974)

	8						4		6
		1				3			
	5						4		5
	4		3	4			1		5
4		8					7	5	
6		9			4		3		
	6				2		4	4	
3		3		9	9		7	7	
4	5					3			7
					9	3	2	7	

Hard (975)

				3	6				
1	7		3			5		3	2
		1				3	6		9
6	7	8			3			1	
	6		4	8		9			
6		8		8		1			
6	3				6		4		
	7		7	2	2	6			
7	7	5		4			6		4
			5		5			5	

Hard (976)

				5					5
		6	4	4	3			5	
			4		9		9		
3		1						5	6
6	3	8	2	1		2	1	6	
			8				2		
	3			8			1	4	
6	6		3		3	4		5	
6		3	7		8	3	3		4
7					7				

Hard (977)

5	5			6			9		
5	5		6	6	7	9			9
5		8		7					
8	8	8			5			1	9
8	8			5		6	2		8
8	8	2	3		4		4	8	
		7				4	4		8
			3		5	7			
	2	3		5			8		
	3					1		4	

Hard (978)

		7							
	8	1				8	2	1	3
			6	6					1
		5		6	3				
			8		5			3	3
	6	7		5	9			3	
2			7	3		9	9		
6			7		6		6	9	
	3			6			6		2
6					6	3			

Solution on Page (218)

Hard (979)

							7	7	
	4	1		9				2	
7		4			4		4		4
7		4					7	3	
	6			8		4		3	
6			3			8	8	5	
	3			3					
		6			3			8	
	3		2	7		7	7		4
4		3		7	7	7		1	

Hard (980)

	4							5	
				3	9		2		
6		4			3		8	4	5
	1		7	4		2		4	
4			3					4	4
				4		1			7
7					3	8			
	5						3		3
5	5	5					1		
	3		4	6		2	2	7	3

Hard (981)

	2		7	8			8		
6		7		7			8	6	
	6				3				5
	3	2		1					
6						4		4	
6		4	5				5		4
	6		1		5	3		4	
				5	9		3		
	6	1	2			9		6	
			7	9		9	9		6

Hard (982)

8					8		7		7
9		6	4						7
				8	8			7	
9			2			8	4	5	5
		9	2	1					
		4			8	8	4		5
	7	7		3	3		7	4	
1	7		7	5	3			4	2
	6	6	7		4				1
6						5			

Hard (983)

			4		3		7		
	2		3	7				6	
						2	3		7
	1		7	3					
1			4		5				7
						6		8	
9		3	3	7			6	6	
9		7			7	5		6	
	2	1	7			3	3		
9				2	2	5			

Hard (984)

	6			8			8		
	6	4			8	5	8	7	
		6		4			5		
		2			4	1		5	
	8						6	8	
9		9	4					6	8
9	9	2		3	4		8		8
		2			5	3		1	
			4	2					
	9	4		7					

Solution on Pages (218-219)

Hard (985)

3							4		
	2			4		6		6	
8		6	1						
	8		8	3		1	4		6
3			4		4	7		7	
	1	8				7	2		
		6	3					4	3
	9	6				6			
3		9		1	9			6	6
	9		9	9			5		6

Hard (986)

	1		5		2	3		2	2
		3			5		6		
			7		3			6	
6		3		3	3		6		7
	6		2	1		4			8
	6		9		4			8	
	7	7		9		5		1	
7			9		9	8		8	
	7			6	9	2			6
7	6		6	9		6			

Hard (987)

7		3					3		5
			2	3		6		3	
		7			4		6		
7	3		4		4			9	
	4	5	6		6		9	3	
	5			6	9		2		4
	5		8		8		9		
	3				8	8		4	
		1			4		1	6	
2	6			4			6		6

Hard (988)

						6			6
			4		3	6	6	8	
5	5		5		1				8
3	1			5	2			3	
	2		7		3				
3					9				8
	5	7				9			9
		3	5		6			6	9
		5		7		7		4	1
			4	4			2		

Hard (989)

7					1	4			
	6			1				6	5
6		6	9		2				6
	6			9	4			3	7
	4		9						
		5		7		4			7
			3			2		7	3
	6	6		7					
6		6		1	8	5			
			8					5	5

Hard (990)

1		8		8		8	8		5
		6		4		4		4	
		6		4		7			
	4	4	9		3				5
4						2		7	
9		4	7		3		7		6
				6			7	1	
6	6		7				2		
		6		2	7	4	2		
				4	1		4		6

Solution on Page (219)

Hard (991)

			4			4		7	8
6		5	5			7	7	8	
5		5		2	2		5		
5	2		5	3					
	1		6		2		8		
			5			5		5	5
	8		6		1	5			
				8					
	1		4	8	5		9	3	
	2						5		

Hard (992)

7				5		6			
			8		3				9
1			7		8	1		6	
	6		6			8	3		9
		6	6	8				9	9
		6				5		9	
	4		3		7	8		1	9
		6		1		8			8
		6	3		8		2	8	
2				7					3

Hard (993)

			5					5	
4				9		3	6		
	5		9		9			5	
	5	4			9	6		6	
		7		9			9		6
	7		3	2				5	
2				8				3	
	6		7				6		5
	6		7		1	2			
6		3	1		8	1	3		

Hard (994)

	5		7	7				5	
2				7	5		3		4
2			1			5		4	
		7			4		1		3
	1			6				8	
9		5			3				
	3		3			2		8	4
		9			3			8	
9		7		6		1		5	2
	4						5		5

Hard (995)

	5				9	4		6	
			3					6	
	4		3		1			6	6
3	1	8			9		9		7
2				2	3			4	
						9	6		7
8	8	2			6		6		7
	5				6				
8		4	3	2	3		1		7
	5		3		1		2		4

Hard (996)

	6		5			8	4		6
6			1	7				4	
	6		7		5		6		6
									6
	5	7				8	1		5
		1		8		7		5	
		2			3		7		5
9		2	3			3		3	3
3		3				6			4
	5	5		5		3			

Solution on Page (219)

Hard (997)

8	8			8		7			
	8	5			9			4	
4		5		2	2		4		4
	5		3						
1	3	6			6	5	3		
		8	6		5			2	7
	8		3						7
5				1		5	4		
	8		1						7
5	8	8		7			2	2	

Hard (998)

4		9		5					3
								3	3
9	1		4	1				7	
		9	9	7	7				6
9	2		1			7			
	1			3	7				1
				2				7	
7	7	6		4			2		
	8	8	8		4		5		
	8				8		7		4

Hard (999)

	2	1		8			3		3
3	3		7			8		4	3
3		5		3	1				
	5				6				
5		1		2			4	4	2
						6			
				6	1				6
4		9		6		7	6		
							5	5	
3		4		9		5			

Hard (1000)

	4			7			6		
2			6			2			
5			1		6	8	8		6
	4	3				8	8	8	
		5	9		8	6		7	
							6		
4			9					1	7
	4		6	6	9	4	6	7	
4	1	8	6		5				3
	2		6					5	

Solution on Page (219)

:::: Puzzle (1) ::::

6	6	6	6	4	6	6	6	5	5
6	6	2	4	4	4	6	5	5	5
3	3	2	7	7	7	6	6	3	3
3	5	4	4	4	7	7	7	7	3
9	5	5	4	6	3	3	8	4	4
9	5	6	6	6	3	8	8	4	4
9	5	6	3	3	1	8	3	3	3
9	9	6	9	3	8	8	8	5	5
4	9	9	9	1	8	3	1	5	5
4	4	4	2	2	3	3	2	2	5

:::: Puzzle (2) ::::

6	6	4	1	9	9	9	9	9	9
6	6	4	4	9	9	7	7	3	3
6	6	4	8	9	3	3	7	7	3
8	8	8	8	5	5	3	2	7	7
8	2	8	8	2	5	5	2	4	7
6	2	5	7	2	5	8	4	4	4
6	5	5	7	7	7	8	8	1	8
6	5	5	7	7	7	3	8	8	8
6	6	6	5	3	1	3	3	5	8
5	5	5	5	3	3	5	5	5	5

:::: Puzzle (3) ::::

8	8	9	9	9	9	4	4	4	6
8	5	5	5	9	2	2	4	6	6
8	8	2	5	9	9	4	6	6	1
8	1	2	5	9	9	4	4	6	7
8	8	6	6	8	8	4	7	7	7
6	6	6	8	8	1	7	7	8	7
1	6	8	8	8	5	8	8	8	6
7	3	3	8	5	5	5	8	6	6
7	3	7	7	5	6	6	8	6	6
7	7	7	6	6	6	6	8	8	6

:::: Puzzle (4) ::::

7	7	7	4	4	4	6	6	6	6
2	7	7	7	7	4	6	7	2	2
2	3	3	6	6	3	6	7	3	3
5	5	3	6	3	3	7	7	7	3
5	1	6	6	2	2	7	7	5	5
5	5	8	6	9	9	9	5	5	5
8	8	8	1	4	4	9	4	4	4
8	6	8	8	8	4	9	9	6	4
6	6	4	4	1	4	9	6	6	6
6	6	6	4	4	9	9	1	6	6

:::: Puzzle (5) ::::

6	6	3	3	7	7	7	9	9	5
6	6	6	3	7	2	3	9	5	5
6	5	8	8	7	2	3	9	5	5
5	5	5	8	7	7	3	9	9	9
2	8	5	8	3	3	9	9	3	1
2	8	8	8	3	2	2	7	3	3
6	6	1	4	5	5	5	7	4	4
6	6	6	4	5	4	7	7	4	4
6	5	4	4	5	4	7	5	5	5
5	5	5	5	4	4	7	7	5	5

:::: Puzzle (6) ::::

6	5	5	5	5	1	8	8	3	3
6	6	6	5	7	7	2	8	8	3
3	3	6	6	7	1	2	8	8	9
3	4	4	7	7	7	3	3	8	9
5	5	4	4	7	1	3	9	8	9
5	5	3	8	8	8	9	9	9	9
5	3	3	8	8	8	7	9	6	6
7	7	7	7	8	7	7	7	6	6
7	7	5	5	8	7	1	6	6	3
7	5	5	5	7	7	2	2	3	3

:::: Puzzle (7) ::::

7	7	7	7	7	3	3	4	7	7
6	7	7	5	5	3	4	4	7	7
6	6	6	6	5	5	4	8	8	7
6	4	5	4	4	5	8	8	5	7
4	4	5	5	4	2	8	1	5	7
4	7	5	2	4	2	8	8	5	5
2	7	5	2	9	9	9	8	4	5
2	7	9	9	9	9	9	4	4	4
7	7	7	4	4	1	9	1	6	6
7	3	3	3	4	4	6	6	6	6

:::: Puzzle (8) ::::

7	7	7	7	3	3	1	3	3	5
7	2	2	7	4	3	9	9	3	5
7	4	7	1	4	4	9	9	5	5
4	4	7	7	7	4	9	9	9	5
7	4	1	8	7	7	7	2	9	7
7	8	8	8	6	6	6	2	9	7
7	7	8	8	3	3	6	6	7	7
7	6	6	8	4	3	6	3	1	7
7	6	6	8	4	6	3	3	7	7
7	6	6	4	4	6	6	6	6	6

:::: Puzzle (9) ::::

3	3	3	6	6	6	6	6	8	8
2	5	5	5	5	5	6	8	8	8
2	3	3	4	4	8	8	8	3	3
9	9	3	4	3	3	3	7	3	6
7	9	9	4	7	7	7	7	6	6
7	7	9	7	7	1	4	2	6	6
7	7	9	9	1	4	4	2	3	6
7	6	6	9	9	7	4	6	3	3
7	6	1	7	7	7	3	6	6	6
6	6	6	7	7	7	3	3	6	6

:::: Puzzle (10) ::::

6	6	6	6	4	4	4	4	7	7
2	6	6	7	7	5	5	2	2	7
2	1	7	7	7	5	5	5	7	7
9	9	7	5	7	4	4	7	7	1
9	9	5	5	4	4	2	8	5	5
9	9	5	5	3	3	2	8	1	5
9	9	9	1	3	1	8	8	5	5
6	7	7	7	5	5	8	8	8	8
6	6	7	7	7	5	3	5	5	5
6	6	6	7	5	5	3	3	5	5

:::: Puzzle (11) ::::

9	9	9	9	8	8	1	3	3	3
9	9	4	9	8	1	3	2	2	7
9	4	4	8	8	8	3	3	5	7
9	8	4	2	2	8	5	5	5	7
4	8	6	6	6	8	6	5	6	7
4	8	8	6	6	1	6	6	6	7
4	4	8	6	1	4	6	5	7	7
8	8	8	7	7	4	4	5	6	6
2	2	7	7	7	7	4	5	6	6
3	3	3	2	2	7	5	5	6	6

:::: Puzzle (12) ::::

5	2	2	3	5	5	4	3	2	2
5	5	8	3	5	4	4	3	9	9
7	5	8	3	5	5	4	3	9	9
7	5	8	8	8	3	9	9	9	9
7	7	3	8	8	3	3	9	5	5
6	7	3	3	8	6	6	6	5	5
6	7	7	2	2	1	6	6	5	3
6	3	3	5	4	2	7	6	1	3
6	3	5	5	4	2	7	7	7	3
6	6	5	5	4	4	1	7	7	7

:::: Puzzle (13) ::::

5	5	7	7	7	7	4	2	7	7
5	5	5	7	4	4	4	2	7	7
3	3	7	7	1	5	5	7	7	7
3	9	9	9	9	9	5	5	8	8
5	3	3	9	9	9	1	5	8	8
5	3	5	5	5	9	8	8	8	3
5	5	4	5	4	4	4	7	8	3
5	4	4	5	2	4	3	7	5	3
6	4	6	6	2	3	3	7	5	5
6	6	6	1	7	7	7	7	5	5

:::: Puzzle (14) ::::

1	8	8	8	8	8	8	4	4	4
2	2	4	4	4	5	8	2	2	4
3	3	3	4	5	5	8	1	5	5
4	4	4	5	5	3	9	2	2	5
5	4	5	4	3	3	9	9	4	5
5	5	5	4	4	9	9	4	4	5
6	6	1	3	4	9	9	9	4	6
6	6	6	3	3	9	3	3	3	6
3	6	2	2	5	4	4	4	6	6
3	3	1	5	5	5	5	4	6	6

:::: Puzzle (15) ::::

2	4	4	4	4	1	3	3	8	8
2	9	9	9	6	6	3	8	8	8
9	9	3	3	1	6	6	8	2	2
9	9	1	3	6	6	5	8	8	4
9	9	6	6	5	5	5	5	1	4
8	6	6	6	6	3	3	3	4	4
8	8	8	8	8	8	8	7	7	7
6	6	4	6	6	6	6	6	6	7
6	6	4	4	3	3	3	7	7	7
6	6	4	5	5	5	5	5	2	2

:::: Puzzle (16) ::::

7	7	7	7	7	7	9	9	3	7
3	3	7	1	9	9	9	3	3	7
3	6	3	3	3	1	9	5	5	7
6	6	6	6	9	9	9	5	5	7
6	5	4	4	4	5	4	4	5	7
5	5	5	4	5	5	5	4	4	7
2	2	5	7	5	3	3	2	6	7
7	7	7	7	6	6	3	2	6	6
4	4	7	6	6	6	6	4	6	6
4	4	7	1	2	2	4	4	4	6

:::: Puzzle (17) ::::

6	6	6	6	3	3	3	5	5	5
6	4	8	6	4	4	6	3	3	5
4	4	8	3	3	4	6	6	3	5
4	1	8	3	1	4	6	6	6	2
8	8	8	8	7	7	4	4	9	2
3	3	8	7	7	4	4	9	9	9
3	4	3	3	7	7	3	3	3	9
4	4	4	3	1	7	9	9	9	9
5	5	5	2	2	3	3	6	6	6
5	5	4	4	4	4	3	6	6	6

:::: Puzzle (18) ::::

5	5	5	5	5	3	3	2	2	1
7	7	7	4	4	7	3	8	8	8
7	7	2	4	7	7	4	3	3	8
7	4	2	4	7	1	4	3	8	8
7	4	4	7	7	4	4	1	8	8
9	5	4	5	7	3	3	3	1	7
9	5	5	5	8	4	4	5	7	7
9	9	8	8	8	8	4	5	2	7
9	8	8	4	4	8	4	5	2	7
9	9	9	9	4	4	5	5	7	7

:::: Puzzle (19) ::::

6	6	6	7	5	5	6	6	6	6
6	6	7	7	7	5	5	6	6	2
6	8	7	7	7	5	1	3	3	2
4	8	8	8	8	8	8	3	8	8
4	4	2	9	8	6	6	6	8	6
4	9	2	9	6	6	8	6	8	6
9	9	9	9	9	9	8	8	8	6
6	6	5	5	6	1	2	5	6	6
6	6	5	5	6	6	2	5	1	6
6	6	5	6	6	6	5	5	5	1

:::: Puzzle (20) ::::

5	5	4	6	6	6	6	2	2	9
5	5	4	4	5	5	6	6	9	9
5	7	4	2	2	5	5	5	9	9
7	7	7	8	4	4	4	1	9	9
7	7	7	8	8	1	4	9	9	4
6	2	2	8	8	8	7	7	4	4
6	3	3	3	4	8	8	7	7	4
6	6	4	4	4	3	7	7	6	6
3	6	6	5	3	3	7	3	6	6
3	3	5	5	5	5	3	3	6	6

::::: *Puzzle (21)* :::::

7	7	7	6	6	6	6	6	6	9
7	7	7	7	9	9	9	9	9	9
2	6	1	4	6	6	6	9	4	4
2	6	6	4	4	6	6	9	4	4
6	6	6	4	6	3	6	8	8	1
5	5	5	6	6	3	8	8	7	7
2	5	3	3	6	3	8	7	7	7
2	5	3	7	6	6	8	8	8	7
7	1	7	7	4	4	4	4	6	7
7	7	7	2	2	6	6	6	6	6

::::: *Puzzle (22)* :::::

7	2	2	6	6	6	5	5	5	3
7	7	7	7	6	6	5	5	3	3
7	3	4	1	6	3	3	3	4	4
7	3	4	4	4	6	6	4	4	6
9	3	5	5	5	6	6	3	3	6
9	9	5	5	6	6	2	2	3	6
9	9	9	7	7	7	7	7	6	6
9	9	4	7	7	8	8	4	5	6
9	4	4	8	8	8	8	4	5	5
2	2	4	8	8	1	4	4	5	5

::::: *Puzzle (23)* :::::

6	6	1	8	8	8	5	5	5	4
6	6	4	4	1	8	8	5	4	4
6	6	4	6	6	8	8	5	6	4
5	2	4	6	5	8	6	6	6	6
5	2	6	6	5	2	2	9	9	6
5	5	6	5	5	9	9	9	9	7
5	3	3	7	5	9	9	9	7	7
6	6	3	7	7	7	5	2	2	7
6	6	2	2	7	7	5	5	5	7
6	6	3	3	3	7	1	5	7	7

::::: *Puzzle (24)* :::::

2	2	7	7	5	9	9	9	9	9
3	3	7	7	5	5	5	9	9	9
3	4	4	7	7	5	1	9	2	2
5	5	4	4	7	3	3	7	5	5
5	5	1	3	3	7	3	7	5	5
7	5	4	4	3	7	7	7	8	5
7	2	2	4	4	7	3	8	8	8
7	1	5	5	5	5	3	3	8	8
7	7	4	4	5	6	6	6	3	8
7	7	4	4	6	6	6	3	3	8

::::: *Puzzle (25)* :::::

8	8	8	3	4	4	4	5	5	5
2	5	8	3	3	1	4	5	4	5
2	5	8	8	8	3	3	4	4	1
5	5	5	2	8	1	3	4	9	9
6	6	6	2	4	6	9	9	9	9
6	6	6	4	4	6	3	9	4	4
3	3	3	4	3	6	3	9	4	4
7	1	7	7	3	6	3	9	3	3
7	7	7	5	3	6	2	2	3	5
7	5	5	5	5	6	5	5	5	5

::::: *Puzzle (26)* :::::

2	8	8	8	8	8	8	2	2	9
2	3	1	8	8	3	1	3	1	9
3	3	4	4	3	3	6	3	9	9
1	4	4	5	6	6	6	3	9	9
8	5	5	5	5	6	6	9	9	9
8	8	8	1	3	3	3	6	6	8
3	8	8	4	4	4	6	6	6	8
3	3	8	2	2	4	6	3	8	8
2	2	8	7	7	7	4	3	3	8
7	7	7	7	4	4	4	8	8	8

::::: *Puzzle (27)* :::::

3	5	5	5	7	7	1	6	3	4
3	3	5	5	1	7	6	6	3	4
5	5	6	2	2	7	6	6	3	4
5	6	6	7	7	7	6	3	2	4
5	5	6	6	4	4	3	3	2	3
1	9	6	4	4	1	2	2	1	3
9	9	2	2	8	8	8	3	7	3
9	9	9	8	8	8	8	3	7	7
9	6	6	8	5	5	5	3	7	7
9	9	6	6	6	6	5	5	7	7

::::: *Puzzle (28)* :::::

7	7	7	3	3	3	9	8	6	6
7	7	7	9	9	9	9	8	6	6
6	2	7	9	9	3	3	8	6	6
6	2	1	4	9	9	3	8	8	8
6	6	4	4	3	4	4	3	8	7
6	6	4	3	3	4	3	3	8	7
3	3	3	7	7	4	7	7	7	7
1	7	7	7	7	7	1	7	1	5
6	6	6	5	2	2	3	3	5	5
6	6	6	5	5	5	5	3	5	5

::::: *Puzzle (29)* :::::

6	6	6	6	6	5	5	6	6	5
6	8	3	3	5	5	5	6	5	5
8	8	3	8	8	6	6	6	9	5
7	8	8	8	9	9	9	9	9	5
7	7	1	2	2	9	8	9	5	6
7	7	7	7	3	9	8	5	5	6
4	4	4	4	3	3	8	1	5	6
2	2	5	5	5	5	8	8	5	6
6	6	5	1	2	3	3	8	6	6
6	6	6	6	2	3	1	8	8	1

::::: *Puzzle (30)* :::::

5	5	5	5	7	3	3	3	6	6
5	6	2	2	7	7	5	6	6	6
6	6	3	3	7	5	5	6	5	5
6	6	3	7	7	5	5	9	5	5
6	5	8	7	3	3	9	9	5	6
5	5	8	1	3	9	9	1	6	6
5	5	8	4	4	4	9	6	6	6
8	8	8	4	2	2	9	9	9	5
8	7	7	7	7	7	7	2	2	5
8	7	1	4	4	4	4	5	5	5

::::: *Puzzle (31)* :::::

6	3	3	1	9	5	5	5	6	6
6	6	3	9	9	9	5	5	6	6
6	6	6	9	9	9	9	9	8	6
5	5	3	3	3	4	3	3	8	6
6	5	5	5	4	4	3	2	8	1
6	4	1	6	6	4	6	2	8	8
6	4	4	7	6	6	6	8	8	5
6	4	7	7	5	5	1	8	5	5
6	7	7	2	5	5	6	1	5	5
6	7	7	2	5	6	6	6	6	6

::::: *Puzzle (32)* :::::

6	6	6	5	5	3	6	6	4	4
4	6	5	5	3	3	6	6	4	5
4	6	6	5	9	1	6	6	4	5
4	4	2	2	9	9	9	5	5	5
5	5	4	3	3	3	9	9	2	2
5	5	4	4	9	9	9	8	8	8
2	5	4	1	3	3	3	8	3	3
2	7	3	5	5	5	5	8	8	3
1	7	3	3	5	6	6	6	8	8
7	7	7	7	7	6	6	6	2	2

::::: *Puzzle (33)* :::::

9	3	3	9	9	2	2	6	6	6
9	3	9	9	6	3	3	6	6	4
9	9	9	6	6	6	3	6	4	4
1	8	8	8	6	6	4	4	1	4
6	6	8	8	8	4	4	8	8	8
6	6	1	8	3	3	3	8	8	5
6	7	7	8	4	4	4	8	5	5
6	7	6	5	5	4	8	8	2	5
7	7	6	6	5	5	6	6	2	5
7	7	6	6	6	5	6	6	6	6

::::: *Puzzle (34)* :::::

8	6	6	6	3	7	7	7	7	3
8	8	6	6	3	7	7	6	3	3
8	8	6	9	3	9	7	6	6	5
3	8	8	9	1	9	2	2	6	5
3	3	8	9	9	9	3	6	6	5
6	6	6	6	9	9	3	3	5	5
4	3	6	5	5	3	6	6	6	6
4	3	6	5	5	3	3	6	6	3
4	3	2	5	8	2	2	8	8	3
4	1	2	8	8	8	8	8	1	3

::::: *Puzzle (35)* :::::

6	6	6	6	6	3	4	4	4	4
8	8	8	6	2	3	3	8	3	3
4	4	8	8	2	8	8	8	8	3
4	7	4	8	8	1	2	2	8	1
4	7	4	4	8	5	5	5	8	8
7	7	7	4	5	5	7	7	7	4
7	8	7	8	2	2	7	7	4	4
8	8	8	8	9	1	7	7	9	4
5	8	5	8	9	9	9	9	9	1
5	5	5	9	9	5	5	5	5	5

::::: *Puzzle (36)* :::::

7	7	6	7	7	1	2	2	3	3
7	6	6	7	5	5	5	5	9	3
7	6	6	7	5	9	9	9	9	2
7	6	7	7	7	5	9	9	9	2
7	7	8	8	8	5	5	9	3	3
1	4	8	8	5	5	6	6	1	3
4	4	4	8	2	2	6	3	6	6
5	5	1	8	6	6	6	3	6	6
5	3	3	8	5	5	5	3	6	6
5	5	3	1	5	5	4	4	4	4

::::: *Puzzle (37)* :::::

6	6	3	6	6	6	6	6	7	7
6	6	3	3	6	3	5	7	7	7
6	6	7	7	3	3	5	5	2	7
7	7	7	7	8	5	5	9	2	7
7	2	2	8	8	8	8	9	9	9
8	8	5	1	8	8	9	9	9	7
8	5	5	6	8	1	9	3	9	7
8	8	5	6	5	4	4	3	3	7
8	8	5	6	5	5	4	2	2	7
8	6	6	6	5	5	4	7	7	7

::::: *Puzzle (38)* :::::

6	6	6	7	7	7	7	7	3	3
6	4	6	7	7	3	3	3	6	3
4	4	6	9	3	2	2	6	6	1
4	2	2	9	3	5	5	6	3	3
7	7	7	9	3	5	2	6	7	3
7	6	6	9	1	5	2	6	7	7
7	6	6	9	9	5	3	1	7	7
7	6	6	9	4	4	3	3	7	1
7	4	1	9	4	3	6	6	7	6
4	4	4	9	4	3	3	6	6	6

::::: *Puzzle (39)* :::::

6	6	3	5	5	5	6	5	5	5
6	6	3	1	5	5	6	5	5	8
6	6	3	9	9	9	6	6	6	8
9	9	9	9	4	9	8	8	6	8
1	2	3	9	4	4	4	8	8	8
5	2	3	3	7	7	7	6	6	6
5	4	2	2	7	3	3	2	2	6
5	4	3	7	7	7	3	4	4	6
5	4	3	4	4	4	5	4	4	6
5	4	3	4	5	5	5	5	2	2

::::: *Puzzle (40)* :::::

4	1	8	8	3	3	2	3	7	7
4	8	8	8	1	3	2	3	3	7
4	4	8	8	8	6	6	7	7	7
5	3	3	2	6	6	6	3	3	7
5	3	9	2	6	3	3	8	3	4
5	5	9	9	9	3	8	8	1	4
6	5	4	4	9	2	8	2	2	4
6	6	6	4	9	2	8	8	8	4
6	7	6	4	9	9	9	8	6	6
7	7	7	7	7	7	6	6	6	6

::::: *Puzzle (41)* :::::

7	7	3	2	2	9	9	9	9	8
7	7	3	3	9	9	6	8	8	8
6	7	7	9	9	9	6	8	6	6
6	6	7	6	6	6	6	8	6	6
6	6	6	8	3	3	8	8	6	6
3	3	1	8	1	3	4	3	3	3
4	3	8	8	4	4	4	2	2	1
4	8	8	4	7	7	1	4	4	4
4	8	4	4	4	7	2	2	5	4
4	8	7	7	7	7	5	5	5	5

::::: *Puzzle (42)* :::::

4	4	1	9	7	7	7	7	7	6
4	4	9	9	9	2	5	7	6	6
3	2	9	4	4	2	5	7	5	6
3	2	9	4	4	5	5	1	5	6
3	9	9	3	3	5	8	5	5	6
2	2	9	3	8	8	8	8	5	3
5	1	2	2	8	8	8	5	3	3
5	5	4	4	4	3	5	5	5	5
6	5	5	4	1	3	1	3	3	3
6	6	6	6	6	3	4	4	4	4

::::: *Puzzle (43)* :::::

5	5	6	3	6	6	6	6	6	2
5	5	6	3	3	5	6	9	9	2
3	5	6	5	5	5	5	9	9	9
3	6	6	6	1	8	2	9	3	9
3	2	2	8	8	8	2	9	3	9
4	4	4	8	4	8	8	8	3	6
6	6	4	7	4	4	4	3	6	6
6	6	1	7	7	7	7	3	3	6
4	6	6	7	4	4	4	5	5	6
4	4	4	7	1	4	5	5	5	6

::::: *Puzzle (44)* :::::

4	4	7	7	7	1	4	8	3	5
4	4	7	7	4	4	4	8	3	5
6	6	6	7	8	8	8	8	3	5
6	6	3	7	9	3	8	8	4	5
3	6	3	3	9	3	3	4	4	5
3	3	1	9	9	1	7	4	7	7
4	9	9	9	9	7	7	7	7	5
4	3	9	3	3	2	3	5	5	5
4	3	2	2	3	2	3	3	5	4
4	3	5	5	5	5	5	4	4	4

::::: *Puzzle (45)* :::::

3	3	3	9	9	9	9	9	6	6
8	5	5	4	4	2	9	9	9	6
8	5	5	5	4	2	9	3	6	6
8	8	3	3	4	5	5	3	3	6
8	8	3	5	5	5	7	7	7	7
8	8	1	3	3	7	1	7	7	7
4	4	4	3	7	7	6	6	6	2
5	4	6	6	7	2	2	6	3	2
5	5	6	6	7	7	6	6	3	3
5	5	6	6	7	5	5	5	5	5

::::: *Puzzle (46)* :::::

8	9	9	9	9	9	6	6	6	3
8	8	4	9	9	9	1	3	6	3
2	8	4	4	4	9	4	3	6	3
2	8	8	5	5	4	4	3	6	4
3	1	8	5	5	5	4	5	5	4
3	3	8	2	2	4	5	5	5	4
5	5	5	1	4	4	4	3	3	4
1	6	5	3	3	7	2	3	6	6
6	6	5	7	3	7	2	6	6	6
6	6	6	7	7	7	7	2	2	6

::::: *Puzzle (47)* :::::

7	7	9	3	6	6	6	6	4	4
7	7	9	3	6	5	5	4	4	3
7	9	9	3	6	5	5	3	5	3
7	2	9	9	9	5	3	3	5	3
7	2	9	1	9	8	2	5	5	7
6	4	3	3	7	8	2	8	5	7
6	4	3	7	7	8	8	8	1	7
6	4	4	1	7	7	7	8	8	7
6	6	3	4	4	7	3	2	2	7
6	3	3	4	4	3	3	1	7	7

::::: *Puzzle (48)* :::::

7	7	7	7	7	6	6	3	5	5
4	4	7	7	3	6	3	3	5	5
4	4	9	6	3	6	6	6	5	3
2	9	9	6	3	5	5	5	6	3
2	1	9	6	6	5	3	3	6	3
6	9	9	6	6	5	2	3	6	6
6	9	9	5	5	3	2	8	6	6
6	9	5	5	4	3	3	8	8	3
6	3	3	5	4	4	1	8	8	3
6	6	3	2	2	4	8	8	8	3

::::: *Puzzle (49)* :::::

3	3	5	5	6	6	6	6	6	6
6	3	5	5	3	9	9	9	9	5
6	6	3	5	3	3	9	9	5	5
5	6	3	3	9	9	9	3	5	5
5	6	6	2	2	7	8	3	3	2
5	5	7	7	7	7	8	8	8	2
6	5	1	7	7	1	3	3	8	8
6	2	7	3	3	3	1	3	8	8
6	2	7	7	7	7	7	5	3	1
6	6	6	7	5	5	5	5	3	3

::::: *Puzzle (50)* :::::

4	4	4	2	1	3	3	3	4	4
3	3	4	2	8	8	8	8	4	4
3	8	8	8	8	3	5	2	2	3
5	5	5	5	3	3	5	1	3	3
7	5	9	9	9	9	5	5	5	4
7	7	9	9	3	3	3	7	7	4
7	7	9	9	5	5	5	4	7	4
7	6	9	5	5	4	4	4	7	4
7	6	1	4	4	6	6	6	7	7
6	6	6	6	4	4	6	6	6	7

::::: *Puzzle (51)* :::::

6	6	6	6	8	1	5	5	4	4
6	5	6	8	8	8	8	5	4	4
5	5	5	1	8	8	5	5	7	7
3	3	5	7	7	8	1	2	7	7
6	3	6	6	7	1	9	2	3	7
6	6	6	7	7	7	9	9	3	7
5	5	5	7	2	8	9	9	3	7
4	4	5	5	2	8	8	9	9	9
5	4	4	8	8	8	8	5	9	2
5	5	5	5	8	5	5	5	5	2

::::: *Puzzle (52)* :::::

5	5	5	9	9	1	3	2	3	7
4	5	5	9	9	3	3	2	3	7
4	4	4	9	9	9	9	9	3	7
7	7	6	6	4	5	5	7	7	7
7	7	6	4	4	4	5	4	4	7
7	7	6	3	3	3	5	6	4	4
7	1	6	6	1	8	5	6	6	6
4	4	4	8	8	8	8	8	5	6
4	2	2	1	8	8	2	2	5	6
7	7	7	7	7	7	7	5	5	5

::::: *Puzzle (53)* :::::

7	7	3	3	3	8	3	3	3	4
7	7	7	8	8	8	8	4	4	4
7	7	4	5	5	5	8	6	6	6
1	4	4	4	5	2	8	6	4	6
4	2	2	9	5	2	8	6	4	4
4	4	4	9	9	7	7	7	4	6
9	9	9	9	1	4	7	7	6	6
1	9	2	6	4	4	7	4	4	6
4	9	2	6	6	4	7	4	4	6
4	4	4	6	6	6	3	3	3	6

::::: *Puzzle (54)* :::::

7	7	2	2	6	6	3	3	2	2
7	7	7	7	6	6	3	4	7	6
8	7	9	6	6	4	4	4	7	6
8	9	9	9	1	6	6	6	7	6
8	3	1	9	9	6	6	6	7	6
8	3	3	1	9	9	7	7	7	6
8	8	8	6	6	9	6	6	5	6
8	7	6	6	6	4	6	6	5	5
7	7	6	4	4	4	6	6	4	5
7	7	7	7	2	2	4	4	4	5

::::: *Puzzle (55)* :::::

6	3	3	3	9	9	9	9	2	2
6	6	9	9	9	9	9	4	4	4
6	2	2	5	5	8	8	8	4	5
6	5	5	5	8	8	8	4	5	5
6	3	7	8	8	1	4	4	4	5
3	3	7	1	5	3	3	3	6	5
7	7	7	2	5	5	5	1	6	6
7	5	7	2	5	6	6	4	6	6
5	5	3	3	6	6	4	4	4	6
5	5	3	6	6	5	5	5	5	5

::::: *Puzzle (56)* :::::

8	8	8	8	7	7	7	4	4	4
8	2	2	3	3	7	6	6	4	6
8	8	8	3	7	7	4	6	6	6
3	1	6	6	3	7	4	3	3	3
3	3	6	3	3	4	4	6	7	7
2	2	6	6	1	6	6	6	7	7
3	3	3	6	5	5	6	6	7	7
6	6	6	2	5	5	3	3	3	7
6	3	6	2	1	5	9	2	2	9
6	3	3	9	9	9	9	9	9	9

::::: *Puzzle (57)* :::::

9	1	4	3	3	3	6	6	6	6
9	4	4	7	7	7	4	4	6	6
9	9	4	7	7	3	4	4	3	3
9	9	1	7	7	3	7	7	7	3
9	9	2	2	1	3	7	7	2	2
9	4	4	4	4	7	7	3	3	3
8	8	8	8	8	4	4	2	4	4
8	1	2	2	7	4	4	2	4	4
8	6	6	6	7	7	7	7	6	6
8	6	6	6	7	7	6	6	6	6

::::: *Puzzle (58)* :::::

2	1	8	7	7	7	7	7	7	6
2	8	8	7	3	4	4	3	6	6
5	8	8	3	3	4	4	3	3	6
5	8	8	7	7	7	1	4	6	6
5	8	4	4	7	7	7	4	3	5
5	5	4	4	7	1	4	4	3	5
4	4	2	2	4	8	8	8	3	5
4	9	9	4	4	2	8	3	5	5
4	9	9	9	4	2	8	3	4	4
9	9	9	9	8	8	8	3	4	4

::::: *Puzzle (59)* :::::

4	4	8	2	2	4	4	3	4	4
4	1	8	1	4	4	5	3	4	4
4	8	8	3	5	5	5	3	6	6
2	8	3	3	1	4	5	6	6	6
2	8	8	8	4	4	2	2	5	6
3	3	5	6	4	9	5	5	5	5
3	5	5	6	6	9	3	3	4	4
5	5	6	6	6	9	9	3	7	4
3	3	3	5	9	9	9	7	7	4
5	5	5	5	9	9	7	7	7	7

::::: *Puzzle (60)* :::::

4	7	7	7	6	6	6	5	5	5
4	3	1	7	6	6	6	5	5	7
4	3	3	7	3	3	5	4	7	7
4	6	6	7	7	3	5	4	4	7
6	6	6	4	1	5	5	4	1	7
6	5	4	4	4	9	5	9	7	7
5	5	3	3	3	9	9	9	9	1
5	3	2	2	1	9	9	6	6	6
5	3	3	6	2	2	9	2	2	6
6	6	6	6	6	3	3	3	6	6

::::: Puzzle (61) :::::

6	6	6	6	6	3	7	2	5	5
2	2	6	5	3	3	7	2	4	5
9	4	4	5	5	7	7	4	4	5
9	1	4	5	5	1	7	7	4	5
9	9	4	9	3	3	7	2	2	4
9	9	9	9	3	8	8	8	4	4
3	3	3	8	8	8	8	8	6	4
6	6	6	3	3	7	3	6	6	6
6	6	7	3	7	7	3	4	4	6
6	1	7	7	7	1	3	4	4	6

::::: Puzzle (62) :::::

6	6	6	6	2	2	8	2	2	9
6	6	3	3	3	8	8	3	5	9
3	3	1	8	8	8	3	3	5	9
3	1	2	2	8	8	5	5	5	9
5	4	4	4	5	4	4	4	9	9
5	5	4	7	5	5	5	4	9	9
5	5	7	7	7	5	3	3	1	9
4	4	4	7	7	8	3	2	2	8
3	3	4	5	7	8	8	8	8	8
3	5	5	5	5	3	3	3	1	8

::::: Puzzle (63) :::::

7	4	4	4	5	5	7	7	7	7
7	1	4	5	5	5	7	7	5	1
7	6	6	3	8	8	7	5	5	5
7	6	3	3	8	8	8	8	5	3
7	6	6	7	7	2	8	8	3	3
7	6	9	7	7	2	3	3	6	6
7	9	9	9	7	7	3	7	7	6
9	9	5	9	2	7	1	7	6	6
9	5	5	6	2	6	6	7	7	6
9	5	5	6	6	6	7	7	2	2

::::: Puzzle (64) :::::

3	6	2	2	3	3	3	7	7	7
3	6	6	1	9	9	7	7	7	7
3	6	6	6	9	3	3	3	6	2
4	4	3	9	9	9	4	6	6	2
4	4	3	3	9	9	4	4	6	6
6	5	5	5	9	8	8	4	3	6
6	5	5	3	4	4	8	8	3	3
6	6	6	3	6	4	4	8	8	1
7	7	6	3	6	6	2	2	8	8
7	7	7	7	7	6	6	6	2	2

::::: Puzzle (65) :::::

5	5	5	5	5	3	4	4	4	7
7	7	6	6	3	3	4	2	2	7
7	1	6	6	4	4	9	1	7	7
7	6	6	4	4	9	9	7	7	4
7	7	7	9	9	9	5	7	2	4
3	3	9	9	2	9	5	5	2	4
5	3	8	8	2	5	5	7	3	4
5	6	6	8	1	4	4	7	3	1
5	6	6	8	8	4	4	7	3	7
5	5	6	6	8	8	8	7	7	7

::::: Puzzle (66) :::::

7	7	7	3	3	6	6	6	6	6
8	8	7	7	3	4	4	5	5	6
8	4	7	7	4	4	2	5	3	3
8	4	4	4	8	8	2	5	1	3
8	5	5	5	8	8	8	5	2	2
8	8	5	2	2	8	2	2	7	1
1	8	5	9	9	8	6	7	7	6
3	9	9	9	5	8	6	7	7	6
3	9	5	5	5	6	6	7	6	6
3	9	9	9	5	6	6	7	6	6

::::: Puzzle (67) :::::

8	8	8	8	5	6	6	6	3	3
3	8	3	5	5	6	6	3	7	3
3	8	3	3	5	5	6	3	7	7
3	8	2	2	9	9	1	3	7	7
5	8	9	9	9	9	4	4	4	7
5	3	3	3	9	5	5	4	8	7
5	5	5	9	9	5	5	8	8	8
4	4	8	8	8	5	7	7	8	8
4	2	2	1	8	2	2	7	8	8
4	8	8	8	8	7	7	7	7	1

::::: Puzzle (68) :::::

6	3	8	8	7	6	6	6	6	6
6	3	8	4	7	7	7	7	6	4
6	3	8	4	4	4	7	4	4	4
6	6	8	3	3	3	7	3	9	9
6	8	8	5	5	5	3	3	9	9
1	8	5	5	2	2	9	9	9	1
6	7	7	7	7	9	9	3	2	2
6	6	7	7	7	2	4	3	3	6
6	6	4	1	3	2	4	6	6	6
6	4	4	4	3	3	4	4	6	6

::::: Puzzle (69) :::::

3	5	5	6	6	6	6	4	5	5
3	5	5	5	9	6	4	4	4	5
3	4	2	1	9	6	8	3	3	5
4	4	2	9	9	9	8	8	3	5
4	6	3	3	9	2	4	8	8	8
6	6	7	3	9	2	4	4	8	8
6	6	7	7	9	9	4	7	7	7
6	7	7	4	4	4	1	7	2	7
7	7	4	6	4	6	6	7	2	7
4	4	4	6	6	6	3	3	3	1

::::: Puzzle (70) :::::

6	6	6	6	3	3	3	2	5	5
3	3	3	6	6	9	9	2	5	5
5	5	1	2	2	3	9	1	3	5
5	5	7	7	3	3	9	9	3	3
4	5	7	5	5	5	5	9	9	9
4	2	7	1	3	3	5	6	9	6
4	2	7	5	3	6	6	6	8	6
4	7	7	5	6	6	3	3	8	6
6	6	5	5	5	8	3	8	8	6
6	6	6	6	1	8	8	8	6	6

::::: Puzzle (71) :::::

6	6	6	3	7	2	2	4	4	4
6	6	3	3	7	7	7	4	2	2
6	2	2	9	9	3	7	7	7	6
3	3	9	9	9	3	3	6	6	6
5	3	9	6	9	9	9	4	6	6
5	6	6	6	7	7	1	4	4	4
5	5	6	1	7	3	3	3	8	1
6	5	6	7	7	8	8	8	8	4
6	3	3	3	7	4	4	8	4	4
6	6	6	6	7	4	4	8	8	4

::::: Puzzle (72) :::::

2	5	5	5	5	3	3	3	7	4
2	7	7	5	4	6	6	7	7	4
4	4	7	7	4	6	6	7	7	4
4	4	7	4	4	8	6	6	7	4
3	3	7	7	8	8	8	8	7	3
3	2	4	1	8	3	8	8	3	3
9	2	4	4	3	3	7	3	6	6
9	9	4	5	5	7	7	3	6	6
9	9	1	5	5	5	7	3	6	6
9	9	9	9	7	7	7	1	2	2

::::: Puzzle (73) :::::

1	4	4	3	3	3	4	4	4	5
9	9	4	4	5	5	4	5	5	5
9	6	6	6	4	5	5	4	4	5
9	6	4	6	4	5	6	4	6	6
9	4	4	6	4	4	6	4	6	4
9	9	4	2	6	6	6	1	6	4
5	9	9	2	4	4	6	4	6	4
5	5	2	1	4	4	5	4	6	4
5	4	2	3	3	3	5	4	4	2
5	4	4	4	1	5	5	5	1	2

::::: Puzzle (74) :::::

6	6	6	8	8	8	2	6	6	6
3	3	6	1	8	8	2	6	6	3
6	3	6	6	1	8	4	4	6	3
6	6	3	3	3	8	1	4	4	3
6	6	7	7	7	8	3	3	3	5
6	7	7	9	9	9	9	9	5	5
7	7	5	9	6	3	9	9	5	5
2	5	5	9	6	3	2	2	6	6
2	3	5	5	6	3	5	6	6	6
3	3	6	6	6	5	5	5	5	6

::::: Puzzle (75) :::::

6	6	6	6	9	2	2	5	5	5
2	2	6	6	9	9	9	5	3	3
3	7	3	3	9	3	3	5	7	3
3	7	7	3	9	3	7	7	7	7
3	7	7	7	9	9	9	7	3	3
2	1	7	5	5	5	5	7	3	8
2	3	3	5	4	4	8	8	8	8
6	6	3	4	4	3	3	8	5	5
6	6	4	5	5	5	3	8	8	5
6	6	4	4	4	5	5	1	5	5

::::: Puzzle (76) :::::

6	6	6	2	2	5	5	5	5	4
6	6	6	4	8	8	8	8	5	4
5	4	4	4	1	8	8	8	8	4
5	5	9	9	9	9	4	3	3	4
5	5	9	3	9	4	4	1	3	1
2	1	9	3	3	4	6	6	7	7
2	9	9	2	5	5	6	7	7	7
5	5	3	2	6	5	6	7	4	7
5	5	3	3	6	5	6	6	4	4
5	6	6	6	6	5	3	3	3	4

::::: Puzzle (77) :::::

5	5	4	5	5	5	5	3	5	5
5	5	4	4	8	8	5	3	3	5
5	3	9	4	8	3	3	2	5	5
9	3	9	1	8	8	3	2	4	4
9	3	9	5	5	8	8	8	4	6
9	9	9	9	5	2	2	7	4	6
5	5	1	4	5	4	1	7	7	6
5	3	4	4	5	4	4	4	7	6
5	3	4	6	6	6	7	7	7	6
5	3	6	6	6	4	4	4	4	6

::::: Puzzle (78) :::::

7	7	2	2	3	3	3	6	3	3
7	3	3	3	2	4	6	6	6	3
7	7	7	1	2	4	4	4	6	6
3	3	7	3	3	3	7	7	7	5
3	8	8	8	8	8	7	7	7	5
4	4	8	3	2	8	3	3	7	5
4	7	7	3	2	8	3	9	3	5
4	3	7	3	9	9	9	9	3	5
3	3	7	1	3	9	9	9	3	4
1	7	7	7	3	3	9	4	4	4

::::: Puzzle (79) :::::

6	6	4	4	4	8	8	8	2	2
4	6	4	7	7	7	7	8	1	6
4	6	6	7	7	4	8	8	8	6
4	6	1	7	4	4	4	3	8	6
4	9	9	1	6	6	3	3	6	6
3	3	9	6	6	4	4	4	3	6
9	3	9	6	6	5	5	4	3	3
9	9	9	7	5	5	6	6	6	6
2	9	3	7	7	5	6	6	3	3
2	3	3	7	7	7	7	2	2	3

::::: Puzzle (80) :::::

7	3	3	2	3	4	4	4	5	5
7	3	1	2	3	3	4	5	5	5
7	7	7	6	6	6	6	6	3	3
7	7	1	6	4	4	3	3	4	3
9	3	3	3	4	4	3	4	4	7
9	9	9	9	3	3	8	3	4	7
4	2	9	9	9	3	8	3	3	7
4	2	3	5	9	8	8	7	7	7
4	3	3	5	3	8	8	7	3	1
4	5	5	5	3	3	8	8	3	3

::::: *Puzzle (81)* :::::

6	6	3	6	6	6	7	7	7	2
6	6	3	5	5	6	6	7	7	2
2	6	3	5	5	3	6	7	7	3
2	6	7	5	3	3	2	2	9	3
7	7	7	7	4	1	9	9	9	3
8	7	1	4	4	4	9	5	9	9
8	7	3	3	3	1	9	5	5	9
8	8	8	8	7	7	7	5	4	4
8	4	4	8	7	6	1	5	6	4
4	4	7	7	7	6	6	6	6	4

::::: *Puzzle (82)* :::::

5	5	5	4	4	4	7	1	5	5
5	2	2	4	7	7	7	5	5	4
5	3	7	7	7	5	8	5	4	4
3	3	9	5	5	5	8	8	8	4
5	9	9	5	2	2	8	8	8	8
5	9	9	9	4	4	4	4	3	3
5	9	9	2	6	6	6	6	6	3
5	9	7	2	6	4	4	4	4	6
5	4	7	7	1	3	3	3	6	6
4	4	4	7	7	7	7	6	6	6

::::: *Puzzle (83)* :::::

6	6	6	9	3	3	2	1	3	8
6	6	1	9	3	9	2	3	3	8
6	5	5	9	9	9	9	9	8	8
1	2	5	5	8	4	9	8	8	8
4	2	5	8	8	4	4	4	8	5
4	4	4	8	8	8	8	8	5	5
2	2	8	1	4	4	4	4	5	5
4	1	8	8	8	8	7	7	2	2
4	4	4	6	8	8	3	7	7	7
6	6	6	6	6	8	3	3	7	7

::::: *Puzzle (84)* :::::

6	4	5	5	5	4	4	8	8	8
6	4	4	5	5	4	4	8	8	8
6	6	4	6	6	8	3	3	8	8
6	4	6	6	6	8	3	4	4	1
6	4	4	6	1	8	4	4	1	3
2	4	2	4	4	8	8	8	3	3
2	9	2	4	4	8	5	5	5	5
5	9	9	9	9	8	5	3	3	3
5	9	9	9	3	3	1	7	1	7
5	5	5	9	3	7	7	7	7	7

::::: *Puzzle (85)* :::::

3	3	3	2	2	7	7	9	4	4
4	4	4	4	7	7	7	9	4	4
3	3	3	7	7	1	9	9	9	9
5	4	4	4	2	2	9	9	3	3
5	4	3	3	3	8	9	5	4	3
5	7	7	5	5	8	5	5	4	4
5	7	2	2	5	8	5	1	4	6
5	7	7	7	5	8	5	4	6	6
1	7	1	2	5	8	4	4	4	6
3	3	3	2	8	8	8	1	6	6

::::: *Puzzle (86)* :::::

6	6	6	7	7	7	4	4	4	9
6	6	7	7	7	3	3	3	4	9
6	4	3	3	7	9	9	9	9	9
4	4	3	7	3	9	9	2	2	3
5	4	2	7	3	3	2	1	3	3
5	5	2	7	7	7	2	4	4	5
5	5	1	7	3	7	1	4	4	5
4	4	3	1	3	3	6	5	5	5
4	4	3	3	4	4	6	4	4	4
2	2	1	4	4	6	6	6	6	4

::::: *Puzzle (87)* :::::

5	5	4	4	4	5	4	4	6	6
5	5	9	4	5	5	4	6	6	7
3	5	9	9	4	5	4	6	6	7
3	3	9	4	4	5	6	3	3	7
9	9	9	1	4	6	6	6	3	7
9	9	2	4	6	6	5	8	7	7
2	7	2	4	4	4	5	8	2	7
2	7	7	3	3	5	5	8	2	5
3	3	7	3	1	5	1	8	5	5
3	7	7	7	8	8	8	8	5	5

::::: *Puzzle (88)* :::::

3	3	2	2	4	4	2	6	6	6
9	3	9	4	4	7	2	5	6	6
9	9	9	7	7	7	7	5	5	6
9	2	9	9	1	3	7	7	5	3
7	2	3	9	4	3	3	8	5	3
7	7	3	3	4	1	8	8	8	3
7	7	6	4	4	3	3	3	8	8
7	7	6	6	6	5	6	6	8	8
1	3	6	3	5	5	5	6	3	3
3	3	6	3	3	5	6	6	6	3

::::: *Puzzle (89)* :::::

6	6	2	2	4	4	4	6	4	4
6	6	6	9	4	6	6	6	4	4
6	4	9	9	9	6	5	5	5	6
4	4	4	9	9	6	3	5	6	6
5	5	9	9	9	3	3	5	6	6
5	5	2	7	7	7	7	7	1	6
6	5	2	5	1	3	3	7	7	1
6	6	5	5	5	8	3	1	8	4
6	6	6	5	7	8	8	8	8	4
7	7	7	7	7	7	8	8	4	4

::::: *Puzzle (90)* :::::

6	3	3	3	7	7	7	7	7	1
6	6	6	6	9	9	9	7	7	6
8	8	6	9	9	9	9	3	6	6
8	2	2	9	9	5	3	3	6	6
8	8	8	8	5	5	7	1	6	4
8	7	2	6	6	5	7	4	4	4
7	7	2	6	6	5	7	3	6	6
7	7	4	6	6	1	7	3	3	6
7	7	4	4	4	7	7	7	6	6
1	8	8	8	8	8	8	8	8	6

::::: *Puzzle (91)* :::::

3	3	3	5	9	9	9	9	9	9
5	5	5	5	4	9	6	9	3	9
3	6	6	4	4	6	6	3	3	7
3	6	2	2	4	7	6	6	6	7
3	6	6	7	7	7	1	3	3	7
4	6	1	7	3	3	3	5	3	7
4	4	4	7	2	2	5	5	5	7
6	6	6	7	8	8	8	5	1	7
6	6	6	4	4	4	8	8	8	7
5	5	5	5	5	4	2	2	8	8

::::: *Puzzle (92)* :::::

2	6	6	6	4	4	4	4	3	3
2	6	6	3	3	2	2	6	6	3
8	6	8	3	7	7	3	3	6	6
8	8	8	1	4	7	7	3	6	6
8	7	8	4	4	4	7	7	3	3
8	7	7	7	6	6	6	7	1	3
7	7	8	7	3	6	6	6	9	9
3	8	8	2	3	3	9	9	9	4
3	8	8	2	4	4	9	1	4	4
3	8	8	8	4	4	9	9	9	4

::::: *Puzzle (93)* :::::

3	3	3	7	1	4	4	5	5	6
5	5	7	7	2	4	5	5	6	6
5	5	3	7	2	4	5	3	3	6
5	3	3	7	7	7	4	3	6	6
4	4	4	4	6	4	4	4	8	2
9	9	9	6	6	3	3	3	8	2
9	9	4	4	6	6	6	8	8	8
9	4	4	5	4	4	4	8	4	8
9	1	5	5	5	5	4	8	4	4
9	9	4	4	4	4	2	2	1	4

::::: *Puzzle (94)* :::::

2	6	4	4	6	5	5	5	5	5
2	6	6	4	6	8	8	8	8	8
7	6	6	4	6	5	5	5	8	8
7	6	5	5	6	6	5	7	8	7
7	5	5	5	6	1	5	7	7	7
7	7	9	9	9	3	2	1	6	7
7	7	9	1	3	3	2	4	6	7
4	4	9	9	9	6	4	4	6	6
4	4	5	9	9	6	6	4	3	6
5	5	5	5	6	6	6	3	3	6

::::: *Puzzle (95)* :::::

6	6	6	6	5	5	7	5	5	5
9	6	1	6	5	7	7	5	6	5
9	9	9	9	5	7	2	2	6	6
9	5	5	9	5	7	7	5	5	6
7	5	5	9	9	7	6	5	5	6
7	1	5	4	2	2	6	6	5	6
7	2	2	4	4	4	6	6	6	5
7	5	5	5	3	3	3	5	5	5
7	1	8	5	5	8	8	4	4	5
7	7	8	8	8	8	8	1	4	4

::::: *Puzzle (96)* :::::

5	3	3	4	4	4	5	5	5	5
5	3	6	6	6	4	5	4	4	4
5	5	6	6	6	2	6	6	6	4
5	4	4	4	4	2	6	6	6	3
2	3	3	1	8	8	8	8	8	3
2	3	1	2	8	8	4	2	2	3
9	9	9	2	4	8	4	4	4	6
9	4	9	4	4	7	7	7	6	6
9	4	9	9	4	3	3	7	6	6
4	4	1	9	1	3	7	7	7	6

::::: *Puzzle (97)* :::::

1	8	8	4	4	4	4	7	6	6
5	5	8	7	7	7	7	7	7	6
5	3	8	4	4	3	2	9	6	6
5	3	8	1	4	3	2	9	6	3
5	3	8	3	4	3	9	9	3	3
2	2	8	3	5	5	5	9	2	2
6	1	8	3	5	4	5	9	4	4
6	3	3	5	4	4	9	9	4	6
6	6	3	5	4	3	3	9	4	6
6	6	5	5	5	3	6	6	6	6

::::: *Puzzle (98)* :::::

4	4	4	5	7	5	6	6	6	6
4	5	5	5	7	5	5	5	6	2
3	3	5	7	7	7	7	5	6	2
3	9	9	9	2	2	7	1	8	8
1	9	9	5	5	3	8	8	8	2
3	9	9	9	5	3	8	8	8	2
3	3	6	9	5	3	7	3	3	3
6	6	6	1	5	7	7	5	5	5
6	6	5	3	3	7	7	7	5	5
5	5	5	5	3	7	4	4	4	4

::::: *Puzzle (99)* :::::

7	7	7	4	4	4	3	3	6	6
7	6	9	9	3	4	3	2	6	6
7	6	6	9	3	3	1	2	6	6
7	7	6	9	9	9	9	4	4	4
3	3	6	4	4	9	3	3	3	4
5	3	6	3	4	9	1	8	8	3
5	5	5	3	4	8	8	8	3	3
4	4	5	3	2	3	3	8	8	8
4	3	3	7	2	7	3	2	2	4
4	3	7	7	7	7	7	4	4	4

::::: *Puzzle (100)* :::::

5	5	5	5	6	6	6	4	5	5
5	4	3	3	6	6	6	4	5	5
4	4	4	3	1	2	4	4	5	9
1	5	5	7	7	2	9	9	9	9
7	5	5	7	7	1	9	9	4	1
7	7	5	7	7	4	4	9	4	4
7	7	3	7	4	4	7	9	3	4
7	7	3	8	3	2	7	7	3	3
8	8	3	8	3	2	7	7	7	7
8	8	8	8	3	5	5	5	5	5

::::: Puzzle (101) :::::

8	8	3	3	3	7	7	3	1	9
8	2	2	1	7	7	3	3	2	9
8	8	8	7	7	7	9	9	2	9
5	5	8	3	3	8	8	9	9	9
5	1	8	3	8	8	6	9	8	8
5	5	3	7	7	8	6	6	8	8
6	3	3	7	7	8	6	6	8	8
6	6	7	7	4	8	6	8	8	7
6	3	3	7	4	8	2	2	7	7
6	6	3	1	4	4	7	7	7	7

::::: Puzzle (102) :::::

9	9	4	4	4	7	7	7	1	6
3	9	9	4	7	7	7	7	6	6
3	3	9	9	9	9	4	2	4	6
4	4	9	1	4	4	4	2	4	6
4	4	8	8	8	8	5	4	4	6
5	5	3	3	3	8	5	5	5	3
5	5	5	4	8	8	8	2	5	3
4	3	3	4	2	2	4	2	1	3
4	3	1	4	4	7	4	4	4	7
4	4	3	3	3	7	7	7	7	7

::::: Puzzle (103) :::::

6	6	6	5	5	5	2	5	5	3
6	6	6	5	5	8	2	5	3	3
7	4	4	4	8	8	5	5	2	2
7	7	7	4	1	8	8	8	8	1
7	7	4	6	5	5	5	8	1	4
7	4	4	6	6	6	5	7	4	4
9	9	4	9	6	2	5	7	1	4
9	9	9	9	6	2	7	7	2	6
9	6	6	2	2	7	7	7	2	6
9	6	6	6	6	1	6	6	6	6

::::: Puzzle (104) :::::

9	9	9	7	7	5	5	5	5	5
9	9	9	5	7	1	6	6	6	6
9	9	5	5	7	5	5	5	6	6
2	9	5	7	7	1	5	5	8	8
2	4	5	7	8	8	8	8	8	2
4	4	7	1	6	8	5	5	5	2
4	7	7	7	6	6	6	6	5	5
2	2	7	4	4	5	4	6	4	4
4	7	7	4	4	5	4	3	3	4
4	4	4	5	5	5	4	4	3	4

::::: Puzzle (105) :::::

4	3	3	2	2	5	5	5	3	3
4	4	3	1	4	4	4	5	5	3
4	6	7	7	7	4	3	3	3	4
6	6	2	7	7	7	7	4	4	4
3	6	2	3	3	3	8	8	8	1
3	6	4	9	9	9	8	2	4	4
3	6	4	9	5	9	8	2	4	4
6	4	4	9	5	8	8	8	1	6
6	6	9	9	5	4	4	4	6	6
6	6	6	9	5	5	4	6	6	6

::::: Puzzle (106) :::::

5	5	5	3	1	7	7	7	1	2
5	5	6	3	5	5	7	7	7	2
4	4	6	3	5	5	2	7	4	4
4	4	6	6	3	5	2	3	4	4
9	6	6	3	3	6	6	3	3	2
9	8	8	8	8	8	6	6	6	2
9	3	3	3	5	8	8	8	6	5
9	9	9	9	5	5	5	2	5	5
4	9	9	7	7	7	5	2	5	5
4	4	4	7	7	7	7	3	3	3

::::: Puzzle (107) :::::

6	6	6	6	6	4	3	3	2	2
4	4	7	1	6	4	8	3	8	6
4	4	7	7	4	4	8	8	8	6
7	7	7	4	6	6	2	2	8	6
7	4	4	4	6	6	1	8	8	6
5	5	5	1	6	6	3	9	6	6
5	2	2	5	5	3	3	9	2	2
5	8	1	5	5	9	9	9	6	6
8	8	8	5	9	9	4	4	6	6
8	8	8	8	9	9	4	4	6	6

::::: Puzzle (108) :::::

6	6	6	3	3	1	2	2	5	5
6	6	4	4	3	7	7	6	5	5
7	6	4	4	7	7	7	6	6	5
7	1	5	5	5	3	7	4	6	6
7	7	5	9	5	3	7	4	6	3
7	7	9	9	9	3	8	4	3	3
6	7	2	9	3	8	8	4	8	6
6	6	2	9	3	3	8	8	8	6
6	6	3	9	9	9	8	6	6	6
6	3	3	2	2	1	3	3	3	6

::::: Puzzle (109) :::::

7	7	7	7	4	4	4	8	8	2
7	5	1	7	4	2	2	8	8	2
7	5	5	8	8	4	4	8	2	3
6	5	8	8	8	4	4	8	2	3
6	5	8	8	4	2	2	8	8	3
6	6	8	4	4	1	5	7	1	4
6	6	9	9	4	5	5	7	4	4
9	9	9	9	9	5	5	7	4	6
9	9	4	4	4	4	7	7	6	6
5	5	5	5	5	7	7	6	6	6

::::: Puzzle (110) :::::

4	4	4	3	9	4	4	7	7	7
4	7	3	3	9	1	4	4	2	7
7	7	7	2	9	9	9	9	2	7
3	3	7	2	9	6	9	5	1	7
2	3	7	5	9	6	6	5	3	7
2	6	7	5	6	6	6	5	3	3
6	6	6	5	5	3	3	5	7	7
1	6	4	4	5	8	3	5	1	7
2	6	3	4	8	8	8	1	7	7
2	3	3	4	8	8	8	8	7	7

::::: Puzzle (111) :::::

7	7	2	2	5	5	4	4	4	4
7	7	3	3	3	5	5	5	3	3
7	7	7	2	2	3	3	3	6	3
9	9	3	3	3	1	7	5	6	6
9	9	9	1	7	7	7	5	5	6
9	9	8	8	8	7	7	5	5	6
9	9	3	8	8	8	7	4	1	6
1	3	3	2	2	8	4	4	4	1
4	4	5	5	5	8	3	3	5	5
4	4	5	5	2	2	3	5	5	5

::::: Puzzle (112) :::::

6	6	6	5	5	5	5	6	6	6
6	6	6	2	2	5	3	3	6	6
7	7	7	7	7	7	7	3	5	6
5	5	1	6	2	3	3	5	5	9
5	5	3	6	2	6	3	2	5	9
5	3	3	6	6	6	4	2	5	9
4	4	4	2	3	3	4	4	4	9
4	5	1	2	1	3	9	9	9	9
5	5	6	5	5	5	5	5	9	1
5	5	6	6	6	6	6	3	3	3

::::: Puzzle (113) :::::

6	6	4	2	4	4	5	5	5	5
6	4	4	2	4	6	5	3	3	4
6	6	4	9	4	6	6	6	3	4
4	6	9	9	1	6	3	3	4	4
4	9	9	4	4	6	3	2	2	1
4	9	2	2	4	4	8	8	8	8
4	9	4	3	3	8	8	8	4	1
9	9	4	4	3	8	4	6	4	4
3	7	7	4	7	7	4	6	6	4
3	3	7	7	7	4	4	6	6	6

::::: Puzzle (114) :::::

7	7	7	7	9	2	2	4	4	4
1	7	7	9	9	9	9	4	3	3
2	7	1	9	9	9	5	5	5	3
2	6	6	6	9	2	2	5	5	8
4	6	6	6	8	6	6	6	6	8
4	4	4	8	8	8	8	6	8	8
5	5	5	8	4	8	8	6	8	8
5	5	1	4	4	7	7	7	7	8
4	4	7	7	4	3	3	3	7	8
4	4	7	7	7	7	7	1	7	7

::::: Puzzle (115) :::::

6	4	9	9	9	9	9	9	9	9
6	4	4	7	5	5	2	1	7	9
6	6	4	7	3	5	2	7	7	7
6	4	7	7	3	5	4	3	3	7
6	4	7	7	3	5	4	3	7	7
2	4	4	7	1	4	4	5	5	5
2	8	8	8	8	8	8	4	4	5
4	4	8	4	1	2	8	4	4	5
4	5	4	4	4	2	6	6	3	3
4	5	5	5	5	6	6	6	6	3

::::: Puzzle (116) :::::

6	6	3	3	5	5	6	4	4	6
6	3	7	3	5	6	6	4	6	6
6	3	7	7	5	6	6	4	6	6
6	3	7	8	5	6	8	2	2	6
6	7	7	8	8	8	8	4	4	4
9	9	7	4	4	1	8	4	3	3
9	9	9	1	4	4	8	7	7	3
3	3	9	9	2	2	3	7	7	1
2	3	9	9	7	3	3	7	7	7
2	7	7	7	7	7	7	3	3	3

::::: Puzzle (117) :::::

6	6	5	5	5	5	3	3	6	6
6	6	6	3	3	5	3	6	6	6
3	3	6	3	8	8	8	3	3	6
3	4	1	8	8	2	8	3	2	2
4	4	3	3	8	2	6	1	8	8
7	4	7	3	8	4	6	6	6	8
7	7	7	9	4	4	4	6	6	8
7	5	5	9	9	9	9	3	3	8
7	5	3	3	4	4	9	9	3	8
5	5	3	4	4	1	9	9	8	8

::::: Puzzle (118) :::::

5	5	4	4	2	3	5	5	2	2
5	4	4	6	2	3	3	5	1	9
5	6	6	6	6	4	5	5	9	9
5	2	6	4	4	4	9	9	9	8
7	2	7	7	3	9	9	5	9	8
7	7	7	1	3	3	5	5	5	8
8	7	4	4	4	7	7	5	8	8
8	8	8	8	4	7	7	1	3	8
8	8	4	4	6	6	7	7	3	8
8	4	4	6	6	6	6	7	3	8

::::: Puzzle (119) :::::

6	6	7	8	8	4	5	5	5	2
6	6	7	8	8	4	4	5	5	2
6	6	7	8	8	4	1	7	7	9
3	3	7	1	8	8	7	7	7	9
3	7	7	6	6	7	7	4	4	9
2	7	6	6	5	5	4	4	9	9
2	3	6	5	5	3	9	9	9	7
3	3	6	4	5	3	2	2	9	7
5	5	4	4	4	3	6	7	7	7
5	5	5	6	6	6	6	6	7	7

::::: Puzzle (120) :::::

3	6	6	6	6	5	5	5	5	5
3	3	7	6	3	2	9	3	3	3
2	2	7	6	3	2	9	9	1	9
3	3	7	7	3	8	9	9	9	9
2	3	7	7	7	8	9	1	5	5
2	4	4	8	8	8	8	4	4	5
6	4	5	8	8	3	3	4	4	5
6	4	5	5	4	3	1	6	6	5
6	6	5	4	4	4	7	6	6	6
6	6	5	7	7	7	7	7	7	6

:::: Puzzle (121) ::::

2	2	8	8	8	8	7	7	7	2
5	3	8	8	8	7	7	1	3	2
5	3	3	8	3	7	6	6	3	3
5	5	5	3	3	7	3	6	6	6
3	3	3	1	9	9	3	3	6	3
2	5	5	5	9	9	9	9	3	3
2	3	5	5	9	9	4	4	4	4
7	3	3	7	7	9	6	6	6	3
7	7	7	7	4	1	3	6	6	3
3	3	3	4	4	4	3	3	6	3

:::: Puzzle (122) ::::

4	4	4	9	9	6	6	6	6	6
4	9	9	9	9	9	6	5	5	5
8	8	9	6	9	8	8	8	5	5
8	8	8	6	5	5	5	8	8	2
8	6	6	6	6	5	5	2	8	2
8	5	3	3	3	6	6	2	8	8
8	5	5	7	7	5	6	6	6	3
3	5	1	3	7	5	5	6	3	3
3	5	3	3	7	1	5	5	6	6
3	2	2	7	7	7	6	6	6	6

:::: Puzzle (123) ::::

8	7	7	7	7	7	5	5	5	5
8	2	2	6	7	7	5	4	4	4
8	8	8	6	6	5	1	8	4	8
8	1	6	6	6	5	8	8	8	8
8	9	9	9	5	5	8	7	8	5
8	9	3	9	9	5	7	7	5	5
2	2	3	3	9	9	7	5	5	6
6	6	6	6	3	9	7	7	6	6
6	4	4	3	3	5	7	1	6	6
6	4	4	5	5	5	5	2	2	6

:::: Puzzle (124) ::::

3	3	6	6	6	6	5	5	5	5
3	6	6	8	2	3	5	3	3	3
1	8	8	8	2	3	3	4	4	4
8	8	8	3	3	2	5	5	5	4
6	1	8	7	3	2	5	9	5	2
6	5	5	7	7	9	9	9	1	2
6	5	5	5	7	9	3	9	9	9
6	4	4	3	7	7	3	9	3	3
6	4	5	3	3	7	3	6	3	6
6	4	5	5	5	5	6	6	6	6

:::: Puzzle (125) ::::

2	8	3	3	3	2	2	5	6	6
2	8	8	8	8	8	5	5	6	6
3	3	8	8	6	6	5	5	6	6
6	3	1	7	3	6	6	1	4	9
6	6	7	7	3	3	6	8	4	9
6	6	1	7	7	7	6	8	4	9
7	6	7	3	7	8	8	8	4	9
7	7	7	3	5	8	4	8	9	9
7	7	4	3	5	4	4	8	9	9
4	4	4	5	5	5	4	2	2	9

:::: Puzzle (126) ::::

3	4	4	4	4	6	6	6	6	6
3	3	6	3	3	9	7	6	5	5
6	6	6	6	3	9	7	7	7	5
5	6	1	9	9	9	4	7	7	5
5	5	5	9	2	9	4	4	7	5
1	5	9	9	2	5	4	2	8	8
7	7	7	7	7	5	5	2	8	8
7	6	7	4	4	4	5	5	8	8
6	6	6	4	6	6	6	1	8	8
6	6	3	3	3	6	6	6	2	2

:::: Puzzle (127) ::::

5	7	7	3	3	6	6	2	3	3
5	7	7	5	3	6	6	2	3	8
5	5	7	5	5	6	6	8	8	8
5	7	7	5	4	4	4	8	8	8
2	8	4	5	4	7	1	7	3	8
2	8	4	4	7	7	7	7	3	3
4	8	8	4	9	7	4	4	4	4
4	4	8	1	9	1	7	7	7	7
4	8	8	8	9	9	7	1	3	2
9	9	9	9	9	7	7	3	3	2

:::: Puzzle (128) ::::

3	8	8	8	3	3	3	7	7	7
3	8	8	8	1	7	7	7	1	4
3	8	8	1	4	4	3	7	4	4
5	5	2	2	9	4	3	8	4	1
5	3	3	3	9	4	3	8	8	8
5	5	9	9	9	8	8	8	8	2
7	3	3	9	5	5	5	3	3	2
7	3	9	9	8	8	5	5	3	6
7	7	9	8	8	8	3	3	6	6
7	7	7	8	8	8	3	6	6	6

:::: Puzzle (129) ::::

6	6	6	3	3	4	3	3	3	7
6	6	6	3	4	4	1	5	7	7
5	5	9	9	4	9	9	5	5	7
5	5	9	9	9	9	5	5	1	7
5	4	4	4	9	1	2	3	3	7
4	5	5	4	8	8	2	3	8	7
4	5	5	5	7	8	8	8	8	6
4	7	7	7	7	4	4	8	6	6
4	7	5	5	7	2	4	6	6	3
2	2	5	5	5	2	4	6	3	3

:::: Puzzle (130) ::::

6	4	2	2	1	5	5	5	5	5
6	4	4	9	9	9	9	9	4	4
6	6	4	9	4	4	4	4	6	4
6	9	9	9	8	3	3	6	6	4
6	3	2	2	8	3	6	6	6	3
3	3	4	8	8	8	8	8	3	3
6	6	4	4	8	3	3	3	1	7
6	6	4	1	2	2	1	7	7	7
6	3	3	6	4	4	4	4	7	7
6	3	6	6	6	6	6	2	2	7

:::: Puzzle (131) ::::

7	7	7	5	5	2	2	1	3	3
7	7	7	7	5	5	6	6	6	3
5	4	4	1	8	5	1	5	6	6
5	5	4	8	8	8	7	5	5	6
5	5	4	8	7	7	7	7	5	5
7	7	2	8	8	8	7	7	2	2
7	7	2	9	9	9	5	4	4	4
7	9	9	9	3	7	5	5	5	4
7	7	9	9	3	7	1	7	5	2
3	3	3	9	3	7	7	7	7	2

:::: Puzzle (132) ::::

3	8	4	4	4	2	2	7	5	5
3	8	2	4	1	7	7	7	5	5
3	8	2	3	3	7	1	3	3	5
8	8	8	8	3	7	7	1	3	8
3	3	8	9	9	9	3	8	8	8
3	9	9	9	3	9	3	8	3	8
7	7	9	3	3	9	3	1	3	8
7	5	5	5	4	5	5	5	3	8
7	7	5	4	4	5	5	7	7	7
7	7	5	4	2	2	7	7	7	7

:::: Puzzle (133) ::::

4	5	5	5	5	1	7	7	7	4
4	4	9	5	7	7	7	2	2	4
4	9	9	9	7	2	2	1	4	4
5	3	3	9	9	1	3	5	5	5
5	5	3	9	4	3	3	5	3	5
4	5	5	9	4	4	6	3	3	7
4	4	8	9	4	6	6	6	6	7
4	1	8	8	8	8	8	7	6	7
2	2	6	6	8	8	6	7	7	7
6	6	6	6	1	6	6	6	6	6

:::: Puzzle (134) ::::

6	6	4	4	4	5	6	6	6	6
6	6	7	3	4	5	5	5	6	6
6	6	7	3	3	5	9	1	3	1
3	3	7	7	7	7	9	9	3	9
6	3	4	7	4	4	4	9	3	9
6	6	4	4	6	4	1	9	9	9
6	2	4	6	6	8	8	8	3	3
6	2	5	6	6	8	2	2	3	4
6	3	5	6	1	8	8	8	1	4
3	3	5	5	5	8	2	2	4	4

:::: Puzzle (135) ::::

7	7	7	7	7	2	3	3	3	4
4	6	7	7	9	2	6	6	6	4
4	6	6	6	9	9	3	6	6	4
4	4	6	6	9	9	3	3	6	4
5	5	5	2	2	9	1	2	2	3
3	3	5	5	9	9	9	8	3	3
3	4	4	4	7	7	7	8	1	7
6	6	4	7	7	3	8	8	7	7
6	6	7	7	4	3	8	8	7	7
6	6	4	4	4	3	8	8	7	7

:::: Puzzle (136) ::::

4	4	3	8	8	8	1	4	4	6
3	4	3	8	8	8	2	4	6	6
3	4	3	4	8	8	2	4	6	6
3	5	4	4	4	7	7	2	2	6
6	5	5	3	3	7	5	5	5	7
6	5	4	3	7	7	5	5	7	7
6	5	4	4	9	7	7	1	7	3
6	6	4	9	9	9	1	4	7	3
7	6	7	7	9	9	4	4	7	3
7	7	7	7	9	9	9	4	7	1

:::: Puzzle (137) ::::

2	2	5	5	4	4	4	5	5	5
7	5	5	5	4	6	6	6	5	1
7	7	7	3	3	6	3	3	5	7
3	7	7	7	3	6	3	4	4	7
3	8	3	3	2	6	9	4	7	7
3	8	3	8	2	9	9	4	7	7
8	8	8	8	9	9	9	8	7	8
1	4	8	2	9	4	4	8	8	8
4	4	3	2	9	4	4	8	5	8
4	3	3	1	9	5	5	5	5	8

:::: Puzzle (138) ::::

3	3	9	9	9	9	9	7	7	7
5	3	1	9	3	3	3	2	2	7
5	5	5	9	9	9	4	4	4	7
5	4	6	6	3	3	5	4	8	7
4	4	6	6	3	5	5	5	8	7
5	4	6	6	4	4	2	5	8	8
5	3	3	3	4	4	2	7	8	8
5	5	5	2	1	7	1	7	8	8
6	6	6	2	3	7	7	7	6	6
6	6	6	3	3	7	6	6	6	6

:::: Puzzle (139) ::::

7	7	4	4	4	6	6	6	3	6
7	1	4	6	6	6	2	3	3	6
7	7	3	3	4	9	2	6	6	6
7	7	8	3	4	9	9	6	9	9
6	8	8	4	4	1	9	9	9	6
6	6	8	8	8	8	9	6	6	6
5	6	6	8	7	7	2	2	5	6
5	6	3	3	3	7	7	7	5	6
5	5	6	6	6	6	7	5	5	5
5	3	3	3	6	6	7	1	2	2

:::: Puzzle (140) ::::

3	6	6	6	5	5	7	6	6	6
3	3	6	6	5	5	7	6	6	6
6	5	6	1	5	7	7	4	4	4
6	5	5	5	1	7	7	7	4	2
6	6	6	5	6	6	6	6	6	2
6	4	4	4	3	6	3	3	7	7
2	2	4	3	3	5	5	3	7	7
9	9	9	9	9	5	5	6	7	7
3	9	2	9	9	3	5	6	6	7
3	3	2	1	9	3	3	6	6	6

::::: Puzzle (141) :::::

6	4	5	5	5	5	5	6	4	4
6	4	3	4	4	6	6	6	4	4
6	4	3	3	4	4	6	6	9	1
6	4	9	9	9	9	9	9	9	5
6	2	4	4	4	9	6	1	5	5
6	2	7	4	2	4	6	4	5	5
5	5	7	7	2	4	6	4	4	3
5	3	7	7	3	4	6	4	3	3
5	3	7	3	3	4	6	6	1	8
5	3	7	8	8	8	8	8	8	8

::::: Puzzle (142) :::::

1	5	5	5	5	6	6	6	7	7
8	5	3	3	3	6	2	2	7	4
8	1	6	6	4	6	4	4	7	4
8	6	6	6	4	6	4	4	7	4
8	6	5	5	4	4	2	2	7	4
8	8	8	5	5	5	4	8	7	8
3	3	8	1	2	2	4	8	8	8
3	4	2	2	9	9	4	4	8	5
4	4	9	9	9	9	9	8	8	5
4	9	9	4	4	4	4	5	5	5

::::: Puzzle (143) :::::

9	9	9	9	9	8	5	5	5	6
9	2	2	9	1	8	8	5	5	6
9	9	6	6	5	5	8	8	6	6
6	6	6	6	5	5	8	8	8	6
3	3	3	2	5	7	4	6	1	6
6	6	6	2	7	7	4	6	6	1
7	6	2	7	7	4	4	6	4	4
7	6	2	7	7	8	6	6	4	4
7	6	8	8	8	8	8	7	7	7
7	7	7	7	8	8	7	7	7	7

::::: Puzzle (144) :::::

5	3	3	5	4	4	6	4	4	4
5	5	3	5	5	4	6	6	3	4
5	3	9	3	5	4	3	6	3	3
5	3	9	3	5	7	3	6	8	8
2	3	9	3	2	7	3	6	3	8
2	9	9	9	2	7	1	3	3	8
3	3	9	9	7	7	7	8	8	8
5	3	9	2	2	1	7	3	5	8
5	5	3	3	3	6	1	3	5	5
5	5	6	6	6	6	6	3	5	5

::::: Puzzle (145) :::::

5	5	8	8	2	6	6	6	6	5
5	5	5	8	2	6	4	4	4	5
2	1	8	8	8	6	3	3	4	5
2	6	6	6	8	8	3	1	3	5
3	6	6	1	3	4	4	3	3	5
3	8	6	3	3	4	4	9	1	4
3	8	8	9	9	9	9	9	9	4
5	8	8	4	9	2	9	7	4	4
5	5	8	4	4	2	3	7	7	7
5	5	8	8	4	3	3	7	7	7

::::: Puzzle (146) :::::

7	7	7	7	5	6	6	6	6	5
7	2	2	5	5	6	6	4	5	5
7	7	3	3	5	2	4	4	5	5
2	2	3	1	5	2	4	6	3	3
3	5	5	3	8	3	3	6	6	3
3	5	3	3	8	1	3	6	6	9
3	5	5	1	8	8	9	9	6	9
6	2	2	8	8	8	5	9	9	9
6	6	4	4	4	8	5	9	4	9
6	6	6	4	5	5	5	4	4	4

::::: Puzzle (147) :::::

7	7	7	7	8	8	6	6	6	5
3	7	1	4	8	3	3	6	5	5
3	7	4	4	8	3	6	6	4	5
3	7	4	6	8	8	4	4	4	5
2	3	6	6	6	8	8	1	9	4
2	3	3	6	6	2	3	3	9	4
7	7	7	7	1	2	1	3	9	4
4	2	7	3	2	3	4	1	9	4
4	2	7	3	2	3	4	9	9	9
4	4	7	3	1	3	4	4	9	9

::::: Puzzle (148) :::::

3	3	2	5	5	9	8	8	8	8
1	3	2	1	5	9	5	8	8	8
8	8	3	9	5	9	5	5	4	8
8	8	3	9	5	9	5	4	4	4
5	8	3	9	9	9	5	8	8	1
5	8	8	7	3	8	8	8	8	3
5	5	8	7	3	8	2	2	6	3
5	7	7	7	3	8	3	3	6	3
2	7	7	3	7	7	7	3	6	6
2	1	3	3	7	7	7	7	6	6

::::: Puzzle (149) :::::

6	6	6	2	2	3	3	5	5	5
6	6	3	9	9	3	8	8	5	8
6	3	3	9	1	5	1	8	5	8
7	7	7	9	5	5	5	8	8	8
7	7	9	9	9	5	7	7	7	3
7	2	2	9	9	3	7	7	5	3
7	5	4	4	8	3	3	7	5	3
1	5	6	4	8	8	8	7	5	4
5	5	6	4	8	8	8	5	5	4
5	6	6	6	6	8	2	2	4	4

::::: Puzzle (150) :::::

5	5	5	5	3	5	9	6	6	6
5	2	2	3	3	5	9	3	6	6
2	8	4	4	4	5	9	3	3	6
2	8	8	4	1	5	9	9	9	3
6	6	8	8	8	5	9	2	9	3
6	6	1	8	4	4	4	2	9	3
6	6	7	8	5	4	1	3	3	4
3	7	7	3	5	1	3	6	3	4
3	3	7	3	5	3	3	6	4	4
7	7	7	3	5	5	6	6	6	6

::::: Puzzle (151) :::::

8	8	8	8	8	8	8	8	4	4
4	2	2	7	7	7	4	4	8	4
4	4	6	6	7	4	4	8	8	4
1	4	6	6	7	7	7	8	2	2
7	7	4	6	6	5	8	8	9	9
7	1	4	4	4	5	8	8	3	9
7	7	7	7	5	5	5	3	3	9
6	6	1	8	8	8	8	2	9	9
6	6	3	3	5	5	8	2	9	9
6	6	3	5	5	5	8	8	8	9

::::: Puzzle (152) :::::

4	4	4	9	9	9	9	9	9	9
2	4	8	8	8	9	9	2	2	8
2	8	8	4	4	4	4	5	1	8
8	8	8	7	7	7	7	5	8	8
6	6	3	7	7	7	5	5	5	8
6	3	3	5	3	3	3	8	8	8
6	6	6	5	1	6	6	6	6	6
2	3	3	5	8	8	3	3	1	6
2	6	3	5	5	8	3	8	3	3
6	6	6	6	6	8	8	8	8	3

::::: Puzzle (153) :::::

4	4	3	3	6	6	1	7	7	7
4	4	3	4	6	6	6	6	7	2
2	2	4	4	3	3	3	7	7	2
9	6	4	6	6	5	1	7	1	4
9	6	6	6	5	5	5	8	4	4
9	4	4	4	4	5	8	8	4	6
9	9	9	9	8	8	8	6	6	6
9	9	4	4	4	8	8	3	6	6
3	3	6	4	7	7	7	3	3	1
3	6	6	6	6	6	7	7	7	7

::::: Puzzle (154) :::::

4	4	4	4	6	6	4	4	4	4
3	3	8	3	6	6	6	8	8	8
8	3	8	3	4	8	6	8	6	6
8	8	8	3	4	8	8	8	6	5
8	8	9	1	4	4	3	3	6	5
5	5	9	9	2	2	3	6	6	5
5	5	7	9	9	9	2	2	7	5
5	7	7	9	2	2	1	4	7	5
7	7	5	9	9	4	4	4	7	7
7	7	5	5	5	5	1	7	7	7

::::: Puzzle (155) :::::

6	6	7	7	6	6	6	6	6	5
6	6	6	7	6	2	2	5	5	5
6	3	7	7	7	7	6	6	5	6
3	3	1	6	1	4	1	6	6	6
7	7	6	6	6	4	4	3	3	5
7	7	7	5	6	6	4	3	5	5
7	9	7	5	5	5	8	8	5	5
9	9	2	5	8	8	8	8	2	2
9	9	2	3	3	7	7	8	8	1
9	9	9	9	3	7	7	7	7	7

::::: Puzzle (156) :::::

7	3	3	3	5	5	5	5	5	1
7	7	2	2	9	9	9	8	1	8
7	7	7	3	3	9	4	8	8	8
5	5	7	3	9	9	4	4	4	8
5	1	8	9	9	4	5	5	5	8
5	8	8	8	9	4	6	5	5	8
5	2	2	8	4	4	6	6	6	7
4	4	4	8	8	2	6	6	7	7
4	6	6	1	8	2	3	2	2	7
6	6	6	6	1	3	3	7	7	7

::::: Puzzle (157) :::::

5	5	5	5	5	3	3	7	7	7
1	8	8	8	8	3	7	7	7	5
2	2	8	4	4	2	7	5	5	5
6	6	8	4	4	2	8	2	5	2
6	8	8	3	5	5	8	2	8	2
6	6	9	3	5	5	8	8	8	8
6	9	9	3	1	5	8	4	4	4
5	9	9	1	4	4	4	7	4	1
5	9	9	9	5	5	4	7	7	7
5	5	5	9	5	5	5	7	7	7

::::: Puzzle (158) :::::

3	3	5	5	5	5	9	9	2	2
3	1	3	3	3	5	9	9	9	6
4	7	7	7	9	9	9	4	6	6
4	4	7	4	9	2	2	4	6	6
6	4	7	4	3	3	4	4	3	6
6	6	7	4	4	3	6	6	3	3
6	6	7	3	3	1	6	6	6	6
3	6	8	8	3	7	7	7	7	3
3	3	8	8	8	7	5	5	7	3
2	2	8	8	8	5	5	5	7	3

::::: Puzzle (159) :::::

9	9	9	2	4	3	3	4	4	4
9	9	9	2	4	3	6	5	5	4
9	1	6	4	4	6	6	5	5	5
9	6	6	6	6	4	6	6	4	4
9	4	6	4	4	4	3	6	4	4
8	4	4	5	5	5	3	7	7	7
8	8	4	8	5	5	3	7	6	7
4	8	8	8	4	4	1	7	6	7
4	3	3	8	4	2	3	1	6	6
4	4	3	1	4	2	3	3	6	6

::::: Puzzle (160) :::::

6	7	7	7	4	4	4	4	6	6
6	6	6	7	7	7	2	9	6	6
6	4	4	4	4	7	2	9	9	6
6	3	3	9	9	9	9	9	1	6
5	3	4	4	4	9	5	5	5	3
5	5	4	8	8	8	5	5	8	3
6	5	5	2	2	8	8	8	8	3
6	6	4	4	4	4	6	6	6	1
3	6	6	6	3	7	6	6	6	7
3	3	1	3	3	7	7	7	7	7

::::: Puzzle (161) :::::

6	6	3	7	7	2	6	6	3	3
6	6	3	3	7	2	5	6	6	3
6	6	7	7	7	1	5	6	6	9
3	5	5	7	4	4	5	5	5	9
3	3	5	5	4	6	6	4	9	9
6	6	6	5	4	6	4	4	9	9
6	6	6	2	2	6	4	1	9	9
3	3	3	1	6	6	3	6	2	9
6	6	6	2	4	4	3	6	2	6
6	6	6	2	4	4	3	6	6	6

::::: Puzzle (162) :::::

4	4	4	3	6	6	6	5	5	5
8	3	4	3	3	6	6	6	5	5
8	3	3	4	4	4	9	3	3	3
8	8	9	4	1	9	9	9	4	8
3	8	9	9	9	9	5	4	4	8
3	8	2	2	1	5	5	5	4	8
3	8	8	3	3	3	7	5	1	8
4	4	4	2	2	7	7	6	6	8
6	6	4	1	7	7	6	6	6	8
6	6	6	6	7	7	6	1	8	8

::::: Puzzle (163) :::::

6	5	5	5	3	3	7	7	7	5
6	5	3	5	3	7	7	5	5	5
6	6	3	3	7	7	4	5	4	4
6	2	9	9	9	9	4	4	5	4
6	2	9	9	9	9	3	4	5	4
5	5	3	9	4	4	3	3	5	5
5	3	3	7	2	4	4	8	5	2
5	5	1	7	2	1	8	8	8	2
3	7	7	7	7	8	8	3	4	4
3	3	1	7	8	8	3	3	4	4

::::: Puzzle (164) :::::

6	6	4	6	6	6	3	3	6	6
3	6	4	4	6	9	9	3	6	6
3	6	4	8	6	2	9	9	6	6
3	6	6	8	6	2	9	9	7	7
4	4	4	8	9	9	9	3	3	7
1	3	4	8	8	4	4	4	3	7
3	3	8	8	2	2	4	6	7	7
6	6	1	8	4	4	6	6	4	7
6	6	2	4	4	5	5	6	4	4
6	6	2	1	5	5	5	6	6	4

::::: Puzzle (165) :::::

5	6	6	6	6	6	6	8	3	3
5	5	5	8	8	8	8	8	8	3
5	6	6	6	3	3	3	8	2	2
4	1	6	6	5	5	5	7	7	3
4	3	6	9	5	4	5	7	1	3
4	3	3	9	3	4	4	7	7	3
4	2	2	9	3	4	1	7	6	6
9	9	9	9	3	2	2	7	6	3
3	3	9	9	6	4	4	4	6	3
3	6	6	6	6	6	4	6	6	3

::::: Puzzle (166) :::::

6	6	3	3	6	6	6	4	3	3
6	6	6	3	6	4	6	4	4	3
1	6	5	5	4	4	6	1	4	1
7	7	5	5	1	4	8	8	8	8
7	6	6	5	3	3	3	8	2	2
7	6	6	4	4	4	4	8	4	4
7	6	6	5	2	2	8	8	6	4
7	9	5	5	3	3	3	6	6	4
7	9	5	5	9	9	4	4	6	6
9	9	9	9	9	2	2	4	4	6

::::: Puzzle (167) :::::

5	5	5	5	5	8	8	8	8	7
6	6	6	8	8	8	4	8	7	7
1	6	6	9	9	1	4	4	7	7
8	8	6	3	9	9	4	7	7	1
8	8	3	3	9	3	3	3	6	6
7	8	8	8	9	4	4	4	6	6
7	7	8	9	9	2	4	2	7	6
7	7	6	6	9	2	8	2	7	6
7	7	6	6	8	8	8	8	7	7
2	2	6	6	8	8	8	7	7	7

::::: Puzzle (168) :::::

7	7	7	7	4	4	6	6	6	6
1	7	6	7	4	4	3	2	6	6
6	6	6	7	1	3	3	2	5	5
6	6	5	8	8	8	8	9	9	5
3	5	5	8	8	8	9	9	9	5
3	5	7	7	8	1	9	6	9	5
3	5	7	4	4	4	4	6	9	9
6	7	7	7	3	5	6	6	6	2
6	6	6	7	3	5	5	4	6	2
6	6	2	2	3	5	5	4	4	4

::::: Puzzle (169) :::::

3	7	7	7	7	7	8	8	8	8
3	2	7	7	3	8	8	1	8	9
3	2	5	1	3	3	6	2	8	9
5	5	5	5	6	6	6	2	3	9
1	8	8	3	3	6	6	3	3	9
6	8	8	8	3	9	9	9	9	9
6	6	8	8	1	2	2	3	3	2
6	4	8	4	4	4	1	3	6	2
6	4	6	6	6	4	3	6	6	6
6	4	4	6	6	6	3	3	6	6

::::: Puzzle (170) :::::

8	5	5	5	6	6	6	6	6	6
8	2	5	5	7	7	1	3	3	3
8	2	3	3	3	7	6	2	2	8
8	8	8	7	7	7	6	6	6	8
8	8	5	2	7	1	9	9	6	8
3	3	5	2	4	4	3	9	6	8
3	6	5	5	4	3	3	9	8	8
6	6	5	7	4	9	9	9	8	8
6	6	6	7	1	9	3	5	5	5
7	7	7	7	7	9	3	3	5	5

::::: Puzzle (171) :::::

4	4	4	2	2	5	5	3	5	5
5	5	4	3	5	5	5	3	5	5
5	5	3	3	8	8	8	3	5	2
7	5	4	4	8	4	8	8	8	2
7	7	1	4	8	4	1	9	9	9
7	7	7	4	5	4	4	9	9	9
7	3	3	3	5	5	6	9	5	5
4	4	4	4	5	5	6	9	9	5
5	3	3	3	6	6	6	4	2	5
5	5	5	5	6	4	4	4	2	5

::::: Puzzle (172) :::::

4	3	2	2	3	3	5	4	5	5
4	3	3	9	3	5	5	4	5	5
4	2	9	9	5	5	4	4	5	6
4	2	9	9	9	6	6	6	6	6
3	3	9	4	9	9	7	7	3	3
3	6	4	4	2	2	7	7	7	3
6	6	3	4	8	7	7	3	6	6
6	1	3	3	8	6	3	3	6	6
6	8	8	1	8	6	6	6	3	6
6	1	8	8	8	6	6	3	3	6

::::: Puzzle (173) :::::

8	8	7	7	7	1	4	4	4	4
8	8	8	8	7	7	5	5	5	5
8	7	8	1	7	6	6	5	6	3
7	7	2	2	7	6	6	2	6	3
7	7	4	4	4	6	6	2	6	3
7	7	4	3	2	1	9	9	6	6
8	8	3	3	2	9	9	9	6	5
8	8	8	8	8	9	4	4	5	5
6	6	8	3	3	9	9	4	4	5
6	6	6	6	3	9	3	3	3	5

::::: Puzzle (174) :::::

7	7	7	7	8	9	9	9	9	9
7	7	3	3	8	3	3	9	9	5
7	2	4	3	8	3	5	9	5	5
1	2	4	4	8	5	5	9	2	5
7	7	4	1	8	1	5	6	2	5
7	7	7	4	8	8	5	6	6	6
7	7	4	4	3	8	1	4	6	6
2	2	4	5	3	6	6	4	5	5
3	3	5	5	3	6	3	4	4	5
3	5	5	6	6	6	3	3	5	5

::::: Puzzle (175) :::::

5	5	4	4	6	6	4	4	4	5
5	4	4	6	6	6	6	8	4	5
5	6	6	2	2	8	8	8	5	5
5	6	3	3	5	5	5	8	8	5
6	6	3	5	5	9	9	8	4	4
6	4	4	4	9	9	9	8	4	7
3	2	4	9	9	2	2	7	4	7
3	2	9	9	4	4	3	7	7	7
3	6	6	3	3	4	3	7	1	3
6	6	6	6	3	4	3	1	3	3

::::: Puzzle (176) :::::

5	5	5	2	4	5	5	6	6	6
5	5	8	2	4	5	6	6	6	9
2	2	8	8	4	5	5	9	9	9
6	6	6	8	4	1	9	9	6	7
6	6	6	8	9	9	9	6	6	7
2	2	8	8	3	1	5	6	6	7
3	3	3	8	3	5	5	5	6	7
6	6	6	4	3	5	3	3	7	7
6	3	3	4	4	2	2	3	6	7
6	6	3	1	4	6	6	6	6	6

::::: Puzzle (177) :::::

7	2	2	6	6	6	6	6	3	3
7	7	3	3	3	1	6	3	5	3
3	7	7	7	1	4	4	3	5	7
3	3	7	8	3	3	4	3	5	7
2	4	4	8	1	3	4	5	5	7
2	4	4	8	2	2	1	7	7	7
8	8	8	8	9	3	3	3	7	3
8	5	2	1	9	9	9	9	5	3
5	5	2	6	9	6	9	5	5	3
5	5	6	6	6	6	9	9	5	5

::::: Puzzle (178) :::::

4	4	3	5	5	5	3	3	3	5
4	9	3	3	5	5	6	6	5	5
4	9	9	9	9	9	6	6	6	5
9	9	6	9	5	5	3	3	6	5
7	6	6	2	2	5	5	3	4	4
7	6	6	6	1	5	4	2	4	2
7	5	5	5	3	1	4	2	4	2
7	5	4	4	3	4	4	8	8	8
7	5	2	4	3	2	3	3	3	8
7	7	2	4	1	2	8	8	8	8

::::: Puzzle (179) :::::

7	7	7	7	7	7	9	9	9	9
2	2	7	6	6	6	9	9	9	9
3	3	3	6	4	6	3	3	3	9
5	5	5	6	4	4	8	8	8	8
6	6	5	5	4	1	8	3	8	7
6	6	3	2	2	8	8	3	3	7
2	6	3	8	3	1	5	5	1	7
2	6	3	8	3	4	5	5	5	7
1	2	2	8	3	4	1	7	7	7
8	8	8	8	8	4	4	3	3	3

::::: Puzzle (180) :::::

5	5	6	6	5	5	4	4	4	5
5	3	6	6	5	5	5	4	2	5
5	3	6	3	4	4	4	7	2	5
5	3	6	3	3	1	4	7	7	5
3	9	9	9	7	7	7	7	6	5
3	9	6	6	3	3	8	6	6	6
3	9	9	6	3	8	8	2	6	6
6	6	9	6	6	5	8	2	4	4
6	9	9	2	6	5	8	8	4	4
6	6	6	2	5	5	5	8	8	1

:::: Puzzle (181) ::::

4	4	9	9	4	4	4	2	2	4
4	9	9	2	4	3	3	5	4	4
4	9	4	2	1	3	5	5	7	4
9	9	4	4	4	5	5	4	7	7
9	6	6	6	6	6	3	4	4	7
9	3	3	6	1	3	3	2	4	7
3	5	3	8	8	8	1	2	5	7
3	5	1	8	1	8	3	3	5	7
3	5	8	8	6	8	3	5	5	5
5	5	6	6	6	6	6	3	3	3

:::: Puzzle (182) ::::

6	6	9	9	7	7	5	5	5	5
6	2	2	9	7	7	7	6	6	5
6	5	5	9	9	7	7	1	6	6
6	5	5	5	9	5	5	5	6	6
6	3	9	9	9	5	5	8	3	3
3	3	2	2	4	4	1	8	8	3
7	6	6	3	4	4	8	8	8	7
7	6	6	3	3	1	6	6	8	7
7	7	6	6	2	6	6	7	8	7
7	7	7	1	2	6	6	7	7	7

:::: Puzzle (183) ::::

3	3	5	5	5	3	9	3	3	5
1	3	5	5	3	3	9	3	5	5
7	2	9	9	9	9	9	1	5	5
7	2	7	3	3	9	9	6	6	6
7	7	7	1	3	2	2	4	5	6
7	5	5	5	2	3	3	4	5	6
8	5	5	7	2	1	3	4	5	6
8	7	7	7	7	7	7	4	5	5
8	8	8	5	5	6	6	3	3	3
8	8	8	5	5	5	6	6	6	6

:::: Puzzle (184) ::::

3	3	6	6	4	4	6	4	2	2
3	2	6	6	4	4	6	4	4	7
9	2	6	9	6	6	6	7	4	7
9	1	6	9	6	8	8	7	7	7
9	9	9	9	8	8	1	3	7	1
9	5	3	5	8	8	8	3	6	6
5	5	3	5	5	5	8	3	6	6
5	4	3	2	2	5	4	6	6	4
5	4	6	6	1	4	4	3	3	4
4	4	6	6	6	6	4	3	4	4

:::: Puzzle (185) ::::

7	7	7	7	7	7	2	2	3	3
2	2	6	6	7	9	9	9	1	3
3	6	6	6	9	9	1	4	5	5
3	3	6	3	9	4	4	4	5	5
6	6	3	3	9	9	5	5	3	5
6	3	8	8	8	9	5	5	3	3
6	3	3	8	8	6	5	6	5	5
6	2	2	8	1	6	6	6	3	5
6	1	4	8	8	1	5	6	3	5
1	4	4	4	5	5	5	5	3	5

:::: Puzzle (186) ::::

3	5	5	7	7	3	7	7	7	6
3	5	5	7	7	3	3	7	4	6
3	5	7	7	7	1	7	7	4	6
4	8	8	3	3	3	7	4	4	6
4	4	8	1	5	5	4	5	5	6
4	8	8	3	3	5	4	4	5	6
8	8	2	3	2	5	4	5	5	4
8	9	2	1	2	5	7	4	4	4
3	9	9	9	9	9	7	7	7	2
3	3	1	9	9	9	7	7	7	2

:::: Puzzle (187) ::::

4	4	9	9	8	8	8	8	8	7
4	4	9	8	8	3	5	5	7	7
2	3	9	1	8	3	3	5	7	7
2	3	9	3	3	1	5	5	4	7
7	3	9	9	3	2	3	3	4	7
7	2	2	9	9	2	1	3	4	4
7	7	7	7	1	4	4	2	3	3
3	3	7	3	3	4	7	2	3	4
6	3	1	6	3	4	7	7	4	4
6	6	6	6	1	7	7	7	7	4

:::: Puzzle (188) ::::

9	9	9	9	9	7	7	1	5	5
9	6	4	4	4	3	7	7	5	5
9	6	6	4	3	3	7	7	7	5
9	9	6	1	6	6	6	4	4	4
8	6	6	8	6	6	6	4	3	3
8	8	8	8	8	3	3	6	6	3
3	8	2	4	2	3	4	6	6	6
3	3	2	4	2	1	4	4	6	7
6	6	4	4	3	3	4	2	2	7
6	6	6	6	3	7	7	7	7	7

:::: Puzzle (189) ::::

7	6	6	6	6	3	3	4	4	4
7	7	7	6	5	3	7	7	4	3
7	3	3	6	5	5	7	7	3	3
7	3	8	8	5	5	7	7	2	2
7	8	8	8	8	8	7	1	4	4
9	9	8	9	5	5	5	2	4	4
4	9	9	9	5	1	5	2	1	7
4	5	9	2	2	8	8	8	7	7
4	5	9	9	8	8	3	8	8	7
4	5	5	5	8	3	3	7	7	7

:::: Puzzle (190) ::::

5	3	3	7	7	7	6	6	6	6
5	5	3	7	2	7	7	7	6	6
6	5	5	3	2	3	3	8	3	3
6	6	6	3	3	6	3	8	8	3
6	6	2	6	6	6	1	8	8	4
9	9	2	5	6	6	8	8	4	4
9	9	1	5	5	5	1	8	4	5
9	9	7	7	5	6	5	5	5	5
9	9	7	2	2	6	6	6	6	6
9	7	7	7	7	2	2	3	3	3

:::: Puzzle (191) ::::

1	6	6	9	9	9	5	3	3	3
8	8	6	6	9	9	5	5	5	5
8	6	6	9	9	9	8	8	3	3
8	8	8	8	9	3	8	8	3	4
1	8	2	2	3	3	8	8	8	4
3	7	7	4	4	6	6	8	4	4
3	7	2	2	4	4	6	6	6	1
3	7	1	4	6	6	4	4	6	7
2	7	4	4	6	4	4	7	7	7
2	7	7	4	6	6	6	7	7	7

:::: Puzzle (192) ::::

4	4	4	4	7	7	8	8	8	8
3	1	7	7	7	5	5	3	8	8
3	3	7	7	5	5	5	3	8	8
8	8	8	8	8	8	8	3	1	9
7	4	4	4	4	8	3	9	9	9
7	7	7	7	1	3	3	9	9	9
7	7	3	3	3	8	8	8	9	9
4	4	8	8	8	8	2	8	7	7
4	2	2	6	6	3	2	7	7	7
4	6	6	6	6	3	3	1	7	7

:::: Puzzle (193) ::::

7	7	7	7	8	8	8	4	3	3
3	7	7	7	8	8	4	4	3	7
3	3	6	6	6	8	4	7	7	7
7	7	1	6	6	8	8	7	1	7
7	7	6	1	6	1	3	7	5	5
7	7	6	8	8	3	3	5	5	5
8	7	6	6	8	8	8	8	2	2
8	8	8	6	2	8	1	5	5	5
8	2	2	6	2	8	5	5	9	9
8	8	8	9	9	9	9	9	9	9

:::: Puzzle (194) ::::

7	2	2	6	4	5	5	5	6	6
7	6	6	6	4	4	5	5	6	6
7	7	6	6	3	4	7	7	6	6
2	7	7	5	3	3	2	7	4	4
2	5	7	5	5	5	2	7	7	4
5	5	5	1	5	3	3	3	7	4
6	5	6	8	8	1	6	6	7	9
6	6	6	8	6	6	6	1	9	9
6	4	8	8	8	6	9	9	9	3
4	4	4	8	8	9	9	9	3	3

:::: Puzzle (195) ::::

8	8	8	8	4	4	4	7	7	3
8	8	5	8	4	2	7	7	3	3
5	5	5	8	1	2	7	7	7	1
6	6	5	7	7	7	1	3	3	3
6	6	6	7	3	7	7	2	2	4
6	9	9	9	3	3	7	1	4	4
9	9	9	9	4	4	3	5	5	4
4	4	9	9	4	2	3	3	5	5
3	4	4	8	4	2	8	4	4	5
3	3	8	8	8	8	8	8	4	4

:::: Puzzle (196) ::::

6	6	3	3	5	5	6	6	6	6
6	6	3	5	5	5	4	6	8	6
6	6	9	1	4	4	4	8	8	2
5	9	9	9	9	9	8	8	1	2
5	9	9	5	5	8	8	7	7	7
5	5	9	4	5	5	8	5	7	7
5	4	4	4	5	4	4	5	1	7
7	7	7	7	7	4	3	5	2	7
3	3	7	3	7	4	3	5	2	3
3	2	2	3	3	1	3	5	3	3

:::: Puzzle (197) ::::

8	8	8	8	8	1	4	4	5	5
7	7	8	8	4	4	6	4	4	5
7	7	8	4	4	6	6	6	8	5
7	6	6	6	5	5	6	6	8	5
7	6	8	6	1	5	5	8	8	8
7	6	8	4	4	5	8	8	2	8
3	5	8	8	4	4	1	9	2	6
3	5	8	8	9	9	9	9	9	6
3	5	2	8	9	3	9	2	6	6
5	5	2	8	3	3	9	2	6	6

:::: Puzzle (198) ::::

4	6	4	6	6	5	5	5	5	6
4	6	4	3	6	6	3	3	5	6
4	6	4	3	1	6	6	3	6	6
4	6	4	3	7	7	7	7	6	4
6	6	2	2	3	3	4	7	6	4
9	9	9	9	3	2	4	7	7	4
3	9	6	9	9	2	4	4	8	4
3	3	6	2	9	8	8	8	8	1
6	6	6	2	9	3	3	8	8	3
6	5	5	5	5	5	3	8	3	3

:::: Puzzle (199) ::::

3	3	5	5	4	4	5	5	5	5
7	3	5	5	4	3	3	5	6	6
7	7	5	2	4	3	6	3	6	6
7	7	7	2	5	5	6	3	9	6
7	4	4	4	5	5	6	3	9	6
6	5	4	2	5	6	6	6	9	2
6	5	5	2	9	9	9	9	9	2
6	5	4	4	4	4	9	3	3	5
6	5	1	8	1	8	8	3	5	5
6	6	8	8	8	8	8	1	5	5

:::: Puzzle (200) ::::

5	6	4	4	5	5	3	3	4	3
5	6	4	4	5	5	3	6	4	3
5	6	6	6	5	6	6	6	4	3
5	5	4	6	2	4	6	6	4	7
3	3	4	4	2	4	4	2	2	7
8	3	4	8	8	4	7	7	7	7
8	8	8	8	1	3	3	3	9	7
6	8	7	7	7	7	9	9	9	9
6	6	3	3	7	7	1	3	9	9
6	6	6	3	1	7	3	3	9	9

::::: Puzzle (201) :::::

3	3	3	6	6	6	8	8	8	8
6	9	1	6	8	8	8	1	4	4
6	9	6	6	8	5	7	7	4	4
6	9	1	5	5	5	7	7	2	2
6	9	6	6	1	5	4	7	7	7
6	9	6	7	7	2	4	4	4	6
6	9	6	6	7	2	3	5	6	6
9	9	6	1	7	3	3	5	5	6
6	9	2	2	7	7	7	5	5	6
6	6	6	6	6	4	4	4	4	6

::::: Puzzle (202) :::::

6	6	6	3	8	8	8	3	3	9
4	6	6	3	3	8	8	8	3	9
4	4	6	2	2	8	8	3	9	9
2	4	3	3	1	6	6	3	3	9
2	1	7	3	6	6	9	9	9	9
7	7	7	7	7	6	1	4	3	1
5	5	7	3	1	6	4	4	3	5
5	4	3	3	6	7	7	4	3	5
5	4	4	6	6	7	7	7	7	5
5	4	6	6	6	7	2	2	5	5

::::: Puzzle (203) :::::

6	6	6	6	5	3	3	4	3	3
7	7	6	6	5	3	4	4	6	3
7	4	4	4	5	5	2	4	6	6
7	2	6	4	5	1	2	6	6	6
7	2	6	6	6	9	9	1	9	4
7	5	5	6	2	9	9	9	9	4
7	6	5	6	2	9	4	4	9	4
6	6	5	3	3	5	5	4	8	4
6	6	5	3	5	5	5	4	8	1
6	1	2	2	8	8	8	8	8	8

::::: Puzzle (204) :::::

6	2	2	8	8	8	8	8	8	6
6	6	8	8	4	2	2	7	5	6
6	6	4	4	4	7	7	7	5	6
6	3	5	5	5	7	7	5	5	6
3	3	5	5	8	7	4	5	3	6
8	8	8	8	8	1	4	4	3	6
8	8	1	4	3	3	4	6	3	7
9	9	4	4	4	3	6	6	7	7
5	9	9	9	9	1	6	6	6	7
5	5	5	5	9	9	9	7	7	7

::::: Puzzle (205) :::::

6	6	5	5	4	5	5	5	7	4
6	6	5	4	4	5	3	7	7	4
6	6	5	5	4	5	3	3	7	4
1	8	8	8	8	4	2	2	7	4
8	8	4	7	4	4	4	1	7	9
8	8	4	7	7	7	3	3	7	9
6	6	4	4	7	7	1	3	9	9
6	3	3	2	2	7	9	9	9	9
6	3	5	3	3	3	9	3	4	4
6	6	5	5	5	5	3	3	4	4

::::: Puzzle (206) :::::

5	4	4	4	7	7	7	6	6	6
5	4	3	9	9	7	7	6	6	7
5	5	3	9	1	3	7	7	6	7
1	5	3	9	3	3	2	2	4	7
9	9	9	9	9	7	7	4	4	7
2	1	4	4	2	2	7	7	4	7
2	7	4	8	8	1	7	8	7	7
7	7	4	8	3	3	7	8	8	8
7	7	7	8	8	3	7	2	2	8
7	8	8	8	1	2	2	8	8	8

::::: Puzzle (207) :::::

4	4	6	6	5	5	5	8	8	8
4	6	6	6	8	8	5	5	6	8
4	1	6	8	8	6	6	6	6	8
2	8	8	8	8	7	6	3	3	8
2	3	3	4	1	7	9	9	3	8
6	6	3	4	4	7	9	9	9	8
6	6	6	4	1	7	9	3	9	9
3	3	6	1	7	7	7	3	2	9
3	7	7	7	4	4	2	3	2	4
7	7	7	7	4	4	2	4	4	4

::::: Puzzle (208) :::::

6	6	6	3	3	3	7	7	7	8
6	6	2	2	7	7	7	8	8	8
6	5	3	1	7	5	5	5	8	8
5	5	3	3	4	5	5	2	2	8
5	5	4	4	4	2	2	3	3	8
3	3	3	5	9	9	1	3	1	3
7	5	5	5	5	9	4	4	4	3
7	7	9	9	9	9	9	4	1	3
7	7	5	5	5	9	4	6	6	6
7	7	5	5	4	4	4	6	6	6

::::: Puzzle (209) :::::

4	4	3	3	3	9	9	5	5	5
4	4	6	6	6	3	9	9	5	5
3	6	6	7	3	3	7	9	9	9
3	3	6	7	7	7	7	1	2	9
6	6	2	2	7	4	4	4	2	9
6	6	6	8	8	1	4	8	1	3
6	4	4	4	8	8	8	8	3	3
4	6	6	4	2	2	8	5	5	5
4	4	6	1	7	7	7	3	3	5
4	6	6	6	7	7	7	7	3	5

::::: Puzzle (210) :::::

4	6	6	6	6	8	8	4	5	5
4	6	6	1	8	8	4	4	3	5
4	4	3	3	3	8	8	4	3	5
3	6	6	6	6	5	8	8	3	5
3	3	6	6	5	5	4	4	4	7
5	4	4	2	5	2	2	4	7	7
5	4	4	2	5	1	3	3	3	7
5	6	6	9	9	9	9	9	7	7
5	6	6	6	9	9	6	6	6	7
5	6	2	2	9	9	1	6	6	6

::::: Puzzle (211) :::::

6	6	2	2	9	6	6	6	6	6
6	4	9	9	9	9	9	6	3	4
6	4	4	5	5	5	9	3	3	4
6	6	4	5	5	8	9	5	4	4
5	5	5	4	4	8	9	5	5	5
5	4	5	4	3	8	8	1	3	5
3	4	3	4	3	8	2	4	3	3
3	4	3	6	3	8	2	4	4	4
3	4	3	6	8	8	7	1	7	7
6	6	6	6	2	2	7	7	7	7

::::: Puzzle (212) :::::

5	5	3	3	5	5	5	5	9	9
5	5	5	3	5	4	4	2	2	9
6	4	4	4	3	4	4	5	5	9
6	6	4	3	3	5	5	5	1	9
6	6	3	1	8	8	8	8	9	9
6	3	3	7	8	8	4	4	4	9
7	7	7	7	8	8	4	7	3	9
7	7	3	3	3	7	7	7	3	3
1	5	5	5	5	4	4	7	7	2
2	2	5	3	3	3	4	4	7	2

::::: Puzzle (213) :::::

6	6	6	3	3	3	7	6	6	6
6	6	8	1	4	2	7	3	3	6
6	4	8	4	4	2	7	3	6	6
4	4	8	1	4	7	7	7	3	3
4	3	8	8	8	7	5	5	5	3
3	3	8	8	3	3	3	4	5	5
9	1	9	9	9	7	7	4	4	4
9	9	9	9	3	7	7	6	6	6
2	9	6	6	3	3	7	6	3	6
2	6	6	6	6	7	7	6	3	3

::::: Puzzle (214) :::::

6	6	6	6	7	2	2	5	5	6
6	6	5	7	7	7	5	5	6	6
3	3	5	5	5	7	7	5	6	6
3	8	8	5	8	5	7	1	5	6
9	8	8	8	8	5	6	5	5	2
9	9	3	8	5	5	6	5	5	2
9	9	3	3	6	5	6	6	6	1
9	2	6	6	6	4	4	1	6	3
9	2	1	6	6	8	4	4	1	3
9	9	8	8	8	8	8	8	8	3

::::: Puzzle (215) :::::

6	2	8	8	5	5	3	4	4	1
6	2	8	5	5	5	3	4	1	7
6	6	8	4	4	4	3	4	3	7
6	6	8	4	3	8	8	3	3	7
8	8	8	3	3	8	7	7	7	7
9	5	5	5	8	8	8	4	6	6
9	5	1	5	8	4	4	4	6	6
9	9	9	9	8	3	3	1	6	6
9	9	4	4	6	3	6	2	2	4
9	4	4	6	6	6	6	4	4	4

::::: Puzzle (216) :::::

6	6	6	3	3	3	6	6	6	6
6	4	4	4	7	4	4	4	9	6
6	6	4	7	7	1	4	9	9	6
7	7	7	7	8	4	2	2	9	1
3	1	8	8	8	4	4	4	9	2
3	3	8	1	3	5	5	5	9	2
6	6	8	3	3	5	5	9	9	9
6	6	8	7	7	7	7	5	2	4
6	3	8	7	7	5	5	5	2	4
6	3	3	7	3	3	3	5	4	4

::::: Puzzle (217) :::::

5	5	5	6	6	6	6	6	4	4
3	3	5	5	2	2	6	4	6	4
3	7	7	7	7	7	4	4	6	4
4	1	7	2	4	7	4	6	6	6
4	4	8	2	4	4	9	9	9	6
4	8	8	3	3	4	9	1	9	9
2	2	8	3	8	9	9	6	9	3
4	7	8	8	8	3	6	6	3	3
4	7	7	7	1	3	6	6	5	5
4	4	7	7	7	3	6	5	5	5

::::: Puzzle (218) :::::

6	6	7	7	7	7	7	4	4	4
6	6	1	2	2	7	3	3	3	4
4	6	6	3	3	7	6	6	6	3
4	4	3	2	3	9	6	3	6	3
4	3	3	2	9	9	3	3	6	3
3	7	1	3	9	9	9	9	9	2
3	7	3	3	8	3	1	4	9	2
3	7	8	8	8	3	3	4	4	4
1	7	8	3	8	8	5	5	5	5
7	7	7	3	3	8	3	3	3	5

::::: Puzzle (219) :::::

2	2	3	3	3	6	6	1	7	7
5	8	8	8	8	6	7	7	7	7
5	8	8	2	8	6	5	4	4	7
5	8	3	2	1	6	5	5	4	4
5	3	3	1	8	6	5	1	6	6
5	4	8	8	8	8	5	7	6	6
4	4	4	3	3	8	7	7	6	6
9	9	9	9	3	8	7	7	7	7
9	9	9	2	2	8	2	6	6	6
9	9	4	4	4	4	2	6	6	6

::::: Puzzle (220) :::::

9	9	9	3	3	5	5	5	3	5
9	9	9	3	2	2	5	5	3	5
1	9	9	7	7	7	7	2	3	5
2	9	8	7	8	7	7	2	5	5
2	3	8	8	8	8	8	6	6	6
3	3	4	8	3	5	1	6	6	6
4	4	4	3	3	5	3	3	3	1
6	6	6	5	5	5	6	6	4	4
8	6	6	6	8	3	3	6	4	4
8	8	8	8	8	8	3	6	6	6

::::: *Puzzle (221)* :::::

5	5	6	5	2	2	4	6	6	6
5	5	6	5	7	4	4	4	6	6
5	6	6	5	7	7	7	7	1	6
9	6	5	5	4	4	7	7	8	3
9	6	9	4	4	6	4	8	8	3
9	9	9	9	9	6	4	4	8	3
2	2	1	9	1	6	1	4	8	8
3	5	4	4	2	6	6	6	8	8
3	5	4	4	2	3	7	1	7	7
3	5	5	5	3	3	7	7	7	7

::::: *Puzzle (222)* :::::

4	4	9	9	9	9	9	9	3	5
4	3	3	3	9	3	9	3	3	5
4	2	2	7	9	3	3	8	5	5
3	3	3	7	2	2	8	8	5	8
2	7	7	7	7	1	8	8	8	8
2	7	1	4	4	7	1	6	6	3
6	6	4	4	7	7	7	6	6	3
6	6	6	5	4	4	7	6	6	3
6	4	4	5	4	4	7	7	1	6
4	4	5	5	5	6	6	6	6	6

::::: *Puzzle (223)* :::::

6	6	6	5	9	9	9	9	7	7
5	6	5	5	5	9	2	1	7	7
5	6	6	5	9	9	2	6	7	7
5	3	3	8	9	9	4	6	6	7
5	3	8	8	4	4	4	6	6	6
5	8	8	8	8	8	7	4	4	4
3	7	7	3	3	3	7	7	7	4
3	5	7	7	2	2	7	3	7	3
3	5	5	7	3	3	7	3	2	3
5	5	7	7	1	3	1	3	2	3

::::: *Puzzle (224)* :::::

3	2	2	4	4	4	7	3	3	6
3	3	9	9	3	4	7	7	3	6
4	4	3	9	3	1	3	7	6	6
7	4	3	9	3	9	3	7	5	6
7	4	3	9	9	9	3	7	5	6
7	7	4	9	3	2	1	7	5	5
7	4	4	3	3	2	7	2	2	5
7	1	4	1	4	4	7	7	7	7
7	5	5	5	4	4	1	7	4	7
2	2	5	5	3	3	3	4	4	4

::::: *Puzzle (225)* :::::

5	5	5	4	4	7	2	3	3	2
6	5	9	4	4	7	2	7	3	2
6	5	9	1	9	7	7	7	7	1
6	6	9	9	9	3	4	4	8	3
6	6	3	9	9	3	4	4	8	3
4	3	3	7	9	3	8	8	8	3
4	4	7	7	3	2	2	8	8	5
5	4	7	3	3	7	7	8	5	5
5	5	7	7	5	5	7	7	5	5
5	5	7	5	5	5	1	7	7	7

::::: *Puzzle (226)* :::::

6	6	6	2	2	1	6	6	6	6
4	4	6	6	6	7	7	6	4	6
5	4	4	7	7	7	7	4	4	4
5	5	5	5	7	8	6	6	6	6
4	4	1	3	3	8	3	6	2	6
4	4	9	9	3	8	3	5	2	1
6	6	3	9	9	8	3	5	5	5
6	6	3	9	9	8	8	5	6	6
6	6	3	9	3	1	8	6	6	6
2	2	9	9	3	3	8	2	2	6

::::: *Puzzle (227)* :::::

7	7	7	7	7	4	2	2	6	6
7	7	8	4	4	4	8	8	6	6
1	3	8	8	8	3	8	3	3	6
3	3	8	1	8	3	8	3	8	6
6	6	8	5	8	3	8	8	8	1
6	6	9	5	5	5	7	3	3	3
6	6	9	5	3	7	7	7	7	1
3	2	9	9	3	2	2	7	5	5
3	2	9	9	3	6	6	7	1	5
3	9	9	9	6	6	6	6	5	5

::::: *Puzzle (228)* :::::

6	6	6	9	9	9	6	6	6	2
6	2	2	9	9	5	5	6	6	2
6	6	4	9	9	5	5	6	7	7
4	7	4	4	9	5	8	8	7	7
4	7	4	7	9	8	8	8	8	7
4	7	7	7	1	5	8	1	8	7
4	7	4	4	4	5	5	2	6	7
3	3	6	4	7	5	5	2	6	6
6	3	6	7	7	7	3	3	3	6
6	6	6	7	7	7	2	2	6	6

::::: *Puzzle (229)* :::::

6	3	9	9	9	9	7	7	7	7
6	3	2	9	9	1	3	3	3	7
6	3	2	1	9	9	9	6	6	7
6	6	6	2	3	3	7	6	6	7
5	5	4	2	3	7	7	7	6	6
5	5	4	4	4	3	3	7	7	1
5	6	3	3	3	8	3	7	3	3
6	6	6	4	4	8	8	8	3	7
4	4	6	4	4	8	8	8	7	7
4	4	6	2	2	8	7	7	7	7

::::: *Puzzle (230)* :::::

8	8	8	8	8	8	3	3	3	2
2	2	8	1	8	9	9	9	9	2
5	5	7	3	3	2	9	3	9	9
5	7	7	3	4	2	3	3	9	9
5	5	7	8	4	4	6	6	4	4
7	7	7	8	4	6	6	6	6	4
5	5	5	8	5	5	5	5	7	4
6	5	8	8	8	5	7	7	7	7
6	5	6	8	8	7	7	5	5	5
6	6	6	1	4	4	4	4	5	5

::::: *Puzzle (231)* :::::

4	3	3	3	6	6	6	6	4	4
4	4	8	6	6	3	3	3	6	4
4	1	8	8	8	8	8	1	6	4
6	4	4	3	3	2	8	8	6	6
6	6	4	7	3	2	1	4	6	6
6	2	4	7	7	7	7	4	4	4
6	2	8	8	8	7	7	3	9	9
6	1	7	7	8	8	3	3	9	9
7	7	7	5	8	8	8	2	2	9
7	7	5	5	5	5	9	9	9	9

::::: *Puzzle (232)* :::::

9	9	9	9	8	6	6	6	6	7
9	9	9	2	8	8	8	6	6	7
6	9	9	2	1	8	2	2	7	7
6	6	8	3	8	8	1	8	7	7
6	8	8	3	8	7	8	8	7	8
6	8	8	3	1	7	7	8	8	8
6	8	8	2	3	7	4	8	3	3
7	7	8	2	3	7	4	4	4	3
7	7	7	5	3	7	7	6	6	6
7	7	1	5	5	5	5	6	6	6

::::: *Puzzle (233)* :::::

7	3	3	3	6	6	6	6	6	5
7	7	7	2	2	6	3	2	2	5
8	7	7	7	1	9	3	3	1	5
8	8	8	8	8	9	9	9	2	5
8	8	7	7	9	9	4	9	2	5
3	3	3	7	7	9	4	4	1	8
5	1	7	7	3	9	4	8	8	8
5	5	5	7	3	3	8	8	8	3
4	4	5	3	2	2	8	7	3	3
4	4	3	3	7	7	7	7	7	7

::::: *Puzzle (234)* :::::

6	6	3	3	7	7	7	5	2	2
6	6	6	3	1	7	5	5	5	7
3	3	6	7	7	7	1	5	7	7
3	5	3	3	3	9	9	7	7	7
5	5	9	9	9	9	2	7	4	4
5	5	1	9	4	4	2	1	4	4
3	3	9	9	4	4	8	8	5	5
3	4	4	3	3	8	8	6	5	5
4	4	5	3	8	8	8	6	6	5
5	5	5	5	2	2	8	6	6	6

::::: *Puzzle (235)* :::::

3	3	6	6	8	4	2	2	1	7
3	6	6	6	8	4	4	7	7	7
4	3	3	6	8	4	7	7	7	5
4	3	8	8	8	6	6	1	5	5
4	5	5	8	8	4	6	6	5	5
4	5	5	3	3	4	6	6	2	2
2	5	3	9	3	4	4	8	8	6
2	3	3	9	9	8	8	8	4	6
9	9	9	9	3	8	4	4	4	6
9	9	1	3	3	8	8	6	6	6

::::: *Puzzle (236)* :::::

7	7	7	7	7	7	7	1	4	4
5	4	4	1	8	8	8	8	3	4
5	4	7	8	8	7	7	3	3	4
5	4	7	9	8	4	7	2	2	3
5	5	7	9	8	4	7	7	3	3
7	7	7	9	2	4	7	6	6	6
7	1	9	9	2	4	7	6	5	5
1	5	9	9	9	9	4	6	6	5
5	5	5	5	8	4	4	4	5	5
8	8	8	8	8	8	8	3	3	3

::::: *Puzzle (237)* :::::

5	5	5	5	3	5	5	5	3	7
5	4	6	3	3	5	5	3	3	7
4	4	6	4	4	6	6	6	6	7
7	4	6	6	4	4	6	3	6	7
7	7	7	6	5	5	5	3	3	7
1	7	7	6	8	5	5	1	7	7
2	1	7	8	8	8	8	8	8	4
2	6	6	6	3	3	3	8	3	4
6	6	6	2	2	9	9	9	3	4
9	9	9	9	9	9	2	2	3	4

::::: *Puzzle (238)* :::::

4	4	4	4	7	7	7	7	6	6
3	3	3	7	7	1	4	6	6	4
8	8	8	7	4	4	4	6	4	4
2	2	8	8	3	3	3	6	3	4
4	3	3	8	4	4	4	3	3	7
4	4	3	8	3	4	9	9	7	7
4	3	2	8	3	9	9	7	7	7
3	3	2	9	3	9	1	4	1	7
6	6	6	9	9	9	4	4	4	5
6	6	6	3	3	3	5	5	5	5

::::: *Puzzle (239)* :::::

6	6	2	2	7	6	6	6	6	6
6	6	6	6	7	7	6	8	4	4
4	4	4	7	7	7	7	8	8	4
6	6	4	5	5	5	8	8	8	4
6	6	8	3	3	5	3	8	8	1
6	2	8	8	3	5	3	3	9	2
6	2	8	8	8	3	9	9	9	2
4	1	8	8	3	3	9	9	9	4
4	4	4	1	2	2	9	3	3	4
5	5	5	5	5	1	9	3	4	4

::::: *Puzzle (240)* :::::

6	6	6	5	4	4	4	6	6	6
9	6	6	5	5	1	4	3	3	6
9	9	6	4	5	5	1	3	1	6
7	9	4	4	4	1	7	7	7	6
7	9	9	9	9	8	7	7	7	4
7	2	3	9	8	8	8	8	7	4
7	2	3	3	8	8	8	7	4	4
7	7	7	5	1	5	2	7	7	7
6	6	6	5	5	5	2	7	4	4
6	6	6	3	3	3	7	7	4	4

:::: *Puzzle (241)* ::::

5	5	4	2	2	9	9	9	9	9
5	3	4	4	8	8	9	6	6	9
5	3	4	8	8	8	9	9	6	6
5	3	1	8	8	8	5	5	6	6
7	7	5	5	3	5	5	3	3	3
7	3	5	5	3	3	5	4	4	4
7	3	2	5	6	7	7	7	1	4
7	3	2	4	6	7	6	7	7	3
7	1	3	4	6	6	6	7	5	3
7	3	3	4	4	5	5	5	5	3

:::: *Puzzle (242)* ::::

6	6	3	3	3	8	8	8	8	7
6	6	9	9	9	8	8	2	2	7
6	6	9	9	2	2	8	3	3	7
3	9	9	9	3	3	8	3	7	7
3	3	9	1	3	2	1	6	7	7
6	8	8	8	4	2	6	6	6	6
6	8	8	4	4	4	6	7	7	1
6	6	8	7	7	1	7	7	7	7
6	8	8	7	6	6	6	6	4	7
6	7	7	7	7	6	6	4	4	4

:::: *Puzzle (243)* ::::

4	4	5	3	3	3	6	4	4	4
4	4	5	5	4	4	6	6	6	4
6	5	5	4	4	3	3	4	6	6
6	6	6	6	6	3	4	4	4	7
2	2	7	3	3	2	1	7	7	7
7	7	7	1	3	2	7	7	3	7
4	7	7	4	4	9	9	1	3	3
4	3	7	8	4	4	9	9	2	2
4	3	8	8	8	8	9	9	9	4
4	3	8	8	8	9	9	4	4	4

:::: *Puzzle (244)* ::::

6	6	4	4	8	8	4	4	4	5
6	6	4	4	8	9	9	9	4	5
6	6	8	8	8	2	2	9	9	5
1	8	8	6	3	3	9	9	5	5
3	3	3	6	1	3	1	9	9	8
6	6	6	6	4	4	3	3	1	8
5	5	2	2	4	7	3	7	8	8
5	5	3	3	4	7	7	7	8	8
3	5	3	6	6	7	7	5	8	8
3	3	6	6	6	6	5	5	5	5

:::: *Puzzle (245)* ::::

3	8	8	8	8	8	9	9	9	9
3	3	8	6	8	8	5	1	9	9
6	6	6	6	5	5	5	8	9	9
3	3	5	6	1	5	8	8	7	9
3	5	5	5	6	6	8	8	7	7
4	4	4	5	6	2	8	8	8	7
4	2	2	6	6	2	6	7	7	7
6	3	3	6	7	6	6	6	3	3
6	3	2	2	7	6	7	6	3	2
6	6	6	6	7	7	7	7	1	2

:::: *Puzzle (246)* ::::

7	7	7	7	1	4	5	5	4	4
7	3	3	9	9	4	3	5	5	4
7	7	3	9	4	4	3	3	5	4
3	2	4	9	9	9	9	9	7	7
3	2	4	1	9	6	3	3	4	7
3	4	4	6	6	6	3	4	4	7
5	5	5	5	4	6	6	4	7	7
5	4	7	7	4	4	4	2	2	7
4	4	7	7	7	7	8	8	8	8
4	1	7	3	3	3	8	8	8	8

:::: *Puzzle (247)* ::::

9	9	9	9	8	8	3	3	3	6
8	9	9	9	8	8	8	8	6	6
8	9	9	6	6	8	7	6	6	5
8	1	2	2	6	8	7	7	6	5
8	8	3	3	6	7	7	2	2	5
8	1	3	6	6	1	7	7	5	5
8	2	2	1	3	3	3	5	4	4
8	5	5	5	7	5	5	5	4	6
4	5	5	7	7	1	5	6	4	6
4	4	4	7	7	7	7	6	6	6

:::: *Puzzle (248)* ::::

6	6	6	6	6	3	6	6	6	9
6	4	8	8	2	3	6	4	6	9
4	4	4	8	2	3	6	4	4	9
8	8	8	8	8	4	5	5	4	9
1	6	7	1	4	4	5	5	5	9
6	6	7	2	2	4	9	9	9	9
6	6	7	4	4	5	5	5	5	6
6	7	7	1	4	2	5	1	6	6
4	4	7	7	4	2	1	6	6	6
4	4	8	8	8	8	8	8	8	8

:::: *Puzzle (249)* ::::

5	5	7	3	3	3	4	4	4	5
5	7	7	4	4	6	6	4	5	5
5	5	7	4	4	6	6	6	5	5
9	9	7	3	3	6	7	7	2	2
9	9	7	3	2	2	1	7	7	7
9	9	7	1	8	8	8	8	2	7
9	6	6	6	6	6	2	8	2	7
9	1	2	1	6	1	2	8	6	6
9	3	2	3	3	5	5	8	6	6
3	3	1	3	5	5	5	8	6	6

:::: *Puzzle (250)* ::::

3	3	6	1	7	7	7	7	6	6
3	4	6	7	7	7	8	2	2	6
6	4	6	6	6	6	8	6	6	6
6	4	4	8	8	8	8	8	5	5
6	6	5	8	5	5	7	5	5	5
6	6	5	9	5	5	7	7	7	1
9	5	5	9	5	7	7	7	6	6
9	9	5	9	1	5	5	2	2	6
7	9	9	9	7	5	5	4	6	6
7	7	7	7	7	5	4	4	4	6

:::: *Puzzle (251)* ::::

3	3	3	1	9	6	6	6	3	3
5	5	5	5	9	9	6	6	6	3
5	3	3	3	9	9	9	3	3	6
3	2	7	7	9	9	9	3	6	6
3	2	7	6	6	6	8	6	6	6
3	7	7	6	6	8	8	8	4	4
7	7	3	3	6	8	1	4	4	6
2	2	3	8	8	8	2	2	7	6
3	3	6	6	7	7	7	7	7	6
3	6	6	6	6	1	7	6	6	6

:::: *Puzzle (252)* ::::

4	4	4	5	5	6	8	8	1	2
3	4	5	5	5	6	6	8	8	2
3	3	4	4	6	6	6	8	3	3
6	4	4	5	5	5	5	8	8	3
6	6	1	5	1	3	3	8	1	6
6	6	6	2	9	3	4	4	5	6
4	4	4	2	9	9	4	5	5	6
4	5	3	3	3	9	4	5	5	6
5	5	5	9	9	9	9	3	3	6
5	2	2	9	4	4	4	4	3	6

:::: *Puzzle (253)* ::::

5	5	5	5	9	6	6	5	4	4
6	6	5	6	9	6	6	5	4	4
5	6	6	6	9	6	6	5	5	6
5	5	3	3	9	4	4	5	6	6
2	5	2	3	9	4	5	3	6	6
2	5	2	1	9	4	5	3	3	6
1	4	4	4	9	9	5	5	5	1
3	3	3	4	3	9	2	2	3	3
6	6	6	3	3	1	4	5	3	5
6	6	6	1	4	4	4	5	5	5

:::: *Puzzle (254)* ::::

4	4	4	3	3	4	2	2	9	9
5	5	4	3	4	4	4	1	9	9
5	5	3	4	3	1	8	8	9	9
5	3	3	4	3	8	8	3	3	9
7	7	4	4	3	8	8	8	3	9
7	7	7	2	2	8	2	2	4	9
7	3	3	1	6	5	5	5	4	4
7	5	3	4	6	6	4	5	4	6
1	5	4	4	6	6	4	5	6	6
5	5	5	4	6	4	4	6	6	6

:::: *Puzzle (255)* ::::

5	9	9	3	5	5	5	5	7	7
5	5	9	3	3	5	4	2	2	7
4	5	9	9	9	3	4	4	1	7
4	5	3	9	3	3	4	5	2	7
4	4	3	9	1	5	5	5	2	7
6	6	3	9	3	5	3	4	1	7
4	6	6	3	3	8	3	4	4	4
4	6	6	2	2	8	3	8	6	6
4	3	3	8	8	8	8	8	6	6
4	3	2	2	4	4	4	4	6	6

:::: *Puzzle (256)* ::::

6	6	6	4	4	5	5	5	4	4
3	6	6	2	4	4	5	5	4	4
3	3	6	2	9	5	7	1	7	7
6	6	9	9	9	5	7	7	7	7
6	6	6	9	5	5	8	6	6	1
6	9	9	9	8	5	8	6	6	6
3	3	9	3	8	8	8	3	6	2
3	6	6	3	3	8	1	3	3	2
6	6	6	7	1	8	7	7	5	5
6	2	2	7	7	7	7	5	5	5

:::: *Puzzle (257)* ::::

6	6	6	3	5	5	5	2	5	5
6	6	1	3	3	5	5	2	1	5
6	7	9	9	9	9	9	3	6	5
7	7	5	5	2	2	9	3	6	5
7	7	7	5	5	5	9	3	6	1
6	7	5	3	3	3	9	9	6	6
6	5	5	5	4	4	7	7	3	6
6	6	5	6	4	2	2	7	3	4
6	4	4	6	4	6	7	7	3	4
6	4	4	6	6	6	7	7	4	4

:::: *Puzzle (258)* ::::

2	5	5	5	5	3	3	6	6	6
2	8	8	1	5	3	2	2	1	6
3	3	8	8	8	8	8	5	6	6
2	3	8	5	5	4	5	5	4	4
2	1	4	5	4	4	5	4	4	5
1	4	4	5	5	4	5	6	5	5
5	4	3	3	3	6	6	6	5	5
5	9	9	9	9	9	6	4	4	4
5	6	6	6	9	9	6	2	4	3
5	5	6	6	6	9	9	2	3	3

:::: *Puzzle (259)* ::::

6	6	5	5	6	6	6	3	3	3
6	3	5	4	4	6	5	5	5	5
6	3	5	4	4	6	4	4	5	3
6	3	5	1	7	6	4	5	3	3
6	7	7	7	7	3	4	5	5	5
2	2	7	7	2	3	2	9	5	9
6	6	6	1	2	3	2	9	9	9
4	6	6	8	9	9	9	9	6	6
4	1	6	8	8	8	3	3	6	6
4	4	1	8	8	8	8	3	6	6

:::: *Puzzle (260)* ::::

3	3	5	3	3	3	6	6	4	4
3	5	5	5	5	2	2	6	4	4
2	2	3	3	3	8	6	6	5	5
7	7	7	8	8	8	8	6	5	5
7	1	7	5	8	8	8	1	5	6
6	3	7	5	1	5	9	9	9	6
6	3	7	5	3	5	5	9	9	6
6	3	1	5	3	5	5	9	2	6
6	6	6	5	3	4	9	9	2	6
3	3	3	1	4	4	4	9	1	6

::::: *Puzzle (261)* :::::

6	4	4	3	3	3	8	8	8	7
6	4	4	8	8	8	8	1	7	7
6	6	6	8	2	2	3	3	6	7
6	2	2	6	6	4	4	3	6	7
2	1	6	6	5	4	4	6	6	7
2	6	6	5	5	5	3	6	6	7
3	9	9	9	9	5	3	3	4	4
3	3	9	3	1	6	6	6	4	4
2	9	9	3	3	5	5	6	6	6
2	9	9	5	5	5	4	4	4	4

::::: *Puzzle (262)* :::::

2	3	3	9	3	4	4	4	4	3
2	9	3	9	3	3	5	5	5	3
9	9	9	9	4	4	4	3	5	3
3	3	9	9	4	8	3	3	5	7
4	3	8	8	8	8	7	7	7	7
4	4	4	8	8	4	4	7	6	7
3	3	3	8	4	4	6	6	6	6
4	4	4	7	3	3	3	6	5	4
4	7	7	7	1	5	5	5	5	4
2	2	7	7	7	1	2	2	4	4

::::: *Puzzle (263)* :::::

4	4	4	9	9	9	9	7	3	3
7	4	9	9	2	7	7	7	7	3
7	9	9	4	2	7	4	8	7	8
7	9	4	4	4	1	4	8	8	8
7	2	2	3	5	4	4	8	1	8
7	7	7	3	5	6	6	3	3	8
6	6	5	3	5	5	6	3	7	7
6	5	5	4	4	5	6	6	6	7
6	6	5	5	4	4	5	5	7	7
6	3	3	3	5	5	5	1	7	7

::::: *Puzzle (264)* :::::

7	7	7	7	8	8	8	8	8	8
7	7	4	4	8	6	2	2	8	7
7	4	4	3	1	6	7	7	7	7
2	2	3	3	4	6	4	4	7	7
6	6	6	6	4	6	6	4	9	2
5	5	4	6	4	6	3	4	9	2
5	5	4	6	4	3	3	9	9	5
4	5	4	4	7	7	7	9	9	5
4	4	6	7	7	7	7	9	5	5
4	6	6	6	6	6	1	9	9	5

::::: *Puzzle (265)* :::::

9	9	9	1	2	2	6	6	6	6
9	1	9	9	5	5	5	5	6	6
3	3	3	9	2	2	5	3	5	5
8	8	9	9	6	6	3	3	5	5
8	6	6	6	6	3	6	6	6	5
8	8	8	8	3	3	6	6	6	7
6	7	7	8	7	7	7	7	7	7
6	7	7	3	1	4	4	4	4	1
6	6	7	3	3	5	5	6	6	6
6	6	7	7	5	5	5	6	6	6

::::: *Puzzle (266)* :::::

4	3	6	5	2	2	7	7	7	7
4	3	6	5	5	7	7	3	3	4
4	3	6	5	5	9	7	6	3	4
4	6	6	6	9	9	1	6	6	4
3	3	9	9	9	1	6	6	3	4
8	3	9	3	3	3	6	1	3	3
8	8	9	9	4	4	4	4	7	7
4	8	8	8	8	2	5	1	2	7
4	4	8	3	3	2	5	5	2	7
4	1	2	2	3	5	5	7	7	7

::::: *Puzzle (267)* :::::

4	4	7	7	7	7	7	7	3	3
5	4	4	7	1	3	3	3	6	3
5	5	5	9	6	6	6	6	6	4
5	9	9	9	2	2	3	3	4	4
3	9	9	9	9	4	4	3	7	4
3	3	2	2	9	3	4	4	7	7
4	4	3	3	8	3	3	8	7	7
6	4	4	3	8	8	8	8	7	7
6	7	7	7	7	7	8	1	3	2
6	6	6	6	7	7	8	3	3	2

::::: *Puzzle (268)* :::::

6	5	5	6	6	6	2	2	6	6
6	6	5	5	5	6	7	6	6	6
6	6	6	2	1	6	7	7	6	4
3	4	4	2	8	6	7	7	4	4
3	6	4	4	8	3	7	7	6	4
3	6	6	3	8	3	3	8	6	6
6	6	3	3	8	8	8	8	6	6
1	6	4	4	9	4	7	7	6	2
9	4	4	9	9	4	4	7	1	2
9	9	9	9	9	4	7	7	7	7

::::: *Puzzle (269)* :::::

5	3	3	4	4	5	5	3	5	5
5	3	6	4	4	5	5	3	3	5
5	5	6	6	6	6	5	6	5	5
5	3	3	4	4	6	9	6	6	6
6	3	4	4	2	2	9	9	9	6
6	6	6	3	3	3	9	3	9	6
7	6	6	4	2	2	3	3	9	9
7	2	4	4	1	4	4	4	9	4
7	2	7	4	8	4	8	8	8	4
7	7	7	8	8	8	8	1	4	4

::::: *Puzzle (270)* :::::

6	6	6	4	4	9	9	3	2	2
1	6	6	4	9	9	3	3	7	7
8	6	8	4	9	1	4	4	7	7
8	8	8	9	9	4	4	7	7	8
8	4	4	4	9	5	5	7	2	8
8	2	2	4	9	5	5	5	2	8
8	4	4	1	3	3	3	8	8	8
6	6	4	4	1	6	6	3	1	8
4	6	6	6	4	4	6	3	3	8
4	4	4	6	4	4	6	6	6	1

::::: *Puzzle (271)* :::::

7	7	7	7	7	6	6	6	6	9
3	3	7	3	3	6	4	6	1	9
2	3	7	3	7	4	4	4	9	9
2	8	1	7	7	7	9	9	9	9
8	8	6	7	7	6	2	2	7	9
8	8	6	7	6	6	5	7	7	7
8	8	6	2	6	6	5	4	7	7
7	8	6	2	6	5	5	4	7	6
7	1	6	6	3	3	5	4	4	6
7	7	7	7	7	3	6	6	6	6

::::: *Puzzle (272)* :::::

5	5	4	4	6	6	6	1	9	9
5	4	4	3	6	6	2	2	9	9
5	5	6	3	6	7	7	9	9	9
6	6	6	3	1	7	1	4	2	9
6	8	6	8	8	7	4	4	2	9
8	8	8	8	4	7	7	4	5	6
7	8	3	4	4	7	4	5	5	6
7	3	3	4	3	4	4	4	5	6
7	7	7	3	3	6	3	3	5	6
7	7	6	6	6	6	6	3	6	6

::::: *Puzzle (273)* :::::

7	7	7	8	8	8	8	8	7	7
7	7	7	8	8	3	2	2	7	7
3	3	7	8	2	3	3	7	7	7
3	8	8	6	2	6	5	6	6	6
8	8	5	6	6	6	5	5	5	6
8	8	5	5	6	9	9	5	6	6
8	5	5	9	9	9	9	8	3	3
8	1	9	9	4	4	4	8	1	3
6	6	9	3	3	4	8	8	8	8
6	6	6	6	3	2	2	1	8	8

::::: *Puzzle (274)* :::::

8	8	8	8	7	7	7	7	7	7
3	3	3	8	7	6	1	4	4	4
1	8	8	8	6	6	5	5	4	6
7	7	7	6	6	5	5	9	9	6
3	7	3	3	6	4	5	9	6	6
3	7	3	4	4	4	1	9	6	6
3	7	7	3	3	2	2	9	2	2
2	2	8	3	8	3	3	9	9	9
3	8	8	8	8	3	4	4	3	9
3	3	2	2	8	8	4	4	3	3

::::: *Puzzle (275)* :::::

7	7	4	6	6	6	7	7	7	7
1	7	4	6	3	6	7	7	6	7
4	7	4	4	3	6	4	2	6	6
4	7	7	9	3	4	4	2	6	3
4	4	7	9	9	4	3	3	6	3
9	9	9	9	3	3	2	3	6	3
1	4	5	9	9	3	2	8	2	2
3	4	5	5	8	8	8	8	1	3
3	4	5	3	3	8	4	2	2	3
3	4	5	3	8	8	4	4	4	3

::::: *Puzzle (276)* :::::

3	3	3	5	5	5	3	2	2	7
6	6	2	3	3	5	3	3	7	7
6	8	2	3	6	5	7	7	7	7
6	8	6	6	6	6	1	9	1	5
6	8	8	3	6	7	9	9	2	5
6	8	8	3	3	7	9	9	2	5
8	8	1	7	7	7	9	6	5	5
6	6	6	7	4	7	9	6	6	6
6	6	6	4	4	3	9	9	6	6
3	3	3	4	3	3	1	3	3	3

::::: *Puzzle (277)* :::::

2	5	5	5	4	2	2	3	3	4
2	9	5	4	4	4	7	3	4	4
9	9	5	6	6	6	7	7	7	4
9	6	6	6	8	7	7	3	7	2
9	3	3	8	8	8	1	3	3	2
9	9	3	8	8	8	8	2	2	3
9	9	6	6	3	3	1	8	3	3
3	4	6	6	1	3	8	8	8	1
3	4	6	6	3	6	6	8	8	8
3	4	4	3	3	6	6	6	6	8

::::: *Puzzle (278)* :::::

3	5	5	5	4	4	6	6	5	5
3	3	5	4	4	6	6	5	5	5
9	9	5	9	6	6	8	3	3	3
2	9	9	9	9	9	8	8	2	2
2	4	9	4	6	6	6	8	8	4
4	4	6	4	4	6	6	8	4	4
4	3	6	4	5	6	3	8	8	4
3	3	6	6	5	5	3	3	7	2
4	6	6	5	5	1	7	7	7	2
4	4	4	1	7	7	7	3	3	3

::::: *Puzzle (279)* :::::

5	6	6	6	6	6	6	8	8	8
5	5	5	1	8	8	8	8	3	3
4	4	5	6	6	9	9	8	6	3
4	6	6	6	6	9	2	5	6	6
4	9	9	9	9	9	2	5	6	6
7	7	3	3	1	9	3	5	5	6
7	7	3	5	5	3	3	5	2	7
7	6	6	5	5	6	6	7	2	7
7	1	6	5	4	4	6	7	7	7
7	6	6	6	4	4	6	6	6	7

::::: *Puzzle (280)* :::::

7	5	5	5	2	2	3	3	3	2
7	7	5	5	1	6	6	9	9	2
7	3	8	8	8	6	6	9	9	9
7	3	3	1	8	6	9	9	4	4
7	8	8	8	8	6	9	9	4	4
7	4	3	3	2	2	1	6	6	6
4	4	4	3	5	5	8	8	6	6
6	6	5	5	5	3	3	8	6	3
6	6	6	7	7	7	3	8	3	3
6	1	7	7	7	7	8	8	8	8

::::: Puzzle (281) :::::

7	7	3	3	9	9	9	3	3	5
7	7	3	9	9	4	8	3	5	5
7	7	1	9	9	4	8	8	5	5
3	7	9	9	4	4	8	8	4	4
3	1	4	4	8	8	8	4	4	2
3	4	4	2	2	1	7	7	7	2
5	5	5	5	3	8	8	7	7	7
5	4	4	6	3	3	8	4	4	7
4	4	6	6	8	8	8	4	4	6
6	6	6	8	8	6	6	6	6	6

::::: Puzzle (282) :::::

9	9	9	3	3	3	5	5	6	6
9	1	9	9	6	4	4	5	5	6
9	6	6	6	6	4	4	3	5	6
9	2	2	6	4	7	3	3	6	6
9	1	4	4	4	7	2	2	1	7
3	7	7	7	7	7	1	7	7	7
3	2	4	4	5	4	4	7	7	7
3	2	4	3	5	5	4	4	5	5
5	5	4	3	3	5	5	1	5	5
5	5	5	6	6	6	6	6	6	5

::::: Puzzle (283) :::::

6	6	6	3	3	6	6	6	6	6
4	6	6	7	3	1	6	4	4	8
4	6	7	7	7	7	8	4	4	8
4	4	6	7	1	3	8	8	8	8
2	6	6	7	9	3	2	7	7	8
2	6	6	6	9	3	2	4	7	7
7	7	7	9	9	9	4	4	7	7
7	4	9	9	3	3	6	4	1	7
7	4	4	9	9	3	6	6	3	2
7	7	4	1	6	6	6	3	3	2

::::: Puzzle (284) :::::

7	7	7	7	6	6	6	6	5	5
7	7	7	8	8	6	6	5	5	8
1	2	2	3	8	1	2	2	5	8
7	7	3	3	8	3	3	8	8	8
7	2	2	8	8	3	4	4	8	4
7	7	8	8	5	5	8	4	8	4
7	9	9	2	5	5	8	4	8	4
7	9	9	2	8	5	8	3	3	4
9	9	9	8	8	8	8	3	6	6
9	9	4	4	4	4	6	6	6	6

::::: Puzzle (285) :::::

3	3	3	6	3	5	5	5	7	7
6	6	6	6	3	3	5	1	7	7
3	3	6	8	2	9	5	7	7	2
3	2	2	8	2	9	9	7	5	2
4	4	8	8	8	8	9	5	5	5
4	6	4	4	8	8	9	9	9	5
4	6	4	7	7	3	3	9	9	1
6	6	4	7	7	3	7	7	3	3
6	7	7	7	5	5	3	7	7	3
6	1	5	5	5	3	3	7	7	7

::::: Puzzle (286) :::::

8	8	8	7	7	7	7	6	6	6
2	8	8	7	7	6	7	6	6	6
2	1	8	3	3	6	1	3	3	3
5	3	8	8	3	6	6	6	5	5
5	3	2	9	4	4	6	5	5	5
5	3	2	9	9	4	4	3	3	3
5	9	9	9	9	7	7	7	1	7
5	7	9	9	5	6	6	7	7	7
7	7	2	2	5	5	6	6	4	4
7	7	7	7	5	5	6	6	4	4

::::: Puzzle (287) :::::

3	6	6	6	6	7	7	7	7	6
3	3	4	4	6	5	7	6	6	6
6	6	4	4	6	5	7	7	9	6
6	6	1	5	5	5	4	4	9	6
6	6	8	2	2	4	4	1	9	3
4	4	8	5	5	5	1	9	9	3
4	3	8	8	5	5	9	9	2	3
4	3	8	3	3	9	9	3	2	5
2	3	8	3	2	2	5	3	5	5
2	8	8	5	5	5	5	3	5	5

::::: Puzzle (288) :::::

3	3	5	6	6	6	4	5	5	5
5	3	5	6	6	4	4	5	5	9
5	6	5	6	2	9	4	9	9	9
5	6	5	5	2	9	9	9	5	9
5	6	2	2	3	7	7	6	5	5
5	6	6	1	3	7	6	6	5	5
6	5	6	8	3	7	1	6	6	6
6	5	5	8	8	7	2	2	5	5
6	5	5	8	8	7	7	5	5	5
6	6	6	8	8	8	1	3	3	3

::::: Puzzle (289) :::::

5	5	5	5	3	2	2	7	5	5
3	6	6	5	3	3	7	7	5	5
3	6	6	6	7	7	7	7	1	5
3	6	4	5	5	8	3	1	3	3
5	4	4	5	1	8	3	3	5	3
5	5	4	5	8	8	8	5	5	5
5	6	6	5	8	3	8	8	5	7
5	6	3	3	9	3	3	7	7	7
6	6	9	3	9	9	9	3	3	7
6	9	9	9	9	2	2	3	7	7

::::: Puzzle (290) :::::

7	2	2	4	5	3	4	4	4	4
7	7	4	4	5	3	3	6	6	6
7	7	4	5	5	8	8	6	6	6
5	7	7	4	5	8	8	5	5	5
5	5	9	4	4	8	2	2	5	3
5	9	9	9	4	8	7	7	5	3
5	1	9	1	8	8	4	7	7	3
3	3	9	9	4	4	4	1	7	7
3	4	4	9	9	6	6	5	7	1
4	4	6	6	6	6	5	5	5	5

::::: Puzzle (291) :::::

7	7	7	7	7	3	3	3	9	9
4	4	7	5	5	2	2	9	9	9
4	4	7	5	5	5	9	9	1	7
3	3	6	6	6	9	9	2	2	7
5	3	5	6	6	4	3	3	1	7
5	5	5	6	4	4	4	3	7	7
3	3	8	8	8	3	3	2	7	6
3	8	8	7	8	1	3	2	7	6
8	8	1	7	3	3	4	4	4	6
7	7	7	7	7	3	4	6	6	6

::::: Puzzle (292) :::::

4	5	5	5	3	3	7	7	7	3
4	4	5	8	2	3	4	7	7	3
7	4	5	8	2	4	4	1	7	3
7	2	2	8	8	4	2	2	7	4
7	7	1	8	8	8	4	3	3	4
7	7	9	9	8	4	4	5	3	4
9	7	9	3	3	4	5	5	5	4
9	9	9	9	3	8	5	3	3	3
9	4	4	4	4	8	7	7	1	7
8	8	8	8	8	8	7	7	7	7

::::: Puzzle (293) :::::

6	6	3	3	2	2	4	2	2	7
6	6	6	3	8	8	4	4	7	7
6	4	4	4	4	8	4	7	7	7
9	1	3	3	8	8	8	8	5	7
9	9	3	4	8	4	4	4	5	5
9	9	9	4	4	5	4	1	5	2
9	9	9	3	4	5	5	4	5	2
7	7	3	3	5	5	3	4	6	6
7	7	7	1	6	3	3	4	6	6
7	7	6	6	6	6	6	4	6	6

::::: Puzzle (294) :::::

7	7	2	2	3	7	7	3	3	4
2	7	7	7	3	7	7	5	3	4
2	7	9	7	3	7	3	5	5	4
6	6	9	9	7	7	3	5	5	4
6	6	6	9	9	9	3	6	6	6
6	5	5	9	9	4	4	6	6	6
5	5	5	9	3	3	4	4	1	8
8	8	8	8	7	3	8	2	2	8
8	8	1	8	7	7	8	8	8	8
8	3	3	3	7	7	7	7	1	8

::::: Puzzle (295) :::::

7	7	7	6	3	3	3	8	8	3
7	7	7	6	6	6	1	8	8	3
3	1	7	8	6	3	3	3	8	3
3	3	8	8	6	4	4	4	8	8
2	2	8	8	8	8	3	4	8	2
6	6	6	6	8	6	3	3	4	2
6	3	6	4	4	6	6	6	4	4
3	3	2	4	6	6	1	9	4	6
5	5	2	4	9	9	9	9	6	6
5	5	5	9	9	9	9	6	6	6

::::: Puzzle (296) :::::

8	8	1	7	7	7	9	5	5	5
8	2	2	7	7	7	9	9	9	5
8	8	3	3	7	9	9	8	3	5
8	8	3	9	9	9	8	8	3	3
7	8	5	5	8	6	6	8	8	8
7	5	5	5	8	6	2	2	8	8
7	7	7	1	8	6	6	6	2	2
3	6	7	7	8	4	4	3	3	6
3	6	6	1	8	4	4	6	3	6
3	6	6	6	8	8	8	6	6	6

::::: Puzzle (297) :::::

7	7	7	7	8	8	8	8	8	1
6	7	7	5	5	8	2	6	6	6
6	6	7	5	8	8	2	5	5	6
6	6	6	5	7	5	5	5	6	6
1	3	1	5	7	7	7	7	5	5
5	3	6	6	7	7	1	5	5	5
5	3	6	4	4	9	9	4	6	6
5	6	6	6	4	9	4	4	6	6
5	5	2	2	4	9	9	4	6	6
4	4	4	4	9	9	9	9	2	2

::::: Puzzle (298) :::::

2	2	3	3	3	7	7	6	5	5
3	7	7	7	7	7	4	6	6	5
3	3	9	1	4	4	4	5	6	5
2	2	9	3	5	5	5	5	6	5
9	1	9	3	4	4	4	4	6	4
9	9	9	3	8	8	8	7	4	4
9	3	3	8	8	4	7	7	7	4
9	7	3	8	4	4	7	7	7	3
7	7	8	8	4	2	5	5	1	3
7	7	7	7	1	2	5	5	5	3

::::: Puzzle (299) :::::

5	3	3	8	8	3	5	5	5	4
5	3	8	8	8	3	3	5	4	4
5	5	2	2	8	8	8	5	1	4
4	5	6	6	6	4	1	9	9	9
4	2	4	6	6	4	4	2	2	9
4	2	4	4	6	4	9	9	9	9
4	7	1	4	7	7	4	4	4	9
6	7	7	7	7	6	6	4	6	6
6	6	3	3	6	6	4	6	6	6
6	6	6	3	6	6	4	4	4	6

::::: Puzzle (300) :::::

2	2	1	7	7	7	8	8	8	8
6	6	7	7	7	8	8	8	8	5
6	6	6	7	9	9	5	6	5	5
6	9	9	9	9	9	5	6	5	5
8	8	9	9	5	5	5	6	6	1
8	5	5	5	7	7	2	2	6	6
8	5	5	3	3	7	7	7	7	4
8	2	7	7	3	6	6	6	7	4
8	2	1	7	7	6	6	6	5	4
8	8	7	7	7	5	5	5	5	4

:::: Puzzle (301) ::::

5	5	5	5	5	6	6	3	3	3
3	4	4	4	3	3	6	2	6	6
3	4	7	7	3	6	6	2	6	6
3	7	7	8	8	5	6	9	9	6
2	7	8	8	5	5	5	5	9	6
2	7	2	8	8	8	9	9	9	9
1	7	2	8	5	5	3	1	9	9
5	5	5	7	5	5	3	3	1	8
5	5	7	7	5	4	8	8	8	8
7	7	7	7	4	4	4	8	8	8

:::: Puzzle (302) ::::

6	6	6	4	4	4	3	6	6	6
4	4	6	6	9	4	3	3	6	6
6	4	4	6	9	9	9	9	6	3
6	6	5	2	2	9	9	9	3	3
7	6	5	5	5	9	1	4	4	4
7	6	6	5	1	6	2	2	4	6
7	7	7	3	3	6	3	3	6	6
7	8	8	3	6	6	3	6	6	6
7	8	8	1	6	6	7	2	2	7
8	8	8	8	1	7	7	7	7	7

:::: Puzzle (303) ::::

3	3	4	4	4	4	7	7	3	3
3	9	1	2	2	7	7	7	7	3
9	9	9	3	3	7	3	3	3	7
5	9	9	3	4	4	4	7	7	7
5	5	9	9	3	3	4	6	7	7
5	3	3	9	3	2	2	6	6	7
5	3	8	8	8	3	3	3	6	6
3	6	6	2	8	8	8	7	6	7
3	6	6	2	1	8	8	7	1	7
3	6	6	3	3	3	1	7	7	7

:::: Puzzle (304) ::::

6	6	6	6	7	1	5	5	5	5
2	5	6	6	7	7	6	5	3	3
2	5	5	5	7	6	6	6	6	3
8	8	5	7	7	7	6	9	9	9
8	8	8	8	8	5	5	3	9	9
4	4	4	8	5	5	4	3	1	9
5	4	2	2	5	4	4	3	9	9
5	3	3	3	7	7	4	6	9	1
5	5	5	7	7	7	6	6	6	6
2	2	1	7	7	4	4	4	4	6

:::: Puzzle (305) ::::

5	5	5	5	5	4	4	1	3	3
4	4	4	6	6	6	4	6	1	3
4	2	2	6	1	9	4	6	8	8
3	3	9	6	6	9	6	6	2	8
3	9	9	9	9	9	6	6	2	8
8	8	8	9	6	6	7	3	3	8
8	8	6	6	6	7	7	7	3	8
1	8	8	4	6	7	5	7	7	8
2	3	8	4	4	3	5	5	3	8
2	3	3	4	3	3	5	5	3	3

:::: Puzzle (306) ::::

9	9	9	9	9	3	6	6	6	5
9	9	9	9	3	3	2	6	6	5
7	7	7	3	4	4	2	6	3	5
7	2	3	3	4	4	7	7	3	5
7	2	6	6	6	6	1	7	3	5
7	7	1	6	6	8	7	7	7	3
4	8	8	8	8	8	8	5	7	3
4	8	1	5	5	5	6	5	5	3
4	2	3	5	5	6	6	5	5	4
4	2	3	3	6	6	6	4	4	4

:::: Puzzle (307) ::::

7	7	7	7	9	9	3	5	3	6
7	2	1	9	9	4	3	5	3	6
7	2	4	9	9	4	3	5	3	6
7	4	4	9	4	4	2	5	6	6
5	4	9	9	7	7	2	5	6	7
5	5	7	7	7	7	7	3	3	7
5	5	1	5	1	8	8	8	3	7
6	2	2	5	8	8	7	7	7	7
6	5	5	5	8	8	5	5	4	4
6	6	6	6	8	5	5	5	4	4

:::: Puzzle (308) ::::

9	9	7	7	7	7	7	7	2	2
1	9	3	3	3	6	7	6	6	6
2	9	9	1	6	6	6	2	6	6
2	9	9	9	9	6	6	2	7	6
6	4	4	4	5	5	5	7	7	7
6	6	6	4	5	8	7	7	7	5
6	6	2	2	5	8	8	5	5	5
4	4	3	3	3	8	8	6	6	5
4	4	6	1	8	8	8	4	6	6
6	6	6	6	6	4	4	4	6	6

:::: Puzzle (309) ::::

5	3	3	3	6	6	3	3	6	6
5	9	9	9	6	6	3	6	6	6
5	9	9	6	6	4	4	3	3	6
5	5	9	4	4	1	4	3	2	2
9	9	9	4	4	8	4	8	8	1
2	7	7	7	7	8	8	8	8	8
2	7	7	7	3	3	3	1	2	2
3	6	6	6	5	5	5	3	3	6
3	3	6	6	6	5	5	3	6	6
4	4	4	4	3	3	3	6	6	6

:::: Puzzle (310) ::::

7	7	3	3	7	7	7	6	6	6
7	7	3	7	3	7	6	6	3	6
7	7	1	7	3	7	7	5	3	3
7	3	7	7	3	7	9	5	5	5
3	3	7	7	1	9	9	3	5	4
8	8	8	7	9	9	9	3	3	4
8	8	8	4	4	4	9	1	4	4
6	6	8	8	4	9	9	7	7	7
6	6	2	3	3	7	7	7	3	3
6	6	2	3	2	2	7	2	2	3

:::: Puzzle (311) ::::

6	2	2	6	6	6	6	3	2	2
6	6	3	6	6	3	4	3	3	7
3	6	3	3	4	3	4	4	4	7
3	6	4	4	4	3	1	9	9	7
3	6	3	3	9	9	9	9	4	7
8	8	1	3	8	2	9	4	4	7
4	8	8	8	8	2	9	9	4	7
4	6	6	6	8	5	5	3	5	7
4	6	3	6	3	3	5	3	5	5
4	3	3	6	3	5	5	3	5	5

:::: Puzzle (312) ::::

5	5	5	4	1	7	7	7	7	7
5	9	5	4	6	7	8	4	4	7
9	9	9	4	6	6	8	4	2	1
7	7	9	4	6	8	8	4	2	3
7	7	9	9	6	6	8	8	3	3
7	3	1	9	9	8	8	7	7	7
7	3	4	4	6	5	1	7	7	4
7	3	4	6	6	5	5	5	7	4
2	5	4	5	6	6	6	5	7	4
2	5	5	5	3	3	3	2	2	4

:::: Puzzle (313) ::::

4	4	4	2	2	8	8	7	7	7
4	6	6	8	8	8	2	2	7	7
6	6	6	8	5	5	4	4	7	7
1	6	8	8	5	5	4	6	4	4
9	9	9	2	2	5	4	6	4	4
9	3	3	3	5	1	6	6	2	2
9	9	9	4	5	5	6	6	7	7
9	5	4	4	4	5	1	7	7	7
9	5	5	6	6	5	7	7	5	5
5	5	6	6	6	6	1	5	5	5

:::: Puzzle (314) ::::

7	7	3	3	3	5	5	6	6	6
7	7	7	5	5	5	6	6	6	4
7	7	1	3	3	3	7	7	4	4
8	8	2	2	6	2	2	7	7	4
8	3	3	3	6	6	1	9	7	7
8	8	8	8	6	6	6	9	7	6
8	6	6	7	7	9	9	9	6	6
6	6	6	6	7	1	4	9	9	6
1	7	7	7	7	4	4	2	9	6
6	6	6	6	6	6	4	2	9	6

:::: Puzzle (315) ::::

6	6	6	5	5	4	4	5	4	4
3	6	6	3	5	5	4	5	4	4
3	2	6	3	3	5	4	5	8	2
3	2	1	2	1	3	5	5	8	2
7	7	7	2	3	3	8	8	8	8
7	7	4	4	4	1	8	6	6	8
2	7	7	4	5	5	2	6	6	3
2	3	3	3	5	5	2	6	6	3
3	6	6	6	5	9	9	9	9	3
3	3	6	6	6	9	9	9	9	9

:::: Puzzle (316) ::::

6	4	4	4	4	3	3	3	7	7
6	6	6	8	1	7	7	7	7	6
7	6	6	8	8	7	2	6	6	6
7	7	8	8	8	8	2	5	5	6
7	4	4	4	4	8	3	3	5	6
7	3	3	3	9	4	3	7	5	5
7	7	1	8	9	4	4	7	7	7
8	8	8	8	9	1	4	9	9	7
8	1	2	2	9	9	9	9	3	7
8	8	5	5	5	5	5	3	3	7

:::: Puzzle (317) ::::

6	6	3	3	7	7	7	7	7	4
6	6	8	3	7	4	9	7	4	4
6	6	8	4	4	4	9	2	2	4
5	1	8	2	2	9	9	9	3	3
5	5	8	9	9	9	9	4	6	3
5	1	8	4	1	4	4	4	6	6
5	3	8	4	4	6	3	3	2	6
3	3	8	3	4	6	6	3	2	6
1	4	8	3	1	6	6	6	7	6
4	4	4	3	7	7	7	7	7	7

:::: Puzzle (318) ::::

6	6	6	6	2	2	4	1	7	7
6	6	4	4	6	4	4	7	7	7
3	7	4	4	6	6	4	7	2	7
3	7	7	2	2	6	6	6	2	3
3	4	7	7	7	4	4	8	1	3
6	4	4	7	4	4	8	8	8	3
6	6	4	9	9	8	8	4	4	4
6	9	9	9	1	8	6	6	4	5
6	6	9	3	3	8	6	5	5	5
9	9	9	1	3	1	6	6	6	5

:::: Puzzle (319) ::::

3	6	6	6	6	6	9	9	9	3
3	3	5	5	6	9	9	9	9	3
5	5	5	4	4	3	3	3	9	3
3	3	3	5	4	4	1	8	9	4
5	5	5	5	8	8	8	8	4	4
4	4	2	2	1	8	8	2	2	4
4	4	3	5	5	8	7	3	3	5
5	3	3	6	5	5	7	3	5	5
5	5	6	6	6	5	7	1	5	5
5	5	6	6	2	2	7	7	7	7

:::: Puzzle (320) ::::

6	6	6	5	1	7	4	4	4	1
6	6	5	5	7	7	8	8	4	7
6	5	5	1	7	7	5	8	7	7
2	6	6	7	7	5	5	8	7	7
2	6	6	9	5	5	8	8	4	7
3	6	6	9	9	9	5	8	4	7
3	3	2	2	9	1	5	8	4	4
5	5	5	5	9	5	5	5	6	6
7	7	7	5	9	9	3	3	3	6
7	7	7	7	9	2	2	6	6	6

::::: *Puzzle (321)* :::::

6	6	2	2	1	2	2	6	6	6
6	6	6	6	8	8	8	6	3	6
7	7	1	8	8	4	8	7	3	6
7	1	8	8	5	4	4	7	3	7
7	4	4	5	5	4	6	7	7	7
7	4	4	5	4	6	6	7	3	3
7	3	3	5	4	4	6	6	6	3
7	9	3	9	2	4	3	3	3	4
9	9	9	9	2	8	8	8	4	4
9	9	9	8	8	8	8	8	1	4

::::: *Puzzle (322)* :::::

1	9	8	8	8	8	8	7	7	7
6	9	9	9	4	8	8	2	7	7
6	6	3	9	4	4	8	2	7	7
6	3	3	9	4	3	3	3	2	2
6	5	5	9	9	9	8	8	3	4
6	5	5	7	7	8	8	3	3	4
8	5	7	7	3	3	8	8	8	4
8	7	7	7	3	1	8	7	1	4
8	1	5	5	5	5	2	7	7	7
8	8	8	8	8	5	2	7	7	7

::::: *Puzzle (323)* :::::

3	7	7	2	2	3	5	5	5	4
3	7	7	7	9	3	5	6	4	4
3	7	7	1	9	3	5	6	4	3
6	3	3	5	9	9	9	6	3	3
6	6	3	5	5	5	9	6	6	6
6	6	5	8	8	5	9	9	4	4
6	5	5	5	8	8	9	4	6	4
1	2	2	5	1	8	4	4	6	4
4	4	4	4	8	8	4	3	6	6
3	3	3	2	2	8	3	3	6	6

::::: *Puzzle (324)* :::::

7	7	7	6	6	4	5	5	5	5
7	7	7	6	4	4	4	5	8	8
1	7	6	6	1	8	8	1	8	2
2	9	9	6	3	3	8	8	8	2
2	6	9	9	3	5	5	5	3	3
6	6	9	9	9	5	1	7	7	3
6	6	5	9	9	5	6	6	7	7
6	5	5	5	5	8	8	6	7	7
3	4	4	8	8	8	6	6	1	7
3	3	4	4	8	8	8	6	2	2

::::: *Puzzle (325)* :::::

9	4	4	3	5	5	5	3	3	4
9	4	4	3	3	5	5	3	4	4
9	3	5	5	5	3	6	6	3	4
9	3	3	5	3	3	6	3	3	1
9	4	4	5	6	6	6	1	7	7
9	4	4	8	2	2	7	7	7	4
9	9	9	8	8	7	7	2	2	4
3	3	3	8	1	3	3	3	4	4
6	6	6	8	2	2	5	5	5	5
6	6	6	8	8	8	5	3	3	3

::::: *Puzzle (326)* :::::

5	5	6	5	7	7	7	7	7	7
5	6	6	5	5	5	5	9	1	7
5	4	6	4	3	3	3	9	4	4
5	4	6	4	4	2	2	9	4	4
4	4	6	4	8	1	9	9	9	9
5	2	2	8	8	8	8	9	5	9
5	3	3	3	8	8	3	3	5	5
5	5	6	6	8	2	3	6	5	5
5	6	6	1	7	2	7	6	6	6
6	6	7	7	7	7	7	1	6	6

::::: *Puzzle (327)* :::::

5	4	7	7	7	7	7	7	6	3
5	4	4	7	1	3	3	3	6	3
5	4	5	5	5	6	6	6	6	3
5	5	2	5	5	8	3	3	3	2
9	9	2	8	8	8	8	5	5	2
9	9	9	9	9	8	2	5	7	7
9	1	6	6	1	8	2	5	5	7
9	7	7	6	3	8	7	7	7	7
7	7	6	6	3	1	5	4	4	4
7	7	7	6	3	5	5	5	5	4

::::: *Puzzle (328)* :::::

4	4	4	6	6	6	5	5	6	6
4	3	3	6	6	6	5	6	6	6
2	3	4	4	9	5	5	4	6	4
2	5	4	4	9	9	9	4	2	4
8	5	5	5	9	9	9	4	2	4
8	5	8	1	9	4	9	4	7	4
8	8	8	8	8	4	4	7	7	7
6	6	6	3	5	5	4	7	5	7
6	3	6	3	2	5	5	7	5	1
3	3	6	3	2	5	1	5	5	5

::::: *Puzzle (329)* :::::

4	4	3	3	7	7	7	6	6	6
4	4	3	1	7	7	7	7	6	6
7	7	7	7	4	4	8	4	4	6
7	7	5	5	4	1	8	8	4	4
7	5	5	5	4	8	8	8	1	3
2	2	4	7	7	3	8	4	4	3
3	3	4	4	7	3	8	4	4	3
3	6	6	4	7	3	9	9	9	9
6	6	6	7	7	9	9	9	3	9
6	2	2	1	7	9	2	2	3	3

::::: *Puzzle (330)* :::::

4	4	4	7	7	7	1	6	6	6
2	4	7	7	1	7	9	6	6	6
2	7	4	4	4	7	9	9	4	3
7	7	4	5	9	9	9	4	4	3
7	7	5	5	5	9	9	9	4	3
7	6	6	5	1	8	3	3	3	7
7	6	6	6	6	8	7	7	7	7
8	8	8	4	2	8	7	7	6	6
8	8	8	4	2	8	8	2	2	6
8	8	4	4	8	8	8	6	6	6

::::: *Puzzle (331)* :::::

8	7	7	7	3	3	8	1	3	6
8	7	7	7	3	8	8	3	3	6
8	8	7	1	8	8	8	6	6	6
8	8	1	4	4	4	8	8	3	6
8	8	7	7	1	4	1	3	3	8
7	7	7	7	7	8	8	8	8	8
6	2	2	3	1	4	4	4	4	8
6	6	3	3	6	6	6	9	2	8
6	6	6	9	6	6	6	9	2	3
2	2	9	9	9	9	9	9	3	3

::::: *Puzzle (332)* :::::

9	9	9	4	4	4	6	6	2	2
9	7	7	4	5	5	6	6	6	8
9	2	7	7	7	5	5	5	6	8
9	2	5	5	7	7	1	8	8	8
9	5	5	6	4	5	5	5	5	8
9	5	6	6	4	4	5	7	8	8
9	1	6	6	4	7	1	7	2	1
7	7	6	5	5	7	7	7	2	6
7	7	3	3	5	3	3	7	6	6
7	7	7	3	5	5	3	6	6	6

::::: *Puzzle (333)* :::::

2	8	8	8	8	8	8	8	6	6
2	4	8	1	3	2	4	4	4	6
4	4	9	3	3	2	4	3	3	6
4	9	9	1	4	4	5	5	3	6
9	9	9	9	4	3	5	5	1	6
4	9	6	9	4	3	3	5	7	7
4	4	6	4	5	5	4	7	7	4
5	4	6	4	4	5	4	4	7	4
5	5	6	6	4	5	5	4	7	4
5	5	6	3	3	3	2	2	7	4

::::: *Puzzle (334)* :::::

4	4	4	2	2	9	9	6	6	6
4	5	5	5	5	9	9	9	9	6
3	5	1	3	6	1	9	4	6	6
3	8	8	3	6	9	9	4	3	3
3	1	8	3	6	6	2	4	4	3
2	2	8	8	6	6	2	6	6	6
3	3	3	8	3	3	6	6	3	3
6	6	6	8	3	4	4	6	3	5
6	3	3	8	4	4	7	7	7	5
6	6	3	7	7	7	7	5	5	5

::::: *Puzzle (335)* :::::

2	2	8	8	8	8	8	7	7	7
3	3	3	8	8	8	7	7	4	7
9	9	9	7	7	7	2	7	4	4
5	9	7	7	3	7	2	6	3	4
5	9	9	3	3	7	3	6	3	3
5	5	9	9	9	3	3	6	6	6
5	3	7	7	4	5	5	3	3	6
3	3	1	7	4	4	5	3	4	4
6	6	6	7	7	4	5	5	3	4
6	6	6	1	7	7	1	3	3	4

::::: *Puzzle (336)* :::::

1	8	8	8	8	8	3	3	4	4
4	4	4	8	8	8	4	3	4	4
4	5	5	4	9	4	4	4	6	6
5	5	4	4	9	2	2	9	6	6
8	5	8	4	9	9	9	9	9	6
8	8	8	8	2	2	1	9	4	6
4	1	8	1	4	1	3	7	4	4
4	4	8	4	4	4	3	7	4	1
2	4	2	3	5	5	3	7	7	7
2	1	2	3	3	5	5	5	7	7

::::: *Puzzle (337)* :::::

4	4	4	4	9	3	3	6	3	3
5	5	5	5	9	3	9	6	3	1
3	5	3	9	9	9	9	6	6	7
3	4	3	3	4	3	9	9	6	7
3	4	4	2	4	3	3	8	6	7
2	4	7	2	4	2	2	8	8	7
2	1	7	7	4	8	8	8	8	7
6	6	3	7	7	8	4	4	4	7
6	6	3	7	6	6	6	6	4	7
6	6	3	7	1	6	6	3	3	3

::::: *Puzzle (338)* :::::

4	5	5	9	9	9	9	7	5	5
4	4	5	9	9	5	7	7	5	5
4	3	5	9	5	5	7	7	5	2
3	3	5	9	5	8	7	7	1	2
6	6	6	9	5	8	8	5	5	5
4	6	6	3	3	8	1	2	2	5
4	6	5	5	3	8	8	8	4	5
4	4	5	5	2	2	8	4	4	4
6	6	5	3	3	3	7	7	3	3
6	6	6	6	7	7	7	7	7	3

::::: *Puzzle (339)* :::::

5	5	5	9	9	9	9	9	1	5
5	1	5	9	6	7	7	5	5	5
7	9	9	9	6	4	7	7	4	5
7	3	3	6	6	4	4	7	4	4
7	7	3	6	6	4	8	7	4	2
3	7	7	3	3	2	8	7	8	2
3	3	7	4	3	2	8	8	8	8
6	6	6	4	5	5	1	2	8	6
3	3	6	4	5	3	3	2	6	6
3	6	6	4	5	5	3	6	6	6

::::: *Puzzle (340)* :::::

5	5	5	6	6	6	4	2	2	7
5	5	7	6	6	6	4	4	1	7
7	1	7	3	3	3	4	7	7	7
7	7	7	2	2	8	1	7	7	3
7	9	9	9	8	8	8	8	3	3
9	9	9	9	3	3	7	8	2	2
9	4	4	9	3	7	7	8	3	3
5	4	4	6	6	5	7	8	3	6
5	5	6	6	6	5	7	7	6	6
5	5	6	5	5	5	7	6	6	6

::::: Puzzle (341) :::::

7	7	7	7	6	6	3	6	3	3
7	3	7	6	6	3	3	6	6	3
7	3	3	6	2	9	9	6	6	6
1	2	2	6	2	9	1	3	3	4
9	9	9	9	9	9	6	6	3	4
1	4	8	8	3	3	6	6	6	4
4	4	4	8	8	3	6	5	5	4
3	3	8	8	8	8	2	5	5	5
3	1	6	6	1	3	2	4	3	3
6	6	6	6	3	3	4	4	4	3

::::: Puzzle (342) :::::

6	6	6	6	3	3	6	6	6	6
6	6	7	2	2	3	6	3	3	3
7	7	7	4	4	4	6	1	7	6
2	2	7	2	2	4	8	7	7	6
4	4	7	8	8	8	8	7	7	6
4	4	7	1	3	8	8	7	1	6
9	9	9	9	3	8	5	7	5	6
9	9	9	4	3	6	5	5	5	6
3	9	9	4	6	6	6	3	4	4
3	3	4	4	6	6	3	3	4	4

::::: Puzzle (343) :::::

7	7	7	7	8	8	8	8	8	8
3	7	5	5	5	6	8	6	1	8
3	7	5	5	6	6	6	6	8	1
3	7	6	9	9	1	8	8	8	8
6	6	6	9	1	8	8	6	6	8
7	6	6	9	4	4	5	5	6	6
7	2	1	9	4	4	5	4	4	6
7	2	9	9	3	1	5	4	4	6
7	7	9	9	3	6	5	3	3	3
7	7	2	2	3	6	6	6	6	6

::::: Puzzle (344) :::::

6	6	6	6	8	5	5	6	6	6
6	8	8	8	8	5	6	6	6	3
6	8	1	3	6	5	5	1	3	3
8	8	3	3	6	6	1	4	4	4
3	3	4	6	6	5	5	2	2	4
3	6	4	4	6	4	5	5	3	3
6	6	4	7	4	4	4	5	9	3
6	6	6	7	7	2	1	9	9	2
3	4	4	4	7	2	9	9	9	2
3	3	4	7	7	7	9	9	9	1

::::: Puzzle (345) :::::

7	7	7	8	8	8	5	5	5	5
4	7	4	4	8	2	2	4	4	5
4	7	7	4	8	8	8	8	4	4
4	4	7	4	7	1	3	3	3	8
7	3	3	3	7	7	7	7	7	8
7	7	7	4	7	1	5	6	8	8
7	7	4	4	4	5	5	6	8	8
8	7	8	8	2	5	5	6	8	8
8	8	8	1	2	1	6	6	6	9
8	8	9	9	9	9	9	9	9	9

::::: Puzzle (346) :::::

8	2	3	6	7	7	7	7	7	7
8	2	3	6	2	3	6	6	7	6
8	8	3	6	2	3	3	6	6	6
8	8	1	6	5	5	5	3	3	3
8	2	6	6	5	3	3	6	6	6
8	2	1	9	5	9	3	6	6	7
5	3	3	9	9	9	9	6	7	7
5	3	4	3	9	3	9	7	7	7
5	4	4	3	2	3	9	1	5	7
5	5	4	3	2	3	5	5	5	5

::::: Puzzle (347) :::::

8	8	8	8	8	8	7	7	7	3
8	4	2	2	6	7	7	7	6	3
8	4	4	6	6	7	6	6	6	3
9	9	4	6	6	4	8	8	6	6
9	2	2	5	6	4	4	8	3	3
9	1	5	5	5	7	4	8	8	3
9	9	3	5	7	7	8	8	8	1
9	1	3	7	7	4	4	3	5	2
9	5	3	7	7	4	3	3	5	2
9	5	5	5	5	4	5	5	5	1

::::: Puzzle (348) :::::

7	7	7	6	4	4	4	4	5	5
7	1	2	6	6	6	5	5	5	2
7	7	2	5	6	4	6	6	6	2
8	7	5	5	6	4	6	6	1	7
8	1	5	5	4	4	6	5	5	7
8	8	8	8	9	9	4	4	5	7
8	6	6	3	3	9	9	4	5	7
8	6	6	6	3	9	9	4	5	7
1	6	5	5	5	5	9	9	9	7
2	2	5	6	6	6	6	6	6	7

::::: Puzzle (349) :::::

6	6	6	8	3	6	6	6	3	5
3	6	6	8	3	3	6	3	3	5
3	2	6	8	8	8	6	6	5	5
3	2	9	8	8	5	5	5	8	5
9	9	9	3	8	1	5	8	8	8
1	9	3	3	7	7	5	8	7	8
3	9	9	4	4	7	8	8	7	7
3	9	4	4	7	7	7	5	2	7
3	9	1	5	5	7	5	5	2	7
2	2	5	5	5	1	5	5	7	7

::::: Puzzle (350) :::::

6	4	4	4	8	8	8	8	8	1
6	4	8	8	4	4	8	8	8	3
6	6	6	8	4	6	6	4	3	3
3	3	6	8	4	6	4	4	4	2
3	8	8	8	6	6	6	1	7	2
4	8	1	5	2	2	7	7	7	5
4	4	5	5	5	9	5	5	7	5
6	4	9	9	5	9	5	5	7	5
6	6	6	9	9	9	9	5	7	5
6	6	2	2	9	4	4	4	4	5

::::: Puzzle (351) :::::

8	8	6	6	4	4	4	3	1	9
2	8	6	3	3	4	3	3	9	9
2	8	6	6	3	9	9	9	9	8
6	8	8	6	5	9	9	4	4	8
6	8	8	5	5	6	4	4	8	8
6	2	5	5	4	6	6	6	8	8
6	2	3	7	4	4	5	6	8	8
6	3	3	7	4	5	5	6	4	1
6	2	2	7	1	5	5	4	4	4
7	7	7	7	6	6	6	6	6	6

::::: Puzzle (352) :::::

4	4	7	3	3	4	4	4	7	7
4	4	7	3	6	6	6	4	2	7
7	7	7	7	6	5	6	6	2	7
9	7	9	9	1	5	4	4	7	7
9	9	9	9	5	5	4	4	8	7
9	1	2	2	4	5	3	3	8	8
9	5	5	5	4	4	6	3	8	8
7	2	7	5	4	6	6	6	8	8
7	2	7	5	6	6	7	7	7	8
7	7	7	2	2	1	7	7	7	7

::::: Puzzle (353) :::::

9	9	9	9	8	8	3	2	2	7
9	9	9	5	1	8	3	3	7	7
9	9	5	5	8	8	8	8	7	7
6	6	6	5	5	6	8	2	7	1
6	5	6	4	6	6	6	2	7	3
5	5	6	4	4	4	6	6	3	3
5	5	2	8	8	3	3	3	6	6
4	4	2	1	8	8	8	2	6	6
4	4	6	3	3	3	8	2	3	6
6	6	6	6	6	8	8	3	3	6

::::: Puzzle (354) :::::

7	6	6	6	6	9	9	9	9	9
7	7	7	8	6	9	9	4	9	2
5	7	7	8	6	9	4	4	1	2
5	7	8	8	8	8	3	4	5	5
5	5	6	8	3	8	3	3	5	5
5	6	6	1	3	3	7	7	4	5
6	6	6	5	5	5	7	4	4	4
2	2	5	5	4	3	7	7	2	2
6	6	1	4	4	3	1	7	7	5
6	6	6	6	4	3	5	5	5	5

::::: Puzzle (355) :::::

7	7	7	3	6	6	6	6	6	9
3	3	7	3	3	6	1	9	9	9
3	1	7	7	7	2	2	9	3	9
1	2	2	5	1	3	4	3	3	9
3	3	3	5	3	3	4	4	9	9
6	6	5	5	5	7	4	5	8	5
6	6	6	6	7	7	7	5	8	5
2	2	7	7	7	5	5	5	8	5
4	4	1	3	8	8	8	8	8	5
4	4	3	3	2	2	3	3	3	5

::::: Puzzle (356) :::::

5	5	5	5	3	5	5	6	6	4
3	5	6	1	3	2	5	6	6	4
3	3	6	7	3	2	5	5	6	4
6	6	6	7	7	7	7	7	6	4
6	4	4	4	4	6	6	7	9	9
3	7	7	7	6	6	6	6	2	9
3	3	1	7	7	2	2	9	2	9
5	5	5	5	7	8	8	9	9	9
5	3	8	8	7	8	3	3	9	4
3	3	1	8	8	8	3	4	4	4

::::: Puzzle (357) :::::

8	8	8	8	7	1	6	6	6	6
8	8	1	8	7	7	7	6	4	6
3	3	3	8	7	3	3	4	4	4
2	2	9	9	7	7	3	1	3	3
3	3	9	4	4	4	7	7	3	5
3	9	9	9	1	4	7	2	2	5
5	3	3	9	9	7	7	4	4	5
5	3	2	2	9	7	4	4	5	5
5	5	3	3	3	7	3	3	4	4
5	6	6	6	6	6	6	3	4	4

::::: Puzzle (358) :::::

7	7	5	5	5	5	2	2	6	6
7	6	3	5	2	3	3	6	6	6
7	6	3	3	2	3	8	8	8	6
7	6	6	6	5	1	8	8	8	8
7	1	6	7	5	5	5	9	8	6
7	5	5	7	7	5	9	9	6	6
5	5	7	7	7	9	9	4	4	6
6	5	7	9	9	9	4	2	4	6
6	6	6	9	4	4	4	2	4	6
6	6	8	8	8	8	8	8	8	8

::::: Puzzle (359) :::::

5	5	5	4	6	6	1	3	4	4
4	4	5	4	4	6	3	3	4	4
4	2	5	8	4	6	7	4	3	6
4	2	8	8	6	6	7	4	3	6
5	5	5	8	3	3	7	4	3	6
5	8	8	8	3	2	7	4	6	6
5	2	1	8	4	2	7	7	7	6
1	2	9	9	4	4	2	3	3	4
9	9	9	9	7	4	2	7	3	4
9	9	9	7	7	7	7	7	4	4

::::: Puzzle (360) :::::

3	3	3	5	5	5	7	2	2	4
5	5	5	3	5	5	7	3	3	4
5	4	4	3	3	6	7	7	3	4
5	6	4	6	6	6	3	7	7	4
6	6	4	8	6	3	3	7	3	5
6	6	8	8	6	2	2	3	3	5
6	8	8	1	3	3	9	5	5	5
1	8	8	8	3	2	9	3	3	3
3	3	3	1	6	2	9	9	2	2
6	6	6	6	6	9	9	9	9	9

::::: Puzzle (361) :::::

4	4	4	8	8	8	8	6	6	6
1	9	4	8	5	2	2	3	6	6
9	9	9	8	5	5	5	3	6	4
9	1	4	8	8	5	2	3	4	4
9	9	4	3	7	7	2	7	4	7
9	9	4	3	7	7	7	7	1	7
7	7	4	3	2	2	4	4	4	7
7	7	7	6	4	3	3	6	4	7
7	7	6	6	4	3	6	6	7	7
1	6	6	6	4	4	6	6	6	7

::::: Puzzle (362) :::::

2	2	5	5	5	5	4	5	6	6
9	6	6	6	5	2	4	5	6	6
9	9	6	6	6	2	4	5	6	6
4	9	9	9	9	9	4	5	5	7
4	4	8	9	4	4	7	7	7	7
4	8	8	4	4	3	3	7	1	7
1	8	8	8	8	8	3	4	4	8
3	3	4	2	2	1	8	4	4	8
3	4	4	6	6	6	8	8	8	8
1	4	6	6	6	4	4	4	4	8

::::: Puzzle (363) :::::

4	4	4	4	6	6	6	6	6	6
3	3	3	5	3	3	3	9	3	3
4	4	4	5	5	4	4	9	3	9
4	6	6	5	5	4	4	9	9	9
3	3	6	6	6	6	9	9	3	3
3	2	3	8	8	8	9	3	6	3
7	2	3	3	1	8	3	3	6	6
7	7	7	7	7	8	8	8	8	6
7	5	5	5	5	3	2	1	3	6
1	2	2	5	3	3	2	3	3	6

::::: Puzzle (364) :::::

9	9	9	9	9	1	3	4	4	4
9	9	4	4	9	3	3	6	6	4
9	8	8	4	7	7	2	2	6	6
8	8	3	4	7	7	4	4	4	6
8	8	3	7	7	7	1	6	4	6
8	8	3	4	4	6	6	6	6	4
6	2	2	4	3	6	3	3	3	4
6	1	3	4	3	3	5	5	5	4
6	6	3	3	6	6	6	5	3	4
6	6	2	2	6	6	6	5	3	3

::::: Puzzle (365) :::::

5	4	6	6	6	5	5	5	5	5
5	4	4	4	6	6	6	4	4	4
5	5	7	7	4	4	2	9	4	5
5	7	7	7	4	4	2	9	9	5
3	3	1	7	7	3	3	3	9	5
2	3	8	8	5	5	9	1	9	5
2	8	8	8	8	5	9	9	9	5
3	3	6	8	8	5	7	4	2	2
3	6	6	7	7	5	7	4	4	3
6	6	6	1	7	7	7	4	3	3

::::: Puzzle (366) :::::

7	7	3	1	9	9	9	9	6	6
7	7	3	2	3	3	9	6	6	6
7	7	3	2	3	1	9	9	9	6
7	6	6	6	2	3	3	9	3	3
8	6	6	6	2	1	3	8	3	6
8	7	7	7	7	7	7	8	6	6
8	8	7	1	2	2	8	8	6	6
8	8	6	4	4	4	4	8	8	6
8	6	6	5	5	5	6	6	8	8
8	6	6	6	5	5	6	6	6	6

::::: Puzzle (367) :::::

2	2	7	7	6	6	6	3	3	5
5	5	5	7	7	1	6	6	3	5
6	5	4	7	7	4	6	5	5	5
6	5	4	7	4	4	4	3	3	3
6	4	4	6	6	2	2	5	9	9
6	3	3	4	6	6	5	5	9	9
6	3	4	4	6	1	5	5	9	9
6	2	1	4	6	7	7	7	9	9
5	2	7	7	7	7	4	2	9	3
5	5	5	5	4	4	4	2	3	3

::::: Puzzle (368) :::::

6	6	6	7	7	7	9	9	9	2
6	6	7	7	5	5	9	9	4	2
6	7	7	5	5	5	1	9	4	4
3	3	3	6	4	4	4	9	1	4
8	6	6	6	2	4	9	9	6	6
8	8	6	6	2	7	7	1	6	6
2	8	8	8	8	7	3	3	3	6
2	4	8	3	7	7	7	1	4	6
4	4	3	3	6	6	7	4	4	4
4	6	6	6	6	5	5	5	5	5

::::: Puzzle (369) :::::

5	5	4	2	6	6	6	4	4	6
5	4	4	2	6	6	6	4	6	6
5	5	4	9	4	3	3	4	6	6
9	9	9	9	4	4	3	1	6	5
9	2	2	9	4	8	8	8	8	5
3	3	3	9	3	3	8	5	5	5
4	5	5	9	3	1	8	8	8	1
4	3	5	1	2	2	4	4	3	3
4	3	5	3	3	4	4	1	3	2
4	3	5	3	5	5	5	5	5	2

::::: Puzzle (370) :::::

5	5	4	8	1	2	2	5	5	5
5	4	4	8	8	8	8	4	5	5
5	5	4	7	3	3	8	4	4	4
9	2	7	7	3	4	8	6	6	6
9	2	7	4	4	4	8	6	4	6
9	9	7	7	7	1	4	6	4	4
9	3	3	6	1	7	4	4	6	4
9	9	3	6	6	7	7	4	6	6
9	9	6	6	3	3	7	7	6	6
3	3	3	6	3	7	7	2	2	6

::::: Puzzle (371) :::::

5	5	5	5	5	1	5	6	6	6
8	3	3	1	7	7	5	5	6	5
8	8	3	7	7	7	5	5	6	5
8	8	8	8	8	7	7	1	6	5
7	3	5	5	5	9	9	2	2	5
7	3	3	5	3	3	9	9	3	5
7	7	7	5	6	3	9	9	3	4
7	3	3	3	6	6	6	9	3	4
7	6	6	6	4	6	6	9	4	4
6	6	6	4	4	4	1	9	2	2

::::: Puzzle (372) :::::

4	4	4	4	9	9	9	9	9	9
6	5	5	5	9	4	4	9	9	7
6	5	3	3	7	4	4	2	2	7
6	5	3	7	7	5	7	7	7	7
6	6	6	7	5	5	5	4	4	7
5	1	5	7	7	7	5	3	4	4
5	5	5	3	1	2	2	3	3	6
1	3	6	3	8	8	8	6	6	6
3	3	6	3	8	3	8	8	6	6
6	6	6	6	3	3	8	8	2	2

::::: Puzzle (373) :::::

5	5	5	5	5	3	3	3	1	9
3	3	3	6	6	6	6	9	9	9
4	4	4	6	4	2	2	9	9	5
1	5	4	6	4	4	4	9	9	5
5	5	5	3	3	1	3	9	5	5
6	5	1	3	2	2	3	3	5	3
6	6	6	1	3	3	6	6	3	3
6	6	7	7	3	2	6	6	5	5
7	7	7	7	7	2	6	3	3	5
1	5	5	5	5	5	6	3	5	5

::::: Puzzle (374) :::::

7	3	3	4	4	4	5	5	5	5
7	7	3	4	2	2	4	4	4	5
7	5	5	5	4	8	4	2	6	6
7	3	5	5	4	8	1	2	6	6
7	3	3	4	4	8	8	6	6	4
7	1	2	2	8	8	8	8	4	4
5	5	5	5	3	2	2	5	4	1
4	7	5	7	3	5	5	5	9	9
4	7	7	7	3	1	5	9	9	9
4	4	7	7	2	2	9	9	9	9

::::: Puzzle (375) :::::

4	4	2	2	4	5	5	4	4	4
3	4	4	9	4	5	5	5	4	6
3	2	2	9	4	4	3	6	6	6
3	5	9	9	9	9	3	3	6	6
5	5	3	3	3	9	9	1	4	1
5	7	7	7	1	8	9	4	4	7
5	4	7	7	7	8	8	4	7	7
4	4	4	7	2	2	8	7	7	7
3	3	5	5	3	8	8	8	4	7
3	5	5	5	3	3	8	4	4	4

::::: Puzzle (376) :::::

3	3	4	5	5	5	4	4	4	4
6	3	4	4	4	5	3	6	6	6
6	6	3	3	3	5	3	3	9	6
6	6	8	9	9	9	9	9	9	6
6	8	8	8	8	2	9	3	9	6
2	8	3	3	8	2	3	3	4	3
2	8	5	3	7	1	4	4	4	3
6	1	5	5	7	7	7	7	2	3
6	6	5	5	1	7	6	7	2	6
6	6	6	3	3	3	6	6	6	6

::::: Puzzle (377) :::::

2	2	1	7	7	7	7	7	3	3
3	3	4	4	4	7	9	2	4	3
3	7	7	7	4	7	9	2	4	4
1	7	7	7	7	1	9	9	4	5
8	8	4	4	4	4	9	9	5	5
8	8	8	5	5	5	5	9	5	5
8	4	4	4	5	4	9	9	3	3
8	4	7	1	4	4	3	3	6	3
8	7	7	7	7	4	3	6	6	6
4	4	4	4	7	7	2	2	6	6

::::: Puzzle (378) :::::

5	5	5	3	3	6	6	6	3	4
5	7	1	3	9	6	6	6	3	4
5	7	7	7	9	9	4	4	3	4
7	7	3	7	9	4	4	8	1	4
2	3	3	9	9	9	9	8	8	8
2	6	6	3	3	3	9	8	1	2
6	6	3	5	5	5	5	8	4	2
6	6	3	3	5	7	8	8	4	3
4	4	7	7	7	7	7	4	4	3
4	4	1	3	3	3	7	2	2	3

::::: Puzzle (379) :::::

3	6	6	7	7	7	7	7	5	5
3	3	6	6	6	3	3	7	5	5
4	4	4	3	6	3	2	7	5	4
4	2	2	3	3	1	2	5	4	4
9	9	8	8	8	8	5	5	1	4
9	9	9	1	8	8	8	5	5	2
6	9	4	4	4	8	3	6	1	2
6	9	9	9	4	3	3	6	3	3
6	6	4	4	6	6	6	6	3	4
6	6	4	4	3	3	3	4	4	4

::::: Puzzle (380) :::::

6	6	6	8	3	3	6	6	6	6
7	6	6	8	3	4	4	4	6	6
7	7	6	8	8	3	3	4	9	5
7	8	8	8	8	3	1	9	9	5
7	2	3	9	9	9	9	9	3	5
7	2	3	9	1	7	7	3	3	5
7	1	3	2	3	7	5	6	6	5
3	3	6	2	3	7	5	5	6	6
3	6	6	4	3	7	7	5	5	6
6	6	6	4	4	4	7	2	2	6

::::: Puzzle (381) :::::

3	3	3	2	5	5	1	4	4	4
2	2	7	2	5	5	7	7	4	7
4	7	7	7	7	5	7	7	7	7
4	7	4	4	4	4	9	9	9	9
4	7	1	8	7	7	9	9	6	9
4	8	8	8	7	9	9	6	6	1
8	8	8	8	7	6	6	2	6	6
4	4	4	1	7	6	6	2	5	6
4	3	8	7	7	6	6	8	5	5
3	3	8	8	8	8	8	8	5	5

::::: Puzzle (382) :::::

4	4	4	7	7	3	5	5	4	4
1	7	4	7	3	3	5	5	2	4
9	7	7	7	4	4	4	5	2	4
9	9	9	9	9	4	3	3	7	7
9	9	3	4	4	1	3	1	7	7
9	3	3	4	4	3	1	6	7	7
8	8	8	8	8	3	3	6	7	6
8	8	1	5	8	2	2	6	6	6
3	3	5	5	3	6	6	4	4	4
3	5	5	3	3	6	6	6	6	4

::::: Puzzle (383) :::::

6	3	3	9	9	9	4	4	4	4
6	6	3	9	1	9	9	9	6	6
6	6	9	9	2	4	4	3	3	6
6	4	2	4	2	4	4	3	1	6
4	4	2	4	4	5	8	8	6	6
4	5	3	4	5	5	3	8	3	3
5	5	3	5	5	3	3	8	3	1
5	5	3	4	4	7	7	8	8	8
6	6	6	4	4	7	7	7	4	8
6	6	6	2	2	7	7	4	4	4

::::: Puzzle (384) :::::

5	5	5	6	6	6	6	4	4	4
4	4	5	6	6	9	9	9	4	3
4	4	5	9	9	9	9	9	3	3
3	3	6	6	9	3	3	3	7	7
3	6	6	6	5	5	5	7	7	7
5	4	6	2	5	3	3	7	2	2
5	4	4	2	5	1	3	7	1	4
5	4	8	8	8	2	2	4	4	4
5	2	8	3	8	8	8	8	6	6
5	2	1	3	3	1	6	6	6	6

::::: Puzzle (385) :::::

5	5	5	8	8	8	8	8	8	3
5	5	9	9	2	1	8	8	7	3
1	9	9	9	2	5	2	2	7	3
9	9	9	1	5	5	7	7	7	7
9	8	8	8	1	5	5	7	4	4
3	3	3	8	8	2	3	4	4	5
6	1	8	8	5	2	3	3	5	5
6	6	5	8	5	5	2	7	7	5
6	6	5	1	5	5	2	7	3	5
6	5	5	5	7	7	7	7	3	3

::::: Puzzle (386) :::::

6	5	5	5	5	4	6	6	6	6
6	6	6	5	4	4	4	6	2	6
6	6	3	3	3	9	9	1	2	3
9	9	9	9	9	9	9	6	3	3
4	4	4	8	1	6	6	6	6	6
5	4	8	8	8	1	4	4	4	4
5	5	5	5	8	6	6	6	6	6
2	1	8	8	8	5	6	4	4	4
2	6	6	6	4	5	5	5	3	4
6	6	6	4	4	4	1	5	3	3

::::: Puzzle (387) :::::

6	6	6	5	5	3	3	3	2	2
6	1	6	5	5	5	4	4	9	9
3	8	6	3	6	4	4	9	9	9
3	8	3	3	6	6	6	6	9	3
3	8	8	8	6	4	4	9	9	3
5	8	2	8	3	4	5	5	9	3
5	5	2	8	3	4	5	5	5	6
5	5	4	1	3	2	3	3	3	6
4	4	4	7	7	2	7	1	6	6
3	3	3	1	7	7	7	7	6	6

::::: Puzzle (388) :::::

1	7	7	2	3	3	4	7	3	3
4	4	7	2	3	4	4	7	7	3
4	4	7	3	2	4	3	7	7	7
8	7	7	3	2	9	3	1	9	7
8	1	7	3	8	9	3	9	9	5
8	3	3	8	8	9	9	9	5	5
8	3	2	3	8	3	3	9	6	5
8	8	2	3	8	8	3	5	6	5
8	8	5	3	8	5	5	5	6	6
5	5	5	5	8	2	2	5	6	6

::::: Puzzle (389) :::::

6	5	5	5	5	3	2	2	7	3
6	6	6	6	5	3	3	1	7	3
5	5	5	6	9	7	7	7	7	3
5	9	9	9	9	3	3	5	7	1
5	9	5	5	5	3	5	5	5	5
6	9	9	5	5	7	7	7	7	6
6	6	9	8	8	7	6	7	2	6
6	6	1	8	6	6	6	7	2	6
6	8	8	8	8	2	6	3	6	6
4	4	4	4	8	2	6	3	3	6

::::: Puzzle (390) :::::

2	6	6	6	2	7	7	7	7	4
2	6	6	6	2	7	7	7	4	4
7	8	8	8	8	8	8	8	4	9
7	7	7	3	3	8	6	9	9	9
6	6	7	7	3	6	6	9	9	9
6	6	4	7	1	6	6	4	9	9
6	6	4	8	8	6	7	4	4	1
5	4	4	1	8	8	7	4	2	2
5	5	3	8	8	8	7	7	4	4
5	5	3	3	8	7	7	7	4	4

::::: Puzzle (391) :::::

5	5	8	8	6	6	6	5	5	6
5	5	5	8	8	6	5	5	5	6
2	2	7	8	6	6	4	4	6	6
7	7	7	8	8	1	4	4	6	6
7	3	3	8	2	2	3	8	8	8
7	7	3	4	4	3	3	8	8	4
1	5	5	5	4	8	8	8	4	4
6	6	1	5	4	3	9	9	5	4
6	6	6	5	1	3	3	9	5	5
6	1	9	9	9	9	9	9	5	5

::::: Puzzle (392) :::::

4	4	4	4	8	8	8	8	8	3
2	2	8	8	8	6	7	1	3	3
3	3	4	4	6	6	7	7	7	7
3	4	4	6	6	6	4	4	1	7
5	5	5	5	5	3	3	4	4	7
4	4	4	6	6	6	3	1	9	9
2	2	4	6	6	6	9	9	9	4
7	7	7	7	9	9	9	4	4	4
4	4	4	7	7	3	9	7	7	7
4	2	2	7	3	3	7	7	7	7

::::: Puzzle (393) :::::

6	6	6	9	3	3	6	6	6	6
6	3	9	9	1	3	6	6	2	5
6	3	2	9	9	9	9	1	2	5
6	3	2	9	1	9	2	4	5	5
4	4	4	4	8	4	2	4	4	5
6	3	8	8	8	4	4	5	4	3
6	3	3	8	7	4	5	5	3	3
6	8	8	8	7	7	5	5	6	6
6	5	5	5	3	7	7	7	6	6
6	6	5	5	3	3	7	1	6	6

::::: Puzzle (394) :::::

3	6	6	6	6	3	3	5	5	5
3	6	6	4	1	3	2	2	5	5
3	4	4	4	7	8	8	4	4	4
7	7	7	7	7	5	8	8	8	4
7	4	4	4	5	5	4	8	1	3
9	9	9	4	5	5	4	8	3	3
3	9	3	3	3	4	4	8	2	2
3	9	9	9	9	3	7	7	7	3
3	1	3	9	4	3	3	7	3	3
2	2	3	3	4	4	4	7	7	7

::::: Puzzle (395) :::::

8	8	4	4	1	8	8	8	8	8
8	8	4	9	8	8	3	6	8	7
8	8	4	9	2	3	3	6	6	7
8	9	9	9	2	4	6	6	7	7
8	3	3	9	9	4	4	6	7	7
6	1	3	9	9	8	4	2	2	7
6	6	6	3	3	8	1	6	6	6
7	6	1	3	8	8	8	6	6	6
7	6	7	7	4	8	8	8	2	2
7	7	7	1	4	4	4	3	3	3

::::: Puzzle (396) :::::

8	8	8	8	8	7	7	7	7	2
4	4	8	6	6	6	7	7	7	2
4	4	8	6	3	6	5	5	5	5
2	2	8	3	3	6	3	5	6	6
7	7	7	7	1	3	3	8	6	6
7	4	4	8	8	8	8	8	6	6
7	4	1	8	6	2	2	8	3	3
7	4	5	5	6	6	9	9	9	3
1	3	5	6	6	6	9	9	9	9
3	3	5	5	3	3	3	1	9	9

::::: Puzzle (397) :::::

4	4	6	6	6	7	7	9	9	9
4	6	6	6	7	7	5	5	9	9
4	3	3	7	7	5	5	9	9	9
2	2	3	7	3	3	5	9	2	2
7	1	6	6	6	3	8	8	6	6
7	7	7	7	6	8	8	8	8	6
7	5	7	6	6	1	8	8	6	6
6	5	3	3	3	4	4	4	3	6
6	5	5	5	1	4	5	1	3	3
6	6	6	6	2	2	5	5	5	5

::::: Puzzle (398) :::::

3	5	5	3	3	6	6	6	6	6
3	3	5	3	7	5	5	5	2	6
9	5	5	7	7	5	5	7	2	3
9	9	7	7	5	7	7	7	7	3
9	7	7	5	5	7	3	3	4	3
9	9	9	1	5	7	3	8	4	4
9	1	2	2	5	8	8	8	8	4
9	7	7	7	7	8	3	8	8	6
7	7	3	3	5	5	3	3	6	6
7	2	2	3	5	5	5	6	6	6

::::: Puzzle (399) :::::

9	9	9	9	9	4	7	7	2	2
9	7	9	7	9	4	4	7	7	4
9	7	7	7	8	4	8	7	1	4
2	7	7	4	8	8	8	7	7	4
2	3	3	4	4	8	3	3	3	4
5	6	3	6	4	8	8	2	2	3
5	6	6	6	2	2	4	1	5	3
5	5	4	6	1	4	4	5	5	3
5	3	4	4	4	1	4	1	5	5
3	3	5	5	5	5	5	3	3	3

::::: Puzzle (400) :::::

8	8	8	8	8	9	9	9	2	2
7	7	8	5	8	8	9	4	4	4
7	7	5	5	5	4	9	4	9	1
7	7	4	5	4	4	9	9	9	2
7	4	4	3	3	4	7	7	6	2
6	6	4	3	2	2	7	6	6	6
6	4	5	6	6	1	7	6	4	6
6	4	5	6	1	7	7	4	4	4
6	4	5	6	6	7	8	8	8	1
6	4	5	5	6	8	8	8	8	8

::::: *Puzzle (401)* :::::

5	5	5	2	2	6	6	6	7	7
5	5	8	8	6	6	6	7	7	2
1	7	7	8	1	8	7	7	7	2
7	7	4	8	8	8	6	3	3	3
7	7	4	4	8	2	6	6	6	6
7	5	4	5	6	2	6	4	3	3
9	5	5	5	6	6	4	4	6	3
9	4	4	4	6	6	4	6	6	6
9	9	4	9	1	6	8	6	6	8
9	9	9	9	8	8	8	8	8	8

::::: *Puzzle (402)* :::::

3	3	3	8	8	6	6	5	5	5
8	8	8	8	8	6	6	6	2	5
2	2	6	6	8	4	6	4	2	5
3	3	6	6	4	4	9	4	4	6
3	6	6	1	9	4	9	4	6	6
7	7	7	7	9	9	9	6	6	6
7	7	7	1	6	6	9	9	2	2
6	6	3	4	4	6	9	3	6	6
6	6	3	4	6	6	6	3	3	6
6	6	3	4	3	3	3	6	6	6

::::: *Puzzle (403)* :::::

3	6	6	6	7	2	2	6	6	6
3	6	1	7	7	1	8	8	6	6
3	6	6	7	7	7	7	8	8	6
6	3	3	4	4	4	8	8	5	5
6	3	4	2	2	4	5	8	5	5
6	4	4	9	4	5	5	8	5	7
6	9	4	9	4	4	5	7	7	7
6	9	9	9	4	8	5	7	1	7
6	9	8	8	8	8	8	1	4	7
9	9	8	3	3	3	8	4	4	4

::::: *Puzzle (404)* :::::

6	6	4	4	4	4	7	5	5	5
6	4	6	6	6	6	7	7	5	2
6	4	4	4	6	6	7	4	5	2
6	5	5	8	7	7	7	4	2	9
6	5	5	8	8	1	4	4	2	9
1	5	3	8	8	8	8	8	9	9
6	6	3	7	7	1	2	9	9	9
6	6	3	5	7	7	2	4	9	5
6	5	5	5	7	7	4	4	9	5
6	5	3	3	3	7	4	5	5	5

::::: *Puzzle (405)* :::::

6	6	6	4	4	5	4	4	4	4
6	5	5	5	4	5	5	5	5	3
6	5	2	2	4	8	2	2	3	3
6	5	7	3	3	8	3	3	1	2
7	7	7	7	3	8	1	3	8	2
7	3	3	2	4	8	8	8	8	9
7	3	1	2	4	5	5	5	9	9
4	4	6	6	4	4	5	5	1	9
4	4	6	6	6	5	9	9	9	9
3	3	3	6	5	5	5	5	1	9

::::: *Puzzle (406)* :::::

7	7	7	7	4	5	5	4	6	6
7	4	4	7	4	5	4	4	6	6
2	4	4	7	4	5	4	8	6	6
2	1	7	9	4	5	8	8	8	3
7	7	7	9	9	9	8	8	3	3
7	7	6	2	9	4	4	8	8	6
7	6	6	2	9	9	4	4	7	6
2	4	6	9	9	3	3	7	7	6
2	4	6	4	1	3	7	7	6	6
4	4	6	4	4	4	1	7	7	6

::::: *Puzzle (407)* :::::

5	5	7	7	7	7	6	6	5	5
5	7	7	7	4	3	1	6	5	5
5	3	3	4	4	3	3	6	5	2
5	3	6	4	8	8	8	6	6	2
3	6	6	3	3	3	8	8	1	4
3	3	6	6	6	2	8	4	4	4
4	4	3	3	3	2	8	8	9	9
6	4	4	5	4	4	4	4	9	3
6	5	5	5	5	1	9	9	9	3
6	6	6	6	9	9	9	2	2	3

::::: *Puzzle (408)* :::::

9	4	4	3	3	3	6	6	6	6
9	9	4	7	7	4	4	6	5	6
3	9	4	7	4	4	2	2	5	5
3	9	2	7	5	5	5	1	5	5
3	9	2	7	4	7	5	5	2	2
1	9	7	7	4	7	3	3	3	5
9	9	3	4	4	7	7	7	5	5
4	4	3	5	5	5	5	7	7	5
4	4	3	6	6	6	5	1	3	5
5	5	5	5	5	6	6	6	3	3

::::: *Puzzle (409)* :::::

2	2	4	4	3	3	3	4	4	4
1	4	4	5	5	5	5	4	6	6
7	7	8	5	3	3	3	6	6	6
7	3	8	8	8	8	4	4	6	4
7	3	3	4	9	8	4	4	2	4
7	7	4	4	9	8	8	1	2	4
4	7	3	4	9	4	4	4	3	4
4	4	3	3	9	9	3	4	3	3
6	4	6	9	9	9	3	3	5	5
6	6	6	6	9	2	2	5	5	5

::::: *Puzzle (410)* :::::

3	3	2	2	9	9	9	2	3	3
5	3	5	5	1	9	3	2	3	5
5	6	6	5	5	9	3	3	5	5
5	6	6	5	8	9	7	1	7	5
5	5	6	6	8	9	7	7	7	5
6	6	8	8	8	9	9	7	7	3
6	2	2	8	8	8	3	1	3	3
6	3	7	1	6	3	3	5	5	5
6	3	7	7	6	6	6	6	5	5
6	3	7	7	7	7	6	3	3	3

::::: *Puzzle (411)* :::::

3	3	9	5	5	3	6	6	2	6
5	3	9	1	5	3	3	6	2	6
5	5	9	5	5	6	6	6	1	6
5	5	9	3	3	3	2	2	8	6
9	9	9	2	4	4	4	1	8	6
9	3	3	2	4	5	5	5	8	6
9	3	4	4	5	5	6	8	8	8
4	4	6	4	4	6	6	3	3	8
4	4	6	6	7	6	6	6	3	8
6	6	6	1	7	7	7	7	7	7

::::: *Puzzle (412)* :::::

3	1	7	7	7	9	6	6	6	6
3	3	7	7	3	9	6	3	4	4
6	2	7	7	3	9	6	3	3	4
6	2	6	1	3	9	9	9	9	4
6	6	6	3	9	9	3	3	3	2
4	4	4	3	3	8	6	6	6	2
3	4	2	2	8	8	5	1	6	6
3	3	5	5	8	5	5	4	4	6
4	5	5	5	8	5	5	3	4	2
4	4	4	8	8	8	3	3	4	2

::::: *Puzzle (413)* :::::

9	9	9	7	7	1	5	5	5	5
3	9	9	4	7	7	5	6	6	3
3	9	9	4	4	7	7	6	3	3
3	2	9	4	1	7	5	6	6	5
5	2	9	3	5	5	5	5	6	5
5	5	5	3	3	1	8	8	5	5
2	5	3	8	8	8	8	8	7	5
2	4	3	3	8	5	6	7	7	7
4	4	4	5	5	5	6	6	7	7
3	3	3	5	6	6	6	2	2	7

::::: *Puzzle (414)* :::::

7	8	8	8	8	8	8	8	8	7
7	7	7	3	6	6	6	6	7	7
4	4	7	3	3	6	5	6	7	7
2	4	7	7	2	5	5	5	7	7
2	4	9	1	2	8	8	5	3	3
9	9	9	9	9	8	8	8	8	3
5	4	4	4	9	8	8	3	3	5
5	4	2	2	9	7	7	3	5	5
5	5	3	5	9	5	7	7	5	5
5	3	3	5	5	5	7	7	7	1

::::: *Puzzle (415)* :::::

5	5	5	6	1	8	8	2	2	5
5	6	6	6	8	8	5	3	5	5
5	4	6	6	8	5	5	3	3	5
4	4	8	8	8	5	5	6	6	5
7	4	2	2	4	4	3	3	6	6
7	1	5	5	4	4	9	3	6	6
7	7	3	5	5	9	9	9	2	2
7	7	3	3	5	9	9	9	6	6
6	7	6	6	3	9	3	9	6	6
6	6	6	3	3	1	3	3	6	6

::::: *Puzzle (416)* :::::

6	3	7	7	7	7	7	9	9	9
6	3	3	7	2	7	4	4	9	9
6	6	6	3	2	4	4	9	9	1
7	6	3	3	5	5	7	7	9	2
7	4	4	4	5	5	1	7	9	2
7	7	4	8	5	4	7	7	3	3
6	7	7	8	4	4	7	7	3	6
6	6	7	8	4	8	8	6	6	6
6	6	3	8	8	8	6	6	2	2
6	3	3	7	7	7	7	7	7	7

::::: *Puzzle (417)* :::::

6	6	6	6	6	8	8	8	8	8
2	6	4	4	4	8	1	4	4	9
2	1	4	2	2	8	4	4	2	9
6	6	3	3	1	8	5	9	2	9
6	6	3	5	5	5	5	9	9	9
6	5	5	4	4	6	4	9	9	8
6	5	3	4	6	6	4	4	4	8
4	5	3	4	6	6	8	8	8	8
4	5	3	7	7	6	8	8	3	3
4	4	7	7	7	7	7	2	2	3

::::: *Puzzle (418)* :::::

2	2	8	8	8	2	2	6	6	6
4	8	8	1	4	4	4	6	6	6
4	4	8	3	4	6	2	3	3	3
4	8	8	3	3	6	2	6	6	6
5	4	1	6	6	6	9	6	6	6
5	4	4	4	6	9	9	9	9	9
5	5	5	7	7	6	6	6	9	9
6	6	1	7	7	6	6	6	9	1
4	6	6	6	7	7	4	4	4	4
4	4	4	6	7	5	5	5	5	5

::::: *Puzzle (419)* :::::

5	5	5	5	5	2	3	3	3	6
7	8	8	8	8	2	6	6	6	6
7	5	5	5	8	8	6	4	4	5
7	5	5	4	4	8	8	4	4	5
7	1	4	4	6	1	6	5	5	5
7	2	2	5	6	6	6	4	4	4
7	9	5	5	3	6	3	3	4	5
7	9	5	5	3	3	6	3	5	5
3	9	9	2	2	1	6	6	5	5
3	3	9	9	9	9	9	6	6	6

::::: *Puzzle (420)* :::::

5	2	2	3	9	1	4	4	4	3
5	5	8	3	9	2	2	4	7	3
4	5	8	3	9	9	9	9	7	3
4	5	8	8	4	4	4	9	7	7
4	4	8	1	4	2	9	9	1	7
2	2	8	8	8	2	1	3	3	7
1	3	5	4	1	3	3	6	3	7
3	3	5	4	3	5	3	6	6	6
5	5	5	4	3	5	5	5	4	6
3	3	3	4	3	5	4	4	4	6

::::: Puzzle (421) :::::

7	3	3	4	4	4	3	5	5	8
7	7	3	4	9	3	3	5	5	8
7	9	9	9	9	9	9	5	8	8
7	6	6	4	4	2	9	9	8	8
7	7	6	4	6	2	1	4	2	8
8	6	6	4	6	6	4	4	2	8
8	8	6	8	6	6	5	4	7	7
8	8	8	8	6	5	5	5	7	7
7	3	3	3	1	5	3	7	7	7
7	7	7	7	7	7	3	3	2	2

::::: Puzzle (422) :::::

4	3	4	4	1	9	9	9	9	1
4	3	3	4	4	9	9	2	2	4
4	4	8	9	9	9	8	4	4	4
8	8	8	4	4	3	8	8	3	3
8	7	8	4	4	3	3	8	3	8
8	7	4	2	2	7	7	8	8	8
8	7	4	4	4	7	7	7	4	4
1	7	7	7	5	3	7	7	4	7
2	3	7	5	5	3	3	1	4	7
2	3	3	5	5	7	7	7	7	7

::::: Puzzle (423) :::::

5	5	5	5	5	2	5	5	5	5
3	3	3	9	9	2	9	9	4	5
6	5	2	2	9	9	9	4	4	4
6	5	5	5	3	1	9	7	3	3
6	5	2	2	3	3	9	7	7	3
6	6	6	8	1	5	7	7	5	5
4	4	4	8	5	5	7	5	5	5
5	4	6	8	5	5	7	1	3	3
5	5	6	8	8	8	8	8	3	5
5	5	6	6	6	6	5	5	5	5

::::: Puzzle (424) :::::

5	5	5	6	6	6	8	8	2	2
5	5	6	6	8	8	8	8	1	3
4	4	4	6	3	8	8	1	6	3
5	4	6	5	3	3	7	7	6	3
5	6	6	5	5	7	7	6	6	6
5	6	6	5	7	7	2	2	6	5
5	5	6	5	7	3	3	3	5	5
3	3	2	2	9	9	9	1	5	5
3	6	6	6	4	9	9	9	9	9
6	6	6	4	4	4	9	3	3	3

::::: Puzzle (425) :::::

4	4	3	4	6	6	5	5	5	4
4	4	3	4	6	6	6	5	5	4
8	8	3	4	4	6	2	2	4	4
8	8	8	8	5	9	9	9	2	2
8	8	4	5	5	5	4	9	9	1
7	4	4	4	5	4	4	4	9	9
7	7	7	3	3	5	1	9	9	5
7	5	5	3	5	5	5	2	5	5
7	7	5	4	4	5	6	2	6	5
1	5	5	4	4	6	6	6	6	5

::::: Puzzle (426) :::::

6	6	6	6	5	2	6	6	6	6
2	6	6	4	5	2	1	6	7	6
2	4	4	4	5	5	7	7	7	7
8	8	8	8	5	4	1	7	6	6
3	3	8	8	4	4	4	7	6	6
3	7	8	8	9	9	9	9	6	6
7	7	7	6	3	3	3	9	9	3
4	7	7	6	5	5	9	9	6	3
4	4	7	6	6	5	9	6	6	3
4	2	2	6	6	5	5	6	6	6

::::: Puzzle (427) :::::

6	6	6	3	3	3	6	6	6	6
6	6	6	9	2	2	5	5	3	6
3	9	9	9	9	3	5	3	3	6
3	9	9	1	9	3	5	5	7	7
3	9	6	6	6	3	8	2	1	7
7	7	6	6	6	8	8	2	7	7
3	7	7	7	7	8	8	8	7	7
3	3	6	6	7	4	4	8	8	2
6	6	6	6	4	4	3	1	4	2
5	5	5	5	5	3	3	4	4	4

::::: Puzzle (428) :::::

4	4	4	6	3	3	2	4	4	4
4	6	6	6	3	7	2	7	4	5
3	3	3	6	6	7	7	7	7	5
5	5	7	3	3	3	2	2	7	5
5	7	7	1	8	8	3	3	9	5
5	7	8	8	8	8	9	3	9	5
5	7	7	7	8	9	9	9	9	9
3	2	2	3	8	6	9	1	4	4
3	3	4	3	3	6	5	5	4	4
4	4	4	6	6	6	6	5	5	5

::::: Puzzle (429) :::::

5	5	5	6	6	6	4	4	5	5
5	5	4	6	6	6	4	4	5	3
4	4	4	7	7	7	1	5	5	3
5	6	6	6	7	6	6	6	6	3
5	5	6	6	7	6	6	9	9	9
5	5	6	1	7	2	2	9	9	9
2	2	8	8	7	9	9	9	4	3
3	3	1	8	8	8	4	4	4	3
6	3	6	6	4	8	8	5	5	3
6	6	6	4	4	4	8	5	5	5

::::: Puzzle (430) :::::

6	6	3	6	7	7	3	3	6	6
6	6	3	6	7	7	7	3	6	6
6	4	3	6	6	6	7	7	9	6
6	4	4	4	6	5	1	5	9	6
2	2	3	2	4	5	5	5	9	9
1	3	3	2	4	4	9	9	9	4
7	7	7	7	4	2	2	9	1	4
7	7	4	6	6	3	3	9	4	4
3	7	4	4	6	6	3	8	8	8
3	3	4	6	6	8	8	8	8	8

::::: Puzzle (431) :::::

5	5	4	4	9	5	5	3	3	4
5	5	5	4	9	5	5	5	3	4
6	6	6	4	9	3	3	3	4	4
5	5	6	6	9	9	9	9	3	6
5	5	6	8	9	4	9	3	3	6
3	5	1	8	4	4	4	6	6	6
3	3	8	8	8	8	2	2	6	5
5	8	8	4	4	7	7	5	5	5
5	5	5	5	4	4	7	7	5	2
4	4	4	4	1	7	7	7	1	2

::::: Puzzle (432) :::::

8	8	5	5	3	3	2	2	3	3
8	8	5	5	5	3	9	9	6	3
7	8	8	1	6	6	3	9	6	6
7	7	8	8	6	3	3	9	6	6
7	4	4	4	6	6	6	9	6	3
7	4	3	3	5	5	5	9	3	3
7	1	3	5	5	1	9	9	1	2
7	2	2	3	3	3	9	5	5	2
6	6	4	4	4	6	1	6	5	5
6	6	6	6	4	6	6	6	6	5

::::: Puzzle (433) :::::

3	5	5	9	9	3	3	6	6	6
3	5	5	5	9	3	1	9	3	6
3	8	8	8	9	9	9	9	3	6
4	4	4	8	5	9	2	4	3	6
4	8	8	8	5	3	2	4	4	4
3	8	1	5	5	3	3	5	6	6
3	3	8	8	5	4	5	5	5	6
4	4	8	2	4	4	5	1	7	6
4	1	8	2	4	7	2	2	7	6
4	8	8	8	8	7	7	7	7	6

::::: Puzzle (434) :::::

8	8	8	8	8	7	7	7	7	2
5	5	5	8	8	3	7	7	4	2
5	7	7	8	3	3	7	4	4	4
5	7	7	4	4	8	8	8	6	6
7	7	7	4	4	8	6	6	6	6
3	4	4	8	8	8	1	2	2	4
3	4	5	4	4	8	9	9	9	4
3	4	5	4	4	9	9	6	4	4
4	5	5	5	1	9	9	6	6	6
4	4	4	1	9	9	2	2	6	6

::::: Puzzle (435) :::::

5	3	3	6	6	6	4	4	2	5
5	5	3	6	6	4	4	8	2	5
5	5	2	2	6	7	7	8	5	5
9	9	9	9	7	7	7	8	8	5
9	9	4	9	7	6	7	4	8	8
9	4	4	4	1	6	4	4	8	1
9	1	3	6	6	6	6	4	8	4
8	3	3	4	4	4	4	3	4	4
8	8	8	8	2	2	1	3	3	4
8	8	8	7	7	7	7	7	7	7

::::: Puzzle (436) :::::

8	8	2	4	4	7	7	7	7	7
8	8	2	4	4	8	7	6	6	6
8	7	7	7	7	8	7	3	6	6
8	7	7	2	1	8	8	3	6	4
8	7	4	2	8	8	9	3	4	4
8	1	4	4	8	6	9	9	4	8
3	2	2	4	8	6	1	9	9	8
3	6	6	3	3	6	6	9	8	8
3	6	6	3	6	6	9	9	8	8
6	6	4	4	4	4	1	9	8	8

::::: Puzzle (437) :::::

8	4	4	4	5	5	5	7	7	1
8	8	8	4	3	5	5	7	7	6
8	8	8	3	3	7	7	7	6	6
7	8	3	2	2	3	9	3	6	6
7	3	3	7	3	3	9	3	6	4
7	7	7	7	9	9	9	3	4	4
4	4	4	2	1	4	9	9	1	4
4	3	5	2	4	4	4	9	9	5
3	3	5	6	6	6	6	4	5	5
5	5	5	6	6	4	4	4	5	5

::::: Puzzle (438) :::::

6	6	6	6	9	7	7	7	7	7
6	6	3	3	9	9	3	4	7	7
2	2	3	9	9	3	3	4	4	1
9	9	9	9	3	6	6	4	5	5
3	3	1	8	3	3	6	6	5	5
5	3	4	8	2	6	6	3	3	5
5	4	4	8	2	8	8	3	6	6
5	5	4	8	8	8	6	6	6	6
4	5	1	3	3	5	5	5	3	3
4	4	4	3	1	2	2	5	5	3

::::: Puzzle (439) :::::

6	6	6	2	2	9	9	9	5	5
6	6	6	4	9	9	9	9	4	5
5	4	4	4	3	3	9	1	4	5
5	5	5	5	3	8	9	4	4	5
4	4	4	3	1	8	1	6	6	4
7	4	3	3	8	8	6	6	4	4
7	8	8	8	8	6	6	3	3	4
7	3	3	3	7	7	7	3	4	3
7	7	5	5	5	7	7	4	4	3
7	7	5	5	2	2	7	7	4	3

::::: Puzzle (440) :::::

8	8	8	7	7	7	7	6	6	6
8	3	7	7	7	5	2	6	3	6
8	3	4	4	5	5	2	6	3	3
8	3	4	4	5	5	3	3	5	5
8	8	3	3	1	9	9	3	5	5
4	2	2	3	5	9	9	9	1	5
4	4	5	5	5	3	3	9	6	6
1	4	2	2	5	3	9	9	6	6
6	6	3	3	3	5	9	3	3	6
6	6	6	6	5	5	5	5	3	6

::::: Puzzle (441) :::::

4	4	3	5	5	5	5	4	2	4
4	3	3	4	4	4	5	4	2	4
4	6	6	4	6	6	6	4	9	4
6	6	3	6	6	3	3	4	9	4
6	3	3	6	4	3	4	9	9	2
6	7	7	7	4	6	4	9	3	2
1	7	7	4	4	6	4	9	3	3
6	6	7	3	6	6	4	9	9	9
6	6	7	3	3	6	6	2	2	1
6	6	8	8	8	8	8	8	8	8

::::: Puzzle (442) :::::

5	5	5	7	7	7	7	6	6	6
1	6	5	2	2	4	7	7	6	6
6	6	5	8	4	4	4	7	6	4
6	3	1	8	2	9	1	4	4	4
6	3	8	8	2	9	9	6	6	6
6	3	8	9	9	9	3	3	6	6
3	5	8	8	2	9	3	8	3	6
3	5	3	8	2	9	9	8	3	3
3	5	3	5	5	3	3	8	8	8
5	5	3	5	5	5	3	8	8	8

::::: Puzzle (443) :::::

5	5	5	9	9	4	4	6	6	6
5	3	5	9	9	4	5	6	6	6
3	3	2	2	9	4	5	3	3	8
5	5	5	9	9	9	5	5	3	8
5	3	8	8	2	9	5	8	8	8
5	3	3	8	2	8	8	8	4	6
2	8	8	8	4	4	5	4	4	6
2	5	8	1	4	4	5	5	4	6
5	5	8	3	3	3	1	5	6	6
5	5	1	4	4	4	4	5	1	6

::::: Puzzle (444) :::::

3	3	1	8	6	6	6	4	4	4
3	2	2	8	8	6	6	4	3	3
4	3	3	1	8	6	3	3	4	3
4	3	6	3	8	8	8	3	4	4
4	4	6	3	7	8	9	9	4	2
3	6	6	3	7	7	3	9	9	2
3	3	6	6	7	6	3	9	9	9
4	1	7	7	7	6	3	9	5	9
4	3	3	2	6	6	4	5	5	5
4	4	3	2	6	6	4	4	4	5

::::: Puzzle (445) :::::

6	5	5	5	5	7	7	7	7	2
6	6	5	3	3	3	7	7	1	2
6	6	3	5	5	5	7	4	4	4
6	3	3	5	5	1	6	1	4	5
2	4	4	4	4	8	6	5	5	5
2	9	9	8	8	8	6	5	2	2
9	9	8	8	8	8	6	6	6	5
9	9	5	7	3	3	3	4	1	5
9	9	5	7	7	7	1	4	4	5
9	5	5	5	7	7	7	4	5	5

::::: Puzzle (446) :::::

6	6	6	4	4	4	6	6	6	5
6	9	6	6	4	8	6	6	5	5
9	9	9	9	9	8	8	6	5	5
9	5	9	5	1	8	7	7	7	7
9	5	5	5	4	8	8	1	7	7
2	2	3	4	4	4	8	3	7	2
5	6	3	3	2	2	8	3	5	2
5	6	6	5	4	4	1	3	5	6
5	6	6	5	5	4	5	5	5	6
5	5	6	5	5	4	6	6	6	6

::::: Puzzle (447) :::::

7	7	7	7	7	8	3	3	3	5
5	7	3	3	7	8	8	8	5	5
5	1	3	4	3	8	8	8	5	5
5	5	5	4	3	2	3	8	9	9
7	2	2	4	3	2	3	3	9	3
7	5	5	4	1	9	9	9	9	3
7	7	5	5	5	9	3	9	2	3
7	8	8	8	8	8	3	3	2	6
7	8	5	5	8	8	4	6	6	6
7	1	5	5	5	4	4	4	6	6

::::: Puzzle (448) :::::

4	4	7	7	7	7	8	5	5	6
4	7	7	7	8	8	8	5	5	6
4	9	9	9	9	9	8	5	6	6
6	6	1	9	8	8	8	1	6	6
6	2	2	9	9	9	5	5	5	5
6	6	8	8	8	2	7	5	1	2
6	4	4	8	8	2	7	4	4	2
4	4	3	8	8	3	7	7	4	4
2	3	3	8	7	3	3	7	7	7
2	7	7	7	7	7	7	3	3	3

::::: Puzzle (449) :::::

4	8	8	6	5	5	5	4	4	4
4	8	6	6	6	5	5	4	2	9
4	8	2	6	6	3	3	3	2	9
4	8	2	4	4	7	9	9	9	9
8	8	4	4	7	7	4	4	1	9
8	7	7	7	7	4	4	7	9	9
4	1	4	4	4	3	3	7	7	1
4	5	5	5	4	6	3	7	2	2
4	5	3	3	6	6	7	7	4	4
4	5	3	6	6	6	7	1	4	4

::::: Puzzle (450) :::::

4	4	3	4	4	4	7	7	7	7
4	4	3	2	3	4	3	3	3	7
9	9	3	2	3	3	2	7	1	7
3	9	9	1	7	7	2	7	3	7
3	9	3	3	1	7	7	7	3	3
3	9	3	4	3	3	3	6	6	2
9	9	4	4	4	1	6	6	6	2
4	9	7	7	7	4	4	1	6	1
4	4	7	7	3	4	4	5	3	3
4	7	7	3	3	5	5	5	5	3

::::: Puzzle (451) :::::

9	9	7	7	7	7	6	4	4	4
9	9	5	5	5	7	6	4	3	3
9	1	4	5	3	7	6	6	6	3
9	9	4	5	3	7	3	6	8	8
9	7	4	4	3	1	3	3	8	8
9	7	7	7	7	4	2	1	8	8
3	7	7	2	4	4	2	7	8	8
3	3	6	2	4	6	6	7	4	4
6	6	6	4	6	6	6	7	7	4
6	6	4	4	4	6	7	7	7	4

::::: Puzzle (452) :::::

2	2	1	7	7	7	7	5	5	5
5	7	7	7	8	8	2	2	5	5
5	4	3	3	8	7	7	7	3	3
5	4	4	3	8	8	4	7	7	3
5	4	9	8	8	4	4	7	4	4
5	3	9	8	5	5	4	7	4	4
3	3	9	3	3	5	5	1	3	3
6	9	9	9	3	5	6	6	6	3
6	6	6	9	9	9	5	5	6	6
6	6	3	3	3	1	5	5	5	6

::::: Puzzle (453) :::::

5	5	7	7	7	2	2	3	3	3
4	5	5	7	7	3	3	9	9	9
4	5	2	7	7	3	4	3	9	9
4	4	2	8	4	4	4	3	3	9
8	8	8	8	8	3	3	7	9	9
1	4	4	4	8	1	3	7	3	9
4	7	4	3	8	7	7	7	3	3
4	7	7	3	3	2	3	7	7	4
4	4	7	7	1	2	3	3	1	4
3	3	3	7	7	1	2	2	4	4

::::: Puzzle (454) :::::

5	7	7	7	7	6	6	8	6	6
5	5	7	7	6	6	6	8	8	6
5	2	2	7	1	8	6	8	6	6
5	4	6	6	6	8	8	8	3	6
4	4	6	6	1	6	1	4	3	2
6	4	6	9	6	6	6	4	3	2
6	2	2	9	9	6	6	4	4	7
6	6	9	9	9	8	7	7	7	7
6	9	9	5	9	8	8	7	7	8
6	5	5	5	5	1	8	8	8	8

::::: Puzzle (455) :::::

8	8	8	2	2	6	6	5	5	5
8	4	8	8	8	6	6	6	5	5
1	4	3	3	8	4	4	6	4	4
4	4	3	7	7	4	4	5	4	4
1	7	7	7	9	9	5	5	5	5
6	6	6	7	4	9	9	2	2	9
6	6	4	7	4	4	9	9	9	9
5	6	4	2	4	6	6	4	4	4
5	4	4	2	3	6	6	6	5	4
5	5	5	3	3	6	5	5	5	5

::::: Puzzle (456) :::::

8	8	7	7	7	6	6	6	6	6
8	8	7	1	7	6	4	4	4	4
8	8	7	4	4	4	6	8	1	3
8	8	7	4	6	6	6	8	3	3
7	1	3	3	3	6	6	8	6	6
7	3	2	1	2	2	8	8	6	6
7	3	2	5	5	5	8	1	6	6
7	3	5	5	1	8	8	2	3	3
7	6	6	6	6	9	9	2	3	9
7	7	6	6	9	9	9	9	9	9

::::: Puzzle (457) :::::

8	8	8	3	3	5	5	5	6	3
8	8	8	8	3	5	5	6	6	3
8	2	3	3	5	3	3	3	6	3
9	2	1	3	5	5	5	8	6	6
9	1	2	2	5	3	8	8	8	8
9	9	9	1	3	3	8	3	3	8
9	9	9	5	5	5	5	3	7	8
5	1	9	5	3	3	7	7	7	7
5	5	5	6	3	7	7	3	3	2
5	6	6	6	6	6	2	2	3	2

::::: Puzzle (458) :::::

5	5	9	8	8	3	3	3	6	6
5	9	9	8	8	8	8	6	6	6
5	5	9	3	3	8	8	6	3	3
2	2	9	1	3	4	7	7	7	3
9	9	9	9	5	4	4	7	7	7
8	8	5	5	5	4	6	3	7	1
8	8	8	5	6	6	6	3	4	4
6	8	8	7	6	6	1	3	4	4
6	6	8	7	2	2	7	1	3	3
6	6	6	7	7	7	7	2	2	3

::::: Puzzle (459) :::::

7	7	7	7	8	8	8	8	8	8
3	7	7	4	4	2	8	3	6	1
3	3	7	4	5	2	8	3	6	6
1	8	1	4	5	5	2	3	6	6
5	8	8	8	5	5	2	6	3	6
5	5	8	8	8	8	6	6	3	3
3	5	5	3	3	9	6	6	6	1
3	3	6	3	9	9	3	3	3	8
6	6	6	6	9	8	8	2	2	8
6	9	9	9	9	9	8	8	8	8

::::: Puzzle (460) :::::

4	3	3	3	7	7	7	9	2	2
4	4	7	7	7	3	7	9	3	3
5	4	1	4	4	3	3	9	9	3
5	2	2	4	4	5	4	4	9	9
5	5	3	3	5	5	3	4	4	9
6	5	3	1	3	5	3	1	9	9
6	6	6	3	3	5	3	7	7	2
3	3	6	6	4	3	7	7	5	2
3	5	5	4	4	3	3	7	5	5
5	5	5	4	2	2	7	7	5	5

::::: Puzzle (461) :::::

6	3	3	3	8	4	4	4	7	7
6	2	2	1	8	4	7	1	7	7
6	6	6	8	8	8	7	3	7	7
6	3	3	8	8	6	7	3	3	7
5	3	9	8	6	6	7	7	5	2
5	5	9	2	2	6	4	7	5	2
5	5	9	9	6	6	4	7	5	5
4	6	6	9	9	9	4	4	5	1
4	6	6	6	3	9	9	1	7	7
4	4	6	3	3	7	7	7	7	7

::::: Puzzle (462) :::::

9	9	9	9	8	8	8	4	4	4
9	9	9	6	8	8	8	8	3	4
9	9	7	6	6	6	7	8	3	6
3	3	7	6	6	7	7	7	3	6
5	3	7	1	5	1	7	6	6	6
5	7	7	7	5	5	7	7	6	5
5	5	7	2	2	5	5	2	2	5
5	3	2	3	1	2	3	3	5	5
3	3	2	3	3	2	6	3	6	5
2	2	1	2	2	1	6	6	6	6

::::: Puzzle (463) :::::

8	8	8	8	9	9	5	5	5	5
8	2	2	9	9	9	9	5	3	3
8	8	4	4	4	9	9	9	3	7
4	8	7	4	1	3	6	7	7	7
4	4	7	7	7	3	6	3	7	7
4	5	2	2	7	3	6	3	1	7
5	5	3	3	7	4	6	3	8	8
5	5	3	6	7	4	6	6	1	8
6	6	6	6	6	4	3	3	8	8
5	5	5	5	5	4	3	8	8	8

::::: Puzzle (464) :::::

9	9	9	7	2	2	3	6	3	3
9	9	7	7	7	3	3	6	6	3
9	9	7	7	4	6	6	6	2	2
9	9	7	1	4	4	4	8	8	8
8	8	8	6	6	6	3	8	6	6
8	8	8	6	6	3	3	8	6	6
6	1	8	6	3	8	8	8	6	2
6	6	8	3	3	5	4	4	6	2
6	1	5	5	5	5	7	4	4	7
6	6	1	2	2	7	7	7	7	7

::::: Puzzle (465) :::::

4	3	7	7	7	7	7	8	8	8
4	3	4	4	4	7	8	8	4	8
4	3	4	2	2	7	8	4	4	8
4	5	5	5	1	5	5	4	2	2
5	5	9	9	5	5	5	3	3	3
7	9	9	9	4	4	2	1	5	5
7	7	9	4	4	1	2	5	5	5
7	1	9	9	9	4	7	7	2	2
7	6	6	6	6	4	7	7	3	3
7	7	6	6	4	4	7	7	7	3

::::: Puzzle (466) :::::

7	7	7	7	7	8	8	8	8	8
7	5	5	5	5	3	8	3	8	6
7	2	2	5	3	3	8	3	6	6
3	3	4	4	4	7	7	3	6	6
2	3	7	4	3	3	7	1	4	6
2	7	7	2	2	3	7	4	4	4
7	7	3	3	3	6	7	6	6	6
7	4	6	6	6	6	7	6	4	6
7	4	4	4	6	1	7	9	4	6
9	9	9	9	9	9	9	9	4	4

::::: Puzzle (467) :::::

6	5	5	5	5	6	6	6	2	1
6	6	6	6	5	6	6	6	2	9
3	3	3	6	1	8	9	9	9	9
4	4	8	8	8	8	3	3	3	9
5	4	3	3	8	3	6	6	6	9
5	4	3	5	8	3	3	4	6	9
5	1	5	5	8	2	1	4	6	9
5	2	6	5	5	2	3	4	6	2
5	2	6	6	4	3	3	4	5	2
6	6	6	4	4	4	5	5	5	5

::::: Puzzle (468) :::::

5	5	4	8	8	8	2	2	6	6
5	4	4	8	4	8	8	6	6	4
5	4	9	4	4	3	8	6	6	4
5	1	9	9	4	3	8	5	2	4
2	2	5	9	1	3	6	5	2	4
5	5	5	9	6	6	6	5	4	7
5	4	3	9	6	6	5	5	4	7
4	4	3	9	9	9	3	4	4	7
6	4	3	6	1	3	3	7	7	7
6	6	6	6	5	5	5	5	5	7

::::: Puzzle (469) :::::

9	5	5	5	3	3	3	1	3	4
9	9	9	5	5	7	7	7	3	4
9	4	4	4	3	3	3	7	3	4
9	9	9	4	2	2	7	7	7	4
9	4	7	3	3	8	8	8	4	6
4	4	7	3	2	2	8	8	4	6
4	7	7	7	8	8	8	4	4	6
3	7	7	1	3	3	2	6	6	6
3	1	4	4	6	3	2	5	5	5
3	4	4	6	6	6	6	6	5	5

::::: Puzzle (470) :::::

2	2	5	6	6	6	6	6	7	7
8	8	5	2	6	4	7	7	7	7
8	5	5	2	4	4	7	5	5	5
8	8	5	3	4	9	9	9	3	5
8	1	3	3	1	9	5	5	3	5
8	4	4	4	6	9	9	5	3	6
8	7	4	6	6	9	9	5	5	6
7	7	6	6	6	1	9	6	6	6
7	7	4	7	7	7	7	7	7	6
7	7	4	4	4	3	3	3	7	1

::::: Puzzle (471) :::::

9	1	3	3	8	3	6	6	6	6
9	4	4	3	8	3	3	6	6	1
9	9	4	8	8	8	8	8	2	2
9	9	4	1	8	5	5	5	3	3
9	9	9	4	4	5	8	8	7	3
6	2	4	4	8	5	8	7	7	7
6	2	1	6	8	8	8	7	7	7
6	6	5	6	6	8	5	2	6	2
6	6	5	6	5	5	5	2	6	2
5	5	5	6	6	5	6	6	6	6

::::: Puzzle (472) :::::

7	7	7	7	7	7	7	3	3	3
8	8	8	8	8	1	2	2	5	5
8	8	7	7	7	7	7	5	5	5
6	8	7	7	6	6	6	4	4	4
6	6	6	6	9	6	6	6	4	6
1	6	1	9	9	9	3	3	6	6
8	1	6	9	6	9	9	3	6	6
8	6	6	6	6	9	9	1	2	6
8	2	2	8	4	4	7	7	2	7
8	8	8	8	4	4	7	7	7	7

::::: Puzzle (473) :::::

6	5	5	5	1	7	6	3	3	3
6	6	6	5	7	7	6	6	6	6
6	6	1	5	7	8	6	3	3	3
5	9	9	7	7	8	8	8	8	8
5	3	9	9	7	4	4	7	4	8
5	3	3	9	9	9	4	7	4	8
5	5	7	7	9	9	4	7	4	4
2	2	7	5	5	1	6	7	7	7
5	5	7	7	5	5	6	7	2	2
5	5	5	7	7	5	6	6	6	6

::::: Puzzle (474) :::::

6	6	4	3	3	5	5	5	5	5
6	6	4	5	3	4	4	4	9	7
4	6	4	5	5	4	9	9	9	7
4	6	4	5	5	9	9	7	7	7
4	8	8	1	8	9	9	2	7	2
4	8	8	8	8	4	9	2	7	2
7	7	8	7	1	4	1	6	6	6
7	7	7	7	3	4	4	6	5	6
1	2	2	3	3	7	3	6	5	5
7	7	7	7	7	7	3	3	5	5

::::: Puzzle (475) :::::

6	6	8	8	8	8	8	4	4	4
6	6	8	8	8	6	6	6	3	4
6	6	2	9	6	6	2	8	3	1
7	1	2	9	9	6	2	8	3	2
7	7	4	9	9	8	8	8	8	2
7	4	4	9	4	4	4	2	8	8
7	4	9	9	6	4	7	2	1	5
7	7	9	6	6	6	7	7	5	5
5	5	3	3	6	4	4	7	7	5
5	5	5	3	6	4	4	7	7	5

::::: Puzzle (476) :::::

5	5	7	7	4	4	8	5	5	5
5	1	7	5	5	4	8	5	3	5
5	5	7	5	5	4	8	2	3	3
2	2	7	7	5	8	8	2	7	7
6	8	7	5	8	8	7	7	7	1
6	8	1	5	8	6	6	6	7	6
6	8	8	5	5	6	6	6	7	6
6	4	8	5	9	9	9	9	9	6
6	4	8	8	8	3	9	9	6	6
6	4	4	2	2	3	3	9	9	6

::::: Puzzle (477) :::::

7	7	7	7	7	5	3	3	6	6
7	4	7	9	5	5	5	3	6	3
4	4	4	9	5	3	3	6	6	3
9	9	9	9	9	3	2	6	7	3
2	1	4	9	9	1	2	8	7	2
2	4	4	3	8	8	8	8	7	2
6	6	4	3	8	3	3	3	7	1
6	6	6	3	8	8	6	1	7	7
5	5	6	4	4	4	6	6	7	4
5	5	5	4	6	6	6	4	4	4

::::: Puzzle (478) :::::

7	7	7	5	5	5	5	6	7	7
7	7	7	7	5	6	6	6	6	7
2	4	4	4	4	6	2	2	7	7
2	9	5	5	1	3	3	6	7	7
9	9	9	5	5	5	3	6	6	6
9	2	9	9	9	1	5	5	6	6
6	2	3	9	8	5	5	5	3	3
6	3	3	8	8	8	8	8	1	3
6	6	5	5	8	2	8	7	7	7
6	6	5	5	5	2	7	7	7	7

::::: Puzzle (479) :::::

3	3	4	4	3	4	4	2	2	1
3	2	4	3	3	4	4	8	8	8
7	2	4	6	6	3	8	8	3	8
7	7	6	6	6	3	8	8	3	3
7	7	1	9	6	3	1	7	7	7
7	7	9	9	9	4	4	4	1	7
8	8	8	4	9	9	4	7	7	7
8	8	4	4	4	9	9	9	8	8
8	8	8	6	6	3	3	8	8	8
2	2	6	6	6	6	3	8	8	8

::::: Puzzle (480) :::::

5	5	5	5	7	7	3	3	6	6
9	5	7	7	7	7	3	6	6	5
9	9	9	7	4	4	6	6	5	5
3	9	9	9	9	4	4	2	2	5
3	3	9	8	5	5	6	6	6	5
8	8	8	8	8	5	5	6	6	6
2	6	2	8	1	5	3	3	5	5
2	6	2	8	7	1	3	2	3	5
6	6	3	3	7	7	1	2	3	5
6	6	3	1	7	7	7	7	3	5

::::: *Puzzle (481)* :::::

3	3	3	7	7	7	7	7	7	7
5	6	6	6	2	8	8	8	5	5
5	6	4	4	2	5	8	5	5	5
5	6	6	4	4	5	8	1	4	4
5	4	4	5	5	5	8	8	4	4
5	4	4	8	8	8	5	8	1	3
4	8	1	8	5	5	5	1	3	3
4	8	8	8	5	9	9	9	5	5
4	3	3	9	9	9	9	4	4	5
4	3	2	2	9	9	4	4	5	5

::::: *Puzzle (482)* :::::

4	4	4	6	6	2	2	5	5	7
7	7	4	3	6	6	5	5	7	7
3	7	7	3	3	6	6	5	7	7
3	7	7	1	2	2	1	7	7	5
3	7	3	3	6	6	6	3	3	5
4	4	3	1	5	1	6	3	5	5
4	5	5	5	5	6	6	8	8	5
4	6	3	3	3	2	7	7	8	1
6	6	6	6	6	2	7	8	8	8
4	4	4	4	7	7	7	7	8	8

::::: *Puzzle (483)* :::::

6	6	6	2	2	7	7	9	9	3
6	3	6	6	5	7	7	7	9	3
3	3	5	5	5	1	4	7	9	3
5	6	6	6	5	4	4	7	9	4
5	5	6	6	3	4	9	9	9	4
5	4	6	3	3	1	7	9	4	4
5	4	7	7	7	7	7	3	2	2
4	4	1	3	7	8	3	3	7	7
6	6	6	3	8	8	8	8	7	7
6	6	6	3	8	8	8	7	7	7

::::: *Puzzle (484)* :::::

6	6	6	6	3	3	2	2	3	3
4	4	6	6	3	9	9	6	6	3
4	4	9	9	9	9	6	6	6	6
3	3	9	9	4	9	4	4	4	4
3	8	1	4	4	4	5	3	3	3
8	8	8	8	5	5	5	6	6	6
4	4	4	8	8	5	7	6	6	6
4	2	2	8	7	7	7	7	7	1
3	3	3	5	2	4	7	5	5	5
5	5	5	5	2	4	4	4	5	5

::::: *Puzzle (485)* :::::

4	2	2	8	2	2	6	6	6	6
4	4	8	8	8	8	1	6	6	1
4	9	8	5	1	8	8	7	7	7
9	9	5	5	5	5	1	7	6	1
9	9	9	8	3	1	7	7	6	6
9	1	2	8	3	3	7	5	6	6
9	9	2	8	8	8	5	5	6	4
6	6	3	6	8	8	8	5	7	4
6	6	3	6	6	6	7	5	7	4
6	6	3	6	6	7	7	7	7	4

::::: *Puzzle (486)* :::::

6	6	2	1	8	2	2	3	3	3
6	6	2	8	8	8	4	4	7	7
6	8	8	8	4	8	4	4	5	7
6	4	7	4	4	4	5	5	5	7
4	4	7	7	7	7	5	3	3	7
4	6	4	4	4	7	7	9	3	7
6	6	1	4	5	5	9	9	9	7
6	6	5	5	5	4	4	4	9	9
2	6	1	7	7	4	1	9	9	9
2	7	7	7	7	7	4	4	4	4

::::: *Puzzle (487)* :::::

3	3	6	6	6	5	5	5	6	6
3	6	2	6	6	6	5	5	6	6
6	6	2	8	8	8	8	1	6	2
6	6	6	5	5	8	8	8	6	2
4	4	4	4	5	5	8	7	7	7
7	7	7	7	5	3	7	7	4	7
7	7	1	7	3	3	7	6	4	4
5	5	3	3	4	4	1	6	6	4
5	5	3	4	4	9	9	6	6	6
5	2	2	9	9	9	9	9	9	9

::::: *Puzzle (488)* :::::

3	3	1	9	9	9	9	9	9	9
3	4	9	9	2	2	8	6	6	6
4	4	4	3	3	8	8	8	6	6
6	6	6	3	8	8	3	8	6	5
6	3	2	2	8	3	3	5	5	5
6	3	3	5	7	7	2	3	3	5
6	5	5	5	1	7	2	5	3	1
3	3	5	2	7	7	7	5	5	5
6	3	6	2	7	3	6	6	6	5
6	6	6	6	1	3	3	6	6	6

::::: *Puzzle (489)* :::::

7	7	2	2	3	5	4	4	4	4
5	7	7	3	3	5	5	6	6	6
5	5	7	7	5	5	9	6	6	6
5	5	1	7	9	9	9	9	7	1
6	6	6	9	9	5	7	7	7	7
6	3	3	4	9	5	5	5	7	8
6	3	4	4	9	5	7	3	7	8
6	5	4	7	7	7	7	3	3	8
5	5	7	7	2	2	4	1	8	8
5	5	2	2	4	4	4	8	8	8

::::: *Puzzle (490)* :::::

6	5	5	5	6	6	6	6	5	5
6	5	5	6	6	5	1	5	5	5
6	6	4	5	5	5	7	7	7	7
6	7	4	2	5	4	7	5	5	5
6	7	4	2	4	4	7	1	6	5
7	7	4	9	4	3	7	6	6	5
7	7	9	9	3	3	8	6	6	6
4	7	9	4	4	4	8	8	2	2
4	9	9	1	4	8	8	8	5	5
4	4	9	9	9	8	8	5	5	5

::::: *Puzzle (491)* :::::

5	5	5	5	7	7	7	7	8	8
4	3	3	5	7	5	5	8	8	8
4	4	3	7	7	5	8	8	8	7
4	7	7	4	2	5	5	9	7	7
6	6	7	4	2	3	9	9	1	7
6	7	7	4	3	3	9	9	3	7
6	6	7	4	6	1	9	3	3	7
6	3	7	6	6	6	9	9	6	7
2	3	5	1	6	6	2	9	6	6
2	3	5	5	5	5	2	6	6	6

::::: *Puzzle (492)* :::::

4	7	7	7	7	7	8	8	4	4
4	7	1	7	2	8	8	8	8	4
4	3	3	3	2	5	5	8	8	4
4	7	2	2	5	5	7	7	7	7
6	7	3	3	3	5	7	2	7	1
6	7	7	7	7	1	7	2	5	5
6	6	3	7	9	9	9	5	5	5
6	6	3	6	1	9	6	3	3	3
4	4	3	6	6	9	6	6	6	6
4	4	6	6	6	9	9	9	9	6

::::: *Puzzle (493)* :::::

7	7	7	4	4	2	6	6	6	6
7	7	7	4	4	2	6	6	4	4
4	4	7	8	8	8	4	4	5	4
7	4	4	8	1	8	4	4	5	4
7	7	7	7	2	8	8	8	5	5
7	4	4	4	2	4	4	4	4	5
7	4	9	9	3	3	3	5	5	4
1	9	9	9	9	9	1	5	5	4
2	2	5	5	4	9	9	5	3	4
5	5	5	4	4	4	1	3	3	4

::::: *Puzzle (494)* :::::

4	2	4	4	4	3	2	2	6	6
4	2	9	4	3	3	7	7	6	6
4	9	9	9	7	7	7	7	6	6
4	9	9	9	3	3	7	1	3	3
9	9	3	3	1	3	8	8	3	2
3	3	6	3	8	8	8	7	7	2
3	6	6	6	8	8	4	7	7	7
5	5	6	6	8	4	4	7	3	3
5	4	4	4	4	6	4	7	1	3
5	5	3	3	3	6	6	6	6	6

::::: *Puzzle (495)* :::::

8	8	8	8	8	6	3	3	9	9
8	8	1	6	6	6	3	1	9	9
7	8	7	1	7	6	9	9	9	9
7	1	7	7	7	6	4	4	2	9
7	2	7	5	7	4	4	8	2	8
7	2	5	5	6	6	6	8	8	8
7	7	7	5	5	6	6	6	8	8
6	6	4	4	4	3	4	4	4	8
6	6	6	4	5	3	4	5	5	2
6	5	5	5	5	3	5	5	5	2

::::: *Puzzle (496)* :::::

2	3	3	3	4	3	3	3	5	3
2	5	5	5	4	7	7	5	5	3
8	5	5	4	4	7	2	5	5	3
8	8	8	8	7	7	2	3	3	6
8	5	5	8	7	4	8	8	3	6
9	9	5	8	7	4	8	6	6	6
9	9	5	5	4	4	8	6	8	3
9	9	9	7	7	7	8	8	8	3
9	1	9	3	1	7	7	6	6	3
2	2	3	3	7	7	6	6	6	6

::::: *Puzzle (497)* :::::

2	2	8	8	3	3	3	6	6	6
6	8	8	8	8	8	6	6	6	5
6	8	4	4	2	7	1	4	5	5
6	6	4	4	2	7	4	4	3	5
6	6	3	7	1	7	4	3	3	5
4	4	3	7	7	7	6	6	6	6
4	4	3	9	9	9	9	6	6	3
3	3	9	9	3	2	9	9	3	3
3	6	9	3	3	2	6	6	6	6
6	6	6	6	6	3	3	3	6	6

::::: *Puzzle (498)* :::::

8	8	8	8	7	7	7	7	1	2
8	4	5	8	8	1	7	7	7	2
8	4	5	4	4	4	3	3	4	4
9	4	5	4	7	7	7	3	4	4
9	4	5	5	4	4	7	7	3	3
9	9	9	4	4	8	7	7	3	7
9	6	6	6	8	8	8	4	7	7
9	6	6	6	8	2	2	4	7	7
9	9	8	8	8	6	4	4	7	7
2	2	3	3	3	6	6	6	6	6

::::: *Puzzle (499)* :::::

6	6	6	6	5	5	5	4	4	4
6	4	4	4	5	4	4	5	3	4
6	7	7	4	5	4	4	5	3	3
7	7	4	5	4	6	6	5	9	9
7	4	4	5	4	6	6	5	5	9
7	4	5	5	4	4	6	6	9	9
7	2	5	7	5	5	3	3	9	3
1	2	1	7	5	5	5	3	9	3
7	7	7	7	2	2	8	1	9	3
7	8	8	8	8	8	8	8	9	1

::::: *Puzzle (500)* :::::

5	3	3	2	3	3	4	4	4	4
5	5	3	2	3	7	3	3	5	5
5	7	7	7	7	7	1	3	5	5
5	7	5	5	4	4	4	4	6	5
8	8	8	5	5	2	2	6	6	3
8	3	4	5	9	9	4	4	6	3
8	3	4	4	9	9	4	6	6	3
8	3	4	9	9	3	4	3	3	4
8	9	9	9	1	3	3	5	3	4
8	1	2	2	5	5	5	5	4	4

:::: Puzzle (501) ::::

6	6	6	9	9	9	9	9	9	9
5	6	6	6	7	7	9	5	9	2
5	2	2	1	7	5	5	5	5	2
5	7	7	7	7	8	8	2	2	3
5	5	3	1	8	8	8	8	8	3
6	3	3	7	6	6	6	8	6	3
6	6	6	7	1	6	6	1	6	6
6	6	7	7	3	5	6	3	6	6
5	5	7	7	3	5	3	3	6	3
5	5	5	7	3	5	5	5	3	3

:::: Puzzle (502) ::::

6	6	6	6	8	8	8	1	2	5
5	6	6	3	3	8	8	8	2	5
5	3	3	4	3	8	2	2	5	5
5	3	4	4	1	8	7	7	7	5
5	5	4	3	3	3	7	7	7	7
3	3	3	1	9	9	9	5	5	5
6	6	2	2	9	9	9	9	7	5
6	3	3	3	9	9	1	7	7	5
6	6	5	5	3	3	5	7	7	7
6	5	5	5	3	5	5	5	5	7

:::: Puzzle (503) ::::

8	8	8	7	7	7	7	7	2	2
3	8	3	2	2	4	7	4	4	4
3	8	3	4	4	4	7	4	3	3
3	8	3	9	3	3	3	8	3	4
4	8	8	9	9	9	8	8	4	4
4	4	9	9	9	9	9	8	4	2
4	3	4	4	4	5	8	8	8	2
3	3	4	6	5	5	5	8	3	3
6	6	6	6	5	6	6	6	3	2
3	3	3	6	1	6	6	6	1	2

:::: Puzzle (504) ::::

2	2	3	3	3	4	4	4	5	5
1	3	6	6	6	4	8	5	5	5
9	3	3	6	6	8	8	8	3	3
9	9	9	9	6	8	8	8	3	5
7	5	5	9	9	9	4	8	1	5
7	5	5	5	9	4	4	3	5	5
7	7	7	3	3	4	1	3	3	5
7	4	7	3	5	5	5	5	6	6
4	4	4	7	7	5	3	3	6	6
7	7	7	7	7	2	2	3	6	6

:::: Puzzle (505) ::::

5	5	3	1	8	2	5	5	5	1
5	5	3	3	8	2	5	8	5	3
5	4	4	8	8	8	8	8	3	3
6	4	4	3	3	3	5	5	7	7
6	6	6	9	9	1	5	7	7	7
5	6	6	5	9	9	5	2	7	3
5	5	7	5	5	9	5	2	7	3
5	7	7	5	5	9	9	6	6	3
5	7	7	7	9	9	3	3	6	6
2	2	7	4	4	4	4	3	6	6

:::: Puzzle (506) ::::

5	5	7	7	7	7	7	4	4	4
5	6	6	6	6	2	7	7	4	6
5	5	6	6	4	2	9	2	2	6
3	3	3	4	4	4	9	6	6	6
4	5	5	5	3	1	9	6	7	1
4	5	2	5	3	9	9	1	7	7
4	4	2	8	3	9	7	7	7	6
5	8	8	8	8	9	9	7	6	6
5	5	8	3	8	3	9	2	1	6
5	5	3	3	8	3	3	2	6	6

:::: Puzzle (507) ::::

4	4	3	3	7	7	7	7	6	6
4	4	3	4	3	3	7	6	6	6
2	6	4	4	4	3	7	7	8	6
2	6	6	3	3	1	8	8	8	3
1	7	6	6	3	2	2	8	3	3
4	7	6	5	5	5	8	8	4	4
4	7	7	5	5	1	9	8	6	4
4	4	7	7	9	9	9	6	6	4
5	5	5	7	6	6	9	6	6	6
5	5	6	6	6	6	9	9	9	9

:::: Puzzle (508) ::::

7	7	7	7	7	4	4	4	5	3
2	2	6	1	7	7	8	4	5	3
6	6	6	8	8	8	8	8	5	3
2	6	6	3	3	1	8	8	5	5
2	8	8	3	9	9	9	9	9	9
8	8	8	8	9	5	5	9	6	9
8	3	3	3	1	5	5	6	6	7
8	7	7	7	3	5	6	6	7	7
7	7	7	7	3	3	5	6	7	7
1	3	3	3	5	5	5	5	7	7

:::: Puzzle (509) ::::

2	2	7	7	7	7	9	9	9	9
3	3	3	7	7	7	1	4	9	9
6	6	6	3	3	4	4	4	9	9
4	6	6	3	4	6	6	6	6	9
4	6	8	4	4	4	8	6	5	1
4	4	8	8	8	8	8	6	5	5
2	2	7	7	7	8	4	2	5	6
4	7	7	7	4	4	4	2	5	6
4	7	2	5	5	5	5	1	6	6
4	4	2	5	4	4	4	4	6	6

:::: Puzzle (510) ::::

3	3	5	5	5	7	4	4	4	4
3	4	4	5	5	7	7	7	5	5
4	4	9	4	7	7	4	2	2	5
2	1	9	4	4	7	4	6	6	5
2	4	9	4	1	4	4	6	6	5
4	4	9	9	9	8	8	6	6	1
5	4	1	9	2	8	8	8	8	8
5	5	5	9	2	4	7	2	8	3
6	5	6	9	4	4	7	2	3	3
6	6	6	6	4	7	7	7	7	7

:::: Puzzle (511) ::::

4	2	2	7	4	4	4	3	3	8
4	4	4	7	7	7	4	3	8	8
6	6	5	5	1	7	6	6	6	8
6	6	5	5	2	7	7	6	6	8
6	2	2	5	2	8	8	2	6	8
6	1	8	8	8	8	4	2	1	8
7	7	8	3	4	4	4	6	6	8
7	7	8	3	3	6	6	6	6	9
7	6	6	6	6	3	9	9	9	9
7	7	6	6	3	3	9	9	9	9

:::: Puzzle (512) ::::

5	5	5	9	9	9	9	9	7	7
6	5	8	8	6	9	6	9	9	7
6	5	8	8	6	6	6	5	9	7
6	2	2	8	1	6	5	5	5	7
6	6	8	8	8	1	2	2	5	7
6	7	7	7	7	7	5	5	2	7
4	4	7	4	4	4	7	5	2	3
4	6	7	4	7	7	7	5	3	3
4	6	1	7	7	3	7	5	6	6
6	6	6	6	3	3	6	6	6	6

:::: Puzzle (513) ::::

3	3	3	5	5	3	3	3	6	6
1	8	1	5	5	4	4	6	6	6
8	8	8	8	5	4	9	9	6	7
3	3	3	8	8	4	9	7	7	7
4	4	4	4	8	1	9	9	7	7
3	3	2	1	2	3	9	9	7	8
3	5	2	4	2	3	3	9	9	8
5	5	5	4	1	2	4	8	8	8
5	7	4	4	7	2	4	8	3	3
7	7	7	7	7	4	4	8	8	3

:::: Puzzle (514) ::::

9	9	9	9	9	5	5	5	5	2
7	1	3	9	9	9	9	7	5	2
7	7	3	3	5	5	7	7	7	7
7	7	2	5	5	5	4	7	7	2
5	7	2	4	1	4	4	4	6	2
5	7	4	4	4	3	3	6	6	6
5	4	5	5	5	3	5	3	3	6
5	4	5	6	6	5	5	5	3	6
5	4	5	6	6	5	4	4	5	5
1	4	1	6	6	4	4	5	5	5

:::: Puzzle (515) ::::

8	3	1	2	2	3	6	3	3	3
8	3	3	8	3	3	6	6	6	4
8	8	8	8	8	6	6	4	4	4
6	6	4	4	4	4	9	9	5	5
6	6	6	6	3	3	3	9	5	5
3	4	4	3	9	9	9	9	5	4
3	3	4	3	3	1	9	2	2	4
6	6	4	2	7	7	9	5	4	4
6	6	6	2	7	2	2	5	5	5
6	1	7	7	7	7	3	3	3	5

:::: Puzzle (516) ::::

3	3	3	7	3	3	3	8	7	7
6	6	6	7	7	8	8	8	8	7
6	6	6	5	7	3	8	8	1	7
5	5	5	5	7	3	8	3	3	7
3	3	3	7	7	3	1	3	7	7
2	2	9	9	9	4	4	7	3	3
4	4	9	9	9	4	4	7	3	5
5	4	4	9	9	7	7	7	7	5
5	5	2	9	2	2	7	4	4	5
5	5	2	3	3	3	4	4	5	5

:::: Puzzle (517) ::::

3	2	7	7	7	7	7	5	5	5
3	2	7	5	5	5	8	8	5	5
3	4	7	5	5	8	8	8	8	8
4	4	5	3	3	3	8	4	1	7
7	4	5	5	5	6	3	4	4	7
7	7	5	6	6	6	3	4	7	7
4	7	7	7	6	6	3	7	7	7
4	4	7	9	9	9	9	9	9	3
4	3	2	9	9	3	3	3	4	3
3	3	2	1	9	1	4	4	4	3

:::: Puzzle (518) ::::

7	7	7	3	3	1	7	4	4	3
7	7	2	2	3	8	7	4	4	3
7	9	9	1	8	8	7	7	7	3
7	5	9	9	8	8	4	4	7	1
5	5	9	9	4	8	4	2	7	6
5	5	9	4	4	8	4	2	5	6
2	2	9	9	4	8	5	5	5	6
4	4	3	3	6	1	3	5	4	6
4	5	5	3	6	3	3	4	4	6
4	5	5	5	6	6	6	6	4	6

:::: Puzzle (519) ::::

3	6	6	6	6	4	2	2	1	7
3	3	6	6	7	4	4	7	7	7
5	5	3	3	7	7	4	7	2	7
5	5	3	7	7	7	9	9	2	7
5	7	5	5	5	7	9	9	4	4
7	7	7	3	5	5	9	4	4	3
7	7	3	3	4	4	9	9	3	3
8	7	8	8	4	4	9	9	2	2
8	8	8	8	6	1	3	1	3	3
8	6	6	6	6	6	3	3	1	3

:::: Puzzle (520) ::::

7	7	7	7	7	9	9	9	5	5
2	7	7	5	5	5	9	5	5	5
2	1	2	2	5	5	9	9	2	2
4	4	4	6	6	3	9	9	7	7
4	1	6	6	6	3	3	9	7	7
7	7	7	6	8	8	7	7	7	1
1	7	8	8	8	8	6	6	6	4
4	7	7	6	8	5	5	4	6	4
4	4	7	6	8	5	5	4	6	4
4	6	6	6	6	5	4	4	6	4

:::: *Puzzle (521)* ::::

5	5	5	3	4	3	7	7	5	5
1	9	5	3	4	3	3	7	5	5
4	9	5	3	4	4	7	7	5	4
4	9	1	4	2	8	8	7	4	4
4	9	4	4	2	8	4	7	1	4
4	9	4	8	8	8	4	4	4	5
9	9	9	3	8	6	6	6	5	5
4	9	3	3	8	4	4	6	5	5
4	5	5	5	5	2	4	6	4	4
4	4	2	2	5	2	4	6	4	4

:::: *Puzzle (522)* ::::

4	3	3	3	1	9	4	4	7	7
4	4	5	5	3	9	9	4	7	7
4	5	5	5	3	2	9	4	7	7
6	4	4	2	3	2	9	9	7	4
6	6	4	2	4	4	4	9	4	4
5	6	4	8	8	4	9	9	4	2
5	6	6	8	8	8	8	8	8	2
5	4	4	1	7	7	4	4	4	3
5	4	3	7	7	7	5	5	4	3
5	4	3	3	7	7	5	5	5	3

:::: *Puzzle (523)* ::::

6	6	6	6	4	4	4	3	7	7
7	6	6	2	2	4	8	3	3	7
7	1	4	6	8	8	8	7	7	7
7	4	4	6	6	1	8	8	7	3
7	7	4	6	6	6	8	4	4	3
1	7	7	4	2	2	8	4	4	3
3	3	4	4	4	9	9	9	9	2
3	6	3	3	7	7	9	5	5	2
6	6	3	7	7	9	9	9	5	5
6	6	6	7	7	7	9	2	2	5

:::: *Puzzle (524)* ::::

5	3	3	1	8	8	8	7	7	7
5	3	6	3	3	3	8	8	7	7
5	6	6	6	6	1	8	3	7	4
5	5	6	9	9	8	8	3	7	4
2	2	9	9	9	1	7	3	4	4
5	5	9	9	3	3	7	7	2	2
5	5	9	6	3	4	7	4	4	4
5	2	9	6	4	4	7	7	7	4
3	2	6	6	5	4	5	6	6	6
3	3	6	6	5	5	5	6	6	6

:::: *Puzzle (525)* ::::

4	2	4	4	4	8	8	8	5	5
4	2	9	9	4	9	8	5	5	2
4	4	9	9	9	9	8	8	5	2
6	6	9	4	3	3	3	8	8	1
6	6	9	4	1	7	7	7	3	3
6	6	8	4	3	7	7	7	7	3
4	4	8	4	3	3	4	4	4	6
4	4	8	8	2	2	4	6	6	6
3	8	8	8	3	3	3	6	7	6
3	3	1	8	7	7	7	7	7	7

:::: *Puzzle (526)* ::::

7	7	9	9	6	6	6	6	6	5
7	7	7	9	9	1	6	5	5	5
7	2	5	5	9	4	3	3	5	6
7	2	5	5	9	4	3	6	6	6
4	4	4	5	9	4	1	4	6	6
8	4	8	9	9	4	5	4	4	7
8	8	8	8	5	5	5	4	7	7
5	8	4	8	6	6	5	1	7	7
5	5	4	4	6	6	1	3	7	7
5	5	4	6	6	2	2	3	3	1

:::: *Puzzle (527)* ::::

7	3	3	8	8	8	8	5	5	5
7	3	8	8	8	2	8	1	5	5
7	7	7	4	4	2	7	2	2	4
2	2	7	7	4	4	7	1	4	4
3	3	3	4	7	7	7	7	4	6
6	6	4	4	4	7	4	4	6	6
5	6	6	6	6	9	4	4	6	5
5	5	4	9	9	9	9	6	6	5
5	4	4	4	9	9	9	3	5	5
5	3	3	3	1	9	1	3	3	5

:::: *Puzzle (528)* ::::

2	8	8	8	8	1	2	3	3	6
2	8	4	1	8	4	2	3	6	6
4	8	4	4	8	4	1	6	6	4
4	3	3	4	1	4	9	6	4	4
4	4	3	2	2	4	9	9	4	9
5	5	4	1	4	2	2	9	1	9
5	4	4	7	4	4	3	9	9	9
5	4	7	7	4	3	3	5	5	5
5	2	2	7	3	4	4	5	5	3
1	7	7	7	3	3	4	4	3	3

:::: *Puzzle (529)* ::::

7	4	8	6	6	6	6	2	4	4
7	4	8	4	6	6	7	2	4	6
7	4	8	4	4	4	7	7	4	6
7	4	8	8	8	7	7	2	2	6
7	7	8	5	8	7	3	3	3	6
4	7	5	5	5	7	9	9	6	6
4	6	5	9	9	9	9	9	9	4
4	6	4	2	2	9	1	4	4	4
4	6	4	4	3	7	7	7	1	7
6	6	6	4	3	3	1	7	7	7

:::: *Puzzle (530)* ::::

6	6	6	3	3	2	2	6	6	6
6	6	6	3	9	9	9	9	6	6
7	3	3	9	9	9	9	3	3	6
7	3	7	7	5	9	5	3	4	4
7	7	7	8	5	5	5	4	4	6
2	3	3	8	8	8	3	3	3	6
2	3	8	8	1	8	7	1	6	6
3	5	8	4	3	3	7	6	6	3
3	5	5	4	3	7	7	7	3	3
3	5	5	4	4	7	7	1	2	2

:::: *Puzzle (531)* ::::

3	4	4	4	3	3	3	6	6	6
3	4	9	9	9	9	9	6	6	6
3	2	2	4	4	3	9	9	9	9
5	3	3	4	4	3	3	1	4	4
5	3	4	3	3	1	7	7	4	4
5	4	4	3	2	2	7	3	6	3
5	4	3	2	3	1	7	3	6	3
5	3	3	2	3	3	7	3	6	3
8	8	8	8	8	7	7	6	6	6
8	3	3	3	8	8	4	4	4	4

:::: *Puzzle (532)* ::::

3	3	6	6	6	9	1	4	4	2
4	3	6	6	4	9	9	4	4	2
4	4	4	6	4	9	9	9	9	1
5	5	5	4	4	3	3	9	9	8
4	3	5	5	7	7	3	4	4	8
4	3	3	4	4	7	7	4	4	8
4	4	7	4	4	7	7	8	8	8
5	7	7	7	7	1	7	1	8	8
5	5	3	7	7	4	4	4	5	5
5	5	3	3	2	2	4	5	5	5

:::: *Puzzle (533)* ::::

6	6	6	3	9	7	7	7	7	7
6	6	9	3	9	5	5	5	7	7
6	1	9	3	9	9	5	3	3	1
2	2	9	9	9	4	5	3	6	6
6	3	3	5	1	4	4	6	6	6
6	3	5	5	5	1	4	6	4	3
6	1	5	3	3	3	5	4	4	3
6	6	8	8	8	5	5	4	6	3
2	6	8	3	8	8	5	5	6	6
2	8	8	3	3	2	2	6	6	6

:::: *Puzzle (534)* ::::

2	2	5	5	4	3	3	6	6	5
5	1	5	4	4	2	3	6	6	5
5	8	5	5	4	2	5	5	6	5
5	8	8	2	2	8	5	5	6	5
5	7	8	8	8	8	9	5	7	5
5	7	7	5	5	9	9	9	7	7
7	7	7	5	5	5	9	9	4	7
7	5	1	3	3	1	9	4	4	7
1	5	5	3	6	6	9	3	4	7
5	5	6	6	6	6	9	3	3	7

:::: *Puzzle (535)* ::::

6	6	6	8	6	6	6	2	2	7
6	6	6	8	1	6	6	6	7	7
3	3	8	8	8	8	5	5	7	7
5	3	4	4	8	5	5	5	7	7
5	6	6	4	8	4	4	4	4	8
5	5	6	4	3	1	5	8	8	8
5	6	6	3	3	5	5	5	8	8
2	9	6	9	4	4	5	1	8	8
2	9	9	9	4	6	6	6	4	4
9	9	9	9	4	6	6	6	4	4

:::: *Puzzle (536)* ::::

7	4	4	2	2	9	3	5	5	5
7	7	4	4	9	9	3	5	5	3
6	7	7	9	9	1	3	7	1	3
6	7	7	9	9	9	9	7	7	3
6	6	4	4	1	4	4	7	7	7
6	5	5	4	4	3	4	4	7	2
6	5	5	5	1	3	3	5	3	2
3	3	8	2	2	4	4	5	3	3
3	8	8	1	4	4	5	5	5	6
8	8	8	8	8	6	6	6	6	6

:::: *Puzzle (537)* ::::

6	6	6	4	4	6	4	4	4	4
2	6	6	4	4	6	6	6	6	6
2	6	8	8	8	8	4	4	4	4
8	8	8	7	7	8	7	7	7	7
4	4	4	7	4	9	9	4	7	7
1	8	4	7	4	9	4	4	2	7
8	8	1	7	4	9	9	4	2	3
8	1	7	7	4	1	9	9	9	3
8	8	5	5	5	2	2	9	7	3
8	8	5	5	7	7	7	7	7	7

:::: *Puzzle (538)* ::::

6	6	6	9	9	7	7	6	6	4
6	4	9	9	2	2	7	7	6	4
6	4	4	9	4	4	7	6	6	4
6	4	1	9	4	4	7	7	6	4
5	5	9	9	9	1	4	4	2	2
5	5	5	8	2	2	4	7	7	7
6	8	8	8	8	3	4	7	3	7
6	6	6	8	8	3	3	7	3	3
6	6	5	5	8	6	6	7	2	2
5	5	5	3	3	3	6	6	6	6

:::: *Puzzle (539)* ::::

8	8	3	3	3	6	6	6	6	5
8	8	8	7	7	7	6	1	6	5
8	8	6	6	7	7	7	7	5	5
8	2	2	6	4	4	4	9	9	5
7	5	5	6	6	6	4	9	9	9
7	7	5	5	5	3	2	9	6	9
1	7	7	6	3	3	2	9	6	9
4	7	6	6	6	6	3	4	6	1
4	7	1	4	4	6	3	4	6	6
4	4	2	2	4	4	3	4	4	6

:::: *Puzzle (540)* ::::

6	4	4	7	7	7	8	8	8	8
6	4	4	7	7	1	8	2	7	8
6	5	7	7	2	2	8	2	7	8
6	5	1	4	4	4	1	4	7	7
6	5	5	4	6	6	4	4	4	7
6	2	5	6	6	6	5	5	7	7
7	2	7	6	5	5	5	3	3	6
7	7	7	9	2	4	4	4	3	6
7	7	9	9	2	4	6	6	6	6
9	9	9	9	9	9	4	4	4	4

::::: *Puzzle (541)* :::::

5	5	5	5	5	1	6	6	6	6
3	7	7	7	7	7	5	6	3	6
3	7	7	3	5	5	5	5	3	3
3	5	3	3	6	6	4	4	4	6
5	5	5	6	6	6	5	4	6	6
8	5	1	6	3	5	5	2	6	6
8	8	8	9	3	2	5	2	7	6
8	8	8	9	3	2	5	7	7	7
1	6	8	9	9	9	9	9	7	7
6	6	6	6	6	2	2	9	9	7

::::: *Puzzle (542)* :::::

3	3	3	1	8	3	3	7	7	7
7	7	7	7	8	8	3	7	7	7
7	4	7	7	8	2	2	1	3	7
2	4	4	8	8	8	7	3	3	1
2	3	4	9	8	3	7	7	7	7
3	3	9	9	6	3	3	4	4	7
2	2	9	6	6	6	6	4	3	7
9	9	9	3	6	3	5	4	3	4
9	1	3	3	5	3	5	5	3	4
9	5	5	5	5	3	5	5	4	4

::::: *Puzzle (543)* :::::

2	9	9	8	8	8	3	3	3	6
2	1	9	3	3	8	1	6	6	6
5	9	9	5	3	8	2	2	6	6
5	5	9	5	5	8	8	3	3	3
5	5	9	5	3	4	8	1	5	5
6	9	9	5	3	4	4	3	5	5
6	6	6	7	3	4	8	3	3	5
6	7	7	7	8	8	8	6	6	6
6	1	7	6	6	6	8	8	8	6
2	2	7	7	6	6	6	8	6	6

::::: *Puzzle (544)* :::::

5	5	5	5	3	3	3	6	6	6
5	6	6	3	2	2	7	6	6	6
6	6	6	3	3	7	7	7	4	4
6	1	9	9	9	9	7	7	3	4
2	2	9	9	6	6	3	7	3	4
5	9	9	6	6	3	3	4	3	5
5	1	9	6	6	4	2	4	5	5
5	3	8	1	4	4	2	4	5	5
5	3	8	8	8	4	7	4	7	7
5	3	8	8	8	8	7	7	7	7

::::: *Puzzle (545)* :::::

9	9	6	6	6	5	5	5	5	4
9	9	9	4	6	6	5	4	4	4
3	9	3	4	4	6	3	3	3	6
3	9	3	3	4	1	6	6	6	6
3	9	9	5	8	7	7	7	7	6
5	5	5	5	8	8	4	1	7	7
3	8	8	8	8	4	4	4	7	4
3	3	2	2	8	2	2	6	4	4
6	6	6	3	4	4	4	6	6	4
6	6	6	3	3	4	1	6	6	6

::::: *Puzzle (546)* :::::

7	7	7	7	7	7	2	3	3	6
3	3	9	9	7	3	2	3	6	6
3	7	3	9	3	3	1	6	6	6
7	7	3	9	9	9	9	9	4	3
7	7	3	9	1	2	3	3	4	3
7	8	8	8	8	2	3	4	4	3
7	8	8	1	3	3	5	3	3	4
4	2	8	7	7	3	5	3	4	4
4	2	8	7	7	5	5	5	6	4
4	4	7	7	7	6	6	6	6	6

::::: *Puzzle (547)* :::::

6	2	2	8	8	7	7	7	7	7
6	6	1	8	3	3	5	5	5	7
6	3	3	8	9	3	5	5	1	7
6	6	3	8	9	9	9	3	2	2
7	4	4	8	4	4	9	3	6	6
7	4	8	8	4	4	9	3	6	6
7	4	7	4	6	9	9	1	3	6
7	7	7	4	6	9	1	3	3	6
6	6	6	4	6	6	3	5	5	5
6	6	6	4	6	6	3	3	5	5

::::: *Puzzle (548)* :::::

7	7	7	7	7	7	4	4	4	5
9	4	4	7	2	2	3	3	4	5
9	4	4	1	3	3	8	3	5	5
9	2	2	3	4	3	8	8	5	4
9	5	5	3	4	4	8	4	4	4
9	5	5	3	7	4	8	8	5	5
9	5	7	7	7	7	7	8	5	5
9	9	9	6	1	7	3	8	5	4
2	5	5	6	6	3	3	4	4	4
2	5	5	5	6	6	6	3	3	3

::::: *Puzzle (549)* :::::

4	4	4	4	7	7	7	7	8	8
3	6	6	6	7	3	2	7	7	8
3	6	5	6	3	3	2	4	4	8
3	5	5	6	4	4	3	4	4	8
6	6	5	5	4	3	3	1	8	8
6	6	6	6	4	5	2	2	1	8
7	4	4	4	5	5	5	3	7	7
7	7	7	4	3	9	5	3	3	7
7	2	2	3	3	9	9	7	7	7
7	7	9	9	9	9	9	9	1	7

::::: *Puzzle (550)* :::::

5	5	5	8	8	4	6	6	6	6
5	5	1	8	4	4	6	3	3	6
4	4	8	8	4	9	5	3	2	2
4	5	8	8	8	9	5	5	5	4
4	5	3	3	3	9	5	2	2	4
5	5	5	9	9	9	9	9	4	4
6	2	2	9	1	3	3	3	7	1
6	1	3	3	3	7	7	7	7	4
6	5	5	5	5	3	7	1	7	4
6	6	6	5	3	3	2	2	4	4

::::: *Puzzle (551)* :::::

7	7	7	7	4	4	4	3	3	4
6	7	7	2	2	4	9	1	3	4
6	6	7	9	9	9	9	9	4	4
6	3	3	9	1	4	4	9	6	6
6	3	5	5	4	4	1	9	6	6
6	5	5	5	8	8	8	8	6	6
4	7	7	7	8	4	4	8	8	8
4	7	4	4	4	6	4	3	6	6
4	7	4	6	6	6	4	3	6	6
4	7	7	2	2	6	6	3	6	6

::::: *Puzzle (552)* :::::

7	7	7	2	2	3	6	6	6	6
7	7	4	6	6	3	3	5	6	6
7	1	4	6	6	6	6	5	5	2
7	4	4	2	3	4	4	5	5	2
9	9	9	2	3	3	4	4	1	8
9	9	9	9	9	8	8	8	8	8
6	6	4	9	3	3	8	7	8	4
6	4	4	1	6	3	7	7	3	4
6	6	4	6	6	6	6	7	3	4
6	3	3	3	6	7	7	7	3	4

::::: *Puzzle (553)* :::::

6	6	5	5	5	5	3	5	5	6
6	6	9	9	9	5	3	5	6	6
6	6	1	9	9	9	3	5	5	6
4	9	9	9	3	7	7	7	6	6
4	4	1	8	3	3	7	7	2	2
5	4	8	8	8	8	4	7	3	3
5	5	5	8	8	3	4	7	3	2
3	3	5	8	3	3	4	4	7	2
3	4	6	6	6	1	2	7	7	7
4	4	4	6	6	6	2	7	7	7

::::: *Puzzle (554)* :::::

5	5	5	6	6	6	6	6	7	7
3	5	5	6	5	7	7	7	7	9
3	3	2	5	5	5	7	3	3	9
7	1	2	5	2	2	5	3	9	9
7	7	7	7	1	5	5	5	4	9
4	4	7	7	8	5	8	4	4	9
5	4	4	8	8	8	8	8	4	9
5	5	5	4	4	4	8	2	2	9
4	4	5	4	7	7	7	7	7	9
4	4	2	2	7	7	1	3	3	3

::::: *Puzzle (555)* :::::

1	9	9	9	5	5	5	2	2	5
6	6	9	9	5	8	5	8	5	5
6	6	4	9	8	8	8	8	5	2
6	6	4	9	9	5	8	1	5	2
5	5	4	4	9	5	8	6	6	6
5	5	5	6	5	5	5	6	6	6
3	3	6	6	6	6	6	3	3	8
3	5	5	5	5	7	2	3	8	8
6	6	5	7	7	7	2	1	8	8
6	6	6	6	7	7	7	8	8	8

::::: *Puzzle (556)* :::::

5	4	4	2	2	9	9	6	6	6
5	4	4	7	9	9	9	4	6	6
5	5	5	7	7	7	9	4	4	6
8	7	7	7	2	5	9	4	5	5
8	1	5	5	2	5	9	9	5	5
8	5	5	5	3	5	1	6	5	6
8	4	4	3	3	5	5	6	6	6
8	8	4	4	7	7	4	4	6	3
8	1	2	2	7	6	6	4	4	3
8	7	7	7	7	6	6	6	6	3

::::: *Puzzle (557)* :::::

5	5	5	5	5	4	4	2	2	7
3	3	6	6	4	4	7	7	7	7
3	4	5	6	6	2	7	4	4	5
4	4	5	6	6	2	7	4	5	5
4	9	5	5	5	9	2	4	5	5
1	9	9	9	9	9	2	1	3	3
9	9	6	6	6	6	5	3	8	3
5	1	6	6	4	2	5	3	8	8
5	3	3	3	4	2	5	3	8	8
5	5	5	4	4	5	5	8	8	8

::::: *Puzzle (558)* :::::

5	5	4	4	2	4	5	5	5	5
5	3	4	4	2	4	4	4	5	7
5	3	3	9	9	7	7	7	7	7
5	9	9	9	9	9	7	4	4	4
9	9	1	4	4	4	4	2	2	4
4	8	8	8	6	6	6	6	6	6
4	4	4	8	8	5	5	5	5	1
3	3	3	8	1	4	4	5	4	2
4	4	2	8	8	4	4	6	4	2
4	4	2	6	6	6	6	6	4	4

::::: *Puzzle (559)* :::::

5	5	5	6	6	6	6	4	4	6
4	5	5	7	6	6	3	4	4	6
4	4	7	7	7	1	3	3	6	6
4	7	7	3	3	3	8	1	6	6
6	4	7	9	4	4	8	3	3	3
6	4	9	9	2	4	8	8	8	5
6	4	9	4	2	4	8	5	5	5
6	4	9	4	4	8	8	3	3	5
6	9	9	4	3	3	2	4	3	1
6	9	9	1	3	1	2	4	4	4

::::: *Puzzle (560)* :::::

7	7	9	9	9	9	4	4	4	6
7	7	7	7	9	9	4	6	6	6
1	7	3	3	3	9	9	9	6	6
3	3	4	8	8	8	3	3	3	2
3	4	4	4	8	8	8	8	8	2
1	5	6	2	5	5	5	1	7	8
5	5	6	2	5	5	7	7	7	8
5	6	6	6	7	7	7	8	8	8
5	6	2	2	3	3	3	8	7	8
3	3	3	7	7	7	7	7	7	8

::::: Puzzle (561) :::::

3	3	2	2	3	3	8	6	6	6
5	3	7	7	3	8	8	8	6	6
5	5	5	7	8	8	3	8	6	1
5	3	7	7	7	5	3	8	4	2
3	3	7	9	5	5	3	4	4	2
4	4	4	9	9	5	8	8	4	7
4	9	9	9	1	5	8	8	7	7
9	9	8	9	3	1	8	3	2	7
8	8	8	3	3	8	8	3	2	7
8	8	8	8	2	2	8	3	7	7

::::: Puzzle (562) :::::

6	1	7	7	7	7	7	1	3	6
6	6	6	7	7	5	5	3	3	6
6	5	6	4	4	5	6	6	6	6
5	5	4	4	5	5	4	4	4	4
5	6	6	6	3	6	3	3	2	1
5	9	6	6	3	6	6	3	2	3
2	9	9	6	3	6	8	8	3	3
2	9	9	9	6	6	8	8	2	2
9	9	5	9	4	4	8	8	4	4
5	5	5	5	4	4	8	8	4	4

::::: Puzzle (563) :::::

8	8	8	5	5	5	3	3	1	8
3	8	5	5	3	4	3	8	8	8
3	8	1	3	3	4	8	8	7	7
3	8	8	8	4	4	1	8	8	7
1	2	2	3	3	3	5	6	6	7
2	1	9	9	9	9	5	5	6	7
2	4	4	4	4	9	5	6	6	7
5	5	5	5	5	9	5	6	5	7
6	6	2	2	9	9	9	5	5	2
6	6	6	6	3	3	3	5	5	2

::::: Puzzle (564) :::::

3	3	3	6	6	6	6	6	3	5
6	7	7	7	7	7	6	1	3	5
6	6	7	2	7	1	2	2	3	5
6	6	6	2	3	2	8	1	5	5
7	7	7	3	3	2	8	8	8	8
7	7	7	7	1	3	3	5	8	8
6	6	8	8	8	3	5	5	5	8
6	6	6	6	8	9	9	5	9	9
2	2	8	8	8	8	9	9	9	3
6	6	6	6	6	6	9	9	3	3

::::: Puzzle (565) :::::

5	5	5	3	3	3	1	8	1	3
3	3	5	5	8	8	8	8	4	3
3	4	3	2	2	8	4	4	4	3
4	4	3	3	8	8	7	7	7	4
4	6	6	6	3	3	7	4	4	4
6	6	6	3	9	3	7	7	7	1
2	2	1	3	9	9	9	9	9	9
6	7	7	3	7	9	4	4	4	9
6	6	7	7	7	3	7	7	4	7
6	6	6	7	3	3	7	7	7	7

::::: Puzzle (566) :::::

5	5	3	2	2	7	7	6	6	6
5	5	3	8	8	7	7	6	6	6
9	5	3	8	7	7	7	1	3	3
9	2	2	8	8	8	6	5	5	3
9	9	8	8	3	1	6	6	5	5
9	1	4	4	3	6	6	2	2	5
9	9	4	6	3	1	6	7	7	7
9	9	4	6	6	6	1	7	4	7
7	7	7	3	3	6	3	3	4	7
7	7	7	7	3	6	3	4	4	7

::::: Puzzle (567) :::::

3	7	7	7	7	7	7	6	6	1
3	3	7	3	5	6	6	6	7	7
8	8	8	3	5	5	6	7	7	7
8	3	8	3	5	5	9	7	7	2
3	3	8	8	3	3	9	3	4	2
7	7	7	8	3	1	9	3	4	3
2	3	7	7	7	9	9	3	4	3
2	3	3	7	9	9	6	6	4	3
6	6	6	3	9	9	6	6	6	6
6	6	6	3	3	2	2	3	3	3

::::: Puzzle (568) :::::

5	5	3	3	7	5	5	5	5	5
5	5	3	7	7	1	6	6	6	6
5	7	7	7	5	5	5	5	6	6
9	7	1	3	3	6	5	3	3	3
9	9	6	6	3	6	6	6	6	4
9	9	9	6	6	3	6	1	4	4
9	2	5	6	6	3	3	8	8	4
9	2	5	5	5	8	8	8	2	2
9	7	1	5	7	8	4	8	3	3
7	7	7	7	7	8	4	4	4	3

::::: Puzzle (569) :::::

4	4	4	7	3	3	4	4	4	5
4	7	7	7	3	1	3	6	4	5
9	9	9	7	7	7	3	6	5	5
3	1	9	1	2	2	3	6	5	4
3	9	9	9	9	4	6	6	4	4
3	9	7	3	3	4	6	2	2	4
4	4	7	8	3	4	4	7	7	7
4	4	7	8	8	8	8	3	3	7
2	2	7	3	4	4	8	8	3	7
7	7	7	3	3	4	4	8	7	7

::::: Puzzle (570) :::::

7	7	1	6	7	7	5	5	5	4
7	6	6	6	6	7	5	5	2	4
7	6	2	4	4	7	7	7	2	4
7	8	2	4	4	6	6	7	9	4
7	8	8	8	8	8	6	9	9	9
7	6	6	4	8	8	6	6	6	9
6	6	6	4	7	7	7	7	7	9
4	4	6	4	3	3	3	7	9	9
4	3	3	4	1	8	8	7	1	9
4	3	2	2	8	8	8	8	8	8

::::: Puzzle (571) :::::

6	3	3	3	8	1	4	5	5	5
6	6	6	8	8	8	4	5	5	4
6	6	1	8	2	8	4	4	6	4
4	2	2	8	2	6	6	6	6	4
4	4	5	8	3	3	3	9	6	4
7	4	5	6	6	6	9	9	9	3
7	5	5	3	6	6	9	9	3	3
7	7	5	3	3	6	9	4	4	7
7	1	4	2	2	9	9	4	4	7
7	7	4	4	4	7	7	7	7	7

::::: Puzzle (572) :::::

6	6	4	4	6	6	6	2	2	9
6	4	4	6	6	6	9	9	9	9
6	7	3	3	2	2	6	6	9	9
6	7	7	3	7	6	6	6	1	9
6	3	7	7	7	3	6	2	8	9
3	3	6	2	2	3	3	2	8	8
6	6	6	6	8	8	8	8	8	6
3	3	3	6	5	1	3	3	1	6
6	1	5	5	5	5	4	3	6	6
6	6	6	6	6	4	4	4	6	6

::::: Puzzle (573) :::::

5	5	5	5	3	3	3	9	1	3
3	3	5	9	9	9	9	9	9	3
3	6	6	6	6	4	2	2	9	3
5	4	4	4	6	4	4	3	9	8
5	5	2	4	6	4	3	3	4	8
5	5	2	7	3	3	4	4	4	8
7	7	7	7	1	3	2	2	8	8
3	3	6	7	4	4	4	6	1	8
3	6	6	7	3	6	4	6	8	8
6	6	6	3	3	6	6	6	2	2

::::: Puzzle (574) :::::

3	3	3	4	4	4	4	3	5	5
6	6	6	6	2	2	3	3	5	5
6	4	5	5	8	8	8	8	1	5
6	4	5	5	9	8	8	8	8	3
4	4	5	3	9	9	4	2	7	3
6	6	3	3	9	9	4	2	7	3
6	6	6	9	9	9	4	4	7	7
6	5	1	9	4	4	5	5	1	7
5	5	4	2	2	4	4	5	5	7
5	5	4	4	4	3	3	3	5	7

::::: Puzzle (575) :::::

5	6	6	6	3	3	5	6	6	6
5	5	6	6	3	5	5	5	6	6
5	5	6	4	4	4	5	8	1	6
2	2	1	4	7	3	8	8	8	8
9	9	9	7	7	3	3	8	8	7
9	9	9	9	7	7	7	7	8	7
1	9	3	9	6	3	3	3	7	7
2	2	3	3	6	2	2	7	7	6
3	3	4	6	6	6	3	6	7	6
3	4	4	4	6	3	3	6	6	6

::::: Puzzle (576) :::::

3	3	5	5	5	5	3	5	5	7
3	6	6	5	7	3	3	5	5	7
6	6	6	1	7	8	8	8	5	7
6	5	1	7	7	7	8	7	7	7
5	5	7	7	3	8	8	7	2	2
7	5	5	3	3	8	3	3	3	5
7	7	7	7	7	8	5	5	5	5
7	3	5	5	5	1	9	9	2	2
2	3	6	5	5	6	9	9	9	1
2	3	6	6	6	6	9	9	9	9

::::: Puzzle (577) :::::

5	5	2	2	6	6	1	7	7	3
5	5	7	8	6	6	6	7	7	3
5	7	7	8	6	8	7	7	1	3
7	7	7	8	8	8	7	1	7	7
7	6	4	4	8	8	3	4	4	7
6	6	4	4	9	3	3	4	7	7
6	6	2	2	9	9	9	4	7	7
7	6	7	9	9	3	6	6	5	5
7	7	7	9	1	3	3	6	6	5
7	7	9	9	2	2	6	6	5	5

::::: Puzzle (578) :::::

6	7	7	7	7	8	8	8	8	8
6	6	7	7	7	1	3	4	8	8
6	6	3	4	4	3	3	4	4	8
6	3	3	4	4	6	6	4	5	5
3	2	2	3	3	3	6	6	6	5
3	3	7	7	7	7	4	6	1	5
2	2	7	3	7	9	4	4	4	5
4	1	7	3	3	9	9	9	9	9
4	3	3	9	9	9	5	5	5	5
4	4	3	2	2	4	4	4	4	5

::::: Puzzle (579) :::::

7	3	3	3	6	6	6	3	7	7
7	1	9	6	6	6	3	3	7	4
7	9	9	9	3	3	7	7	7	4
7	7	5	9	9	3	7	3	4	4
7	5	5	9	9	9	3	3	1	6
7	3	5	5	4	1	2	1	6	6
3	3	6	3	4	3	2	3	6	6
5	6	6	3	4	3	5	3	3	6
5	5	6	3	4	3	5	5	5	4
5	5	6	6	2	2	5	4	4	4

::::: Puzzle (580) :::::

7	7	2	5	5	7	7	7	7	7
7	7	2	4	5	5	7	7	4	4
7	4	4	4	5	8	8	8	8	4
7	1	8	2	2	5	5	5	8	4
7	8	8	8	1	3	5	5	8	8
2	2	8	8	8	3	3	9	8	9
5	7	7	8	6	6	6	9	9	9
5	5	7	6	6	6	9	9	9	9
5	3	7	7	7	7	1	6	4	4
5	3	3	6	6	6	6	6	4	4

:::: Puzzle (581) ::::

5	3	6	6	6	6	7	7	7	7
5	3	8	6	6	8	7	7	7	5
5	3	8	8	8	8	8	6	5	5
5	5	1	3	3	3	8	6	6	5
2	3	3	2	2	4	4	4	6	5
2	9	3	9	1	9	4	1	6	2
9	9	9	9	9	9	8	8	6	2
4	6	3	3	3	4	8	8	1	6
4	6	6	6	4	4	8	8	6	6
4	4	6	6	4	8	8	6	6	6

:::: Puzzle (582) ::::

4	4	4	2	2	7	7	1	6	6
4	3	3	4	7	7	7	6	6	6
8	2	3	4	4	7	9	6	5	5
8	2	5	4	3	7	9	5	5	2
8	8	5	5	3	3	9	5	8	2
8	8	5	5	9	9	9	3	8	1
3	8	9	9	9	4	3	3	8	8
3	8	5	5	4	4	8	8	8	8
3	5	5	5	6	4	3	1	4	4
6	6	6	6	6	1	3	3	4	4

:::: Puzzle (583) ::::

7	7	7	5	6	6	6	6	4	4
7	2	2	5	5	6	6	4	4	2
7	7	7	5	5	7	7	7	7	2
8	1	6	9	9	9	1	3	7	7
8	6	6	6	9	9	9	3	7	6
8	6	6	3	9	9	9	3	6	6
8	8	8	3	3	8	4	4	6	6
8	5	5	5	5	8	2	4	4	6
8	5	7	7	1	8	2	8	8	3
7	7	7	7	7	8	8	8	3	3

:::: Puzzle (584) ::::

4	4	5	5	3	5	5	4	4	5
4	2	5	5	3	3	5	5	4	5
4	2	5	4	4	2	7	5	4	5
7	1	7	4	4	2	7	7	6	5
7	7	7	7	7	3	7	6	6	5
4	8	4	4	4	3	7	6	6	6
4	8	2	2	4	3	7	4	4	4
4	8	8	8	8	8	7	4	1	3
4	3	8	4	4	4	4	9	9	3
3	3	9	9	9	9	9	9	9	3

:::: Puzzle (585) ::::

6	6	6	4	3	3	5	5	6	6
6	4	6	4	3	5	5	5	6	5
4	4	6	4	4	3	3	3	6	5
4	1	9	9	2	8	8	6	6	5
5	5	5	9	2	8	8	1	5	5
5	4	9	9	9	9	8	4	4	4
5	4	5	3	9	8	8	4	7	2
4	4	5	3	9	4	8	7	7	2
5	5	5	3	4	4	4	7	7	1
6	6	6	6	6	6	2	2	7	7

:::: Puzzle (586) ::::

7	7	7	7	7	7	5	5	7	7
7	9	1	4	4	5	5	7	7	7
9	9	9	4	4	2	5	8	7	7
9	9	9	9	9	2	8	8	3	3
3	3	8	2	2	3	3	8	3	2
3	8	8	8	8	3	7	8	8	2
4	7	7	7	8	7	7	7	8	8
4	7	5	7	8	8	7	3	3	3
4	7	5	7	3	1	7	7	6	6
4	5	5	5	3	3	6	6	6	6

:::: Puzzle (587) ::::

5	5	5	6	5	5	5	6	6	6
5	5	6	6	6	5	5	6	6	5
3	3	8	6	6	4	4	6	5	5
3	8	8	1	2	2	4	1	5	5
5	5	8	7	7	7	4	7	3	3
5	5	8	3	3	7	7	7	3	6
5	1	8	3	9	3	3	3	6	6
2	2	8	8	9	9	9	9	6	3
5	5	4	4	4	9	3	9	6	3
5	5	5	4	9	9	3	3	6	3

:::: Puzzle (588) ::::

9	9	3	3	4	4	4	6	6	6
9	9	3	7	7	1	4	6	6	6
9	9	9	8	7	7	7	7	1	4
3	9	4	8	8	4	4	7	4	4
3	9	4	4	8	8	4	4	5	4
3	1	4	8	8	3	5	5	5	6
5	3	3	3	8	3	3	5	6	6
5	5	7	7	7	7	7	1	6	6
5	6	6	6	2	7	5	2	2	6
5	6	6	6	2	7	5	5	5	5

:::: Puzzle (589) ::::

4	4	3	4	4	6	6	6	6	6
4	4	3	3	4	4	1	4	4	6
2	8	2	2	8	7	7	3	4	4
2	8	8	8	8	3	7	3	3	2
1	8	3	1	8	3	7	7	7	2
6	3	3	5	5	3	4	9	7	1
6	6	6	3	5	5	4	9	4	4
6	6	3	3	5	4	4	9	4	9
5	5	5	4	4	5	5	9	4	9
5	5	4	4	5	5	5	9	9	9

:::: Puzzle (590) ::::

5	5	4	4	5	5	5	5	6	6
4	5	4	4	5	4	4	6	6	6
4	5	5	3	3	4	4	9	9	6
4	4	6	3	5	5	5	5	9	9
6	6	6	6	3	3	5	6	6	9
4	4	2	6	3	6	6	6	6	9
2	4	2	4	8	3	3	5	5	9
2	4	1	4	8	8	3	5	2	9
1	7	7	4	4	8	5	5	2	9
7	7	7	7	7	8	8	8	8	1

:::: Puzzle (591) ::::

5	5	5	5	5	7	7	6	6	6
3	3	3	1	7	7	3	3	6	6
6	6	6	7	7	7	3	8	8	6
6	6	3	4	4	4	8	8	8	3
6	3	3	1	4	3	4	4	8	3
4	4	8	8	3	3	4	4	8	3
4	4	1	8	9	9	9	9	8	9
2	2	8	8	3	3	3	9	9	9
4	4	4	8	8	6	6	4	4	9
4	2	2	8	6	6	6	6	4	4

:::: Puzzle (592) ::::

1	7	4	2	7	7	7	7	6	6
2	7	4	2	3	7	7	6	6	4
2	7	4	4	3	7	4	4	6	4
5	7	7	7	3	8	4	4	6	4
5	5	3	7	9	8	2	2	8	4
6	5	3	3	9	8	8	8	8	1
6	5	9	9	9	9	8	5	6	6
6	9	9	9	6	6	5	5	6	6
6	6	5	6	6	6	5	6	6	4
6	5	5	5	5	6	5	4	4	4

:::: Puzzle (593) ::::

4	4	3	3	4	3	3	4	6	6
4	4	3	4	4	3	4	4	4	6
2	2	4	2	4	9	9	9	6	6
5	7	4	2	9	9	9	4	6	5
5	7	4	3	9	9	4	4	4	5
5	7	4	3	3	9	8	3	5	5
5	7	7	7	7	8	8	3	3	5
5	6	3	3	3	8	4	4	4	4
6	6	6	4	4	8	8	1	3	3
6	6	4	4	1	8	8	2	2	3

:::: Puzzle (594) ::::

6	6	6	6	8	8	7	7	7	7
6	4	4	8	8	1	4	7	7	1
6	4	6	6	8	4	4	4	7	2
3	4	6	3	8	8	8	1	3	2
3	3	6	3	3	4	4	2	3	3
9	6	6	1	4	4	1	2	6	6
9	9	9	9	9	9	6	6	6	6
6	6	6	3	3	9	9	7	7	7
6	4	4	3	2	2	1	7	7	7
6	6	4	4	5	5	5	5	5	7

:::: Puzzle (595) ::::

5	4	4	4	4	7	7	7	7	3
5	5	5	5	3	7	7	4	3	3
2	2	1	3	3	7	4	4	4	7
5	5	5	5	8	8	8	3	1	7
5	8	8	8	8	2	2	3	7	7
1	7	7	8	9	9	9	3	7	7
7	7	5	1	9	9	9	9	7	6
7	7	5	7	7	9	6	6	6	6
3	7	5	5	7	9	2	2	6	4
3	3	5	7	7	7	7	4	4	4

:::: Puzzle (596) ::::

6	6	6	6	5	5	3	3	3	4
6	5	5	6	5	5	5	1	4	4
8	5	5	4	4	6	8	8	6	4
8	5	2	4	4	6	8	6	6	1
8	8	2	6	6	6	8	6	6	9
8	1	5	5	5	6	8	8	6	9
8	8	4	4	5	8	8	9	9	9
8	7	7	4	5	6	6	9	2	9
3	7	7	4	6	6	6	9	2	3
3	3	7	7	7	1	6	9	3	3

:::: Puzzle (597) ::::

6	6	6	3	5	5	5	7	7	7
6	2	6	3	3	5	2	2	1	7
3	2	6	5	6	5	6	3	3	7
3	9	9	5	6	6	6	8	3	7
3	9	1	5	5	6	8	8	8	7
9	9	3	5	2	8	8	2	2	3
9	3	3	1	2	4	8	8	3	3
9	1	2	2	4	4	4	1	6	6
9	6	3	3	3	5	5	5	6	6
9	6	6	6	6	6	5	5	6	6

:::: Puzzle (598) ::::

4	4	6	6	8	8	8	4	4	4
4	4	6	8	8	7	7	7	7	4
6	6	6	1	8	3	3	7	2	2
3	3	2	2	8	8	3	7	7	4
3	5	3	4	4	4	1	9	4	4
5	5	3	4	2	2	9	9	4	6
5	5	3	6	4	4	9	6	6	6
4	6	6	6	4	9	9	6	5	6
4	4	6	6	4	9	9	9	5	5
4	7	7	7	7	7	7	7	5	5

:::: Puzzle (599) ::::

8	8	3	4	4	4	4	3	4	4
8	8	3	3	9	9	3	3	4	4
8	9	9	9	9	9	9	9	3	6
8	2	2	3	3	4	4	3	3	6
8	1	6	3	2	2	4	4	6	6
8	3	6	6	3	3	3	6	6	1
3	3	6	3	1	2	2	1	4	4
5	6	6	3	3	1	5	6	4	4
5	5	3	4	4	4	5	6	6	6
5	5	3	3	4	5	5	5	6	6

:::: Puzzle (600) ::::

7	7	3	3	3	7	7	7	7	7
7	7	2	9	9	7	7	6	6	6
7	7	2	1	9	2	6	6	7	6
7	9	9	9	9	2	7	7	7	7
1	9	1	8	8	8	7	7	3	3
5	9	5	8	4	4	6	6	3	6
5	5	5	8	8	4	4	6	6	6
1	4	4	4	8	8	2	4	5	5
6	4	6	6	2	3	2	4	5	5
6	6	6	1	2	3	3	4	4	5

::::: *Puzzle (601)* :::::

5	5	6	6	6	6	6	2	2	9
5	5	4	6	9	9	9	9	9	9
6	5	4	4	8	9	3	9	2	2
6	6	4	1	8	3	3	6	6	6
6	6	8	8	8	5	1	5	1	6
6	1	8	8	6	5	5	5	2	6
3	3	3	8	6	6	6	3	2	6
6	6	6	7	6	7	3	3	4	4
6	3	6	7	6	7	6	6	6	4
6	3	3	7	7	7	6	6	6	4

::::: *Puzzle (602)* :::::

7	5	5	5	5	4	5	1	5	5
7	7	7	5	4	4	5	4	5	5
7	6	7	7	4	5	5	4	5	2
6	6	8	8	8	5	4	4	1	2
6	6	6	8	8	2	2	3	3	4
1	9	2	2	8	6	6	6	3	4
9	9	9	8	8	5	6	6	6	4
9	9	4	4	4	5	5	5	5	4
9	9	4	8	2	2	8	6	6	6
9	8	8	8	8	8	8	6	6	6

::::: *Puzzle (603)* :::::

5	7	7	7	7	7	3	6	6	6
5	5	5	1	7	4	3	6	6	2
5	9	9	9	7	4	3	6	7	2
9	9	9	9	4	4	7	7	7	7
9	2	3	3	5	2	2	1	4	7
9	2	3	5	5	5	4	4	4	7
8	8	8	5	2	1	3	5	5	5
4	8	8	3	2	3	3	4	4	5
4	8	8	3	6	6	6	4	4	5
4	4	8	3	6	6	6	3	3	3

::::: *Puzzle (604)* :::::

3	3	4	7	1	9	9	6	6	6
3	4	4	7	4	4	9	6	6	6
8	4	7	7	4	4	9	3	3	3
8	7	7	4	3	3	9	6	6	6
8	7	4	4	3	9	9	9	6	6
8	2	4	3	2	9	5	5	5	6
8	2	3	3	2	3	5	3	3	5
8	8	1	2	3	3	5	3	5	5
8	3	3	2	5	5	3	4	5	5
1	3	5	5	5	3	3	4	4	4

::::: *Puzzle (605)* :::::

6	8	8	8	2	2	4	9	9	9
6	5	8	8	8	4	4	4	1	9
6	5	5	5	8	8	1	9	9	9
6	6	5	2	3	5	5	1	9	9
6	4	4	2	3	5	5	5	3	3
5	5	4	4	3	4	4	4	5	3
5	5	5	2	2	4	7	5	5	5
4	2	2	1	7	7	7	5	6	6
4	4	7	7	7	6	6	6	6	5
4	3	3	3	2	2	5	5	5	5

::::: *Puzzle (606)* :::::

5	5	2	2	4	4	4	3	4	4
5	5	7	7	7	4	3	3	4	4
5	4	7	3	7	2	2	5	5	5
4	4	3	3	7	7	8	5	3	3
4	3	2	8	8	8	8	5	3	4
3	3	2	8	4	8	8	7	7	4
9	9	3	4	4	4	7	7	4	4
9	9	3	3	1	7	7	3	3	3
4	9	9	9	9	7	1	6	6	6
4	4	4	9	3	3	3	6	6	6

::::: *Puzzle (607)* :::::

3	3	5	7	7	7	7	3	2	8
4	3	5	5	7	7	3	3	2	8
4	5	5	1	7	3	5	5	5	8
4	4	3	3	2	3	3	1	5	8
9	9	3	8	2	6	6	6	5	8
9	9	2	8	8	2	6	8	8	8
9	9	2	8	8	2	6	1	4	4
9	9	8	8	4	4	6	4	4	5
9	3	8	4	4	6	5	5	5	5
3	3	6	6	6	6	6	3	3	3

::::: *Puzzle (608)* :::::

5	5	5	4	9	9	9	9	3	3
4	4	5	4	9	1	9	9	9	3
4	4	5	4	9	4	4	3	3	7
6	6	6	4	8	8	4	4	3	7
6	6	8	8	8	8	8	8	7	7
6	4	7	5	5	2	5	5	7	7
4	4	7	5	5	2	5	5	5	7
3	4	7	1	5	3	3	6	2	2
3	7	7	7	7	3	4	6	6	6
3	1	3	3	3	4	4	4	6	6

::::: *Puzzle (609)* :::::

9	9	9	9	7	7	7	7	7	6
8	9	5	9	9	7	7	4	6	6
8	3	5	9	9	4	5	4	6	6
8	3	5	5	4	4	5	4	4	6
8	3	5	1	4	5	5	5	3	3
8	8	8	8	1	4	4	4	5	3
1	2	2	7	2	2	1	4	5	4
3	3	4	7	7	7	7	5	5	4
3	5	4	4	4	7	7	5	4	4
5	5	5	5	6	6	6	6	6	6

::::: *Puzzle (610)* :::::

6	6	6	9	9	9	3	7	1	2
6	4	6	9	2	2	3	7	7	2
6	4	5	9	1	4	3	7	4	4
4	4	5	9	9	4	4	7	4	4
3	5	5	5	9	4	7	7	8	1
3	3	2	2	9	8	8	8	8	4
6	6	6	1	2	8	3	8	4	4
6	6	6	3	2	3	3	8	1	4
3	5	5	3	3	4	4	2	3	3
3	3	5	5	5	4	4	2	1	3

::::: *Puzzle (611)* :::::

4	4	4	6	4	4	6	6	3	3
3	4	6	6	4	4	6	6	6	3
3	3	6	6	6	7	6	5	5	5
5	4	1	7	7	7	5	5	4	1
5	4	4	7	3	7	4	4	4	8
5	4	3	7	3	3	8	8	8	8
5	1	3	3	9	8	8	2	2	8
5	9	9	9	9	9	2	5	3	3
9	9	3	3	6	6	2	5	5	3
9	2	2	3	6	6	6	6	5	5

::::: *Puzzle (612)* :::::

6	6	6	4	4	8	9	9	2	2
6	6	8	4	4	8	4	9	9	4
6	8	8	8	8	8	4	4	9	4
2	1	5	4	4	4	5	4	9	4
2	5	5	5	4	5	5	5	9	4
4	4	4	5	1	5	3	3	9	1
5	5	4	2	2	4	4	3	9	7
5	5	5	4	7	4	4	7	7	7
2	4	4	4	7	7	3	7	7	3
2	7	7	7	7	3	3	7	3	3

::::: *Puzzle (613)* :::::

5	2	2	9	9	5	5	4	4	6
5	5	9	9	2	2	5	4	6	6
5	3	4	9	9	5	5	4	6	6
5	3	4	9	9	9	1	7	6	7
4	3	4	4	1	7	7	7	7	7
4	4	3	3	8	8	5	5	5	2
6	4	8	3	8	6	5	5	4	2
6	8	8	8	8	6	6	6	4	5
6	6	4	4	1	3	6	4	4	5
6	6	4	4	3	3	6	5	5	5

::::: *Puzzle (614)* :::::

4	2	2	7	3	3	3	5	5	5
4	7	7	7	7	5	7	5	5	3
4	4	3	3	7	5	7	7	3	3
6	1	3	6	7	5	5	7	7	7
6	6	6	6	2	8	5	7	3	3
8	8	2	5	2	8	8	9	9	3
8	1	2	5	8	8	8	9	9	9
8	8	5	5	8	8	3	5	9	9
8	2	2	5	6	3	3	5	5	9
8	8	6	6	6	6	6	5	5	9

::::: *Puzzle (615)* :::::

2	2	5	6	6	5	2	2	7	7
7	5	5	6	6	5	5	7	7	7
7	5	5	6	5	5	8	7	5	7
7	7	1	6	2	2	8	5	5	5
8	7	7	7	4	8	8	5	6	6
8	3	4	4	4	8	6	6	6	6
8	3	3	8	8	8	9	3	3	3
8	8	4	2	3	1	9	9	9	9
8	4	4	2	3	9	9	6	6	9
8	8	4	1	3	9	6	6	6	6

::::: *Puzzle (616)* :::::

6	6	4	5	5	5	7	7	7	2
6	4	4	4	2	5	7	6	6	2
6	6	6	1	2	5	7	7	6	6
5	4	4	4	4	3	3	7	6	6
5	5	5	3	1	3	9	9	9	9
2	7	5	3	3	1	9	9	9	9
2	7	7	8	8	8	8	8	3	9
7	7	5	5	7	7	7	8	3	4
7	7	5	7	7	7	4	8	3	4
1	5	5	7	4	4	4	8	4	4

::::: *Puzzle (617)* :::::

2	2	7	7	7	7	8	8	5	5
3	7	7	6	6	7	8	8	5	5
3	3	8	6	8	8	8	8	7	5
8	8	8	6	6	3	1	7	7	7
8	8	8	6	3	3	7	7	6	7
8	5	4	2	4	2	2	6	6	6
5	5	4	2	4	4	3	6	4	6
5	4	4	9	4	9	3	3	4	4
5	1	9	9	9	9	9	1	7	4
2	2	9	9	7	7	7	7	7	7

::::: *Puzzle (618)* :::::

6	6	6	6	4	4	4	3	3	3
6	7	6	7	2	4	6	6	6	6
7	7	7	7	2	6	6	4	4	4
7	4	1	9	9	9	9	9	9	4
2	4	4	9	3	3	7	7	9	9
2	6	4	6	3	7	7	5	5	1
6	6	6	6	7	7	6	5	5	2
1	8	8	8	7	6	6	5	6	2
8	8	8	3	1	6	3	3	6	6
8	8	3	3	6	6	3	6	6	6

::::: *Puzzle (619)* :::::

4	4	2	2	5	4	4	4	7	7
4	9	9	5	5	5	4	2	2	7
4	9	9	9	5	6	5	5	7	7
9	9	3	9	6	6	6	5	1	7
7	1	3	9	6	6	5	5	8	7
7	2	3	7	7	8	8	8	8	8
7	2	7	3	7	7	3	3	8	3
7	7	7	3	3	7	7	3	8	3
6	6	4	4	4	7	3	4	4	3
6	6	6	6	4	1	3	3	4	4

::::: *Puzzle (620)* :::::

3	3	6	6	6	6	5	5	3	3
3	6	6	5	5	7	5	5	2	3
2	3	9	5	5	7	7	5	2	7
2	3	9	5	7	7	1	2	7	7
9	3	9	4	4	7	7	2	1	7
9	9	9	4	4	5	5	5	7	7
9	3	9	2	2	5	1	8	8	7
3	3	4	4	4	5	4	4	8	8
5	5	4	8	8	8	8	4	8	8
5	5	5	8	8	8	8	4	8	8

::::: Puzzle (621) :::::

6	6	2	2	7	7	7	8	8	8
6	6	6	5	5	7	7	7	8	8
6	4	5	5	5	7	1	5	8	8
3	4	4	6	6	5	5	5	5	8
3	4	3	3	6	6	7	7	7	7
3	2	2	3	6	6	4	2	4	7
6	7	6	6	4	4	4	2	4	7
6	7	7	6	6	6	9	4	4	7
6	6	7	7	6	1	9	1	9	1
6	6	7	7	9	9	9	9	9	9

::::: Puzzle (622) :::::

4	4	4	9	9	9	9	9	5	5
4	1	9	9	3	3	9	5	5	5
1	8	8	3	8	3	9	1	6	6
8	8	3	3	8	8	8	6	6	6
3	8	8	8	3	3	8	8	3	6
3	3	8	3	4	3	8	8	3	3
2	2	6	3	4	5	4	4	4	6
3	3	6	3	4	5	5	4	6	6
3	6	6	6	4	7	5	5	6	6
2	2	6	7	7	7	7	7	7	6

::::: Puzzle (623) :::::

3	3	5	5	5	3	3	1	3	4
3	9	9	5	5	3	7	7	3	4
9	9	3	3	3	7	7	5	3	4
9	9	2	2	4	4	7	5	5	4
9	3	3	3	2	4	7	1	5	5
9	9	4	4	2	4	7	8	3	3
5	4	4	3	8	8	8	8	3	6
5	5	3	3	8	3	8	2	2	6
5	5	4	1	8	3	4	4	6	6
4	4	4	2	2	3	4	4	6	6

::::: Puzzle (624) :::::

5	5	8	8	8	2	5	5	5	6
5	6	6	8	8	2	5	5	6	6
5	6	6	8	3	3	3	6	6	6
5	6	3	8	8	5	7	7	7	7
3	6	3	3	7	5	5	1	7	7
3	3	7	7	7	5	5	2	2	7
6	6	4	4	7	7	7	1	9	9
6	6	4	4	1	6	6	3	3	9
6	5	5	5	5	6	6	3	9	9
6	1	5	1	6	6	9	9	9	9

::::: Puzzle (625) :::::

5	5	6	6	6	3	2	3	1	2
5	6	6	6	3	3	2	3	3	2
5	3	3	7	7	7	7	4	4	4
5	3	4	6	6	6	7	2	2	4
4	4	4	6	6	6	7	7	5	5
7	7	7	4	4	9	9	3	3	5
3	3	7	4	4	9	9	9	3	5
3	7	7	9	9	9	1	4	4	5
2	7	3	7	7	9	7	4	4	3
2	1	3	3	7	7	7	7	3	3

::::: Puzzle (626) :::::

5	6	6	6	6	4	4	3	5	5
5	4	6	3	6	4	4	3	5	5
5	4	4	3	7	7	5	3	5	1
5	5	4	3	7	1	5	9	9	9
4	4	5	7	7	7	5	9	3	3
4	4	5	5	7	5	5	9	9	3
2	5	5	7	8	8	8	8	9	9
2	7	7	7	8	8	1	4	4	9
7	7	4	7	8	8	4	4	2	2
4	4	4	2	2	5	5	5	5	5

::::: Puzzle (627) :::::

4	4	6	6	8	8	8	8	4	4
4	4	6	6	8	8	5	3	4	4
6	7	6	7	8	5	5	3	3	6
6	7	6	7	8	5	5	4	6	6
6	7	7	7	9	9	9	4	6	6
6	6	6	4	2	9	1	4	4	6
4	4	1	4	2	9	9	9	9	9
4	5	4	4	3	3	3	2	2	7
4	5	3	3	7	7	7	7	7	7
5	5	5	3	1	2	2	3	3	3

::::: Puzzle (628) :::::

9	9	9	9	8	5	5	5	5	5
9	9	3	9	8	8	8	8	8	3
9	3	3	4	3	8	3	3	8	3
9	4	4	4	3	3	6	3	1	3
8	8	3	3	6	6	6	4	4	2
8	2	2	3	6	3	6	5	4	2
8	1	3	6	3	3	5	5	4	1
8	3	3	6	4	4	3	5	5	7
8	8	2	6	4	4	3	7	7	7
8	1	2	6	6	6	3	7	7	7

::::: Puzzle (629) :::::

7	7	3	3	6	6	6	6	6	5
5	7	1	3	2	2	9	6	5	5
5	7	7	7	5	5	9	2	5	5
5	5	2	7	5	9	9	2	3	3
6	5	2	8	5	5	9	1	3	6
6	6	8	8	8	8	9	6	6	6
6	6	8	3	3	8	9	7	7	6
6	4	8	3	6	9	9	6	7	6
4	4	4	5	6	6	6	6	7	7
5	5	5	5	4	4	4	4	7	7

::::: Puzzle (630) :::::

5	6	6	6	6	6	6	7	7	7
5	5	5	4	4	4	7	7	2	2
5	3	6	6	4	2	2	7	7	3
3	3	6	5	3	9	9	9	1	3
7	6	6	5	3	9	4	9	9	3
7	6	5	5	3	7	4	1	9	9
7	7	7	5	7	7	4	4	9	1
7	4	7	8	7	7	5	5	4	4
4	4	8	8	8	7	5	5	5	4
4	8	8	8	8	7	3	3	3	4

::::: Puzzle (631) :::::

9	9	9	1	3	3	4	4	7	7
3	1	9	9	2	3	4	8	7	7
3	3	9	1	2	5	4	8	7	7
1	9	9	9	5	5	5	8	8	7
6	6	8	4	4	5	8	8	2	2
6	7	8	8	4	4	8	8	5	4
6	7	7	8	8	8	5	5	5	4
6	7	8	8	4	3	3	5	4	4
6	7	4	4	4	3	7	7	7	7
7	7	3	3	3	2	2	7	7	7

::::: Puzzle (632) :::::

7	7	7	3	3	3	4	4	5	5
7	7	7	8	8	8	4	4	5	5
7	3	1	8	8	3	3	1	5	7
5	3	3	8	8	3	7	7	7	7
5	5	2	2	8	7	7	6	6	6
3	5	5	6	6	2	3	3	6	6
3	3	6	6	3	2	1	3	9	6
2	2	1	6	3	9	9	9	9	9
4	4	4	6	3	9	6	6	9	9
4	5	5	5	5	5	6	6	6	6

::::: Puzzle (633) :::::

5	5	2	2	9	9	9	9	9	2
5	6	6	7	7	7	9	5	9	2
5	4	6	7	3	7	9	5	9	3
5	4	6	6	3	7	5	5	3	3
4	4	3	6	3	7	8	5	6	6
6	6	3	3	5	8	8	6	6	3
6	6	5	5	5	3	8	8	6	3
6	6	1	5	1	3	8	8	6	3
3	3	7	7	7	3	7	8	5	5
3	2	2	1	7	7	7	5	5	5

::::: Puzzle (634) :::::

4	4	6	6	6	7	4	4	4	6
4	4	8	6	6	7	7	4	6	6
6	8	8	6	7	7	1	6	6	6
6	1	8	8	8	7	7	4	4	4
6	4	8	7	8	1	9	4	9	9
6	4	4	7	7	7	9	9	9	9
6	6	4	7	7	1	9	4	2	2
8	2	3	3	7	4	9	4	5	5
8	2	3	8	8	4	3	4	4	5
8	8	8	8	4	4	3	3	5	5

::::: Puzzle (635) :::::

8	4	4	4	3	5	7	7	7	7
8	8	4	3	3	5	5	7	7	9
8	8	2	8	8	5	4	4	7	9
8	8	2	8	8	5	9	4	4	9
8	6	6	6	8	8	9	9	9	9
1	6	2	2	1	8	1	7	7	9
3	6	7	3	3	8	2	7	3	3
3	6	7	7	3	6	2	7	7	3
3	4	4	7	6	6	6	7	4	4
4	4	7	7	7	6	6	7	4	4

::::: Puzzle (636) :::::

7	7	7	7	7	9	9	9	1	4
6	6	7	4	7	2	9	4	4	4
6	6	3	4	4	2	9	9	9	9
6	3	3	4	3	4	3	3	3	9
6	5	5	3	3	4	8	8	8	8
3	3	5	5	5	4	8	4	8	8
3	6	3	3	3	4	7	4	1	8
6	6	4	4	7	7	7	4	4	1
6	6	4	4	7	5	5	5	5	4
6	2	2	1	7	7	5	4	4	4

::::: Puzzle (637) :::::

6	6	6	7	7	7	7	5	5	5
6	6	2	2	7	7	7	8	5	5
6	3	3	8	8	4	1	8	3	3
3	8	3	8	4	4	4	8	3	5
3	8	8	8	5	5	5	8	5	5
3	1	9	8	5	4	5	8	8	5
1	9	9	9	9	4	4	8	8	5
9	9	1	4	9	4	2	2	7	7
2	9	4	4	4	6	3	3	7	7
2	6	6	6	6	6	3	7	7	7

::::: Puzzle (638) :::::

3	3	6	6	4	9	9	9	9	6
3	6	6	4	4	4	9	6	6	6
1	6	6	7	9	9	9	3	3	6
7	7	7	7	7	6	9	1	3	6
1	2	7	3	3	6	6	6	6	4
3	2	8	3	8	3	3	3	6	4
3	3	8	8	8	8	8	8	4	4
4	4	4	4	7	7	7	5	5	5
3	3	6	6	2	2	7	5	3	5
3	6	6	6	6	7	7	7	3	3

::::: Puzzle (639) :::::

2	6	6	6	9	9	7	7	7	5
2	6	6	4	4	9	9	5	7	5
7	7	6	7	4	9	1	5	7	5
6	7	7	7	4	9	5	5	7	5
6	7	6	9	9	9	5	1	7	5
6	6	6	3	3	3	8	8	8	8
5	3	3	1	8	8	8	4	4	4
5	5	3	7	8	4	4	6	6	4
5	3	7	7	7	4	4	6	6	6
5	3	3	7	7	7	1	2	2	6

::::: Puzzle (640) :::::

3	3	4	4	6	6	6	3	3	2
3	4	4	2	6	6	6	3	9	2
6	3	3	2	1	9	9	9	9	4
6	6	3	9	9	9	9	4	4	4
6	6	2	2	1	5	3	6	6	6
6	7	4	4	4	5	3	3	6	6
7	7	4	5	5	5	8	4	6	2
6	7	7	7	7	1	8	4	4	2
6	6	3	3	3	4	8	4	1	8
6	6	6	4	4	4	8	8	8	8

:::: Puzzle (641) ::::

6	1	7	7	7	7	7	6	6	6
6	6	6	7	2	8	7	6	6	6
4	4	6	6	2	8	5	5	3	3
4	3	3	5	5	8	5	5	5	3
4	3	5	5	5	8	1	6	6	6
7	7	7	7	8	8	5	5	6	6
7	2	7	8	8	9	9	5	5	6
7	2	5	2	2	9	1	5	4	4
3	5	5	9	9	9	9	4	4	5
3	3	5	5	9	9	5	5	5	5

:::: Puzzle (642) ::::

4	4	5	5	5	8	5	5	5	5
4	4	6	6	5	8	8	8	5	8
3	6	6	6	5	6	6	8	8	8
3	2	6	4	4	6	6	6	3	3
3	2	9	4	4	6	9	1	3	5
7	1	9	9	9	9	9	2	2	5
7	7	7	9	5	5	5	8	1	5
7	1	6	9	5	5	8	8	5	5
7	6	6	6	8	8	8	6	6	6
7	6	6	8	8	2	2	6	6	6

:::: Puzzle (643) ::::

3	3	3	4	4	4	8	8	8	8
5	5	5	3	3	4	8	8	8	8
3	5	5	6	3	7	7	3	2	2
3	6	6	6	6	7	1	3	3	7
3	9	9	9	6	7	7	7	1	7
9	9	3	9	8	8	7	2	2	7
4	9	3	9	3	8	8	8	4	7
4	4	3	9	3	3	8	4	4	7
7	4	1	7	7	4	8	8	4	7
7	7	7	7	4	4	4	2	2	7

:::: Puzzle (644) ::::

4	6	6	8	4	4	4	4	9	9
4	6	6	8	8	8	8	9	9	9
4	4	6	8	4	4	8	3	9	9
7	1	6	8	1	4	3	3	1	9
7	7	7	7	7	4	7	7	7	9
7	2	2	3	3	7	7	6	6	6
6	6	6	3	5	5	7	6	6	6
6	6	3	5	5	1	7	3	3	3
5	6	3	3	5	4	2	2	5	5
5	5	5	5	4	4	4	5	5	5

:::: Puzzle (645) ::::

4	4	4	6	6	6	6	5	5	5
3	4	6	4	6	3	6	5	4	4
3	6	6	4	3	3	8	5	4	4
3	6	4	4	2	2	8	8	8	8
2	6	2	3	3	4	8	3	1	8
2	6	2	9	3	4	8	3	3	7
9	9	9	9	9	4	4	1	7	7
3	6	6	6	9	9	9	7	7	5
3	3	6	6	6	4	4	7	5	5
5	5	5	5	5	4	4	7	5	5

:::: Puzzle (646) ::::

9	9	9	7	7	7	7	3	3	3
9	9	3	7	3	3	7	7	1	2
9	3	3	8	8	3	6	6	6	2
9	9	4	6	8	8	3	3	6	5
2	9	4	6	6	8	3	6	6	5
2	4	4	6	6	8	2	5	5	5
6	6	6	4	6	8	2	3	3	3
6	6	6	4	4	8	6	6	5	5
3	3	3	5	4	1	6	3	3	5
5	5	5	5	6	6	6	3	5	5

:::: Puzzle (647) ::::

8	8	8	8	8	6	6	6	6	6
8	1	5	8	4	4	3	3	6	9
8	3	5	5	4	2	2	3	9	9
7	3	3	5	4	9	9	9	9	5
7	2	2	5	9	9	3	3	5	5
7	7	7	7	4	7	7	3	4	5
4	4	1	7	4	4	7	7	4	5
4	4	6	1	4	7	7	7	4	4
6	6	6	5	5	6	6	6	6	6
6	6	5	5	5	6	4	4	4	4

:::: Puzzle (648) ::::

6	6	5	5	3	3	5	5	5	3
6	5	5	5	1	3	9	5	3	3
6	6	6	9	9	9	9	5	8	8
8	8	2	9	4	4	9	2	2	8
8	8	2	9	3	4	9	8	8	8
8	8	8	8	3	4	2	3	8	8
7	7	7	1	3	5	2	3	3	4
7	5	7	3	2	5	5	5	4	4
7	5	7	3	2	7	7	5	1	4
5	5	5	3	7	7	7	7	7	1

:::: Puzzle (649) ::::

7	7	7	3	3	3	5	5	5	6
7	4	7	7	9	9	9	5	6	6
4	4	4	7	5	2	9	5	6	6
3	3	2	5	5	2	9	9	9	6
3	6	2	1	5	5	3	9	2	2
6	6	8	8	1	3	3	9	4	4
6	6	6	8	8	7	7	7	4	4
3	3	8	8	4	7	7	3	3	3
5	3	5	8	4	4	7	5	5	5
5	5	5	8	4	1	7	1	5	5

:::: Puzzle (650) ::::

9	9	9	5	5	5	3	3	3	6
9	9	9	9	5	6	6	6	6	6
9	4	9	7	5	8	8	8	8	8
4	4	4	7	7	7	8	8	8	5
2	8	1	7	1	7	5	5	5	5
2	8	8	7	2	8	8	8	8	8
8	8	6	6	2	5	5	5	5	8
8	8	1	6	3	7	5	7	7	8
8	4	4	6	3	7	7	7	3	8
4	4	6	6	3	7	2	2	3	3

:::: Puzzle (651) ::::

5	5	5	7	7	7	7	7	7	4
5	6	5	7	9	9	2	2	4	4
6	6	6	4	9	9	1	4	6	4
6	6	8	4	9	4	4	4	6	6
8	8	8	4	9	9	9	9	6	6
3	3	8	4	1	2	2	4	6	3
3	1	8	8	8	4	4	4	3	3
8	3	3	1	6	6	6	6	4	4
8	3	8	8	6	7	7	4	4	7
8	8	8	8	6	1	7	7	7	7

:::: Puzzle (652) ::::

6	6	6	3	3	2	3	2	2	9
6	6	6	7	3	2	3	3	9	9
4	4	7	7	7	9	9	9	9	8
5	4	4	7	7	7	5	1	9	8
5	5	5	5	3	3	5	5	9	8
3	1	8	8	3	5	5	2	2	8
3	8	8	8	8	4	4	4	8	8
3	8	4	4	8	4	5	5	5	8
6	6	6	4	7	7	5	5	7	8
6	6	6	4	1	7	7	7	7	1

:::: Puzzle (653) ::::

8	8	8	1	6	6	6	6	6	3
8	8	8	2	2	7	7	6	3	3
1	3	8	7	7	7	9	9	2	2
3	3	8	7	7	4	4	9	4	4
5	5	5	5	4	4	9	9	4	6
5	4	4	4	9	9	9	9	4	6
3	3	4	6	6	6	6	2	2	6
3	5	5	6	6	3	3	3	5	6
5	5	5	3	3	5	5	5	5	6
4	4	4	4	3	4	4	4	4	6

:::: Puzzle (654) ::::

6	6	6	6	3	3	3	7	7	7
6	6	1	5	5	5	5	6	7	3
3	3	9	5	4	4	6	6	7	3
3	9	9	9	4	6	6	5	7	3
4	4	4	9	4	6	5	5	7	1
3	4	2	9	9	3	5	5	8	8
3	3	2	5	9	3	3	1	8	6
5	5	5	5	9	8	8	8	8	6
3	3	3	6	6	6	8	2	6	6
4	4	4	4	6	6	6	2	6	6

:::: Puzzle (655) ::::

3	5	5	3	3	4	4	6	5	5
3	5	5	5	3	4	4	6	6	5
3	2	2	1	8	6	6	6	4	5
8	8	8	8	8	8	8	1	4	5
5	5	5	3	3	3	2	2	4	4
6	4	5	7	4	4	3	1	3	3
6	4	5	7	4	3	3	2	2	3
6	4	4	7	4	5	5	5	9	2
6	2	2	7	7	5	5	9	9	2
6	6	7	7	9	9	9	9	9	9

:::: Puzzle (656) ::::

9	5	5	1	7	7	4	4	4	5
9	5	5	5	1	7	7	7	4	5
9	9	9	9	9	7	2	7	5	5
9	5	5	5	8	8	2	6	5	3
9	6	5	5	8	4	4	6	6	3
6	6	6	8	8	4	4	6	6	3
6	5	5	8	8	8	7	3	6	5
6	5	5	3	3	3	7	3	5	5
3	5	2	1	7	7	7	3	5	5
3	3	2	3	3	3	7	7	2	2

:::: Puzzle (657) ::::

5	5	5	6	6	4	5	5	5	5
5	2	2	6	6	4	4	6	5	3
5	8	4	6	6	4	6	6	3	3
1	8	4	4	4	9	1	6	6	6
8	8	8	9	9	9	9	9	2	2
8	3	8	5	9	1	9	6	6	6
8	3	5	5	4	4	9	6	6	6
7	3	7	5	4	4	7	7	7	7
7	7	7	5	6	6	3	2	2	7
7	7	6	6	6	6	3	3	7	7

:::: Puzzle (658) ::::

7	7	7	7	9	9	8	3	3	3
7	7	7	9	9	1	8	8	8	8
2	2	4	9	3	3	8	8	8	3
4	4	4	9	9	3	6	7	3	3
2	2	7	9	5	6	6	7	7	2
6	6	7	9	5	6	6	7	7	2
6	7	7	5	5	1	6	1	7	5
6	6	7	5	2	2	4	4	7	5
1	6	7	3	3	4	4	6	6	5
2	2	7	3	6	6	6	6	5	5

:::: Puzzle (659) ::::

4	7	7	7	7	5	5	5	5	7
4	4	4	7	7	7	5	1	7	7
2	9	9	9	3	1	7	7	7	7
2	1	9	9	3	8	5	5	3	3
9	9	9	4	3	8	8	5	3	6
9	6	4	4	4	8	5	5	6	6
6	6	3	3	3	8	3	3	3	6
6	3	4	2	2	8	2	7	1	6
6	3	4	3	3	8	2	7	7	6
6	3	4	4	3	8	7	7	7	7

:::: Puzzle (660) ::::

3	3	4	4	5	5	1	7	7	7
5	3	2	4	4	5	7	7	7	2
5	5	2	7	5	5	8	7	5	2
6	5	7	7	7	8	8	5	5	5
6	5	7	5	7	8	3	3	5	6
6	2	7	5	5	8	3	6	6	6
6	2	4	5	8	8	8	6	6	3
6	4	4	5	3	9	9	9	9	3
6	4	5	3	3	9	4	4	9	3
5	5	5	5	9	9	4	4	9	1

::::: Puzzle (661) :::::

7	7	1	4	4	4	4	2	2	8
8	7	7	7	3	3	2	8	8	8
8	7	4	7	1	3	2	3	1	8
8	8	4	4	9	9	3	3	8	8
2	8	4	9	9	9	9	9	8	1
2	8	8	4	9	9	4	4	4	6
6	8	6	4	4	7	7	4	6	6
6	6	6	3	4	7	7	7	5	6
5	6	5	3	7	7	4	5	5	6
5	5	5	3	4	4	4	5	5	6

::::: Puzzle (662) :::::

3	6	3	4	4	3	4	4	3	3
3	6	3	4	7	3	2	4	9	3
3	6	3	4	7	3	2	4	9	9
6	6	7	7	7	9	9	9	9	9
3	6	7	4	4	2	3	3	1	9
3	3	7	4	4	2	3	4	7	7
5	5	4	3	3	4	4	4	7	2
5	4	4	3	8	7	7	7	7	2
5	5	4	8	8	8	4	5	5	5
1	8	8	8	8	4	4	4	5	5

::::: Puzzle (663) :::::

6	6	2	2	4	6	6	6	6	5
6	6	6	3	4	4	4	6	5	5
3	3	6	3	1	7	7	6	4	5
3	5	1	3	4	7	7	7	4	5
5	5	4	4	4	7	3	3	4	4
5	3	2	2	8	7	3	6	6	6
5	3	3	8	8	3	6	6	9	6
4	4	1	8	8	3	9	9	9	1
4	4	5	5	8	3	9	4	4	4
5	5	5	8	8	9	9	9	9	4

::::: Puzzle (664) :::::

7	7	6	4	1	7	7	7	7	3
7	7	6	4	4	7	4	2	3	3
7	6	6	6	4	7	4	2	5	5
7	6	1	3	3	7	4	4	5	3
7	9	9	3	5	2	2	5	5	3
9	9	9	5	5	4	6	6	6	3
3	3	9	5	5	4	4	4	6	6
6	3	9	4	4	2	2	8	6	1
6	6	9	9	4	4	8	8	4	4
6	6	6	8	8	8	8	8	4	4

::::: Puzzle (665) :::::

5	5	5	4	6	6	6	6	4	4
5	5	3	4	4	6	4	6	4	4
6	3	3	4	5	4	4	7	2	2
6	6	6	6	5	4	7	7	7	7
1	6	9	5	5	5	4	4	7	4
9	9	9	1	3	3	4	6	7	4
9	2	3	3	8	3	4	6	1	4
9	2	3	2	8	6	6	6	5	4
9	9	8	2	8	6	3	3	5	5
9	8	8	8	8	2	2	3	5	5

::::: Puzzle (666) :::::

6	6	6	4	4	7	1	4	4	4
6	6	6	4	8	7	7	4	2	2
4	4	1	4	8	4	7	7	7	3
4	2	8	8	8	4	4	7	3	3
4	2	6	8	8	4	3	6	6	6
6	6	6	6	8	3	3	6	6	6
6	5	4	9	9	2	2	3	3	3
5	5	4	4	9	9	3	6	6	6
4	5	5	4	9	3	3	6	6	3
4	4	4	9	9	9	9	6	3	3

::::: Puzzle (667) :::::

3	3	3	9	3	3	4	4	3	2
9	9	9	9	9	3	4	3	3	2
3	9	3	1	9	6	4	5	5	5
3	9	3	3	6	6	6	5	1	5
3	7	7	7	3	3	6	1	3	3
7	7	7	7	1	3	6	2	3	5
2	2	5	3	3	5	3	2	5	5
3	3	5	3	5	5	3	3	5	5
4	3	5	5	3	5	5	4	3	3
4	4	4	5	3	3	4	4	4	3

::::: Puzzle (668) :::::

2	6	6	6	6	3	3	3	7	7
2	7	6	3	6	4	7	7	7	7
7	7	3	3	4	4	4	8	7	3
7	4	4	4	2	8	8	8	3	3
7	7	4	6	2	8	8	3	5	5
1	7	6	6	8	8	3	3	5	5
6	6	6	8	1	4	1	9	5	9
1	8	8	8	4	4	9	9	9	9
5	5	5	8	8	4	9	5	5	5
5	5	2	2	8	8	9	9	5	5

::::: Puzzle (669) :::::

6	6	6	6	1	6	6	6	6	6
6	6	7	7	7	7	2	2	6	2
1	7	7	4	4	8	8	8	8	2
6	7	4	4	8	8	4	4	4	4
6	6	6	6	4	8	8	7	1	3
6	3	3	3	4	4	3	7	3	3
3	6	6	5	4	3	3	7	7	7
3	6	9	5	5	5	1	7	7	3
3	6	9	9	5	9	9	3	2	3
6	6	9	9	9	9	3	3	2	3

::::: Puzzle (670) :::::

5	5	2	3	6	6	5	5	5	5
5	5	2	3	6	6	3	4	4	5
5	7	7	3	6	6	3	6	4	4
2	7	7	7	7	1	3	6	6	6
2	6	7	3	3	3	5	6	6	3
6	6	8	8	5	5	5	9	3	3
6	6	8	8	8	5	1	9	9	9
6	3	3	3	8	1	5	5	9	9
3	2	2	8	8	5	5	5	9	9
3	3	7	7	7	7	7	7	7	9

::::: Puzzle (671) :::::

5	5	1	9	3	3	6	6	6	2
5	5	9	9	9	3	6	6	6	2
3	5	9	9	5	5	5	7	7	1
3	3	9	9	5	5	2	2	7	7
6	6	9	8	8	3	3	3	7	7
3	6	6	8	8	8	8	8	7	1
3	6	6	7	3	3	2	8	3	3
3	5	5	7	7	3	2	6	6	3
4	4	5	5	7	7	5	6	6	6
4	4	5	7	7	5	5	5	5	6

::::: Puzzle (672) :::::

3	3	3	2	2	8	8	7	7	7
5	5	4	8	8	8	7	7	6	7
5	4	4	8	3	3	3	6	6	7
5	4	3	8	8	1	5	5	6	6
5	3	3	7	3	3	5	5	6	3
6	1	4	7	3	4	5	1	3	3
6	4	4	7	7	4	4	9	9	4
6	4	5	7	7	4	9	9	2	4
6	5	5	5	7	9	9	1	2	4
6	6	5	9	9	9	3	3	3	4

::::: Puzzle (673) :::::

2	2	7	7	7	7	5	5	5	5
6	1	7	8	8	8	5	4	4	6
6	6	7	7	8	8	8	4	6	6
6	6	3	1	8	3	8	4	6	6
6	3	3	7	3	3	9	9	9	6
3	1	7	7	7	7	5	5	9	9
3	5	6	3	7	4	5	2	2	9
3	5	6	3	7	4	5	5	1	9
5	5	6	3	2	4	4	6	6	9
5	6	6	6	2	6	6	6	6	9

::::: Puzzle (674) :::::

7	2	2	5	5	5	5	5	6	6
7	1	4	4	4	3	3	4	4	6
7	7	7	4	1	2	3	4	4	6
7	4	4	7	7	2	8	8	8	6
7	4	4	7	7	7	8	4	8	6
9	9	9	7	7	6	8	4	8	8
9	5	5	4	6	6	6	4	3	3
9	5	4	4	4	6	6	4	3	4
9	5	5	2	2	3	3	3	4	4
9	9	9	1	5	5	5	5	5	4

::::: Puzzle (675) :::::

6	6	6	5	5	7	7	7	7	7
6	6	5	5	5	8	8	7	7	8
2	6	7	7	7	7	8	8	8	8
2	3	3	3	7	7	7	5	5	8
7	7	8	8	1	5	5	5	8	3
7	1	8	8	8	6	6	8	8	3
7	3	3	8	6	6	6	8	8	3
7	3	8	8	9	6	2	3	8	8
7	2	9	9	9	9	2	3	3	8
7	2	1	9	9	9	9	1	2	2

::::: Puzzle (676) :::::

4	4	7	7	7	7	6	6	6	5
4	2	7	3	7	3	3	6	5	5
4	2	3	3	7	9	3	6	6	5
9	1	9	9	9	9	4	4	4	5
9	9	9	3	3	3	4	5	5	4
8	8	3	7	1	7	5	5	4	4
8	3	3	7	7	7	5	3	3	4
8	8	8	8	7	1	3	5	3	5
2	3	3	8	7	3	3	5	5	5
2	3	2	2	6	6	6	6	6	6

::::: Puzzle (677) :::::

6	6	7	7	7	7	7	7	3	3
6	6	2	2	7	4	1	5	5	3
6	6	3	3	4	4	4	5	4	4
3	4	3	1	8	1	5	5	4	4
3	4	4	4	8	4	6	6	6	6
3	5	3	8	8	4	2	9	6	6
5	5	3	6	8	4	2	9	9	9
5	6	3	6	8	4	9	9	4	4
5	6	6	6	8	9	9	9	2	4
4	4	4	4	8	3	3	3	2	4

::::: Puzzle (678) :::::

4	4	4	2	4	2	1	5	5	5
5	5	4	2	4	2	7	5	5	4
3	5	5	7	4	4	7	3	4	4
3	3	5	7	7	7	7	3	3	4
5	5	8	8	8	3	3	2	2	3
5	8	8	9	9	9	3	9	3	3
5	8	8	3	9	9	9	9	4	4
5	8	3	3	9	1	6	6	4	4
7	7	1	7	3	3	6	6	6	6
7	7	7	7	3	5	5	5	5	5

::::: Puzzle (679) :::::

8	8	8	8	8	7	7	7	7	7
8	6	6	3	3	7	3	7	5	5
8	1	6	3	8	3	3	5	5	5
8	6	6	6	8	2	2	3	3	3
7	7	8	8	8	4	4	6	6	6
7	3	8	8	8	4	4	6	6	6
7	3	4	4	9	2	2	3	3	7
7	3	5	4	9	1	9	9	3	7
7	2	5	4	9	9	9	7	1	7
7	2	5	5	5	9	9	7	7	7

::::: Puzzle (680) :::::

7	4	4	4	8	8	4	4	4	4
7	7	4	8	8	2	2	5	5	5
7	7	7	8	8	8	5	5	2	2
7	4	1	8	9	4	4	4	4	1
4	4	3	2	9	3	5	5	7	7
4	3	3	2	9	3	5	7	7	7
3	1	9	9	9	3	5	5	7	7
3	5	5	1	9	1	8	3	3	3
3	5	2	9	9	8	8	5	5	5
5	5	2	8	8	8	8	8	5	5

:::: Puzzle (681) ::::

4	4	4	7	7	6	6	6	6	6
6	4	7	7	5	5	5	5	6	3
6	7	7	8	8	5	8	8	5	3
6	1	7	1	8	8	8	5	5	3
6	3	3	3	8	3	9	5	5	7
6	5	2	2	3	3	9	1	7	7
6	5	5	9	9	9	9	9	7	7
5	5	9	9	4	6	6	5	7	7
4	4	1	4	4	6	6	5	5	2
4	4	2	2	4	6	6	5	5	2

:::: Puzzle (682) ::::

9	9	9	9	9	9	3	5	5	5
9	2	2	9	9	3	3	1	5	5
5	5	4	7	4	4	4	7	7	3
5	4	4	7	7	7	4	7	3	3
5	5	4	7	7	2	2	7	7	7
4	4	2	7	8	8	8	7	3	3
4	4	2	1	8	3	6	6	6	3
6	3	3	3	8	3	6	6	6	5
6	6	6	6	8	3	4	4	5	5
3	3	3	6	8	8	4	4	5	5

:::: Puzzle (683) ::::

2	2	7	4	4	4	6	6	5	5
6	7	7	7	4	3	3	6	5	5
6	6	7	4	3	8	3	6	5	2
6	6	7	4	3	8	8	6	6	2
6	8	7	4	3	8	8	8	8	8
8	8	8	4	6	4	4	4	1	7
8	2	3	6	6	4	3	7	7	7
8	2	3	6	6	9	3	3	1	7
8	8	3	6	9	9	9	1	7	7
9	9	9	9	9	1	4	4	4	4

:::: Puzzle (684) ::::

7	7	7	8	8	8	6	6	6	6
7	7	7	7	3	8	8	4	4	6
1	5	8	1	3	3	8	4	4	6
5	5	8	5	5	5	8	5	5	5
6	5	8	8	5	5	8	1	5	5
6	5	8	2	2	6	6	6	6	7
6	6	8	8	9	6	6	7	7	7
4	6	8	4	9	9	9	9	4	7
4	6	4	4	4	9	9	4	4	7
4	4	2	2	9	9	2	2	4	7

:::: Puzzle (685) ::::

2	6	6	6	6	6	6	5	6	6
2	9	5	5	1	5	5	5	5	6
9	9	5	5	8	8	1	8	6	6
9	2	2	5	8	8	8	8	3	6
9	9	9	9	8	3	4	4	3	5
6	6	9	4	4	3	3	4	3	5
6	6	6	4	4	5	5	4	1	5
5	6	3	3	7	7	5	2	2	5
5	5	5	3	7	5	5	1	3	5
5	2	2	1	7	7	7	7	3	3

:::: Puzzle (686) ::::

7	7	7	7	5	6	6	4	4	4
7	4	7	9	5	6	6	4	7	7
7	4	1	9	5	6	3	3	3	7
2	4	9	9	5	6	7	6	7	7
2	4	1	9	5	1	7	6	6	7
4	2	9	9	7	7	7	6	6	7
4	2	9	4	4	4	7	7	6	8
4	4	9	3	5	4	8	8	8	8
6	6	6	3	5	5	8	3	3	8
6	6	6	3	5	5	8	3	2	2

:::: Puzzle (687) ::::

6	6	6	4	6	6	6	3	3	4
6	6	4	4	4	6	6	3	4	4
6	2	8	8	3	1	6	2	2	4
4	2	3	8	3	4	4	4	3	3
4	4	3	8	3	4	1	3	4	3
9	4	3	8	8	8	8	3	4	4
9	9	9	9	9	1	2	3	4	5
9	5	3	9	9	3	2	5	5	5
5	5	3	4	4	3	1	5	4	4
5	5	3	4	4	3	2	2	4	4

:::: Puzzle (688) ::::

5	5	5	5	2	2	1	5	5	4
4	5	3	3	3	9	9	9	5	4
4	6	1	8	2	3	3	9	5	4
4	6	6	8	2	3	9	9	5	4
4	6	8	8	4	4	9	6	6	6
6	6	1	8	8	4	9	3	6	6
4	4	4	8	8	4	9	3	4	6
4	2	2	7	7	7	7	3	4	4
5	5	7	7	3	3	3	7	4	7
5	5	5	7	1	7	7	7	7	7

:::: Puzzle (689) ::::

5	5	3	3	3	4	6	5	5	5
3	5	5	4	4	4	6	6	5	5
3	5	3	3	6	6	6	3	3	3
3	7	3	2	9	9	7	7	7	7
7	7	9	2	9	3	3	7	7	2
7	9	9	9	9	9	3	1	7	2
7	4	4	4	3	3	2	3	3	3
7	7	8	4	3	7	2	6	6	6
8	8	8	8	7	7	7	6	3	6
8	8	8	7	7	7	1	3	3	6

:::: Puzzle (690) ::::

4	4	8	8	8	9	9	9	9	9
4	4	8	8	8	3	3	9	9	9
7	7	7	8	8	3	8	8	1	9
2	7	7	7	4	4	8	1	5	5
2	5	7	4	4	8	8	5	5	2
5	5	5	5	8	8	3	3	5	2
6	4	1	7	7	8	4	3	2	1
6	4	4	7	7	4	4	4	2	5
6	6	4	7	7	6	6	6	5	5
6	6	2	2	7	6	6	6	5	5

:::: Puzzle (691) ::::

5	2	2	1	9	3	3	6	7	7
5	5	9	9	9	3	6	6	7	7
5	9	9	9	9	4	6	6	7	7
5	3	9	4	4	4	3	6	8	7
3	3	8	8	8	3	3	8	8	4
4	4	4	4	8	2	2	8	4	4
3	3	2	8	8	8	3	8	3	4
5	3	2	8	4	1	3	8	3	3
5	1	3	3	4	4	3	8	8	6
5	5	5	3	4	6	6	6	6	6

:::: Puzzle (692) ::::

6	6	5	5	5	5	8	8	3	4
6	6	5	9	9	2	2	8	3	4
6	6	7	9	9	9	1	8	3	4
7	7	7	7	9	9	9	8	8	4
7	3	3	3	9	2	2	5	8	8
7	6	6	6	3	3	5	5	2	3
4	6	6	6	3	7	7	5	2	3
4	4	3	3	7	7	7	5	1	3
6	4	6	3	7	1	3	2	2	4
6	6	6	6	7	3	3	4	4	4

:::: Puzzle (693) ::::

5	5	7	7	7	7	3	3	3	5
5	5	5	2	7	4	4	4	4	5
4	4	4	2	7	8	8	8	5	5
6	6	4	8	7	8	4	4	5	3
6	7	7	8	8	8	4	4	3	3
6	4	7	7	9	9	9	9	9	9
6	4	4	7	9	9	4	7	9	1
6	4	1	7	1	4	4	7	3	3
4	2	2	7	3	1	4	7	3	2
4	4	4	3	3	7	7	7	7	2

:::: Puzzle (694) ::::

6	6	3	3	3	6	6	2	2	4
6	6	5	5	6	6	6	1	4	4
6	6	5	5	8	8	6	7	4	6
1	4	5	1	8	7	7	7	7	6
9	4	3	3	8	7	4	4	7	6
9	4	4	3	8	8	8	4	4	6
9	9	9	4	4	8	5	3	6	6
9	9	4	4	5	5	5	3	3	5
6	9	9	1	5	2	4	5	5	5
6	6	6	6	6	2	4	4	4	5

:::: Puzzle (695) ::::

3	3	3	4	4	4	4	2	2	1
7	7	7	7	9	9	9	9	9	9
7	3	3	7	3	3	3	9	4	9
7	3	6	3	2	7	1	4	4	9
6	6	6	3	2	7	7	8	4	8
6	6	4	3	7	7	3	8	8	8
4	4	4	1	7	3	3	8	8	1
3	5	5	6	7	4	4	8	4	4
3	5	5	6	6	4	6	6	6	4
3	5	6	6	6	4	6	6	6	4

:::: Puzzle (696) ::::

4	4	1	9	9	9	9	9	8	8
4	5	5	5	9	9	9	9	6	8
4	5	5	8	8	8	4	6	6	8
1	3	3	8	4	4	4	6	6	8
6	3	8	8	3	1	7	2	6	8
6	6	6	8	3	3	7	2	3	8
6	6	7	8	7	7	7	3	3	8
7	7	7	1	7	7	4	4	4	3
7	7	4	4	4	2	2	4	3	3
7	2	2	4	6	6	6	6	6	6

:::: Puzzle (697) ::::

6	6	2	6	6	6	4	4	4	4
6	6	2	6	7	7	7	7	7	7
6	5	5	6	6	2	7	3	3	3
6	5	8	8	1	2	1	5	5	5
5	5	8	8	3	3	3	5	3	3
2	2	8	8	4	4	4	5	7	3
6	8	8	9	9	4	7	7	7	7
6	6	5	9	9	9	9	9	6	7
6	6	5	5	4	1	9	6	6	7
6	5	5	4	4	4	9	6	6	6

:::: Puzzle (698) ::::

6	6	6	6	6	6	7	7	7	7
3	3	3	8	7	7	7	2	2	4
8	8	8	8	5	5	5	4	4	4
8	8	8	2	2	5	5	3	6	6
7	7	7	3	3	9	3	3	6	6
7	6	6	6	3	9	7	7	7	6
7	6	6	9	9	9	6	1	7	6
7	7	6	9	9	9	6	3	7	1
8	8	8	9	1	6	6	3	7	7
8	8	8	8	8	6	6	3	2	2

:::: Puzzle (699) ::::

7	7	7	2	2	4	2	5	5	5
6	7	7	7	4	4	2	3	3	5
6	7	8	8	8	4	7	7	3	5
6	8	8	8	8	7	7	7	7	1
6	6	8	5	5	5	7	4	5	5
2	6	2	2	9	5	5	4	5	3
2	4	4	9	9	7	7	4	5	3
4	4	7	7	9	7	7	4	5	3
7	1	7	9	9	7	7	6	6	6
7	7	7	9	9	9	7	6	6	6

:::: Puzzle (700) ::::

4	4	1	7	8	8	2	2	3	3
4	7	7	7	3	8	8	8	8	3
4	7	2	3	3	8	6	6	8	6
7	7	2	5	9	9	9	6	6	6
1	5	5	5	7	1	9	9	9	9
2	5	4	7	7	4	6	6	9	6
2	4	4	7	4	4	6	6	9	6
5	4	7	7	7	4	6	6	1	6
5	5	4	4	4	5	5	4	6	6
5	5	4	5	5	5	4	4	4	6

::::: Puzzle (701) :::::

6	6	6	7	7	7	8	8	8	8
6	6	7	7	6	6	4	4	1	8
6	3	7	6	6	4	4	2	8	8
3	3	7	6	6	3	1	2	4	8
5	5	5	5	3	3	4	4	4	5
5	3	3	3	9	9	9	9	5	5
4	9	9	9	9	3	3	2	2	5
4	4	2	9	1	3	6	3	3	5
4	6	2	6	3	6	6	6	3	1
6	6	6	6	3	3	6	6	2	2

::::: Puzzle (702) :::::

8	9	9	9	9	9	9	3	3	1
8	3	3	9	9	7	9	3	7	7
8	3	5	5	1	7	7	7	7	2
8	5	5	5	4	4	4	4	1	2
8	8	8	3	3	3	2	2	6	6
8	2	2	4	4	4	4	7	6	6
3	4	4	3	3	3	7	7	6	6
3	4	4	6	6	6	6	7	7	7
3	6	6	4	4	6	6	7	4	4
6	6	6	6	4	4	2	2	4	4

::::: Puzzle (703) :::::

9	9	9	9	9	9	9	8	8	8
9	8	9	3	3	3	8	8	8	8
4	8	8	8	8	5	5	5	7	8
4	4	8	8	1	6	6	5	7	7
4	1	7	8	6	6	6	5	7	7
2	2	7	3	3	2	6	7	7	6
7	7	7	7	3	2	4	4	6	6
4	4	4	7	5	5	4	4	6	6
6	4	6	2	2	5	5	5	3	6
6	6	6	6	4	4	4	4	3	3

::::: Puzzle (704) :::::

6	6	6	6	5	7	7	6	6	6
6	6	1	5	5	7	7	6	6	3
4	4	4	5	4	4	7	6	3	3
6	4	1	5	4	7	7	5	5	5
6	6	6	2	4	2	2	9	5	2
6	5	5	2	8	8	8	9	5	2
6	5	8	8	8	6	9	9	9	9
5	5	8	8	6	6	6	4	1	9
6	6	6	2	4	4	6	4	4	9
6	6	6	2	4	4	6	4	1	9

::::: Puzzle (705) :::::

5	5	5	5	3	3	7	3	5	5
5	7	3	3	7	3	7	3	5	5
7	7	7	3	7	7	7	3	6	5
7	7	7	8	8	8	7	1	6	6
6	8	8	8	2	3	3	3	6	6
6	6	8	8	2	4	4	4	4	6
6	6	6	9	9	9	6	5	5	5
4	4	1	9	1	3	6	6	6	5
2	4	4	9	3	3	6	4	6	5
2	9	9	9	9	2	2	4	4	4

::::: Puzzle (706) :::::

9	3	6	6	6	2	2	7	7	7
9	3	3	6	6	6	5	2	2	7
9	9	9	9	1	4	5	7	7	7
6	6	1	9	4	4	5	5	8	6
6	6	9	9	4	6	6	5	8	6
6	3	3	1	6	6	6	8	8	6
6	3	1	7	7	6	7	8	1	6
4	4	4	3	7	7	7	8	6	6
5	4	5	3	1	7	4	8	1	3
5	5	5	3	4	4	4	8	3	3

::::: Puzzle (707) :::::

2	2	3	2	2	1	4	7	7	3
1	3	3	8	4	4	4	7	1	3
8	8	8	8	8	7	7	7	7	3
6	2	2	8	4	4	4	5	5	5
6	6	6	8	1	4	5	5	4	4
6	6	4	4	3	3	4	4	5	4
3	9	4	4	3	6	6	4	5	4
3	9	9	9	9	6	6	4	5	3
3	9	9	5	5	4	6	6	5	3
9	9	5	5	5	4	4	4	5	3

::::: Puzzle (708) :::::

6	3	5	5	3	3	6	3	3	4
6	3	5	5	5	3	6	3	4	4
6	3	2	2	4	4	6	6	3	4
6	6	6	1	3	4	4	6	3	8
7	7	7	7	3	3	7	6	3	8
7	3	2	9	7	7	7	7	7	8
7	3	2	9	9	7	4	4	1	8
7	3	9	9	9	4	4	8	8	8
4	4	4	4	9	9	9	4	1	8
6	6	6	6	6	6	4	4	4	1

::::: Puzzle (709) :::::

6	6	6	8	8	1	3	6	6	6
6	6	6	8	8	3	3	6	5	6
2	2	8	8	8	7	7	1	5	6
6	6	5	8	7	7	7	7	5	5
6	6	5	5	5	7	1	4	4	5
5	6	5	4	8	8	8	8	4	2
5	6	4	4	8	8	7	7	4	2
5	5	2	4	8	8	3	7	7	7
5	9	2	1	9	3	3	7	4	7
9	9	9	9	9	9	9	4	4	4

::::: Puzzle (710) :::::

9	9	9	9	1	4	4	3	3	3
8	9	9	9	7	4	3	2	4	4
8	2	9	9	7	4	3	2	1	4
8	2	5	5	7	7	3	8	8	4
8	5	5	5	7	7	8	8	1	6
8	8	8	6	6	7	8	3	3	6
7	7	8	6	6	2	8	8	3	6
7	7	7	6	6	2	5	8	4	6
7	5	5	5	4	4	5	5	4	6
7	5	5	4	4	5	5	4	4	6

::::: Puzzle (711) :::::

8	8	8	9	9	9	6	6	6	6
8	8	8	1	9	9	7	6	6	7
8	8	3	2	9	9	7	7	7	7
4	3	3	2	9	9	7	5	5	5
4	4	4	3	3	8	5	5	6	6
1	2	2	5	3	8	8	6	6	6
4	4	5	5	5	8	2	2	1	6
7	4	7	5	6	8	8	8	8	1
7	4	7	6	6	2	2	7	7	7
7	7	7	6	6	6	7	7	7	7

::::: Puzzle (712) :::::

6	6	6	6	6	4	6	6	6	6
6	3	2	4	4	4	6	6	9	5
3	3	2	3	3	2	2	9	9	5
5	5	1	7	3	5	5	9	9	5
5	5	5	7	7	1	5	5	9	5
4	4	4	7	7	8	8	5	9	5
5	4	3	3	7	2	8	9	9	4
5	5	3	1	7	2	8	4	4	4
5	5	6	6	3	3	8	5	5	5
6	6	6	6	3	8	8	8	5	5

::::: Puzzle (713) :::::

3	3	3	6	1	7	8	8	4	4
6	6	6	6	7	7	8	8	4	4
3	3	6	7	7	4	8	8	8	5
3	5	5	5	7	4	4	8	5	5
2	5	5	4	7	4	7	7	7	5
2	1	4	4	4	3	4	7	7	5
9	9	9	2	2	3	4	4	7	7
5	9	5	5	5	3	4	6	3	3
5	9	9	9	5	5	2	6	3	6
5	5	5	9	9	1	2	6	6	6

::::: Puzzle (714) :::::

2	5	5	5	1	9	3	6	6	6
2	1	5	2	9	9	3	6	6	7
7	7	5	2	3	9	3	4	6	7
7	7	7	3	3	9	9	4	7	7
6	2	7	7	9	9	9	4	4	7
6	2	3	5	5	1	8	8	7	7
6	3	3	5	5	8	8	5	5	5
6	4	7	7	5	8	5	5	3	3
6	4	7	7	7	8	6	6	3	6
6	4	4	7	7	8	8	6	6	6

::::: Puzzle (715) :::::

6	4	4	5	5	1	5	5	5	5
6	6	4	4	5	9	5	3	3	3
6	6	6	1	5	9	3	1	4	2
5	3	3	9	5	9	3	3	4	2
5	5	3	9	9	9	9	9	4	4
5	6	1	8	8	3	3	2	2	5
5	6	6	6	8	8	3	5	5	5
6	6	5	8	8	8	7	7	5	7
5	5	5	8	6	6	7	7	7	7
5	6	6	6	6	2	2	3	3	3

::::: Puzzle (716) :::::

7	6	6	3	5	5	6	5	5	5
7	7	6	3	5	6	6	5	3	5
7	7	6	3	5	6	6	4	3	3
7	1	6	6	5	2	6	4	4	4
7	9	2	3	3	2	1	2	2	1
9	9	2	9	3	1	8	3	3	3
9	9	9	9	8	8	8	8	8	8
3	3	9	4	5	5	5	5	2	8
3	2	1	4	4	4	7	5	2	7
1	2	3	3	3	7	7	7	7	7

::::: Puzzle (717) :::::

4	4	4	4	5	5	6	6	6	1
5	5	2	5	5	5	6	6	6	7
5	5	2	9	2	2	3	3	3	7
7	5	9	9	1	5	5	7	7	7
7	7	9	3	3	3	5	7	7	8
7	9	9	9	9	4	5	1	8	8
7	3	3	4	9	4	5	8	8	4
7	7	3	4	6	4	4	8	4	4
6	6	6	4	6	6	6	8	8	4
6	6	6	4	6	6	1	3	3	3

::::: Puzzle (718) :::::

6	4	4	8	8	7	7	7	7	7
6	4	4	8	4	7	7	2	2	8
6	8	8	8	4	4	1	4	8	8
6	4	8	8	4	9	9	4	8	8
6	4	4	2	2	9	4	4	2	8
6	4	9	1	9	9	3	3	2	8
3	3	9	9	9	1	3	7	7	8
3	6	6	3	3	4	7	7	1	5
6	6	5	5	3	4	7	7	5	5
6	6	5	5	5	4	4	7	5	5

::::: Puzzle (719) :::::

7	7	7	9	8	8	8	8	3	3
7	7	7	9	8	3	3	8	3	2
7	2	9	9	4	6	3	8	8	2
3	2	9	9	4	6	6	6	6	1
3	3	9	9	4	6	5	5	5	5
1	7	7	9	4	7	7	2	4	5
7	7	3	3	5	3	7	2	4	4
7	6	6	3	5	3	7	7	4	2
7	6	5	5	5	3	4	7	7	2
7	6	6	6	4	4	4	3	3	3

::::: Puzzle (720) :::::

1	8	8	5	5	5	4	1	5	5
3	3	8	5	5	1	4	5	5	5
3	8	8	8	8	4	4	3	3	3
4	3	3	1	8	6	6	6	6	6
4	3	2	2	1	6	9	5	5	5
4	4	1	9	9	9	9	5	5	2
6	6	6	6	2	9	9	9	9	2
4	6	3	3	2	6	6	6	6	6
4	6	3	6	6	3	3	3	5	6
4	4	6	6	6	6	5	5	5	5

:::: *Puzzle (721)* ::::

3	6	6	6	6	7	7	7	7	9
3	5	6	4	6	1	7	9	9	9
3	5	3	4	4	7	7	9	4	9
5	5	3	4	3	8	2	9	4	9
3	5	3	2	3	8	2	4	4	9
3	3	1	2	3	8	3	3	3	6
2	1	8	8	8	8	4	4	6	6
2	4	4	4	6	8	6	4	5	6
3	3	3	4	6	6	6	4	5	6
5	5	5	5	5	6	5	5	5	6

:::: *Puzzle (722)* ::::

3	3	3	8	3	2	5	5	5	5
8	8	8	8	3	2	9	9	3	5
5	1	5	8	3	9	9	5	3	3
5	5	5	8	8	9	5	5	5	5
2	2	9	9	9	9	8	8	8	8
5	5	5	5	8	8	8	5	5	5
2	5	2	2	8	5	4	4	5	5
2	1	7	6	6	5	1	4	4	1
7	7	7	1	6	5	5	6	6	6
7	7	7	6	6	6	5	6	6	6

:::: *Puzzle (723)* ::::

6	6	8	8	8	3	3	5	5	5
6	6	6	6	8	3	1	3	5	5
5	4	1	8	8	8	3	3	7	7
5	4	4	4	8	3	1	7	7	7
5	5	1	2	2	3	3	4	7	7
5	9	9	9	1	2	2	4	4	4
9	9	6	9	7	7	6	6	6	3
9	9	6	6	7	7	7	6	6	3
9	6	6	2	2	4	7	4	6	3
2	2	6	4	4	4	7	4	4	4

:::: *Puzzle (724)* ::::

4	4	4	3	3	7	7	6	6	6
1	7	4	3	8	7	2	2	6	6
7	7	3	8	8	7	7	7	6	3
7	3	3	8	8	4	7	1	3	3
7	5	5	1	8	4	4	4	8	2
7	5	5	8	8	2	2	7	8	2
7	5	7	7	7	7	7	7	8	8
9	9	9	9	4	4	4	4	8	8
9	9	4	9	3	3	6	6	6	8
9	9	4	4	4	3	6	6	6	8

:::: *Puzzle (725)* ::::

5	3	3	3	5	5	5	5	4	4
5	5	5	5	9	5	6	6	6	4
2	2	9	9	9	6	6	6	3	4
1	9	9	9	9	5	5	5	3	3
2	9	4	4	4	8	6	5	5	1
2	6	4	1	8	8	6	6	1	2
6	6	6	3	8	6	6	6	5	2
3	6	3	3	8	8	8	5	5	5
3	6	5	5	3	3	8	5	7	7
3	5	5	5	3	7	7	7	7	7

:::: *Puzzle (726)* ::::

9	9	9	9	6	6	6	5	5	5
9	3	2	9	6	5	6	6	5	1
2	3	2	9	5	5	5	1	5	7
2	3	8	9	9	3	5	7	7	7
6	6	8	8	3	3	7	4	4	7
6	6	6	8	8	7	7	4	7	7
6	7	2	2	8	7	1	4	3	3
1	7	7	8	8	7	6	6	3	5
7	7	6	6	6	7	6	5	5	5
7	7	6	6	6	7	6	6	6	5

:::: *Puzzle (727)* ::::

5	5	4	4	4	7	7	5	5	5
5	5	2	4	7	7	5	5	8	2
3	5	2	7	7	6	6	1	8	2
3	4	4	1	7	6	6	6	8	3
3	4	4	8	8	5	6	3	8	3
8	8	8	8	5	5	3	3	8	3
8	2	4	4	4	5	5	4	8	8
8	2	4	9	9	4	4	4	5	8
9	9	9	9	6	6	5	5	5	2
9	9	9	6	6	6	6	5	1	2

:::: *Puzzle (728)* ::::

3	4	8	8	8	8	7	4	4	1
3	4	4	8	8	2	7	4	3	3
3	6	4	8	4	2	7	4	3	4
6	6	6	8	4	4	7	7	1	4
6	6	9	9	4	9	4	7	7	4
3	3	5	9	9	9	4	4	1	4
3	5	5	9	9	9	4	2	3	3
6	6	5	5	7	3	6	2	1	3
6	6	7	7	7	3	6	6	6	1
6	6	7	7	7	3	6	6	2	2

:::: *Puzzle (729)* ::::

6	4	4	6	6	6	6	3	3	3
6	6	4	4	6	5	5	5	5	6
2	6	6	2	6	9	9	5	6	6
2	6	7	2	3	3	9	9	6	6
7	7	7	1	3	9	9	5	7	6
7	7	3	3	1	9	5	5	7	1
5	7	8	3	9	9	5	5	7	7
5	5	8	8	8	8	8	8	8	7
7	5	5	7	3	3	2	3	1	7
7	7	7	7	7	3	2	3	3	7

:::: *Puzzle (730)* ::::

6	3	5	5	5	5	5	6	6	6
6	3	4	4	4	2	2	6	6	6
6	3	6	4	6	5	5	5	5	8
6	9	6	6	6	5	8	8	8	8
6	9	9	9	6	2	8	5	5	8
6	5	1	9	9	2	5	5	2	8
5	5	5	4	9	9	9	5	2	1
5	6	4	4	4	7	7	3	3	3
3	6	6	6	6	6	7	7	7	2
3	3	4	4	4	4	7	7	1	2

:::: *Puzzle (731)* ::::

3	3	4	4	4	4	3	3	8	8
3	9	2	3	3	3	1	3	8	8
9	9	2	6	6	6	8	8	8	3
9	1	6	6	1	6	7	8	4	3
9	4	4	4	4	7	7	4	4	3
9	9	9	3	7	7	7	6	4	5
4	1	9	3	3	7	4	6	5	5
4	4	7	7	7	4	4	6	5	5
4	7	7	7	2	2	4	6	4	4
2	2	7	3	3	3	6	6	4	4

:::: *Puzzle (732)* ::::

8	8	8	8	8	4	4	6	6	6
8	7	3	3	8	4	4	6	6	6
8	7	7	3	7	7	7	7	7	7
4	7	7	7	4	4	3	2	7	6
4	4	7	4	4	3	3	2	6	6
4	9	9	9	6	6	6	3	3	6
2	2	9	9	6	6	6	3	6	6
4	4	4	9	9	4	4	4	5	5
6	4	6	9	9	1	4	3	3	5
6	6	6	6	1	2	2	3	5	5

:::: *Puzzle (733)* ::::

9	9	9	9	4	5	5	3	5	3
9	9	9	9	4	4	5	3	5	3
3	3	3	9	7	4	5	3	5	3
8	8	8	7	7	7	5	8	5	5
8	8	5	1	2	7	1	8	3	3
8	5	5	5	2	7	7	8	8	3
8	8	5	4	4	4	1	7	8	8
3	3	6	4	2	2	7	7	5	8
4	3	6	6	6	7	7	1	5	8
4	4	4	6	6	7	7	5	5	5

:::: *Puzzle (734)* ::::

5	5	5	5	4	4	4	5	5	5
3	3	5	6	6	6	4	5	2	5
6	3	9	6	7	6	6	4	2	7
6	6	9	7	7	7	7	4	7	7
6	6	9	9	7	7	3	4	7	7
2	6	9	5	5	5	3	4	7	1
2	9	9	1	5	1	3	8	7	5
7	7	9	4	5	8	8	8	8	5
7	7	9	4	4	8	2	2	5	5
7	7	7	4	8	8	3	3	3	5

:::: *Puzzle (735)* ::::

4	3	4	4	3	2	2	6	6	6
4	3	3	4	3	3	7	7	6	6
4	2	7	4	7	7	7	1	6	8
4	2	7	6	6	7	7	8	8	8
7	7	7	6	6	8	8	8	2	2
7	4	7	6	1	8	6	6	6	3
4	4	1	6	3	3	3	6	6	3
3	4	5	9	9	9	9	5	6	3
3	5	5	9	9	9	9	5	4	4
3	5	5	9	1	5	5	5	4	4

:::: *Puzzle (736)* ::::

7	7	7	7	3	3	6	3	3	4
3	3	7	7	3	6	6	6	3	4
3	1	7	9	1	3	3	6	6	4
2	9	9	9	3	4	3	2	2	4
2	3	9	3	3	4	4	4	7	1
3	3	9	8	8	3	3	3	7	7
9	9	9	8	8	7	7	7	7	2
5	8	8	8	8	3	3	6	3	2
5	5	3	5	5	3	6	6	3	3
5	5	3	3	5	5	5	6	6	6

:::: *Puzzle (737)* ::::

4	2	2	4	8	8	8	9	1	4
4	7	4	4	8	8	3	9	4	4
4	7	4	3	8	3	3	9	5	4
4	7	3	3	8	4	1	9	5	5
7	7	7	1	8	4	4	9	5	5
4	2	7	4	1	4	9	9	6	6
4	2	4	4	3	3	3	9	6	6
4	4	6	4	7	7	7	9	5	6
6	6	6	7	7	4	4	5	5	6
6	6	2	2	7	7	4	4	5	5

:::: *Puzzle (738)* ::::

5	5	5	7	7	7	9	9	2	2
5	5	4	7	7	7	7	9	3	3
3	4	4	4	5	5	5	9	9	3
3	3	7	1	4	4	5	9	6	6
7	7	7	7	7	4	5	9	9	6
4	7	1	5	6	4	6	9	5	6
4	4	5	5	6	6	6	3	5	6
4	1	5	5	6	1	3	3	5	6
3	8	8	8	8	2	2	5	5	3
3	3	2	2	8	8	8	8	3	3

:::: *Puzzle (739)* ::::

6	6	6	2	2	7	7	7	5	6
6	4	4	4	4	7	5	5	5	6
6	8	8	8	8	7	9	5	6	6
6	8	6	1	8	7	9	1	6	5
7	8	6	6	8	7	9	9	6	5
7	6	6	5	5	5	5	9	9	5
7	6	4	4	5	1	2	9	5	5
7	7	4	3	3	4	2	9	9	7
7	7	4	5	3	4	4	7	7	7
2	2	5	5	5	5	4	7	7	7

:::: *Puzzle (740)* ::::

4	4	4	4	3	6	3	3	3	4
8	8	8	3	3	6	6	4	4	4
4	4	8	1	2	3	6	5	5	5
4	4	8	8	2	3	6	3	3	5
1	8	8	2	4	3	6	7	3	5
2	3	3	2	4	7	7	7	7	4
2	9	3	4	4	7	3	3	1	4
1	9	9	9	9	7	2	3	4	4
3	3	9	4	4	4	2	5	5	3
3	9	9	9	4	5	5	5	3	3

::::: *Puzzle (741)* :::::

4	4	5	5	5	5	2	2	6	4
4	4	9	5	8	8	8	6	6	4
9	9	9	8	8	8	6	6	4	4
3	9	9	8	5	8	7	6	7	1
3	9	9	5	5	4	7	7	7	7
3	5	9	1	5	4	4	7	3	3
5	5	7	3	5	4	8	8	8	3
5	7	7	3	4	2	2	8	8	8
5	7	7	3	4	3	8	8	3	3
1	7	7	4	4	3	3	2	2	3

::::: *Puzzle (742)* :::::

5	5	5	3	3	8	8	8	4	4
7	7	5	3	8	8	3	9	4	4
7	1	5	8	8	4	3	9	9	2
7	7	7	8	4	4	3	9	9	2
7	4	4	4	6	4	2	2	9	9
1	2	2	4	6	6	6	6	9	6
5	6	5	5	5	4	6	3	9	6
5	6	6	4	5	4	4	3	1	6
5	5	6	4	5	4	5	3	6	6
5	6	6	4	4	5	5	5	5	6

::::: *Puzzle (743)* :::::

6	6	6	6	2	3	6	6	6	6
3	4	6	6	2	3	3	6	1	6
3	4	4	9	9	9	9	3	7	7
3	4	9	9	9	9	3	3	7	6
2	2	3	9	4	4	4	7	7	6
1	3	3	8	2	2	4	7	7	6
7	7	7	8	8	8	8	8	1	6
7	4	4	8	6	6	6	8	6	6
7	4	4	5	6	6	6	3	3	3
7	7	5	5	5	5	4	4	4	4

::::: *Puzzle (744)* :::::

4	4	4	7	7	7	7	7	3	3
1	9	4	9	7	8	8	7	3	6
9	9	9	9	8	8	6	6	6	6
9	2	1	9	1	8	1	2	2	6
9	2	4	8	8	8	3	3	4	4
3	4	4	4	2	4	3	5	4	4
3	3	8	1	2	4	1	5	5	5
8	8	8	8	3	4	4	5	6	6
4	8	8	8	3	3	6	6	6	6
4	4	4	7	7	7	7	7	7	7

::::: *Puzzle (745)* :::::

7	7	7	7	7	4	4	4	9	1
2	2	8	6	7	7	1	4	9	6
4	8	8	6	6	6	9	9	9	6
4	8	8	8	1	6	6	9	6	6
4	2	8	2	4	4	9	9	6	6
4	2	8	2	4	5	5	9	8	8
7	7	7	7	4	5	5	5	1	8
3	3	6	7	7	4	4	8	8	8
6	3	6	7	4	4	5	4	4	8
6	6	6	5	5	5	5	4	4	8

::::: *Puzzle (746)* :::::

4	2	3	6	6	6	6	4	4	4
4	2	3	3	6	6	1	8	8	4
4	8	8	4	4	3	3	3	8	3
4	8	4	4	2	1	8	8	8	3
2	8	8	8	2	3	3	3	8	3
2	3	8	3	1	5	5	1	8	2
3	3	8	3	3	4	5	5	1	2
1	9	9	9	9	4	5	6	6	4
9	9	3	3	9	4	4	6	6	4
1	2	2	3	9	9	6	6	4	4

::::: *Puzzle (747)* :::::

6	6	6	3	3	3	6	6	6	6
6	4	4	4	5	5	5	7	7	6
6	6	4	5	5	4	1	7	7	6
9	1	9	4	4	4	7	7	4	4
9	9	9	9	8	8	8	7	1	4
9	9	3	7	7	8	8	8	8	4
9	2	3	3	7	3	3	2	8	5
4	2	5	7	7	7	3	2	5	5
4	4	5	5	7	6	6	4	4	5
4	5	5	6	6	6	6	4	4	5

::::: *Puzzle (748)* :::::

5	5	5	4	3	3	8	8	7	7
5	5	4	4	3	2	2	8	7	7
6	6	2	4	1	3	3	8	7	7
6	6	2	6	6	3	8	8	7	4
6	6	4	6	6	6	8	3	3	4
3	3	4	4	4	6	8	2	3	4
5	3	6	6	6	9	9	2	1	4
5	6	6	3	3	3	9	5	5	5
5	6	4	4	4	1	9	9	5	5
5	5	4	3	3	3	9	9	9	9

::::: *Puzzle (749)* :::::

6	6	6	6	2	8	8	4	7	7
4	4	6	6	2	8	8	4	4	7
6	4	4	8	8	8	3	3	4	7
6	6	2	8	4	4	3	8	7	7
6	3	2	7	4	8	8	8	8	7
6	3	7	7	4	3	3	3	8	8
6	3	7	3	3	4	4	9	8	5
3	7	7	2	3	4	9	9	5	5
3	7	1	2	5	4	9	9	5	5
3	5	5	5	5	9	9	9	9	1

::::: *Puzzle (750)* :::::

2	2	3	3	3	6	6	6	6	6
7	4	4	6	6	3	9	9	4	6
7	4	4	6	6	3	3	9	4	4
7	7	7	6	6	1	9	9	4	6
2	7	7	2	1	9	9	9	9	6
2	5	5	2	5	5	5	6	6	6
5	5	5	3	3	3	5	5	1	6
4	4	4	7	8	2	2	8	5	5
7	1	4	7	8	8	8	8	8	5
7	7	7	7	3	3	3	8	5	5

::::: *Puzzle (751)* :::::

9	5	5	3	6	6	6	6	6	6
9	5	5	3	3	1	2	3	3	3
9	9	5	7	7	7	2	6	6	6
9	7	7	7	5	7	4	4	6	6
9	9	5	5	5	5	4	4	6	4
9	8	8	8	8	8	8	1	4	4
9	3	3	8	8	2	7	2	2	4
1	3	4	4	4	2	7	7	6	6
4	4	6	4	7	7	7	7	6	6
4	4	6	6	6	6	6	1	6	6

::::: *Puzzle (752)* :::::

6	6	6	9	9	9	9	9	9	8
6	2	2	9	4	4	4	1	8	8
6	6	4	9	4	2	2	3	3	8
4	4	4	9	5	5	7	7	3	8
6	3	3	5	5	6	6	7	7	8
6	6	3	4	5	6	6	1	7	8
6	6	4	4	6	6	4	7	7	8
1	6	4	5	4	4	4	2	2	6
8	5	5	5	5	8	3	3	3	6
8	8	8	8	8	8	6	6	6	6

::::: *Puzzle (753)* :::::

9	9	9	9	7	7	7	7	2	2
9	9	9	6	3	3	7	1	4	3
9	4	6	6	6	3	7	4	4	3
9	4	4	6	6	5	7	1	4	3
6	4	6	4	4	5	5	3	3	5
6	6	6	8	4	4	5	5	3	5
6	2	4	8	8	3	3	3	5	5
3	2	4	4	8	1	2	2	5	6
3	3	4	8	8	8	3	6	6	6
5	5	5	5	5	8	3	3	6	6

::::: *Puzzle (754)* :::::

8	8	1	3	3	3	6	6	6	6
5	8	8	2	2	5	8	8	6	3
5	8	8	8	5	5	8	8	6	3
5	5	7	8	1	5	5	8	8	3
7	5	7	1	2	2	8	8	7	7
7	7	7	3	3	3	5	7	7	7
7	6	6	2	9	9	5	5	7	7
6	6	6	2	9	9	9	5	6	1
6	5	9	9	9	4	4	5	6	6
5	5	5	5	9	4	4	6	6	6

::::: *Puzzle (755)* :::::

8	6	6	6	3	8	3	2	2	7
8	8	6	3	3	8	3	7	7	7
8	6	6	4	1	8	3	7	2	7
8	4	4	4	8	8	8	8	2	7
8	8	5	5	8	7	7	7	5	5
8	3	3	5	1	7	7	7	5	5
1	3	5	5	3	3	3	7	5	6
3	2	1	4	4	4	6	6	6	6
3	2	4	3	3	4	6	3	3	3
3	4	4	4	3	5	5	5	5	5

::::: *Puzzle (756)* :::::

3	3	3	6	6	4	6	6	6	6
7	6	6	6	4	4	4	1	6	6
7	7	6	8	8	8	8	8	7	7
7	7	7	7	8	6	8	4	4	7
4	4	4	4	8	6	2	4	7	7
7	7	1	6	6	6	2	4	8	7
7	7	7	7	6	5	5	8	8	7
6	7	2	9	5	5	1	8	3	3
6	6	2	9	9	5	9	8	8	3
6	6	6	9	9	9	9	9	8	8

::::: *Puzzle (757)* :::::

7	7	7	6	6	4	6	6	6	6
7	6	6	6	6	4	4	4	2	6
7	7	5	5	5	6	6	8	2	6
7	5	5	6	6	6	8	8	8	8
9	1	4	3	3	6	7	6	6	8
9	4	4	3	1	7	7	6	6	8
9	1	4	2	2	7	3	6	6	8
9	2	3	3	7	7	3	3	4	4
9	2	3	1	7	6	6	6	3	4
9	9	9	9	6	6	6	3	3	4

::::: *Puzzle (758)* :::::

7	7	5	2	2	6	7	7	7	7
1	7	5	1	3	6	1	3	2	7
3	7	5	3	3	6	6	3	2	7
3	7	5	5	6	6	8	3	4	7
3	7	9	2	9	4	8	8	4	4
2	7	9	2	9	4	3	8	4	5
2	6	9	9	9	4	3	8	5	5
6	6	6	9	9	4	3	8	8	5
6	3	3	4	4	6	6	8	3	5
6	3	4	4	6	6	6	6	3	3

::::: *Puzzle (759)* :::::

5	4	4	2	2	8	8	4	4	4
5	4	5	5	1	8	1	6	4	6
5	4	3	5	5	8	6	6	6	6
5	3	3	9	5	8	8	8	2	2
5	9	9	9	9	8	6	5	3	3
9	9	1	4	9	6	6	5	5	3
2	9	2	4	4	4	6	4	5	1
2	6	2	3	3	6	6	4	5	6
6	6	6	3	4	3	4	4	6	6
6	6	4	4	4	3	3	6	6	6

::::: *Puzzle (760)* :::::

5	5	5	5	1	9	9	9	9	7
4	2	2	5	7	9	4	4	9	7
4	7	7	7	7	9	4	4	9	7
4	7	6	6	6	9	3	3	7	7
4	7	6	6	4	4	3	4	7	7
5	8	8	6	4	4	5	4	4	4
5	5	8	8	2	2	5	5	5	6
5	5	7	8	8	8	1	6	5	6
7	7	7	3	3	8	5	6	6	6
7	7	7	3	2	2	5	5	5	5

::::: Puzzle (761) :::::

5	5	5	7	9	9	9	4	5	5
5	3	5	7	3	3	9	4	4	5
3	3	7	7	3	9	9	4	5	5
7	7	7	5	5	9	4	6	6	6
2	2	5	5	9	9	4	4	6	6
3	3	3	5	8	8	4	8	8	6
7	7	7	7	7	8	8	8	1	2
7	1	3	7	5	8	6	6	6	2
2	3	3	4	5	1	4	4	6	6
2	4	4	4	5	5	5	4	4	6

::::: Puzzle (762) :::::

7	7	3	6	6	6	5	5	5	5
2	7	3	3	6	4	4	4	5	3
2	7	7	7	6	6	4	5	3	3
5	5	7	9	9	9	5	5	5	6
5	5	1	9	6	9	9	5	6	6
5	4	9	9	6	3	9	3	6	6
4	4	4	5	6	3	8	3	6	1
3	5	5	5	6	3	8	3	4	4
3	3	1	5	6	6	8	2	2	4
4	4	4	4	8	8	8	8	8	4

::::: Puzzle (763) :::::

5	5	3	3	3	8	8	8	8	2
4	5	5	8	8	8	2	2	3	2
4	5	3	3	3	8	6	6	3	3
4	4	1	5	5	5	6	4	4	4
9	9	5	5	6	7	6	6	6	4
9	6	6	6	6	7	7	4	4	5
9	4	4	4	6	2	7	4	4	5
9	4	9	1	4	2	7	7	5	5
9	9	9	4	4	4	7	6	6	5
1	5	5	5	5	5	6	6	6	6

::::: Puzzle (764) :::::

5	5	5	6	6	6	9	9	9	9
3	5	5	3	3	6	6	6	3	9
3	3	4	4	3	2	2	3	3	9
6	6	4	4	8	8	6	9	9	9
6	6	6	8	8	6	6	2	4	7
6	5	5	8	8	6	6	2	4	7
2	5	6	6	8	5	6	5	4	7
2	5	6	6	8	5	5	5	4	7
1	5	1	6	6	4	4	4	1	7
7	7	7	7	7	7	7	4	7	7

::::: Puzzle (765) :::::

2	2	8	8	8	6	6	6	6	6
6	3	3	5	8	8	8	6	3	3
6	6	3	5	2	8	8	3	5	3
6	6	5	5	2	7	3	3	5	5
6	4	5	2	1	7	7	7	3	5
4	4	4	2	4	7	1	3	3	5
5	6	6	4	4	7	5	5	5	6
5	3	6	6	4	7	9	5	5	6
5	3	3	6	6	1	9	6	6	6
5	5	9	9	9	9	9	9	9	6

::::: Puzzle (766) :::::

5	5	4	8	8	8	8	8	8	8
5	5	4	8	5	9	9	6	6	6
2	5	4	4	5	9	9	3	3	6
2	7	7	2	5	5	9	3	6	6
7	7	4	2	5	9	9	9	3	3
7	7	4	8	8	9	3	3	5	3
6	7	4	4	8	1	3	8	5	5
6	6	6	6	8	8	8	8	5	5
1	5	6	1	7	3	3	3	2	2
5	5	5	5	7	7	7	7	7	7

::::: Puzzle (767) :::::

8	8	8	3	6	6	6	6	6	3
8	8	8	3	3	6	1	7	3	3
8	4	4	4	4	9	7	7	7	5
8	1	3	3	9	9	7	2	2	5
7	7	7	3	9	1	7	7	5	5
7	3	3	9	9	5	5	5	6	5
7	8	3	8	9	5	5	7	6	6
7	8	8	8	9	2	7	7	2	6
7	3	3	8	9	2	7	3	2	6
1	3	8	8	7	7	7	3	3	6

::::: Puzzle (768) :::::

7	7	7	7	4	4	4	4	7	7
7	7	1	8	8	7	7	7	7	7
1	7	3	3	8	8	8	8	4	4
4	4	3	1	8	3	8	4	4	6
4	4	5	9	9	3	3	6	6	6
5	5	5	5	9	7	7	6	6	3
6	9	9	9	9	6	7	7	3	3
6	9	4	2	9	6	2	7	7	7
6	6	4	2	6	6	2	4	3	3
6	6	4	4	6	6	4	4	4	3

::::: Puzzle (769) :::::

2	2	8	8	8	8	8	8	4	4
3	3	1	9	6	8	3	8	4	4
9	3	9	9	6	3	3	5	5	6
9	9	9	6	6	4	4	5	5	6
9	9	7	6	4	4	3	3	5	6
4	4	7	6	2	2	3	7	6	6
4	6	7	7	4	4	2	7	1	6
4	6	7	4	4	3	2	7	7	7
6	6	7	7	3	3	5	4	7	7
6	6	1	5	5	5	5	4	4	4

::::: Puzzle (770) :::::

7	7	7	7	7	2	2	3	9	9
2	6	6	6	7	7	3	3	1	9
2	6	4	4	2	2	1	9	9	9
6	6	4	4	5	5	5	5	9	9
4	4	8	3	3	3	7	5	4	9
4	4	8	8	7	7	7	1	4	4
1	8	8	7	3	7	7	6	6	4
8	8	8	7	3	3	7	6	5	5
4	4	2	7	7	7	3	6	5	5
4	4	2	7	7	3	3	6	6	5

::::: Puzzle (771) :::::

4	4	4	4	1	9	4	4	6	6
5	5	9	9	9	9	4	4	6	6
5	5	3	3	5	9	9	6	6	5
5	4	4	3	5	1	9	5	5	5
8	8	4	5	5	3	9	4	4	5
8	8	4	5	3	3	6	6	4	4
8	2	3	3	2	2	6	3	3	7
8	2	3	4	4	6	6	6	3	7
8	3	4	4	5	5	5	7	7	7
8	3	3	5	5	2	2	1	7	7

::::: Puzzle (772) :::::

5	8	8	8	5	5	5	5	6	6
5	5	5	8	8	9	9	5	6	6
5	7	8	8	8	3	9	9	9	6
7	7	2	2	1	3	2	2	9	6
7	7	4	4	4	3	9	9	9	7
7	2	2	4	6	6	3	3	3	7
7	1	5	5	6	4	5	5	6	7
1	5	5	5	6	4	5	6	6	7
7	7	7	1	6	4	5	6	6	7
7	7	7	7	6	4	5	6	7	7

::::: Puzzle (773) :::::

6	6	6	6	6	5	5	5	5	5
3	3	3	1	6	2	8	8	3	3
6	6	6	4	1	2	3	8	3	7
9	6	4	4	2	8	3	8	8	7
9	6	6	4	2	8	3	8	8	7
9	4	4	1	8	8	4	8	2	7
9	9	4	4	8	4	4	4	2	7
9	9	9	8	8	2	2	3	3	7
6	9	6	8	4	4	4	6	3	7
6	6	6	6	4	6	6	6	6	6

::::: Puzzle (774) :::::

3	3	4	2	1	7	7	7	7	3
3	5	4	2	8	7	3	7	3	3
5	5	4	4	8	7	3	3	9	5
5	2	2	1	8	9	9	9	9	5
5	8	8	8	8	9	9	5	5	5
4	4	4	8	6	9	4	4	4	4
8	8	4	6	6	9	8	8	8	8
8	8	6	6	6	4	4	8	4	4
8	8	8	1	7	4	4	8	4	4
8	7	7	7	7	7	7	8	8	1

::::: Puzzle (775) :::::

6	6	1	3	3	8	8	8	8	1
6	7	7	7	3	8	8	6	8	2
6	7	6	7	7	7	8	6	6	2
6	4	6	6	3	1	7	6	6	6
6	4	6	6	3	2	7	7	7	7
4	4	6	5	3	2	3	7	1	6
9	9	5	5	5	3	3	7	6	6
9	9	9	5	8	8	8	8	8	6
6	6	9	9	9	3	2	2	8	6
6	6	6	6	9	3	3	8	8	6

::::: Puzzle (776) :::::

7	7	7	7	8	8	2	3	6	6
7	6	7	8	8	8	2	3	3	6
6	6	7	4	8	8	7	6	6	6
6	6	4	4	3	8	7	2	2	1
6	1	3	4	3	3	7	5	5	5
7	7	3	3	1	7	7	4	5	5
7	7	7	1	7	7	1	4	4	3
7	7	5	5	5	9	9	9	4	3
8	8	8	5	5	9	9	9	1	3
8	8	8	8	8	9	9	9	2	2

::::: Puzzle (777) :::::

6	6	6	6	6	4	4	4	6	6
2	2	5	6	4	8	4	6	6	6
1	5	5	5	4	8	8	6	3	3
9	9	5	4	4	8	7	1	7	3
9	9	8	8	8	8	7	7	7	7
9	7	7	6	3	3	3	7	4	4
9	4	7	6	6	8	8	8	2	4
9	4	7	6	6	3	3	8	2	4
9	4	7	7	6	5	3	8	8	2
9	4	7	5	5	5	5	8	8	2

::::: Puzzle (778) :::::

2	2	7	7	7	6	6	6	2	8
3	7	7	5	7	6	4	6	2	8
3	3	7	5	5	6	4	4	1	8
8	8	8	8	5	5	4	6	6	8
8	8	1	8	4	4	6	6	6	8
4	3	3	8	4	4	6	8	8	8
4	3	1	9	2	2	4	1	5	5
4	4	9	9	9	4	4	4	5	5
7	7	7	7	9	9	9	7	7	5
7	7	7	9	9	7	7	7	7	7

::::: Puzzle (779) :::::

6	5	5	5	5	5	7	7	4	6
6	6	6	7	7	7	7	4	4	6
6	6	2	2	1	7	8	4	6	6
3	3	5	5	5	5	8	8	6	6
6	3	5	4	4	4	4	8	3	3
6	6	6	6	3	8	8	8	8	3
3	3	6	9	3	3	1	2	4	4
2	3	9	9	9	9	9	2	4	4
2	7	7	7	9	9	3	3	5	5
7	7	7	7	9	1	3	5	5	5

::::: Puzzle (780) :::::

9	9	9	9	9	8	4	4	4	4
7	7	9	9	9	8	8	8	8	1
7	7	2	4	9	4	4	4	8	8
7	4	2	4	4	1	4	7	8	5
7	4	3	7	4	7	7	7	7	5
7	4	3	7	7	4	4	7	5	5
3	4	3	7	7	4	5	7	6	5
3	3	7	7	2	4	5	4	6	6
1	8	8	1	2	5	5	4	6	6
8	8	8	8	8	8	5	4	4	6

::::: Puzzle (781) :::::

5	4	6	6	6	3	3	3	7	7
5	4	4	6	2	2	7	7	7	7
5	1	4	6	6	4	7	3	3	4
5	7	3	3	3	4	8	3	4	4
5	7	7	1	4	4	8	8	8	4
7	7	7	2	2	5	5	8	8	8
5	1	7	4	4	4	5	5	9	8
5	5	8	8	4	6	6	5	9	9
5	8	8	8	8	6	6	6	6	9
5	2	2	8	8	9	9	9	9	9

::::: Puzzle (782) :::::

5	5	5	6	6	6	6	8	8	7
5	4	4	4	5	5	6	6	8	7
5	4	6	6	5	8	8	8	8	7
8	6	6	5	5	4	4	8	7	7
8	8	6	6	4	4	1	2	7	7
8	9	9	9	9	9	9	2	1	3
8	9	9	9	2	3	1	7	3	3
8	8	6	6	2	3	3	7	7	7
8	6	6	5	5	4	4	4	7	7
1	6	6	5	5	5	4	2	2	7

::::: Puzzle (783) :::::

8	6	6	6	6	6	7	7	7	8
8	8	6	1	7	7	7	8	8	8
8	8	8	2	7	5	5	5	8	8
3	8	8	2	4	5	5	8	8	1
3	3	7	7	4	4	6	4	4	2
9	9	7	7	4	6	6	4	6	2
2	9	9	7	6	6	6	4	6	6
2	3	9	7	5	5	5	5	4	6
3	3	9	7	3	5	3	3	4	6
9	9	9	3	3	1	3	4	4	6

::::: Puzzle (784) :::::

6	6	4	9	7	7	7	7	3	5
6	4	4	9	9	7	6	7	3	5
6	9	4	9	3	7	6	6	3	5
6	9	9	9	3	3	6	6	5	5
6	9	5	8	1	4	8	6	2	2
5	5	5	8	8	4	8	8	8	8
6	6	5	8	4	4	3	8	2	2
6	6	6	8	8	3	3	8	8	4
4	6	2	2	8	8	7	7	1	4
4	4	4	7	7	7	7	7	4	4

::::: Puzzle (785) :::::

8	8	6	3	3	3	4	2	6	6
8	6	6	6	6	6	4	2	6	6
8	8	3	3	3	4	4	7	6	6
7	8	1	7	7	7	7	7	4	4
7	8	8	1	4	4	4	7	4	4
7	3	3	3	9	9	4	1	6	6
7	7	7	1	9	2	2	6	6	6
7	1	6	6	9	9	9	9	9	6
3	2	2	6	7	7	9	3	3	3
3	3	6	6	6	7	7	7	7	7

::::: Puzzle (786) :::::

5	5	3	5	5	6	6	6	7	7
5	5	3	3	5	5	3	6	6	7
5	4	4	4	5	3	3	1	6	7
1	4	7	9	9	9	9	9	9	7
7	7	7	5	9	9	1	6	7	7
7	4	7	5	9	4	4	6	6	6
4	4	7	5	5	7	4	4	6	6
2	4	8	5	8	7	2	2	4	4
2	8	8	8	8	7	7	7	7	4
8	8	4	4	4	4	7	2	2	4

::::: Puzzle (787) :::::

4	6	6	6	6	6	5	3	9	2
4	4	7	6	5	5	5	3	9	2
4	7	7	7	7	5	9	3	9	3
3	3	3	7	7	9	9	9	9	3
6	4	1	8	8	8	1	5	9	3
6	4	4	2	2	8	8	5	5	6
6	4	7	4	4	8	5	5	6	6
6	6	7	4	6	8	8	2	6	6
6	7	7	4	6	6	6	2	6	3
2	2	7	7	7	6	6	1	3	3

::::: Puzzle (788) :::::

4	4	5	5	5	5	6	3	3	3
6	4	4	5	2	2	6	6	6	8
6	6	6	6	7	7	6	2	8	8
6	5	5	5	1	7	6	2	8	8
4	9	5	5	7	7	8	8	8	6
4	9	9	9	7	7	3	3	7	6
4	4	2	9	1	3	4	3	7	6
6	6	2	9	3	3	4	4	7	6
6	6	9	9	6	6	6	4	7	6
6	6	9	6	6	6	7	7	7	6

::::: Puzzle (789) :::::

9	9	9	9	9	9	9	4	4	4
7	4	4	4	4	9	9	4	6	6
7	3	5	5	5	5	7	6	6	4
7	3	5	6	6	6	7	6	6	4
7	3	6	6	6	1	7	7	7	4
7	7	3	3	3	2	2	7	1	4
4	7	6	6	6	4	4	7	8	8
4	4	6	6	4	4	8	8	8	8
4	5	5	6	3	5	8	1	8	2
5	5	5	3	3	5	5	5	5	2

::::: Puzzle (790) :::::

7	2	2	6	6	3	7	7	7	4
7	6	6	6	3	3	7	7	4	4
7	1	6	5	5	5	3	7	4	8
7	7	3	3	6	5	3	7	8	8
7	7	3	6	6	5	3	9	8	8
2	2	6	6	6	9	9	9	3	8
8	8	8	3	9	9	2	9	3	8
8	1	8	3	3	9	2	9	3	8
3	3	8	1	4	3	3	3	6	6
3	8	8	4	4	4	6	6	6	6

::::: Puzzle (791) :::::

6	6	5	5	5	3	3	3	1	7
3	6	6	5	5	7	7	7	7	7
3	6	8	8	8	8	4	4	1	7
3	6	3	8	2	4	4	7	6	6
6	3	3	8	2	7	7	7	6	6
6	9	9	8	8	7	2	2	6	6
6	9	9	9	7	7	4	3	3	3
6	6	9	2	2	5	4	4	2	2
6	9	9	9	5	5	4	6	6	1
3	3	3	1	5	5	6	6	6	6

::::: Puzzle (792) :::::

5	5	5	7	7	7	7	7	3	3
5	6	6	7	2	2	5	7	1	3
5	6	6	1	5	5	5	8	8	8
3	3	6	6	5	2	2	1	8	4
3	5	3	5	6	6	6	8	8	4
5	5	3	5	5	6	6	6	8	4
5	5	3	5	5	4	4	4	8	4
3	6	6	3	3	2	4	9	9	6
3	3	6	3	9	2	9	9	6	6
6	6	6	9	9	9	9	6	6	6

::::: Puzzle (793) :::::

3	1	9	5	5	5	2	6	6	6
3	5	9	5	8	8	2	6	3	3
3	5	9	5	8	8	3	6	3	5
5	5	9	8	8	3	3	6	5	5
9	5	9	4	8	8	2	5	5	6
9	9	9	4	4	4	2	4	4	6
8	5	5	5	5	1	4	4	6	6
8	8	4	5	7	7	7	7	1	6
8	4	4	4	7	3	3	2	3	6
8	8	8	8	7	7	3	2	3	3

::::: Puzzle (794) :::::

7	7	7	7	7	6	6	6	6	6
7	3	3	2	4	4	4	5	6	4
7	3	9	2	8	8	4	5	5	4
9	9	9	9	9	8	5	5	4	4
9	4	4	4	9	8	8	8	8	3
9	5	5	4	3	8	2	2	3	3
5	5	5	1	3	4	4	4	4	1
7	7	7	7	3	8	8	3	3	3
7	7	5	5	4	1	8	8	8	1
7	5	5	5	4	4	4	8	8	8

::::: Puzzle (795) :::::

5	5	5	6	6	5	5	5	5	5
5	5	1	6	6	6	4	4	4	4
9	9	9	9	9	6	3	3	2	2
7	9	1	4	9	9	9	3	1	4
7	7	7	4	4	3	2	4	4	4
7	2	7	4	1	3	2	7	7	5
7	2	4	6	6	3	7	7	4	5
6	6	4	6	7	7	7	4	4	5
6	6	4	6	4	4	1	4	5	5
6	6	4	6	6	4	4	3	3	3

::::: Puzzle (796) :::::

6	6	6	4	6	6	6	6	6	5
6	4	6	4	4	4	6	1	5	5
6	4	4	3	2	2	7	7	5	5
9	4	3	3	4	4	4	7	7	1
9	9	9	9	4	2	7	7	4	4
9	4	9	9	1	2	7	4	4	6
4	4	4	9	8	8	8	6	6	6
6	6	3	4	4	4	8	3	6	6
6	3	3	4	8	8	8	3	3	5
6	6	6	2	2	8	5	5	5	5

::::: Puzzle (797) :::::

1	4	4	4	1	8	8	6	6	3
9	2	4	8	8	8	6	6	3	3
9	2	9	9	2	8	8	6	6	4
9	9	9	8	2	5	8	4	4	4
9	7	9	8	5	5	1	6	8	8
7	7	7	8	8	5	6	6	2	8
7	7	3	3	8	5	6	8	2	8
7	3	5	3	8	6	6	8	8	8
3	3	5	8	8	2	2	1	3	3
5	5	5	6	6	6	6	6	6	3

::::: Puzzle (798) :::::

7	7	7	7	5	5	4	4	4	4
7	7	1	7	5	5	5	3	3	3
6	6	3	3	2	4	9	9	9	9
1	6	6	3	2	4	4	9	9	9
6	1	6	6	8	8	4	9	7	7
6	2	3	2	2	8	8	9	7	7
6	2	3	3	1	8	8	4	4	7
6	4	7	7	7	8	8	4	7	7
6	4	7	7	7	6	1	4	3	3
6	4	4	7	6	6	6	6	6	3

::::: Puzzle (799) :::::

9	9	9	1	3	5	3	4	6	6
9	9	9	3	3	5	3	4	4	6
9	3	3	6	5	5	3	4	6	6
9	1	3	6	5	3	6	6	7	6
9	2	6	6	6	3	3	6	7	3
7	2	7	7	6	5	6	6	7	3
7	7	7	5	5	5	3	6	7	3
3	3	7	3	5	3	3	7	7	6
2	3	8	3	3	8	8	7	6	6
2	8	8	8	8	8	1	6	6	6

::::: Puzzle (800) :::::

5	4	4	4	4	7	2	2	6	6
5	5	7	7	7	7	6	4	6	6
5	5	3	3	7	7	6	4	4	6
8	8	8	3	1	6	6	5	4	6
8	8	8	8	8	6	3	5	5	5
4	4	4	2	2	6	3	3	7	5
2	2	4	7	9	9	9	7	7	7
7	7	7	7	9	9	1	7	1	7
7	3	7	9	9	4	4	6	6	7
3	3	9	9	4	4	6	6	6	6

::::: Puzzle (801) :::::

8	3	2	2	4	4	6	6	6	4
8	3	3	7	4	4	2	6	4	4
8	8	7	7	7	7	2	6	6	4
8	8	5	1	3	7	3	3	5	5
8	8	5	3	3	7	3	4	5	5
6	6	5	5	1	4	4	4	9	5
6	6	6	5	9	9	9	9	9	9
5	6	4	4	5	9	1	9	3	3
5	5	5	4	5	5	5	4	3	1
5	2	2	4	2	2	5	4	4	4

::::: Puzzle (802) :::::

8	8	8	8	8	9	9	9	9	9
4	8	8	8	3	9	9	3	9	4
4	3	3	4	3	3	9	3	3	4
4	3	2	4	5	5	5	7	4	4
4	8	2	4	4	5	5	7	2	2
6	8	8	8	8	7	7	7	7	6
6	1	2	3	8	8	7	3	1	6
6	3	2	3	3	8	1	3	3	6
6	3	3	5	5	3	3	6	6	6
6	6	5	5	5	3	4	4	4	4

::::: Puzzle (803) :::::

6	6	9	9	4	4	4	6	6	6
6	6	9	3	5	4	8	8	8	6
6	6	9	3	5	5	8	2	6	6
3	9	9	3	5	1	8	2	4	4
3	9	9	1	5	8	8	8	2	4
3	5	9	2	3	3	3	4	2	4
5	5	1	2	6	4	4	4	6	6
5	5	7	6	6	6	5	5	6	6
2	2	7	6	6	5	5	4	6	6
1	7	7	7	7	7	5	4	4	4

::::: Puzzle (804) :::::

6	6	6	1	3	5	5	5	5	5
7	6	6	3	3	4	6	6	6	6
7	2	6	8	8	4	4	6	4	4
7	2	1	8	3	4	9	6	4	6
7	4	4	8	3	3	9	1	4	6
7	7	4	8	9	9	9	9	9	6
4	7	4	8	8	5	9	2	9	6
4	3	7	8	5	5	5	2	4	6
4	3	7	2	2	7	5	3	4	6
4	3	7	7	7	7	3	3	4	4

::::: Puzzle (805) :::::

6	6	6	6	2	3	3	3	9	9
6	4	4	4	2	9	9	9	9	9
6	4	5	8	8	3	9	3	3	3
3	5	5	1	8	3	9	6	6	6
3	5	2	2	8	3	2	2	6	6
3	5	3	8	8	8	4	5	5	6
6	3	3	1	8	4	4	5	5	5
6	6	6	2	5	5	4	6	6	6
6	3	3	2	4	5	1	6	6	6
6	3	4	4	4	5	5	3	3	3

::::: Puzzle (806) :::::

5	5	5	5	6	6	6	3	3	5
3	5	7	6	6	6	4	3	5	5
3	7	7	7	4	4	4	5	5	9
3	7	4	7	7	5	5	4	1	9
5	5	4	5	5	5	4	4	4	9
5	5	4	2	4	4	2	2	9	9
5	3	4	2	8	4	9	9	9	1
3	3	1	3	8	4	8	9	1	4
5	5	3	3	8	8	8	3	4	4
5	5	5	8	8	2	2	3	3	4

::::: Puzzle (807) :::::

6	6	6	4	4	4	7	7	7	7
4	4	6	6	4	7	7	6	6	6
5	4	4	6	8	8	7	6	6	3
5	5	3	3	4	8	8	1	6	3
4	5	3	4	4	4	8	8	8	3
4	5	6	3	3	3	8	9	1	4
4	6	6	6	4	4	4	9	4	4
4	5	5	6	1	4	1	9	4	2
5	5	4	6	2	3	3	9	9	2
5	4	4	4	2	3	9	9	9	9

::::: Puzzle (808) :::::

4	4	4	8	8	8	3	5	5	5
3	3	4	2	2	8	3	5	4	4
3	1	7	7	8	8	3	5	2	4
4	3	1	7	3	8	8	1	2	4
4	3	7	7	3	3	6	3	3	3
4	3	7	5	5	6	6	4	4	4
4	5	7	5	5	6	6	4	3	3
5	5	9	9	5	6	5	5	3	6
3	5	5	9	9	5	5	5	6	6
3	3	9	9	9	9	9	6	6	6

::::: Puzzle (809) :::::

5	5	5	5	5	9	9	9	9	8
3	2	2	7	9	9	6	9	9	8
3	4	4	7	6	6	6	6	9	8
3	4	4	7	7	3	3	6	8	8
5	5	2	2	7	3	4	4	1	8
8	5	5	5	7	7	4	4	8	8
8	8	8	8	8	4	7	7	7	7
8	4	1	8	4	4	1	4	3	7
4	4	4	7	4	7	4	4	3	7
2	2	7	7	7	7	7	4	3	7

::::: Puzzle (810) :::::

7	7	7	1	8	8	8	4	4	4
7	7	7	8	8	7	7	7	4	3
8	8	7	8	8	2	2	7	3	3
6	8	8	1	8	6	6	7	7	7
6	8	2	2	3	6	6	3	3	3
6	8	8	3	3	9	6	6	7	7
6	6	8	9	9	9	9	9	9	7
5	6	1	6	6	9	9	7	7	7
5	5	5	4	6	4	4	4	7	1
5	4	4	4	6	6	6	4	2	2

::::: Puzzle (811) :::::

7	7	4	4	7	7	7	4	5	5
7	1	5	4	7	8	4	4	4	5
7	7	5	4	7	8	2	2	5	5
7	9	5	7	7	8	8	6	6	6
7	9	5	5	2	8	8	6	3	3
9	9	9	6	2	6	8	6	6	3
9	1	9	6	6	6	8	4	4	4
9	4	4	8	6	7	1	2	3	4
9	4	4	8	1	7	7	2	3	3
8	8	8	8	8	8	7	7	7	7

::::: Puzzle (812) :::::

3	3	3	9	9	6	6	3	3	3
7	7	7	3	9	9	6	6	6	6
3	7	7	3	3	9	3	3	4	4
3	7	8	8	9	9	3	2	4	8
3	7	8	6	6	9	9	2	4	8
4	4	8	6	6	6	3	3	8	8
4	4	8	8	6	4	3	8	8	4
1	8	8	3	4	4	4	8	4	4
7	7	7	3	3	5	5	8	1	4
7	7	7	7	1	5	5	5	2	2

::::: Puzzle (813) :::::

3	8	8	8	8	2	3	3	4	3
3	8	5	5	8	2	3	1	4	3
3	5	5	5	8	3	7	7	4	3
9	9	2	2	8	3	3	7	4	6
9	4	4	4	7	7	7	7	6	6
9	4	9	9	1	3	3	6	6	6
9	9	9	8	8	8	3	7	7	4
4	1	3	3	8	8	8	7	4	4
4	4	3	6	8	8	7	7	7	4
4	6	6	6	6	6	2	2	7	1

::::: Puzzle (814) :::::

3	9	9	3	3	7	7	7	7	7
3	3	9	3	2	7	7	1	6	6
5	5	9	8	2	8	4	4	4	6
5	5	9	8	8	8	8	8	4	6
5	4	9	2	8	4	4	4	6	6
4	4	9	2	3	3	4	3	3	3
4	9	9	7	7	3	7	6	6	6
5	5	5	5	7	7	7	1	6	6
3	3	3	5	7	3	2	2	5	6
4	4	4	4	3	3	5	5	5	5

::::: Puzzle (815) :::::

9	9	9	9	9	9	6	6	6	6
9	4	9	9	5	5	2	2	6	4
5	4	4	4	5	5	3	3	6	4
5	3	3	3	5	1	3	2	4	4
5	4	8	8	8	8	8	2	1	3
5	4	4	4	8	4	8	7	7	3
5	1	2	2	8	4	7	7	7	3
3	3	5	5	5	4	4	7	6	6
3	5	5	6	6	6	6	7	6	6
4	4	4	4	6	6	2	2	6	6

::::: Puzzle (816) :::::

8	5	5	4	6	6	4	4	4	6
8	5	5	4	6	6	4	3	3	6
8	5	3	4	6	6	9	3	6	6
8	3	3	4	3	9	9	9	6	6
8	1	5	5	3	3	9	9	9	2
8	8	5	5	5	7	7	9	9	2
4	8	7	7	7	7	1	3	3	3
4	4	7	4	4	1	7	7	2	2
6	4	2	2	4	4	3	7	1	7
6	6	6	6	6	3	3	7	7	7

::::: Puzzle (817) :::::

3	3	4	3	3	9	9	9	4	4
3	4	4	1	3	9	5	9	4	4
6	6	4	9	9	9	5	5	5	5
6	6	3	3	9	2	2	3	3	3
6	6	4	3	8	8	8	8	2	2
2	7	4	4	8	4	4	8	1	4
2	7	4	8	4	4	8	8	4	4
7	7	8	8	8	8	3	6	6	4
7	5	5	5	8	3	3	6	6	1
7	7	5	5	8	8	6	6	2	2

::::: Puzzle (818) :::::

6	6	7	7	3	5	5	5	5	3
6	6	7	3	3	4	4	4	5	3
6	6	7	7	7	2	2	4	8	3
5	5	5	5	7	8	8	8	8	8
6	6	4	5	9	2	2	1	8	8
6	6	4	4	9	3	3	3	2	2
6	6	4	9	9	9	9	7	3	3
3	7	7	7	9	3	3	7	3	1
3	3	7	1	9	9	3	7	7	7
7	7	7	5	5	5	5	5	7	7

::::: Puzzle (819) :::::

5	6	6	6	6	6	7	7	3	3
5	5	6	4	7	7	7	7	1	3
6	5	5	4	1	7	1	5	5	5
6	6	6	4	4	8	8	4	4	5
7	7	6	6	2	2	8	4	4	5
7	7	8	8	8	8	8	2	3	3
7	7	1	3	3	3	9	2	3	4
7	6	4	9	9	9	9	6	6	4
6	6	4	4	9	2	9	9	6	4
6	6	6	4	9	2	6	6	6	4

::::: Puzzle (820) :::::

6	6	6	4	6	4	3	3	3	6
6	6	4	4	6	4	4	1	6	6
3	6	4	6	6	4	7	7	6	2
3	2	2	7	6	3	3	7	6	2
3	4	4	7	6	3	8	7	6	1
4	4	3	7	3	8	8	7	7	7
6	6	3	7	3	3	8	8	1	4
6	6	3	7	8	8	8	5	4	4
6	6	9	7	7	2	2	5	5	4
9	9	9	9	9	9	9	9	5	5

::::: *Puzzle (821)* :::::

4	4	4	4	5	5	5	6	6	6
3	3	8	8	4	4	5	5	1	6
3	8	8	4	4	2	2	7	7	6
8	8	8	7	7	4	4	4	7	6
8	5	5	5	7	9	4	7	7	7
5	5	7	7	7	9	9	9	7	2
3	3	1	7	4	9	9	6	3	2
3	6	4	4	4	9	6	6	3	4
6	6	6	6	9	9	6	6	3	4
6	3	3	3	1	2	2	6	4	4

::::: *Puzzle (822)* :::::

7	7	7	7	7	4	4	4	7	7
3	7	7	1	3	3	4	1	7	7
3	3	6	6	6	3	1	4	4	7
4	4	6	6	5	5	5	2	4	7
4	4	6	4	5	5	8	2	4	7
7	7	4	4	3	3	8	8	8	4
7	7	7	4	3	8	8	2	2	4
6	6	7	7	9	9	8	6	6	4
6	6	6	1	9	9	8	6	6	4
6	9	9	9	9	9	2	2	6	6

::::: *Puzzle (823)* :::::

8	8	8	8	8	2	2	3	6	6
3	3	8	3	8	4	3	3	6	5
3	7	7	3	8	4	4	6	6	5
4	3	7	3	2	2	4	7	6	5
4	3	7	7	3	3	7	7	5	5
4	3	7	7	1	3	7	3	3	6
4	5	9	9	9	7	7	7	3	6
5	5	5	5	9	4	4	4	6	6
3	3	3	9	9	9	1	4	6	6
5	5	5	5	5	9	9	1	2	2

::::: *Puzzle (824)* :::::

4	4	3	3	3	7	7	7	2	2
4	4	5	5	4	4	1	7	7	5
9	9	5	5	4	4	7	7	1	5
9	9	9	5	8	8	8	8	8	5
9	7	9	8	8	5	5	8	5	5
9	7	7	7	5	5	7	7	7	7
9	5	1	7	7	5	1	4	4	7
5	5	2	2	7	3	3	4	4	7
5	5	6	6	2	2	3	5	3	7
6	6	6	6	5	5	5	5	3	3

::::: *Puzzle (825)* :::::

3	4	4	4	3	3	6	6	6	3
3	3	8	4	3	6	6	6	2	3
5	5	8	8	8	5	5	5	2	3
5	5	8	8	8	5	5	9	9	1
5	3	8	7	7	7	9	9	9	9
3	3	7	5	7	7	2	9	1	9
7	7	7	5	7	5	2	3	2	9
7	6	5	5	7	5	3	3	2	6
7	6	6	5	1	5	6	6	6	6
7	6	6	6	5	5	3	3	3	6

::::: *Puzzle (826)* :::::

3	6	4	6	6	6	6	6	7	7
3	6	4	5	5	5	6	3	7	7
3	6	4	4	5	5	4	3	3	7
6	6	6	2	1	9	4	8	7	7
3	9	9	2	9	9	4	8	8	4
3	3	9	9	9	9	4	8	4	4
8	8	8	5	4	4	8	8	8	4
8	5	5	5	2	4	8	1	5	5
8	8	5	7	2	4	7	2	2	5
8	8	7	7	7	7	7	1	5	5

::::: *Puzzle (827)* :::::

7	7	7	7	7	7	6	6	3	3
8	7	3	3	3	1	6	6	6	3
8	4	6	6	6	3	3	6	4	8
8	4	4	4	6	6	3	4	4	8
8	8	8	3	6	9	9	9	4	8
8	2	3	3	9	9	1	9	9	8
8	2	5	5	9	7	3	3	9	8
3	3	1	5	7	7	7	3	4	8
3	2	2	5	5	7	2	2	4	8
1	4	4	4	4	7	7	4	4	8

::::: *Puzzle (828)* :::::

5	5	3	3	1	7	7	4	6	6
5	9	3	7	7	7	4	4	6	6
5	9	7	7	8	8	4	2	6	6
5	9	9	9	8	8	8	2	4	5
9	9	7	7	1	2	8	8	4	5
9	9	7	7	7	2	8	4	4	5
6	6	7	4	7	3	1	3	5	5
6	6	6	4	4	3	2	3	3	1
5	5	6	4	6	3	2	5	5	5
5	5	5	6	6	6	6	6	5	5

::::: *Puzzle (829)* :::::

5	7	7	7	7	4	4	4	4	6
5	5	5	7	7	3	3	3	2	6
5	3	1	9	7	4	7	7	2	6
3	3	9	9	4	4	4	7	7	6
2	2	7	9	9	9	7	7	7	6
1	7	7	3	9	9	3	3	4	6
7	7	1	3	3	9	3	6	4	4
7	8	8	8	8	6	6	6	3	4
7	8	4	8	3	3	6	6	3	3
8	8	4	4	4	3	4	4	4	4

::::: *Puzzle (830)* :::::

6	5	5	5	3	3	4	4	4	4
6	6	9	5	3	6	6	6	6	6
6	3	9	5	2	2	6	3	3	3
6	3	9	9	9	9	3	5	5	7
6	3	2	2	9	1	3	5	1	7
4	7	7	7	9	9	3	5	5	7
4	7	1	4	4	4	8	8	7	7
4	7	7	4	8	8	8	5	7	7
4	6	7	8	8	8	5	5	5	5
6	6	6	6	6	2	2	3	3	3

::::: *Puzzle (831)* :::::

7	7	7	3	7	7	4	5	4	4
7	7	7	3	7	4	4	5	4	4
4	7	8	3	7	4	5	5	5	1
4	4	8	8	7	7	7	4	4	4
3	4	8	2	2	3	5	5	4	2
3	2	8	1	3	3	5	5	5	2
3	2	8	4	4	4	3	3	3	6
7	7	8	8	4	3	4	6	6	6
7	7	7	5	3	3	4	6	3	6
7	7	5	5	5	5	4	4	3	3

::::: *Puzzle (832)* :::::

6	3	3	6	6	4	4	9	9	9
6	3	6	6	4	4	9	9	1	9
6	2	6	7	2	2	4	9	2	2
6	2	6	7	7	4	4	9	9	4
6	7	7	7	8	8	4	8	1	4
6	5	7	1	3	8	8	8	4	4
5	5	5	7	3	3	8	8	3	3
6	6	5	7	7	7	4	4	3	5
6	6	7	7	1	6	4	4	5	5
6	6	7	6	6	6	6	6	5	5

::::: *Puzzle (833)* :::::

3	6	6	6	6	3	3	7	7	1
3	6	6	2	3	4	3	7	7	6
3	4	4	2	3	4	4	7	6	6
4	4	3	1	3	8	4	7	6	6
6	3	3	7	7	8	8	7	4	6
6	6	6	7	7	7	8	8	4	4
6	3	3	7	1	4	2	8	8	4
6	9	3	7	3	4	2	3	8	2
9	9	9	9	3	4	5	3	3	2
9	9	9	9	3	4	5	5	5	5

::::: *Puzzle (834)* :::::

6	6	4	8	3	3	5	5	5	6
6	4	4	8	8	3	5	5	2	6
6	4	5	5	8	8	3	3	2	6
6	6	5	5	5	8	1	3	7	6
4	4	4	1	8	8	3	7	7	6
4	5	3	3	9	4	3	3	7	6
5	5	1	3	9	4	4	1	7	7
5	5	2	2	9	9	4	2	8	7
3	3	4	4	9	9	9	2	8	8
3	4	4	9	9	8	8	8	8	8

::::: *Puzzle (835)* :::::

5	5	5	9	3	3	4	4	4	4
5	5	9	9	3	6	6	6	6	6
3	3	9	9	9	4	4	4	4	6
2	3	1	9	9	7	7	7	7	7
2	4	4	9	2	2	4	4	1	7
7	4	4	7	7	5	5	4	4	7
7	7	7	7	4	5	5	5	3	3
8	8	1	4	4	4	7	4	4	3
2	8	8	8	8	8	7	4	4	7
2	4	4	4	4	8	7	7	7	7

::::: *Puzzle (836)* :::::

6	6	6	6	6	7	6	6	6	6
3	3	6	4	7	7	2	2	6	5
3	7	4	4	4	7	7	4	6	5
7	7	7	1	7	7	4	4	4	5
2	2	7	3	3	3	5	3	3	5
6	6	7	7	8	8	5	3	9	5
6	6	4	4	8	5	5	9	9	1
6	2	1	4	8	8	5	9	4	4
6	2	7	4	8	8	8	9	4	4
7	7	7	7	7	7	9	9	9	9

::::: *Puzzle (837)* :::::

6	8	8	8	8	8	8	8	1	5
6	4	4	8	3	3	5	5	5	5
6	6	4	4	3	9	9	9	2	2
6	8	8	9	9	9	9	9	6	3
6	8	4	4	9	3	3	2	6	3
1	8	8	4	4	3	6	2	6	3
2	8	6	6	6	6	6	5	6	6
2	8	1	5	5	3	5	5	6	3
6	8	6	6	5	3	5	4	4	3
6	6	6	5	5	3	5	4	4	3

::::: *Puzzle (838)* :::::

6	5	5	4	4	4	7	7	3	3
6	5	5	5	4	7	7	7	4	3
6	4	4	4	6	6	7	7	4	4
6	6	6	4	6	4	4	9	1	4
2	4	4	6	6	4	4	9	9	9
2	4	4	6	4	7	7	9	9	9
1	8	8	4	4	4	7	9	7	9
5	5	8	8	7	7	7	2	7	7
5	5	8	8	8	7	4	2	7	7
5	2	2	1	8	4	4	4	7	7

::::: *Puzzle (839)* :::::

6	6	6	3	3	2	4	4	3	3
6	6	1	3	8	2	4	3	4	3
6	2	7	7	8	8	4	3	4	4
4	2	7	7	8	8	8	3	6	4
4	7	7	5	5	8	8	2	6	6
4	7	1	5	5	5	3	2	6	6
4	9	9	4	4	4	3	3	6	4
9	9	3	4	7	7	5	5	3	4
9	3	3	1	7	5	5	5	3	4
9	9	9	9	7	7	7	7	3	4

::::: *Puzzle (840)* :::::

1	7	7	3	3	2	9	5	5	5
3	3	7	5	3	2	9	1	4	5
8	3	7	5	5	4	9	9	4	5
8	7	7	5	5	4	6	9	4	4
8	7	6	6	4	4	6	9	9	9
8	8	6	5	1	6	6	6	1	9
8	8	6	5	5	5	6	3	5	3
8	3	6	5	3	3	8	3	5	3
2	3	6	8	8	3	8	3	5	3
2	3	2	2	8	8	8	8	5	5

::::: *Puzzle (841)* :::::

8	8	8	6	6	6	6	6	6	5
8	8	8	8	8	3	3	3	5	5
7	2	5	5	5	6	6	6	6	5
7	2	5	5	9	6	2	3	3	5
7	7	7	7	9	6	2	3	1	2
7	1	3	3	9	4	1	7	7	2
5	5	5	3	9	4	4	4	7	7
5	3	3	9	9	9	7	7	7	4
5	3	4	3	9	9	6	6	6	4
4	4	4	3	3	6	6	6	4	4

::::: *Puzzle (842)* :::::

7	1	3	3	8	7	7	6	6	6
7	7	7	3	8	8	7	7	1	6
7	4	7	7	8	5	7	7	3	6
4	4	4	8	8	5	7	3	3	6
3	5	5	8	5	5	9	2	2	3
3	5	5	8	5	3	9	9	3	3
3	5	4	4	7	3	3	9	9	1
4	2	4	4	7	7	9	9	9	9
4	2	7	7	7	2	2	4	4	4
4	4	7	1	5	5	5	5	5	4

::::: *Puzzle (843)* :::::

4	4	2	2	4	9	9	9	2	2
8	4	4	1	4	9	9	9	6	6
8	8	8	8	4	4	9	3	3	6
4	4	4	8	8	9	9	3	6	6
5	5	4	8	2	3	3	5	5	6
5	5	1	7	2	4	3	5	5	5
5	3	7	7	4	4	4	3	3	3
3	3	7	7	3	3	5	5	5	5
5	5	5	7	3	6	6	4	4	5
5	5	1	7	6	6	6	6	4	4

::::: *Puzzle (844)* :::::

8	8	8	8	8	5	5	5	5	2
1	8	5	5	8	4	4	5	6	2
8	5	5	2	8	6	4	9	6	6
8	1	5	2	6	6	4	9	6	6
8	8	8	5	6	6	6	9	9	6
7	8	5	5	1	9	9	9	5	5
7	8	8	5	5	9	9	2	2	5
7	7	5	7	7	7	3	3	3	5
7	7	5	5	7	4	4	4	4	5
7	1	5	5	7	7	7	3	3	3

::::: *Puzzle (845)* :::::

3	5	5	5	5	5	8	6	6	6
3	3	9	3	3	8	8	6	6	6
6	6	9	9	3	1	8	3	3	3
6	6	9	9	4	4	8	4	4	4
6	1	9	4	4	8	8	8	5	4
6	9	9	3	3	3	1	3	5	5
2	2	9	6	6	6	5	3	5	5
5	5	6	6	5	5	5	3	1	4
5	4	4	6	5	6	6	2	2	4
5	5	4	4	6	6	6	6	4	4

::::: *Puzzle (846)* :::::

2	2	5	5	5	9	9	9	5	5
7	7	5	7	5	9	3	5	5	5
6	7	7	7	7	9	3	4	4	4
6	6	6	9	9	9	3	4	8	1
6	6	8	8	5	9	8	2	8	7
8	8	8	5	5	3	8	2	8	7
3	8	3	3	5	3	8	8	8	7
3	8	8	3	5	3	5	5	5	7
3	1	5	6	6	5	5	1	7	7
5	5	5	5	6	6	6	6	1	7

::::: *Puzzle (847)* :::::

6	6	6	6	7	7	7	7	8	8
6	6	4	1	7	6	6	6	8	8
4	4	4	2	7	6	6	3	3	8
3	3	6	2	7	6	3	4	3	8
5	3	6	6	1	3	3	4	1	8
5	5	5	6	6	6	4	4	9	8
5	6	4	4	4	4	9	9	9	9
6	6	6	2	2	9	9	9	6	6
6	3	3	5	5	3	9	2	2	6
6	3	5	5	5	3	3	6	6	6

::::: *Puzzle (848)* :::::

3	3	2	2	9	9	8	8	8	8
7	3	9	9	9	9	2	8	8	8
7	2	9	9	9	6	2	4	5	8
7	2	8	6	6	6	4	4	5	6
7	7	8	6	3	6	4	1	5	6
7	1	8	8	3	3	7	7	5	6
7	6	8	1	4	7	7	7	5	6
6	6	8	8	4	8	8	7	7	6
6	6	8	4	4	8	8	8	1	6
6	5	5	5	5	5	8	8	8	1

::::: *Puzzle (849)* :::::

7	7	7	2	2	3	8	4	4	4
2	1	7	1	3	3	8	8	3	4
2	6	7	7	7	8	8	3	3	7
6	6	3	3	3	8	7	7	7	7
2	6	9	9	8	8	4	7	6	7
2	6	9	9	7	4	4	6	6	6
9	6	9	1	7	4	7	4	6	6
9	9	9	6	7	7	7	4	4	4
5	5	6	6	6	7	6	6	6	6
5	5	5	6	6	3	3	3	6	6

::::: *Puzzle (850)* :::::

2	3	3	6	6	3	3	3	4	4
2	7	3	6	6	8	7	2	2	4
7	7	8	6	6	8	7	7	7	4
7	7	8	8	8	8	5	5	7	7
7	7	8	6	6	6	6	5	5	7
3	9	3	3	3	6	6	5	4	1
3	9	2	2	4	4	3	4	4	6
3	9	9	4	4	5	3	3	4	6
1	9	9	3	3	5	5	6	6	6
9	9	9	3	5	5	3	3	3	6

::::: *Puzzle (851)* :::::

5	5	5	5	4	4	9	9	4	4
3	3	5	3	4	6	6	9	4	4
6	3	6	3	4	6	6	9	9	3
6	6	6	3	6	6	9	9	3	3
1	6	4	4	4	9	9	4	4	4
8	8	1	4	2	2	7	6	6	4
5	8	8	8	8	7	7	6	6	6
5	8	4	4	2	2	7	7	7	6
5	8	4	6	6	6	4	4	7	2
5	5	4	6	6	6	4	4	1	2

::::: *Puzzle (852)* :::::

6	6	8	5	5	3	3	6	6	7
6	6	8	5	5	3	6	6	7	7
6	6	8	1	5	6	6	7	7	7
9	9	8	8	8	8	1	3	7	4
2	9	9	9	3	8	2	3	4	4
2	9	9	9	3	3	2	3	8	4
6	6	9	3	2	8	8	8	8	5
6	6	3	3	2	7	8	8	5	5
6	4	7	7	7	7	8	3	3	5
6	4	4	4	7	7	2	2	3	5

::::: *Puzzle (853)* :::::

3	3	5	4	4	4	1	2	2	6
2	3	5	5	4	9	9	9	4	6
2	8	5	5	9	9	4	4	4	6
5	8	8	8	9	9	9	3	6	6
5	8	3	3	3	9	3	3	4	6
5	8	8	5	5	3	2	2	4	4
5	8	6	5	5	3	3	7	1	4
5	6	6	4	5	7	7	7	5	5
6	6	3	4	1	3	3	7	5	5
6	3	3	4	4	3	1	7	7	5

::::: *Puzzle (854)* :::::

5	5	4	1	7	2	2	6	2	8
5	4	4	4	7	6	6	6	2	8
5	5	9	7	7	7	6	6	8	8
3	9	9	9	3	7	7	5	5	8
3	7	9	1	3	3	5	5	8	8
3	7	9	9	9	7	5	7	7	8
7	7	9	4	4	7	7	7	7	6
7	3	3	3	4	4	2	2	1	6
7	7	6	6	3	3	4	4	4	6
1	6	6	6	6	3	4	6	6	6

::::: *Puzzle (855)* :::::

6	6	6	9	9	9	9	1	4	5
6	6	3	3	3	9	4	4	4	5
6	3	2	9	9	9	8	8	5	5
3	3	2	9	5	5	8	8	5	8
6	6	3	3	5	5	5	8	8	8
6	8	8	3	2	2	1	4	4	4
6	6	8	8	3	3	3	4	7	1
6	8	8	5	5	5	5	5	7	7
8	8	6	3	3	3	4	4	7	7
1	6	6	6	6	6	4	4	7	7

::::: *Puzzle (856)* :::::

6	6	6	5	6	6	6	6	4	4
3	6	6	5	4	4	4	6	4	4
3	3	6	5	5	5	4	6	1	7
5	5	9	9	3	3	2	2	7	7
4	5	1	9	3	8	8	1	3	7
4	5	5	9	9	9	8	3	3	7
4	4	9	9	9	4	8	8	7	7
5	5	5	5	4	4	4	8	4	4
3	3	5	4	6	6	6	8	4	4
3	4	4	4	6	6	6	8	2	2

::::: *Puzzle (857)* :::::

6	6	6	6	4	4	9	5	5	5
4	6	6	4	4	1	9	5	7	5
4	7	7	7	1	9	9	1	7	7
4	7	2	8	9	9	9	9	7	6
4	7	2	8	8	9	7	7	7	6
7	7	3	3	8	8	4	4	4	6
6	6	3	2	2	8	8	8	4	6
6	6	5	7	7	7	7	2	2	6
6	5	5	7	5	5	7	1	4	6
6	5	5	7	5	5	5	4	4	4

::::: *Puzzle (858)* :::::

9	9	3	3	1	7	7	7	7	7
9	9	1	3	8	8	7	7	2	2
9	9	9	9	8	8	8	4	4	4
7	9	4	3	3	3	8	8	8	4
7	4	4	6	6	7	7	6	6	6
7	4	6	6	6	6	7	6	4	6
7	7	4	4	4	4	7	7	4	6
3	7	7	1	3	7	7	2	4	4
3	6	6	6	3	4	4	2	5	5
3	6	6	6	3	4	4	5	5	5

::::: *Puzzle (859)* :::::

9	9	9	9	6	6	6	6	6	6
9	9	5	7	7	7	7	1	3	3
9	9	5	5	8	5	7	7	3	6
3	9	5	8	8	5	5	7	6	6
3	3	5	8	5	5	2	2	6	6
4	4	4	8	8	8	4	4	6	5
5	1	4	1	8	7	4	4	3	5
5	7	7	7	7	7	1	3	3	5
5	5	7	5	3	3	3	4	4	5
5	2	2	5	5	5	5	4	4	5

::::: *Puzzle (860)* :::::

7	6	6	6	6	6	6	3	4	4
7	7	7	3	3	3	5	3	3	4
7	5	7	7	5	5	5	5	1	4
5	5	5	9	3	3	7	7	8	1
6	5	2	9	3	4	4	7	8	8
6	6	2	9	1	4	7	7	7	8
6	6	6	9	9	4	2	7	8	8
3	3	9	9	3	3	2	8	8	2
5	3	5	9	3	7	7	7	7	2
5	5	5	9	7	7	7	3	3	3

::::: Puzzle (861) :::::

6	6	6	6	6	6	2	6	6	6
8	1	4	3	3	3	2	6	4	4
8	8	4	4	9	4	6	6	4	4
8	1	4	9	9	4	4	4	5	5
8	8	9	9	3	3	3	5	5	3
5	8	2	9	9	9	9	7	5	3
5	8	2	3	3	3	7	7	7	3
5	4	4	4	5	5	7	3	7	7
5	3	4	5	5	5	3	3	1	2
5	3	3	6	6	6	6	6	6	2

::::: Puzzle (862) :::::

6	6	6	6	4	4	9	9	9	9
6	6	8	4	4	9	9	8	8	9
8	8	8	7	2	2	9	8	8	9
8	8	5	7	7	7	7	7	8	4
8	5	5	5	5	7	6	6	8	4
8	4	4	4	3	3	3	6	8	4
5	2	1	4	5	6	6	6	8	4
5	2	5	5	5	5	4	4	4	6
5	5	1	7	1	7	2	2	4	6
5	7	7	7	7	7	6	6	6	6

::::: Puzzle (863) :::::

6	6	6	6	9	9	9	7	7	7
3	6	6	1	9	5	9	7	1	7
3	3	5	5	5	5	9	4	4	7
6	4	4	4	4	1	9	9	4	7
6	7	7	7	8	8	8	9	4	6
6	7	3	8	8	8	8	8	6	6
6	7	3	3	7	7	7	6	6	3
6	7	7	4	4	4	7	6	3	3
6	5	5	4	1	7	7	5	5	5
5	5	5	2	2	7	2	2	5	5

::::: Puzzle (864) :::::

5	5	3	3	3	6	6	6	2	2
3	5	5	2	1	6	3	2	6	6
3	5	9	2	6	6	3	2	6	6
3	9	9	4	8	8	3	5	6	6
9	9	4	4	8	4	5	5	5	5
9	9	4	8	8	4	4	4	7	7
9	9	7	4	8	8	8	7	7	7
6	6	7	4	4	1	5	7	6	7
6	6	7	4	7	5	5	5	6	6
6	6	7	7	7	1	5	6	6	6

::::: Puzzle (865) :::::

8	8	8	8	4	4	4	8	8	8
8	1	5	9	9	4	8	8	8	8
8	5	5	9	9	9	9	2	8	3
8	5	5	9	9	5	9	2	3	3
8	7	7	5	5	5	8	8	8	1
7	7	7	5	8	8	8	8	5	5
7	4	2	3	3	3	8	5	5	6
7	4	2	7	7	7	7	1	5	6
4	4	7	7	5	5	1	2	6	6
3	3	3	7	5	5	5	2	6	6

::::: Puzzle (866) :::::

6	6	6	6	6	8	5	5	5	5
6	4	4	4	4	8	8	5	6	6
4	2	2	8	8	8	5	6	6	6
4	4	8	8	5	5	5	5	6	1
4	2	2	9	3	1	4	4	5	5
3	3	3	9	3	2	4	4	5	5
7	9	9	9	3	2	8	8	5	3
7	7	7	9	9	1	2	8	3	3
7	7	5	9	9	3	2	8	8	8
7	5	5	5	5	3	3	1	8	8

::::: Puzzle (867) :::::

8	8	8	8	8	8	8	8	1	5
9	9	5	5	5	4	4	7	7	5
9	9	3	3	5	4	5	7	7	5
9	1	3	4	5	4	5	7	5	5
9	2	2	4	4	5	5	7	7	1
9	9	3	3	4	5	3	3	3	7
9	2	2	3	6	4	7	7	7	7
7	1	7	7	6	4	4	7	2	7
7	7	7	5	6	6	4	5	2	5
7	5	5	5	5	6	6	5	5	5

::::: Puzzle (868) :::::

5	5	5	4	4	2	9	2	2	4
5	3	5	4	4	2	9	9	9	4
7	3	3	6	6	9	9	9	9	4
7	7	6	6	6	1	7	7	9	4
7	7	8	8	6	7	7	7	7	7
7	7	1	8	8	3	2	2	4	4
3	1	3	3	8	3	3	4	4	7
3	4	5	3	8	8	7	7	7	7
3	4	5	5	8	6	7	6	3	7
4	4	5	5	6	6	6	6	3	3

::::: Puzzle (869) :::::

6	6	4	4	7	7	3	3	2	8
7	6	6	4	4	7	7	3	2	8
7	6	6	8	8	7	7	7	1	8
7	7	5	5	8	1	2	1	8	8
7	7	5	8	8	8	2	3	6	8
7	5	5	8	1	8	3	3	6	8
9	9	9	9	3	3	6	6	6	8
9	9	2	9	3	6	3	6	3	3
9	4	2	6	6	6	3	5	5	3
9	4	4	4	6	6	3	5	5	5

::::: Puzzle (870) :::::

7	7	7	7	3	6	6	6	6	6
2	1	7	7	3	3	6	7	5	5
2	9	7	4	4	7	7	7	1	5
5	9	9	4	4	8	7	7	7	5
5	9	9	8	8	8	8	6	6	5
5	9	9	3	6	8	8	8	6	6
5	2	9	3	6	4	4	4	6	6
5	2	9	3	6	2	4	3	3	3
3	4	4	4	6	2	1	7	7	7
3	3	4	1	6	6	7	7	7	7

::::: Puzzle (871) :::::

6	6	8	8	6	6	6	1	6	6
6	2	2	8	6	6	6	7	6	6
6	7	1	8	3	3	7	7	7	6
6	7	7	8	1	3	7	7	7	6
6	7	8	8	8	5	5	5	5	3
7	7	3	2	4	2	2	5	3	3
7	6	3	2	4	6	6	6	6	6
3	6	3	4	4	8	8	3	3	6
3	6	6	3	3	8	8	3	4	4
3	6	6	3	8	8	8	8	4	4

::::: Puzzle (872) :::::

2	3	3	7	6	6	6	6	9	9
2	3	7	7	7	6	6	9	9	9
7	7	7	1	3	3	3	9	3	3
1	5	1	6	6	2	2	9	3	2
5	5	6	6	6	6	8	9	9	2
6	5	1	8	8	8	8	3	3	1
6	5	8	8	5	2	6	6	3	4
6	6	8	1	5	2	6	6	4	4
6	6	4	5	5	3	6	6	5	4
4	4	4	5	3	3	5	5	5	5

::::: Puzzle (873) :::::

5	5	5	4	4	9	9	9	9	9
6	6	5	5	4	4	8	8	9	9
6	6	6	4	8	8	8	4	9	9
6	5	5	4	8	8	4	4	4	1
2	5	5	4	4	8	5	1	7	7
2	5	7	2	2	5	5	7	7	7
7	1	7	7	5	5	4	7	3	7
7	7	7	3	3	3	4	4	3	3
3	3	8	8	2	2	4	6	6	6
3	8	8	8	8	8	8	6	6	6

::::: Puzzle (874) :::::

7	7	7	7	7	8	8	8	8	8
5	5	5	7	7	2	5	8	8	8
4	3	5	5	3	2	5	5	1	9
4	3	6	6	3	5	8	5	5	9
4	3	6	6	3	5	8	9	9	9
4	7	6	6	5	5	8	5	9	9
7	7	4	4	4	5	8	5	5	9
7	5	5	5	4	1	8	5	5	9
7	7	5	4	2	2	8	8	3	2
7	1	5	4	4	4	8	3	3	2

::::: Puzzle (875) :::::

3	9	9	9	9	9	7	7	7	7
3	3	1	2	9	2	2	4	1	7
6	6	6	2	9	3	3	4	4	7
6	6	4	4	9	9	3	4	1	7
6	5	4	4	8	4	6	6	6	6
5	5	3	3	8	4	3	3	3	6
5	5	3	8	8	4	4	6	4	6
1	2	2	8	8	8	6	6	4	4
6	6	6	8	6	6	6	5	4	5
6	6	6	4	4	4	4	5	5	5

::::: Puzzle (876) :::::

9	9	9	7	7	7	7	3	3	6
9	3	3	5	7	5	7	7	3	6
9	9	3	5	5	5	1	2	2	6
5	9	9	9	8	8	5	5	4	6
5	5	5	5	8	5	5	4	4	6
3	3	3	8	8	1	5	7	4	6
4	4	4	1	8	8	3	7	7	4
1	2	4	5	8	3	3	7	4	4
3	2	5	5	3	7	7	7	3	4
3	3	5	5	3	3	2	2	3	3

::::: Puzzle (877) :::::

6	6	6	6	6	3	3	2	7	7
1	6	8	9	9	9	3	2	7	7
8	8	8	8	3	9	9	9	7	7
8	8	8	3	3	1	4	9	9	7
4	4	5	5	5	4	4	1	9	8
6	4	4	5	5	4	7	4	4	8
6	6	2	3	3	7	7	7	4	8
6	6	2	1	3	4	4	7	4	8
6	7	7	2	2	7	4	7	8	8
2	2	7	7	7	7	4	7	8	8

::::: Puzzle (878) :::::

6	6	5	5	3	6	6	6	4	2
6	6	5	3	3	6	6	4	4	2
6	7	5	5	4	6	3	4	7	7
6	7	7	4	4	3	3	1	7	1
7	7	7	8	4	7	7	7	7	2
7	6	8	8	8	8	3	3	3	2
6	6	5	8	3	3	7	1	4	4
6	5	5	8	8	3	7	7	4	4
6	5	9	9	9	2	2	7	7	7
6	5	1	9	9	9	9	9	9	7

::::: Puzzle (879) :::::

5	7	7	8	3	3	1	6	6	6
5	7	7	8	8	3	8	8	3	6
5	1	7	2	8	8	8	6	3	6
5	8	7	2	9	6	6	6	3	6
5	8	7	3	9	1	9	6	6	3
8	8	3	3	9	9	9	5	3	3
8	8	8	8	3	3	9	5	5	5
7	7	7	4	3	9	9	2	2	5
7	7	4	4	2	2	7	7	7	1
7	7	4	3	3	3	7	7	7	7

::::: Puzzle (880) :::::

3	7	1	4	2	2	1	9	9	9
3	7	4	4	5	5	5	9	6	9
3	7	7	4	5	5	4	9	6	9
7	7	7	6	4	4	4	9	6	9
2	3	6	6	6	6	6	1	6	6
2	3	3	8	2	2	1	5	5	6
5	5	1	8	8	3	3	6	5	5
5	6	6	6	8	8	3	6	6	5
5	6	6	5	5	8	8	6	4	4
5	6	5	5	5	8	6	6	4	4

::::: ***Puzzle (881)*** :::::

4	4	4	4	6	6	3	3	5	5
6	6	6	7	2	6	6	3	5	5
6	6	7	7	2	6	6	4	7	5
4	6	7	7	7	4	4	4	7	2
4	4	3	8	7	1	6	1	7	2
4	3	3	8	6	6	6	6	7	7
8	8	8	8	7	7	6	4	4	7
8	8	9	9	7	7	1	4	4	7
9	9	9	9	9	7	7	2	2	4
9	9	3	3	3	7	1	4	4	4

::::: ***Puzzle (882)*** :::::

3	3	7	7	7	7	2	4	4	9
5	3	1	7	7	7	2	4	9	9
5	5	3	8	3	3	3	4	9	7
5	3	3	8	1	9	9	9	9	7
5	2	2	8	8	9	5	3	3	7
8	8	8	8	3	3	5	5	3	7
4	4	5	5	5	3	5	5	7	7
6	4	4	3	5	7	3	3	2	7
6	6	1	3	5	7	7	3	2	3
6	6	6	3	7	7	7	7	3	3

::::: ***Puzzle (883)*** :::::

4	4	6	6	6	6	6	3	3	3
4	4	7	1	6	4	4	6	6	6
7	7	7	2	2	6	4	6	6	8
7	6	6	6	6	6	4	6	4	8
7	7	5	5	3	5	5	4	4	8
9	5	5	3	3	5	5	4	8	8
9	9	5	4	4	4	5	8	8	2
3	9	9	9	9	4	1	8	5	2
3	9	1	5	5	5	3	2	5	5
3	9	5	5	1	3	3	2	5	5

::::: ***Puzzle (884)*** :::::

4	4	4	7	7	7	7	5	5	4
6	4	6	7	5	5	7	5	5	4
6	6	6	6	5	5	7	5	4	4
4	4	4	4	8	5	8	1	3	2
1	7	7	8	8	8	8	3	3	2
7	7	7	1	8	8	7	7	7	7
2	7	7	3	3	4	4	7	7	7
2	4	4	2	3	4	3	3	9	1
4	4	7	2	7	4	9	3	9	9
7	7	7	7	7	9	9	9	9	9

::::: ***Puzzle (885)*** :::::

8	8	8	6	6	6	6	6	2	7
9	8	8	8	6	5	8	1	2	7
9	2	3	8	5	5	8	5	7	7
9	2	3	8	2	5	8	5	7	7
9	9	3	5	2	5	8	5	5	7
9	9	5	5	5	1	8	8	5	2
9	6	6	4	5	3	8	8	6	2
9	1	6	4	4	3	5	5	6	6
3	3	6	3	4	3	5	3	3	6
3	6	6	3	3	5	5	3	6	6

::::: ***Puzzle (886)*** :::::

7	7	7	8	8	8	8	3	3	6
7	5	8	8	3	3	3	1	3	6
7	5	5	8	5	5	5	5	6	6
7	5	1	8	4	4	5	1	6	6
7	5	9	9	9	4	4	7	7	2
3	3	9	1	3	3	2	2	7	2
2	3	9	5	5	3	7	7	7	7
2	9	9	5	5	5	3	3	3	6
9	9	5	3	3	3	4	4	6	6
1	5	5	5	5	4	4	6	6	6

::::: ***Puzzle (887)*** :::::

7	8	8	8	1	6	6	6	6	6
7	4	4	8	8	8	8	8	6	5
7	1	4	4	1	6	6	2	2	5
7	7	7	7	6	6	6	5	5	5
2	4	5	5	5	6	7	7	7	7
2	4	4	5	5	7	7	7	3	3
6	4	3	3	9	9	9	4	4	3
6	6	3	9	9	9	9	9	4	4
6	6	5	5	2	3	9	6	6	6
6	5	5	5	2	3	3	6	6	6

::::: ***Puzzle (888)*** :::::

7	7	7	7	7	1	5	5	3	6
3	1	7	3	7	5	5	3	3	6
3	3	9	3	3	5	3	4	6	6
9	9	9	9	9	4	3	4	6	6
2	2	9	4	4	4	3	4	4	2
3	3	9	9	8	7	7	7	7	2
7	3	7	8	8	8	7	7	7	1
7	7	7	2	4	8	8	4	4	4
6	7	7	2	4	4	8	5	5	4
6	6	6	6	6	4	8	5	5	5

::::: ***Puzzle (889)*** :::::

4	4	8	5	3	3	3	4	4	4
4	4	8	5	5	5	5	3	6	4
6	8	8	8	8	8	3	3	6	3
6	6	1	2	5	8	7	7	6	3
6	3	3	2	5	5	1	7	6	3
6	3	9	3	5	2	2	7	6	6
6	9	9	3	5	4	4	7	7	5
1	9	9	3	4	4	6	4	7	5
3	9	9	9	9	6	6	4	5	5
3	3	2	2	6	6	6	4	4	5

::::: ***Puzzle (890)*** :::::

9	9	9	9	3	7	7	7	7	7
8	9	3	9	3	3	8	8	7	7
8	9	3	9	9	8	8	8	2	1
8	8	3	6	6	6	8	8	2	6
8	8	6	6	3	3	3	8	1	6
8	8	7	6	7	7	7	6	6	6
4	4	7	7	4	4	7	7	7	6
4	7	7	8	4	4	2	2	7	3
4	7	8	8	8	8	8	8	8	3
1	7	4	4	4	4	2	2	1	3

::::: ***Puzzle (891)*** :::::

6	6	6	6	6	7	7	7	7	7
6	4	4	4	4	1	7	7	8	8
3	3	5	5	1	4	4	4	4	8
3	5	5	5	9	9	9	3	3	8
6	6	6	9	9	9	9	1	3	8
6	6	7	9	9	3	3	8	8	8
6	7	7	3	3	6	3	2	4	6
3	7	1	5	3	6	6	2	4	6
3	7	5	5	6	6	6	4	4	6
3	7	7	5	5	2	2	6	6	6

::::: ***Puzzle (892)*** :::::

6	6	6	5	5	5	5	3	7	7
6	6	2	5	8	1	3	3	7	8
6	4	2	8	8	7	7	7	7	8
4	4	1	8	8	8	8	4	8	8
7	4	5	5	8	3	4	4	8	8
7	5	5	5	3	3	4	8	8	4
7	7	7	8	8	8	3	9	9	4
7	2	7	3	8	3	3	9	9	4
5	2	5	3	8	8	1	9	9	4
5	5	5	3	8	8	9	9	9	1

::::: ***Puzzle (893)*** :::::

5	5	5	5	5	6	6	4	4	2
3	7	3	3	3	6	6	3	4	2
3	7	7	7	6	6	3	3	4	1
3	5	2	7	7	7	8	8	8	8
5	5	2	9	9	5	8	4	3	8
5	9	9	9	5	5	4	4	3	8
5	2	2	9	9	5	5	4	3	8
3	5	5	9	9	6	6	6	4	1
3	5	4	4	6	6	6	4	4	4
3	5	5	4	4	5	5	5	5	5

::::: ***Puzzle (894)*** :::::

6	6	3	3	6	6	3	5	5	6
6	6	3	7	6	6	3	3	5	6
6	6	7	7	6	6	4	5	5	6
3	3	7	7	7	7	4	4	4	6
3	9	9	2	2	4	5	5	6	6
9	9	9	9	4	4	5	5	8	5
9	4	4	4	1	4	5	8	8	5
9	2	4	7	7	8	8	8	1	5
9	2	7	7	3	3	8	4	4	5
7	7	7	2	2	3	8	4	4	5

::::: ***Puzzle (895)*** :::::

3	3	3	7	7	7	7	4	4	4
5	5	5	7	7	1	4	6	4	5
5	6	5	6	7	4	4	6	6	5
6	6	6	6	5	4	6	6	5	5
9	4	4	1	5	5	5	6	5	3
9	2	4	4	5	3	3	3	8	3
9	2	1	7	7	7	7	8	8	3
9	1	2	3	7	3	3	3	8	8
9	9	2	3	7	7	4	4	1	8
9	9	9	3	2	2	4	4	8	8

::::: ***Puzzle (896)*** :::::

4	9	9	2	6	2	2	6	6	6
4	9	9	2	6	4	8	8	6	6
4	6	9	6	6	4	4	8	6	3
4	6	9	6	6	4	8	8	5	3
6	6	9	9	9	8	8	3	5	3
6	5	5	5	3	8	4	3	5	1
6	5	5	6	3	3	4	3	5	6
5	6	6	6	2	7	4	2	5	6
5	6	6	1	2	7	4	2	6	6
5	5	5	7	7	7	7	7	6	6

::::: ***Puzzle (897)*** :::::

4	4	9	9	9	9	9	9	9	3
4	4	9	5	2	1	9	1	7	3
5	2	8	5	2	3	3	3	7	3
5	2	8	5	5	5	7	7	7	7
5	5	8	4	4	3	3	7	2	2
5	8	8	4	4	3	6	3	3	3
8	8	8	6	6	6	6	5	5	5
4	5	7	7	7	6	4	4	5	5
4	5	5	5	7	4	4	6	6	6
4	4	5	7	7	7	1	6	6	6

::::: ***Puzzle (898)*** :::::

3	5	5	5	4	6	6	6	6	6
3	5	3	5	4	8	6	1	3	3
3	9	3	4	4	8	8	8	8	3
9	9	3	9	1	3	8	8	4	4
9	9	9	9	8	3	8	4	4	3
2	9	2	2	8	3	1	2	2	3
2	3	3	3	8	8	8	8	4	3
6	6	6	6	8	6	8	4	4	5
6	7	1	7	7	6	6	4	5	5
6	7	7	7	7	6	6	6	5	5

::::: ***Puzzle (899)*** :::::

8	8	8	8	8	7	7	4	4	4
8	6	8	3	3	2	7	7	7	4
8	6	4	4	3	2	3	3	7	7
2	6	6	4	1	3	6	3	1	6
2	6	5	4	5	3	6	6	6	6
9	6	5	5	5	3	4	4	4	4
9	9	6	6	6	6	6	1	2	2
6	9	9	9	6	4	4	7	4	4
6	6	6	9	4	4	7	7	4	4
6	6	9	9	7	7	7	7	2	2

::::: ***Puzzle (900)*** :::::

6	6	6	4	4	4	6	6	6	4
6	3	3	4	2	6	6	4	4	4
6	9	3	7	2	6	7	5	3	3
6	9	9	7	7	7	7	5	5	3
9	9	2	2	3	3	7	1	5	5
9	9	7	7	3	1	4	4	4	4
9	9	7	8	8	8	8	8	3	6
3	3	7	7	4	4	8	2	3	6
6	3	7	7	1	4	8	2	3	6
6	6	6	6	6	4	8	6	6	6

:::: Puzzle (901) ::::

5	5	5	4	4	3	9	9	9	5
3	5	5	4	3	3	9	9	5	5
3	7	7	4	1	9	9	8	8	5
3	7	7	7	9	9	6	6	8	5
2	7	5	7	1	6	6	8	8	8
2	3	5	3	3	6	6	8	4	4
3	3	5	5	3	5	5	8	7	4
6	2	5	2	2	7	5	5	7	4
6	2	7	7	7	7	7	5	7	7
6	6	6	6	1	7	1	7	7	7

:::: Puzzle (902) ::::

3	3	3	6	6	6	6	6	4	4
4	4	4	4	6	7	2	2	6	4
6	6	1	7	7	7	7	7	6	4
6	6	8	5	5	5	5	7	6	6
6	1	8	8	2	2	5	6	6	3
6	3	3	8	8	4	4	4	4	3
5	3	8	8	1	3	7	7	7	3
5	5	8	9	3	3	9	7	2	2
5	4	4	9	9	1	9	7	7	3
5	4	4	9	9	9	9	7	3	3

:::: Puzzle (903) ::::

9	9	9	9	3	3	6	4	4	4
9	4	1	9	9	3	6	5	5	4
9	4	4	9	7	6	6	5	5	5
7	4	3	3	7	6	6	4	4	4
7	1	3	7	7	7	7	6	4	6
7	7	5	3	3	7	4	6	6	6
7	5	5	5	3	4	4	4	6	4
7	5	3	3	2	8	7	2	4	4
7	2	2	3	2	8	7	2	7	4
8	8	8	8	8	8	7	7	7	7

:::: Puzzle (904) ::::

6	6	6	6	6	7	4	6	6	6
6	4	3	3	7	7	4	4	4	6
3	4	4	3	8	7	7	7	6	6
3	3	4	1	8	2	2	7	2	2
4	4	8	8	8	5	5	5	5	5
5	4	1	8	8	1	7	7	6	6
5	4	3	3	8	7	7	7	6	6
5	5	3	4	4	7	7	3	6	6
5	9	4	4	9	9	2	3	4	4
9	9	9	9	9	9	2	3	4	4

:::: Puzzle (905) ::::

1	9	9	9	3	7	7	3	3	3
4	4	4	9	3	3	7	6	6	6
4	9	9	9	7	7	7	6	3	3
2	2	9	3	3	7	1	6	6	3
5	7	9	3	7	3	3	4	4	4
5	7	7	7	7	3	1	4	9	2
5	5	6	5	7	9	9	9	9	2
5	6	6	5	5	5	9	7	9	7
3	3	6	2	2	5	9	7	7	7
3	6	6	3	3	3	9	1	7	7

:::: Puzzle (906) ::::

4	4	1	9	9	9	8	8	8	8
4	9	9	9	5	4	8	4	8	8
4	9	4	4	5	4	8	4	4	7
1	9	4	4	5	4	4	7	4	7
7	9	2	2	5	5	3	7	7	7
7	7	7	6	6	3	3	4	7	1
7	6	3	6	3	4	4	4	1	7
7	6	3	6	3	3	7	7	7	7
7	6	3	6	6	5	3	3	7	7
6	6	6	5	5	5	5	3	2	2

:::: Puzzle (907) ::::

5	5	7	6	6	7	7	7	1	4
5	5	7	6	2	2	7	7	4	4
8	5	7	6	6	6	7	7	4	6
8	1	7	1	5	9	9	6	6	6
8	7	7	5	5	9	9	9	6	6
8	8	7	5	5	9	8	9	9	9
8	3	6	6	6	6	8	4	4	6
8	3	2	3	6	6	8	4	4	6
8	3	2	3	3	8	8	8	8	6
6	6	6	6	6	6	8	6	6	6

:::: Puzzle (908) ::::

5	5	4	4	6	6	4	4	4	5
5	3	3	4	3	6	6	4	5	5
5	6	3	4	3	3	6	6	5	5
5	6	6	5	7	7	7	4	4	4
6	6	6	5	5	7	2	2	3	4
2	2	5	5	7	7	7	1	3	5
4	9	9	9	4	4	8	8	3	5
4	4	6	9	4	4	8	2	2	5
4	6	6	9	9	9	8	1	5	5
6	6	6	9	9	8	8	8	8	1

:::: Puzzle (909) ::::

9	2	4	4	8	2	2	3	3	3
9	2	4	4	8	8	8	1	4	4
9	9	9	9	9	8	1	3	4	4
9	4	4	4	4	8	3	3	5	5
9	3	3	3	1	8	8	5	5	5
4	2	2	5	5	3	1	3	3	3
4	4	4	5	6	3	3	5	5	5
6	3	3	5	6	6	5	5	4	4
6	3	1	5	6	6	6	3	3	4
6	6	6	6	4	4	4	4	3	4

:::: Puzzle (910) ::::

5	1	7	7	1	4	4	4	7	7
5	5	5	7	7	4	7	7	7	3
3	3	5	7	9	7	7	8	3	3
4	3	7	7	9	4	4	8	8	8
4	4	9	9	9	4	5	2	2	8
4	9	9	9	9	4	5	5	8	8
5	2	2	7	1	3	5	6	8	5
5	5	7	7	3	3	5	6	5	5
5	5	7	3	5	5	6	6	6	5
7	7	7	3	3	5	5	5	6	5

:::: Puzzle (911) ::::

5	5	5	6	6	5	6	6	6	6
5	5	4	6	5	5	5	6	6	1
3	4	4	6	6	1	5	7	4	4
3	3	4	6	3	3	3	7	4	4
6	2	2	4	4	9	9	7	3	3
6	7	7	1	4	9	4	7	7	3
6	5	7	7	4	9	4	2	7	7
6	5	5	7	9	9	4	2	5	5
6	5	7	7	1	9	4	3	3	5
6	5	3	3	3	9	9	3	5	5

:::: Puzzle (912) ::::

2	2	8	8	6	6	6	6	5	5
6	6	1	8	6	9	9	6	4	5
6	6	5	8	9	9	9	4	4	5
6	6	5	8	9	9	2	2	4	5
5	5	5	8	9	9	8	8	3	3
1	4	4	8	2	2	5	8	8	3
4	4	6	8	3	3	5	1	8	8
6	6	6	7	3	5	5	5	1	8
7	6	6	7	5	6	6	6	6	8
7	7	7	7	5	5	5	5	6	6

:::: Puzzle (913) ::::

2	5	5	5	1	9	1	4	4	4
2	5	5	6	5	9	9	4	5	5
1	4	6	6	5	9	4	5	5	5
4	4	6	5	5	9	4	6	6	6
4	6	6	8	5	9	4	6	3	6
8	8	8	8	8	9	4	6	3	3
8	1	5	5	5	9	9	1	2	2
8	7	7	7	5	7	7	7	7	6
2	7	7	2	5	3	7	6	6	6
2	7	7	2	3	3	7	7	6	6

:::: Puzzle (914) ::::

7	7	6	6	6	6	1	3	3	9
7	2	2	6	2	1	8	8	3	9
7	7	3	6	2	8	8	9	9	9
7	7	3	3	8	8	3	3	9	9
6	6	6	6	8	8	3	6	9	9
6	1	6	3	5	3	6	6	6	2
5	5	8	3	5	3	3	6	6	2
5	5	8	3	5	5	5	3	3	3
8	5	8	8	3	3	3	6	4	4
8	8	8	6	6	6	6	6	4	4

:::: Puzzle (915) ::::

4	4	4	9	9	8	2	2	5	5
9	4	9	9	4	8	8	3	5	5
9	9	9	5	4	8	8	3	3	5
9	5	5	5	4	4	8	8	8	1
3	5	3	3	3	2	2	6	3	3
3	3	6	4	4	6	6	6	3	4
6	6	6	6	4	6	4	6	4	4
3	5	6	7	4	1	4	4	5	4
3	5	5	7	7	7	7	4	5	5
3	5	5	1	7	7	2	2	5	5

:::: Puzzle (916) ::::

5	5	5	3	4	4	4	5	3	3
2	5	8	3	3	8	4	5	2	3
2	5	8	8	8	8	5	5	2	5
7	7	7	8	1	8	9	5	9	5
7	1	7	7	3	9	9	9	9	5
8	3	7	3	3	9	3	9	6	5
8	3	3	5	5	9	3	3	6	5
8	8	8	1	5	5	6	6	6	6
8	3	8	8	7	5	4	4	4	4
3	3	2	2	7	7	7	7	7	7

:::: Puzzle (917) ::::

5	5	4	9	9	9	9	2	2	3
5	5	4	2	2	1	9	1	3	3
5	4	4	9	9	9	9	8	8	8
7	7	7	4	4	7	7	8	8	8
7	7	7	4	7	7	7	7	3	8
7	8	8	4	7	3	3	1	3	8
6	8	8	8	4	4	3	7	3	1
6	6	6	8	4	4	7	7	7	7
6	5	5	8	8	7	7	5	5	5
6	5	5	5	4	4	4	4	5	5

:::: Puzzle (918) ::::

5	5	5	2	3	6	6	6	6	5
3	3	5	2	3	6	4	6	5	5
3	8	5	9	3	9	4	4	5	5
2	8	8	9	9	9	4	3	3	3
2	3	8	1	4	9	9	9	9	1
3	3	8	4	4	1	4	5	5	5
8	8	8	3	4	2	4	5	5	4
2	2	3	3	1	2	4	6	4	4
3	3	7	7	7	7	4	6	3	4
3	7	7	7	6	6	6	6	3	3

:::: Puzzle (919) ::::

6	6	4	4	4	3	2	2	8	8
6	6	6	4	3	3	4	8	8	1
6	1	9	9	9	9	4	4	8	2
3	3	9	5	5	9	4	8	8	2
6	3	5	5	5	9	9	8	3	3
6	6	7	6	6	6	9	6	6	3
6	5	7	2	6	6	2	6	6	6
6	5	7	2	3	6	2	4	4	6
6	5	7	7	3	8	8	8	4	4
5	5	7	7	3	8	8	8	8	8

:::: Puzzle (920) ::::

2	4	4	4	8	6	6	6	6	3
2	4	6	8	8	8	6	4	6	3
9	6	6	6	6	8	4	4	4	3
9	6	3	3	3	8	8	5	5	7
9	9	9	1	2	2	8	1	5	7
9	6	9	3	3	3	1	3	5	7
6	6	9	6	6	4	4	3	5	7
6	6	9	6	4	4	1	3	7	7
6	5	6	6	6	3	5	5	7	2
5	5	5	5	3	3	5	5	5	2

::::: Puzzle (921) :::::

5	4	4	2	4	4	4	4	3	3
5	4	4	2	7	7	7	7	7	3
5	5	5	4	2	7	4	3	3	6
6	6	4	4	2	7	4	4	3	6
6	6	4	6	6	6	1	4	6	6
6	6	3	4	4	6	6	3	6	6
9	9	3	4	4	1	6	3	3	1
9	9	3	8	8	8	1	5	7	7
9	9	9	8	5	5	5	5	1	7
9	9	8	8	8	8	7	7	7	7

::::: Puzzle (922) :::::

7	7	7	7	8	6	6	5	5	5
7	7	5	7	8	6	6	5	7	5
5	5	5	8	8	3	6	6	7	7
2	2	5	8	1	3	3	2	7	7
5	8	8	8	2	2	1	2	9	7
5	5	5	4	4	4	9	9	9	7
5	7	6	6	6	4	3	3	9	9
7	7	6	6	6	5	5	3	1	9
7	7	7	1	4	5	5	4	9	9
7	2	2	4	4	4	5	4	4	4

::::: Puzzle (923) :::::

7	4	7	7	7	7	3	7	7	7
7	4	4	7	7	7	3	7	1	2
7	4	7	4	4	4	3	7	4	2
7	7	7	3	3	4	7	7	4	4
4	4	4	3	2	2	4	5	5	4
7	4	2	2	4	4	4	3	5	5
7	7	6	6	9	9	9	3	3	5
7	6	6	6	4	4	9	9	9	3
7	1	8	6	8	4	4	9	9	3
7	7	8	8	8	8	8	8	9	3

::::: Puzzle (924) :::::

3	7	7	7	4	4	5	5	4	4
3	3	8	7	7	4	5	5	9	4
7	7	8	7	7	4	5	2	9	4
7	8	8	8	8	8	1	2	9	9
7	7	1	5	5	8	9	9	9	3
3	7	7	5	5	6	6	6	9	3
3	3	8	8	5	6	7	7	9	3
8	8	8	8	8	6	5	7	7	7
8	7	7	2	2	6	5	5	7	7
7	7	7	7	7	5	5	2	2	1

::::: Puzzle (925) :::::

9	9	9	9	9	6	6	6	5	5
9	4	4	9	6	6	6	5	5	5
7	4	4	9	9	5	5	2	2	4
7	5	5	3	3	3	5	4	4	4
7	5	5	4	1	5	5	8	8	8
7	5	4	4	5	1	4	4	4	8
7	1	4	5	5	5	1	4	8	8
7	7	6	4	7	5	7	7	8	8
6	6	6	4	7	7	7	4	4	4
6	6	4	4	2	2	7	2	2	4

::::: Puzzle (926) :::::

4	4	2	2	1	5	5	7	7	7
4	4	3	3	7	5	5	7	4	4
6	6	3	1	7	7	5	7	4	4
5	6	6	7	7	6	7	7	5	5
5	6	6	7	7	6	6	5	5	5
5	4	2	2	3	4	6	6	6	2
5	4	4	3	3	4	8	8	3	2
5	4	9	2	9	4	4	8	3	3
3	3	9	2	9	8	8	8	4	4
3	9	9	9	9	9	8	8	4	4

::::: Puzzle (927) :::::

4	4	7	7	7	7	2	2	4	4
4	4	7	2	2	7	7	4	4	6
5	5	4	4	4	8	1	6	6	6
5	5	4	1	8	8	5	6	6	3
6	5	3	8	8	8	5	5	4	3
6	3	3	8	3	3	4	5	4	3
6	6	2	8	9	3	4	5	4	4
6	6	2	1	9	9	4	4	6	6
4	4	6	6	6	9	6	6	6	6
4	4	6	6	6	9	9	9	9	9

::::: Puzzle (928) :::::

5	8	8	8	5	3	6	6	6	1
5	5	8	5	5	3	6	6	7	7
5	5	8	5	5	3	5	6	7	7
4	4	8	3	3	5	5	7	7	3
4	8	8	3	2	5	2	7	8	3
4	9	9	9	2	5	2	8	8	3
9	9	4	9	9	8	8	8	8	1
9	4	4	4	9	4	3	3	8	7
5	5	5	3	1	4	3	1	7	7
5	5	3	3	4	4	7	7	7	7

::::: Puzzle (929) :::::

4	4	6	4	4	4	1	4	4	4
4	4	6	4	3	3	8	4	5	5
3	2	6	6	3	7	8	1	5	5
3	2	6	6	1	7	8	2	3	5
3	7	7	7	7	7	8	2	3	3
4	4	4	3	3	3	8	8	8	8
6	4	6	9	9	9	9	9	2	4
6	6	6	9	9	3	3	6	2	4
6	5	5	9	4	3	6	6	6	4
5	5	5	9	4	4	4	6	6	4

::::: Puzzle (930) :::::

1	7	7	7	9	9	9	9	6	6
6	7	7	7	9	9	3	9	6	6
6	4	7	2	2	9	3	3	6	6
6	4	4	6	6	9	4	1	5	5
6	6	4	6	6	6	4	4	5	5
6	5	7	7	6	3	4	2	5	8
4	5	7	7	3	3	1	2	8	8
4	5	4	7	7	7	3	3	8	8
4	5	4	4	6	6	3	2	1	8
4	5	4	6	6	6	6	2	8	8

::::: Puzzle (931) :::::

5	7	7	7	7	7	7	3	5	5
5	5	5	8	8	8	7	3	3	5
7	1	5	8	8	3	3	1	5	5
7	2	2	8	8	3	9	9	9	9
7	7	7	8	5	5	9	3	3	9
7	5	7	2	5	5	9	3	2	9
5	5	5	2	5	4	9	4	2	6
5	6	6	4	4	4	1	4	4	6
3	6	6	3	3	2	3	3	4	6
3	3	6	6	3	2	3	6	6	6

::::: Puzzle (932) :::::

4	4	4	4	2	2	3	3	3	6
3	3	7	3	8	8	6	6	6	6
2	3	7	3	3	8	8	8	5	6
2	7	7	7	8	8	3	3	5	2
7	7	3	3	8	4	4	3	5	2
3	1	3	5	4	4	2	4	5	1
3	3	5	5	3	7	2	4	5	7
8	5	5	8	3	7	3	4	4	7
8	8	8	8	3	7	3	7	7	7
8	8	7	7	7	7	3	1	7	7

::::: Puzzle (933) :::::

7	7	7	7	7	7	7	9	9	4
4	4	5	5	4	4	4	9	1	4
5	4	5	5	4	9	9	9	5	4
5	4	5	8	9	9	9	4	5	4
5	5	8	8	2	2	4	4	5	5
1	5	8	4	4	4	7	4	5	4
4	4	8	1	4	2	7	7	4	4
4	6	8	8	8	2	7	7	7	4
4	6	6	1	3	1	4	4	7	2
6	6	6	3	3	2	2	4	4	2

::::: Puzzle (934) :::::

7	7	7	5	5	5	5	4	5	5
2	5	7	7	7	5	4	4	5	5
2	5	9	5	7	8	8	4	6	5
5	5	9	5	1	8	8	6	6	6
5	9	9	5	2	5	8	8	6	6
9	9	5	5	2	5	8	6	3	3
1	9	4	4	5	5	8	6	3	6
3	9	2	4	4	5	4	6	6	6
3	9	2	7	7	7	4	5	5	5
3	7	7	7	7	1	4	4	5	5

::::: Puzzle (935) :::::

7	7	4	4	6	6	6	4	7	7
7	7	7	4	6	6	3	4	7	7
7	2	2	4	1	6	3	4	9	7
7	8	8	8	6	1	3	4	9	7
8	8	8	8	6	6	5	9	9	7
8	6	6	1	6	5	5	5	9	9
6	6	1	6	6	8	5	8	9	9
6	2	2	7	8	8	8	8	2	9
6	7	7	7	3	8	8	6	2	6
1	7	7	7	3	3	6	6	6	6

::::: Puzzle (936) :::::

8	8	4	4	4	4	2	2	8	8
8	2	5	5	8	8	8	8	8	8
8	2	5	5	5	2	6	5	5	5
8	4	4	4	4	2	6	6	5	1
8	3	3	3	5	5	6	6	5	9
8	8	5	5	5	4	4	6	3	9
7	7	7	7	4	4	9	3	3	9
4	4	4	7	7	7	9	9	9	9
4	6	6	6	6	5	9	2	2	4
6	6	5	5	5	5	1	4	4	4

::::: Puzzle (937) :::::

8	8	8	3	2	2	7	2	5	5
8	8	6	3	7	7	7	2	5	5
8	8	6	3	1	3	7	4	4	5
9	8	6	6	6	3	7	8	4	4
9	4	4	4	6	3	7	8	2	2
9	9	4	5	5	5	5	8	7	1
4	9	9	9	5	8	8	8	7	7
4	4	6	9	8	8	6	7	7	5
4	6	6	9	6	6	6	7	5	5
6	6	6	1	6	6	1	7	5	5

::::: Puzzle (938) :::::

7	4	4	4	4	6	6	6	6	4
7	7	7	8	8	6	6	4	4	4
7	7	4	8	8	9	9	9	9	9
7	8	4	8	1	4	9	5	9	5
8	8	4	8	8	4	9	5	5	5
8	8	4	8	2	4	9	7	7	7
8	3	3	3	2	4	1	7	4	7
8	7	2	4	4	5	4	4	4	7
8	7	2	4	4	5	5	5	5	7
7	7	7	7	7	3	3	3	2	2

::::: Puzzle (939) :::::

7	7	1	6	2	2	7	7	7	4
7	6	6	6	8	8	7	7	4	4
7	7	6	8	8	8	8	7	7	4
7	7	6	1	8	8	4	2	6	6
9	9	9	9	9	9	4	2	6	6
9	3	3	3	9	4	4	3	3	6
9	2	2	7	7	7	7	7	3	6
5	8	8	8	7	6	6	7	1	5
5	5	5	8	6	6	5	5	5	5
5	8	8	8	8	6	6	2	2	1

::::: Puzzle (940) :::::

6	6	6	6	6	9	5	5	2	2
2	2	1	9	6	9	5	5	5	1
3	9	9	9	9	9	9	4	4	3
3	3	4	4	4	5	4	4	1	3
2	2	4	5	5	5	8	8	7	3
7	7	7	7	5	8	8	8	7	7
7	7	4	8	8	8	3	3	7	7
1	7	4	4	7	7	7	3	7	7
3	3	6	4	6	7	6	6	6	6
3	6	6	6	6	7	7	7	6	6

::::: Puzzle (941) :::::

2	2	8	8	6	6	6	4	6	6
5	5	8	6	6	6	4	4	4	6
5	5	8	8	4	4	1	7	7	6
9	5	8	8	4	4	3	3	7	6
9	9	8	4	7	7	7	3	7	6
2	9	4	4	4	7	3	7	7	7
2	9	9	9	9	7	3	3	4	6
5	4	4	9	4	7	4	4	4	6
5	4	4	1	4	7	2	2	6	6
5	5	5	4	4	3	3	3	6	6

::::: Puzzle (942) :::::

6	6	7	7	7	7	7	6	5	5
6	6	6	7	5	3	6	6	5	5
1	6	9	7	5	3	6	6	6	5
9	9	9	5	5	3	4	4	8	1
9	5	9	1	5	4	4	8	8	2
9	5	9	8	8	8	8	8	3	2
9	5	6	5	5	1	4	4	3	3
2	5	6	5	3	5	5	4	4	6
2	5	6	5	3	3	5	6	6	6
6	6	6	5	2	2	5	5	6	6

::::: Puzzle (943) :::::

6	6	4	2	4	4	4	2	2	7
6	4	4	2	1	7	4	3	7	7
6	4	5	5	5	7	3	3	7	7
6	8	5	7	5	7	1	7	7	1
6	8	8	7	7	7	6	6	6	4
8	8	8	8	8	4	6	6	4	4
9	3	3	3	4	4	6	7	4	7
9	5	5	5	4	2	8	7	7	7
9	5	5	9	1	2	8	7	7	8
9	9	9	9	9	8	8	8	8	8

::::: Puzzle (944) :::::

4	4	3	4	8	2	2	4	4	4
4	6	3	4	8	3	3	1	4	1
4	6	3	4	8	3	8	7	7	7
6	6	6	4	8	8	8	4	7	7
6	2	2	7	8	4	4	4	7	7
4	4	7	7	7	7	7	3	3	3
6	4	7	4	4	4	4	6	6	6
6	4	9	9	9	9	9	6	6	5
6	6	2	9	1	4	9	6	5	5
6	6	2	4	4	4	9	9	5	5

::::: Puzzle (945) :::::

7	7	7	5	5	5	3	3	3	6
2	7	7	5	5	8	6	6	6	6
2	4	7	7	8	8	2	2	3	6
4	4	2	2	8	8	8	3	3	8
6	4	6	8	8	3	1	5	5	8
6	6	6	5	5	3	3	5	5	8
6	4	7	7	5	5	1	5	8	8
4	4	1	7	5	2	3	9	9	8
4	7	7	7	9	2	3	3	9	8
3	3	3	7	9	9	9	9	9	8

::::: Puzzle (946) :::::

4	7	7	7	7	7	3	2	6	6
4	6	6	6	7	3	3	2	6	6
4	6	6	1	7	8	8	8	7	6
4	5	6	4	8	8	8	8	7	6
3	5	5	4	4	8	5	7	7	7
3	5	5	4	2	2	5	3	7	7
3	4	4	1	5	5	5	3	3	2
7	7	4	4	6	6	6	9	1	2
7	7	7	6	6	6	9	9	9	4
7	7	9	9	9	9	9	4	4	4

::::: Puzzle (947) :::::

3	3	1	8	8	7	7	7	7	7
3	8	8	8	8	7	7	2	2	1
2	2	8	5	8	5	5	5	5	3
1	7	7	5	5	7	7	7	5	3
7	7	3	5	5	7	7	7	7	3
7	7	3	3	9	9	6	4	4	4
7	9	9	9	9	6	6	6	6	4
1	9	9	9	5	5	5	6	5	5
4	4	2	5	5	6	6	3	5	5
4	4	2	6	6	6	6	3	3	5

::::: Puzzle (948) :::::

4	4	4	5	5	5	4	4	4	4
4	7	7	7	5	3	3	5	1	7
7	7	3	3	5	3	5	5	7	7
7	7	3	4	3	8	8	5	2	7
6	5	4	4	3	3	8	5	2	7
6	5	5	4	8	8	8	8	7	7
6	1	5	5	1	3	8	2	2	5
6	6	1	3	9	3	3	1	5	5
6	5	3	3	9	9	9	9	5	5
5	5	5	5	9	9	9	9	2	2

::::: Puzzle (949) :::::

6	5	5	3	6	6	6	2	2	3
6	5	5	3	3	6	6	6	5	3
6	5	3	2	2	5	5	5	5	3
6	6	3	1	8	1	3	9	2	2
6	8	3	8	8	3	3	9	9	9
8	8	8	8	4	5	4	4	9	9
3	3	6	4	4	5	4	4	9	7
3	6	6	4	5	5	5	9	9	7
6	6	5	5	3	3	2	2	1	7
6	5	5	5	3	1	7	7	7	7

::::: Puzzle (950) :::::

9	5	5	4	3	6	6	6	5	5
9	9	5	4	3	6	6	5	5	5
9	5	5	4	3	6	2	6	6	6
9	2	2	4	5	4	2	6	6	5
9	5	5	5	5	4	8	8	6	5
9	9	3	3	4	4	3	8	8	5
2	9	3	1	7	1	3	3	8	5
2	7	7	7	7	7	8	8	8	5
4	4	4	6	6	7	1	5	3	3
4	6	6	6	6	5	5	5	5	3

::::: Puzzle (951) :::::

5	5	5	5	6	6	6	6	6	6
5	3	3	7	7	7	7	7	7	5
4	4	3	4	4	7	3	6	6	5
2	4	1	4	4	3	3	6	5	5
2	4	2	2	1	6	6	6	3	5
8	8	8	3	5	1	2	5	3	3
8	8	3	3	5	5	2	5	5	9
1	8	8	2	5	5	1	9	5	9
2	8	6	2	6	3	3	9	5	9
2	6	6	6	6	3	9	9	9	9

::::: Puzzle (952) :::::

5	3	3	4	4	5	5	5	5	5
5	5	3	4	4	7	7	6	6	4
1	5	2	3	7	7	4	6	6	4
9	5	2	3	3	7	4	4	6	4
9	9	9	4	4	7	4	5	6	4
5	2	9	2	4	7	5	5	5	5
5	2	9	2	4	8	8	8	8	1
5	3	9	3	3	3	8	3	1	5
5	3	9	9	8	8	8	3	5	5
5	3	5	5	5	5	5	3	5	5

::::: Puzzle (953) :::::

4	6	6	6	3	2	2	8	8	8
4	4	4	6	3	3	5	5	8	8
3	3	7	6	6	5	5	5	8	8
7	3	7	4	3	3	2	2	8	9
7	7	7	4	8	3	5	5	5	9
7	1	4	4	8	1	9	5	5	9
6	6	6	8	8	8	9	9	9	9
6	6	2	2	8	8	1	9	4	4
6	3	3	3	8	2	6	4	4	6
5	5	5	5	5	2	6	6	6	6

::::: Puzzle (954) :::::

4	4	6	6	6	3	6	6	3	3
4	4	6	6	6	3	3	6	3	4
2	2	3	3	1	2	2	6	4	4
3	8	3	8	8	9	9	6	6	4
3	8	8	8	5	5	9	9	3	3
3	8	8	5	5	4	4	9	9	3
5	5	7	7	5	7	4	4	9	9
5	5	5	7	7	7	7	5	5	9
3	4	4	4	1	4	4	5	5	2
3	3	4	3	3	3	4	4	5	2

::::: Puzzle (955) :::::

4	4	4	7	5	5	5	7	7	7
7	4	7	7	5	5	4	7	7	7
7	7	7	3	3	4	4	4	1	7
9	5	5	3	6	2	2	6	6	8
9	9	5	6	6	8	8	6	6	8
9	9	5	4	6	6	8	6	2	8
9	1	5	4	4	6	8	6	2	8
9	9	9	5	4	2	8	1	8	8
6	6	6	5	5	2	8	3	1	8
6	6	6	5	5	8	8	3	3	8

::::: Puzzle (956) :::::

4	4	3	3	2	2	6	6	6	3
4	4	1	3	7	6	6	6	3	3
9	9	9	7	7	3	3	3	8	6
9	1	3	7	8	8	8	8	8	6
9	9	3	7	3	3	8	7	8	6
9	9	3	7	3	2	2	7	3	6
9	6	1	7	6	5	5	7	3	6
7	6	6	6	6	5	7	7	3	6
7	7	7	2	5	5	1	7	7	4
7	7	7	2	3	3	3	4	4	4

::::: Puzzle (957) :::::

5	6	6	6	6	7	7	7	7	7
5	5	4	9	6	6	7	2	4	4
5	4	4	9	9	8	7	2	4	4
5	4	9	9	6	8	5	5	5	5
8	8	9	6	6	8	8	2	2	5
8	2	9	9	6	6	8	8	3	3
8	2	9	1	6	3	3	8	8	3
8	6	6	6	1	3	7	1	7	6
8	6	6	3	7	7	7	7	7	6
8	8	6	3	3	1	6	6	6	6

::::: Puzzle (958) :::::

6	7	7	7	7	7	7	3	2	2
6	6	7	2	2	8	1	3	3	7
6	6	8	6	1	8	4	4	7	7
6	3	8	6	6	8	8	4	7	7
3	3	8	1	6	8	8	4	7	4
1	8	8	8	6	6	8	8	7	4
5	8	3	9	9	3	3	3	4	4
5	8	3	3	9	9	7	7	7	3
5	5	9	9	9	2	2	7	3	3
5	9	9	4	4	4	4	7	7	7

::::: Puzzle (959) :::::

4	4	4	8	1	5	5	4	4	4
4	8	8	8	7	7	5	5	5	4
1	8	6	6	7	7	7	4	4	1
8	8	8	6	6	6	7	4	4	5
4	4	4	2	6	1	7	5	5	5
4	3	9	2	9	9	1	2	5	6
3	3	9	9	9	9	4	2	6	6
4	4	4	2	2	9	4	4	3	6
6	6	4	7	7	9	4	7	3	6
6	6	6	6	7	7	7	7	3	6

::::: Puzzle (960) :::::

6	6	9	9	9	9	9	9	8	8
6	6	6	9	2	2	1	8	8	8
5	5	6	9	1	5	4	4	8	8
7	5	5	9	4	5	5	4	4	8
7	5	7	7	4	5	5	2	2	5
7	7	7	4	4	6	4	4	4	5
6	6	5	5	6	6	6	4	5	5
5	6	5	5	5	6	6	2	2	5
5	6	6	6	4	5	5	5	3	3
5	5	5	4	4	4	5	5	1	3

::::: Puzzle (961) :::::

7	7	7	7	4	5	5	3	9	9
7	7	2	2	4	5	5	3	2	9
7	8	3	3	4	4	5	3	2	9
8	8	8	3	1	7	7	9	9	9
3	3	8	8	8	7	4	9	7	7
3	4	4	4	8	7	4	9	7	7
5	4	1	7	7	7	4	3	2	7
5	6	6	1	4	3	4	3	2	7
5	5	6	4	4	3	5	3	5	7
5	6	6	6	4	3	5	5	5	1

::::: Puzzle (962) :::::

3	3	5	5	5	4	7	7	2	2
6	3	5	5	4	4	7	4	4	4
6	6	6	6	4	1	7	7	4	9
2	2	6	5	7	4	4	7	7	9
1	5	5	5	7	4	4	3	9	9
8	8	8	5	7	7	1	3	9	9
8	8	8	8	8	7	7	3	9	6
6	6	3	6	6	6	7	9	9	6
6	6	3	3	4	6	3	3	6	6
6	6	4	4	4	6	6	3	6	6

::::: Puzzle (963) :::::

7	7	7	7	9	2	2	4	4	4
7	7	1	3	9	9	9	1	3	4
3	7	3	3	9	4	9	9	3	3
3	3	6	6	3	4	4	9	4	4
5	5	5	6	3	3	4	9	4	4
5	5	6	6	4	4	3	3	2	2
6	8	6	4	4	5	5	3	1	8
6	8	8	3	2	2	5	8	8	8
6	6	8	3	3	5	5	3	8	8
6	6	8	8	8	8	3	3	8	8

::::: Puzzle (964) :::::

5	5	4	4	4	7	7	7	7	7
5	8	8	8	4	8	7	7	5	2
5	4	8	8	8	8	5	5	5	2
5	4	1	4	4	4	6	6	5	6
4	4	7	4	3	3	3	6	6	6
7	7	7	2	6	6	6	4	4	4
7	1	7	2	1	6	6	6	5	4
7	4	2	1	3	3	3	4	5	5
4	4	2	9	9	9	9	4	4	5
4	9	9	9	9	9	2	2	4	5

::::: Puzzle (965) :::::

7	7	7	2	2	6	6	6	6	6
7	7	7	4	4	2	2	6	5	5
6	7	5	4	1	3	1	2	2	5
6	5	5	4	8	3	3	4	4	5
6	6	5	5	8	2	2	4	4	5
6	6	1	8	8	8	5	5	5	4
5	8	8	8	5	5	7	5	4	4
5	5	3	9	5	5	7	5	3	4
5	3	3	9	9	5	7	7	3	3
5	9	9	9	9	9	9	7	7	7

::::: Puzzle (966) :::::

5	6	6	6	4	1	2	2	6	6
5	5	6	6	4	4	4	1	6	6
5	5	1	6	8	3	3	3	6	6
6	6	8	8	8	8	2	4	4	4
6	6	6	2	8	8	2	6	6	4
6	9	9	2	8	5	6	6	6	6
2	2	9	9	9	5	5	5	4	4
6	6	6	3	9	9	5	6	4	4
6	6	5	3	3	9	6	6	6	6
6	5	5	5	5	9	6	3	3	3

::::: Puzzle (967) :::::

6	6	6	6	4	4	4	6	6	6
3	2	2	6	6	4	6	6	3	3
3	3	1	8	4	7	7	6	4	3
6	6	8	8	4	2	7	4	4	4
6	6	8	1	4	2	7	7	3	3
6	6	8	3	4	7	7	3	2	3
4	4	8	3	9	9	3	3	2	5
4	8	8	3	9	9	9	9	1	5
4	7	5	5	5	5	5	9	5	5
7	7	7	7	7	7	1	9	9	5

::::: Puzzle (968) :::::

4	4	1	9	4	4	4	5	5	5
4	4	9	9	6	4	5	5	6	6
2	2	9	6	6	6	3	3	6	6
8	8	9	9	6	6	3	6	6	2
8	1	9	9	5	5	4	4	7	2
8	3	9	5	5	3	4	4	7	6
8	3	3	1	5	3	6	6	7	6
8	7	7	7	7	3	6	6	7	6
8	2	4	4	7	6	6	7	7	6
8	2	4	4	7	7	1	7	6	6

::::: Puzzle (969) :::::

6	6	1	8	8	6	6	5	5	9
6	6	5	5	8	6	5	5	9	9
6	5	5	2	8	6	6	5	9	5
6	3	5	2	8	1	6	9	9	5
3	3	8	8	8	9	9	9	6	5
4	5	5	7	5	5	5	6	6	5
4	4	5	7	5	5	6	6	6	5
6	4	5	7	2	3	3	4	4	6
6	6	5	7	2	3	4	4	6	6
6	6	6	7	7	7	1	6	6	6

::::: Puzzle (970) :::::

8	8	8	8	6	2	2	4	4	4
8	3	1	6	6	6	7	4	6	6
8	3	3	6	6	7	7	1	7	6
8	2	2	3	3	3	7	7	7	6
8	4	1	5	5	9	2	2	3	6
2	4	4	5	9	9	9	3	3	6
2	4	5	5	9	1	5	5	5	4
6	6	2	2	9	9	5	5	7	4
6	6	3	9	9	3	3	3	7	4
6	6	3	3	7	7	7	7	7	4

::::: Puzzle (971) :::::

7	6	5	6	6	6	6	6	3	3
7	6	5	5	1	6	5	5	3	6
7	6	5	5	8	3	5	5	6	6
7	6	6	6	8	3	4	5	6	2
7	7	1	8	8	3	4	4	6	2
7	9	6	6	8	8	4	7	6	7
9	9	9	6	8	8	7	7	7	7
9	9	1	6	2	2	5	7	6	6
9	1	6	6	4	4	5	5	5	6
9	9	2	2	4	4	5	6	6	6

::::: Puzzle (972) :::::

4	7	7	7	7	7	7	7	8	8
4	4	3	3	3	4	8	8	8	8
6	4	5	5	5	4	4	4	1	8
6	6	6	5	3	8	8	8	3	8
6	7	6	5	3	3	5	8	3	4
7	7	7	2	2	5	5	8	3	4
7	7	3	3	3	5	8	8	8	4
3	7	9	2	9	5	4	5	5	4
3	2	9	2	9	1	4	4	5	5
3	2	9	9	9	9	9	4	1	5

::::: Puzzle (973) :::::

9	9	9	9	1	3	3	3	6	6
9	1	4	8	8	8	8	8	8	6
9	4	4	2	8	4	8	4	4	6
9	4	6	2	4	4	4	5	4	6
9	9	6	6	6	5	5	5	4	6
3	5	5	5	6	5	8	8	1	8
3	3	5	5	6	7	7	8	8	8
6	2	2	7	7	7	4	4	6	8
6	6	5	5	7	7	4	4	6	8
6	6	6	5	5	5	6	6	6	6

::::: Puzzle (974) :::::

5	8	8	8	1	3	4	4	6	6
5	5	1	8	7	3	3	4	6	6
5	5	8	8	7	7	7	4	6	5
4	4	8	3	4	4	7	1	6	5
4	4	8	3	3	4	7	7	5	5
6	6	9	9	9	4	3	3	3	5
6	6	6	6	9	2	2	4	4	4
3	3	3	5	9	9	7	7	7	4
4	5	5	5	9	3	3	2	7	7
4	4	4	5	9	9	3	2	7	7

::::: Puzzle (975) :::::

7	7	7	3	3	6	6	6	3	2
1	7	7	3	5	5	5	6	3	2
6	7	1	4	5	5	3	6	3	9
6	7	8	4	4	3	3	6	1	9
6	6	8	4	8	9	9	9	9	9
6	3	8	8	8	8	1	4	4	9
6	3	3	7	8	6	6	4	4	9
7	7	7	7	2	2	6	6	6	4
7	7	5	4	4	4	5	6	4	4
5	5	5	5	4	5	5	5	5	4

::::: Puzzle (976) :::::

6	6	5	5	5	5	5	9	5	5
3	6	6	4	4	3	3	9	5	6
3	6	4	4	9	9	3	9	5	6
3	6	1	2	9	9	9	9	5	6
6	3	8	2	1	2	2	1	6	6
6	3	8	8	8	3	4	2	2	6
6	3	2	2	8	3	4	1	4	4
6	6	3	3	8	3	4	4	5	4
6	1	3	7	8	8	3	3	5	4
7	7	7	7	7	7	3	5	5	5

::::: Puzzle (977) :::::

5	5	6	6	6	7	7	9	9	9
5	5	6	6	6	7	9	9	9	9
5	1	8	7	7	7	7	6	6	9
8	8	8	5	5	5	6	6	1	9
8	8	2	5	5	4	6	2	2	8
8	8	2	3	4	4	6	4	8	8
7	7	7	3	4	5	4	4	4	8
7	2	7	3	5	5	7	7	8	8
7	2	3	5	5	7	7	8	8	4
7	3	3	7	7	7	1	4	4	4

::::: Puzzle (978) :::::

7	7	7	7	7	7	7	2	3	3
8	8	1	6	6	6	8	2	1	3
8	5	5	6	6	3	8	8	8	1
8	5	5	5	6	3	3	8	8	8
8	8	8	8	5	5	5	8	3	3
2	6	7	5	5	9	9	9	3	9
2	6	7	7	3	3	9	9	9	9
6	6	7	7	3	6	3	6	9	2
6	3	7	7	6	6	3	6	6	2
6	3	3	6	6	6	3	6	6	6

::::: Puzzle (979) :::::

7	7	7	7	9	9	9	7	7	1
7	4	1	9	9	9	7	7	2	2
7	4	4	9	9	4	7	4	4	4
7	6	4	3	9	4	7	7	3	4
6	6	6	3	8	4	4	3	3	5
6	3	6	3	8	8	8	8	5	5
4	3	3	6	3	3	2	8	5	5
4	6	6	6	6	3	2	8	8	4
4	3	6	2	7	1	7	7	4	4
4	3	3	2	7	7	7	7	1	4

::::: Puzzle (980) :::::

6	4	4	9	9	9	9	9	5	5
6	6	4	9	3	9	9	2	2	5
6	6	4	9	3	3	8	8	4	5
6	1	7	7	4	2	2	8	4	5
4	4	7	3	4	3	8	8	4	4
4	4	7	3	4	3	1	8	7	7
7	7	7	3	4	3	8	8	7	7
5	5	4	4	6	6	3	3	7	3
5	5	5	4	6	6	3	1	7	3
3	3	3	4	6	6	2	2	7	3

:::: Puzzle (981) ::::

6	2	2	7	8	8	8	8	8	5
6	6	7	7	7	8	8	8	6	5
6	6	6	7	3	3	6	6	6	5
3	3	2	7	1	3	6	5	6	5
6	3	2	7	4	4	4	5	4	5
6	6	4	5	5	4	5	5	4	4
7	6	4	1	5	5	3	5	4	6
7	6	4	4	5	9	3	3	6	6
7	6	1	2	2	9	9	9	6	6
7	7	7	7	9	9	9	9	9	6

:::: Puzzle (982) ::::

8	8	8	8	8	8	8	7	7	7
9	6	6	4	4	4	8	4	7	7
9	6	6	4	8	8	4	4	7	7
9	6	6	2	8	8	8	4	5	5
9	9	9	2	1	8	2	2	5	5
9	9	4	4	4	8	8	4	4	5
9	7	7	4	3	3	4	7	4	2
1	7	7	7	5	3	4	7	4	2
6	6	6	7	5	4	4	7	7	1
6	6	6	7	5	5	5	7	7	7

:::: Puzzle (983) ::::

4	4	4	4	3	3	3	7	7	7
3	2	3	3	7	6	6	6	6	7
3	2	3	7	7	6	2	3	6	7
3	1	7	7	3	3	2	3	3	7
1	7	7	4	3	5	8	8	8	7
9	9	4	4	4	5	6	6	8	8
9	3	3	3	7	5	5	6	6	8
9	2	7	7	7	7	5	6	6	8
9	2	1	7	7	3	3	3	5	8
9	9	9	9	2	2	5	5	5	5

:::: Puzzle (984) ::::

6	6	4	4	8	8	8	8	7	7
8	6	4	4	8	8	5	8	7	7
8	6	6	6	4	8	5	5	7	7
8	2	2	4	4	4	1	5	5	7
8	8	8	8	8	6	6	6	8	8
9	9	9	4	4	4	6	6	6	8
9	9	2	3	3	4	3	8	8	8
9	1	2	3	2	5	3	3	1	8
9	4	4	4	2	5	5	5	5	8
9	9	4	7	7	7	7	7	7	7

:::: Puzzle (985) ::::

3	3	6	6	6	6	4	4	4	4
3	2	6	4	4	4	6	6	6	6
8	2	6	1	4	3	4	4	4	6
8	8	8	8	3	3	1	4	7	6
3	3	8	4	4	4	7	7	7	7
3	1	8	8	4	7	7	2	2	3
6	6	6	3	3	4	4	4	4	3
3	9	6	6	3	1	6	6	6	3
3	9	9	6	1	9	5	5	6	6
3	9	9	9	9	9	5	5	5	6

:::: Puzzle (986) ::::

7	1	3	5	2	2	3	3	2	2
7	3	3	5	5	5	3	6	7	7
7	7	7	7	5	3	6	6	6	7
6	7	3	2	3	3	6	6	7	7
6	6	3	2	1	4	4	7	7	8
6	6	3	9	4	4	5	5	8	8
6	7	7	9	9	5	5	5	1	8
7	7	1	9	9	9	8	8	8	8
7	7	6	6	6	9	2	2	6	6
7	6	6	6	9	9	6	6	6	6

:::: Puzzle (987) ::::

7	3	3	3	6	6	6	3	5	5
7	7	7	2	3	3	6	3	3	5
7	3	7	2	3	4	6	6	5	5
7	3	3	4	4	4	9	9	9	3
4	4	5	6	6	6	9	9	3	3
4	5	5	6	6	9	9	2	2	4
4	5	5	8	6	8	9	9	4	4
3	3	3	8	8	8	8	8	4	6
2	6	1	6	6	4	8	1	6	6
2	6	6	6	4	4	4	6	6	6

:::: Puzzle (988) ::::

5	4	4	4	3	3	6	6	6	6
5	5	7	4	5	3	6	6	8	1
5	5	7	5	5	1	8	8	8	8
3	1	7	5	5	2	2	3	3	8
3	2	7	7	3	3	3	9	3	8
3	2	7	5	7	9	9	9	9	8
5	5	7	5	7	6	9	6	9	9
5	3	3	5	7	6	6	6	6	9
5	3	5	5	7	7	7	4	4	1
5	4	4	4	4	7	2	2	4	4

:::: Puzzle (989) ::::

7	7	7	7	7	1	4	5	5	5
7	6	7	9	1	4	4	5	6	5
6	6	6	9	2	2	4	6	6	6
6	6	9	9	9	4	6	6	3	7
4	4	9	9	9	4	4	3	3	7
4	4	5	9	7	7	4	7	7	7
5	5	5	3	7	7	2	2	7	3
5	6	6	3	7	7	7	1	7	3
6	6	6	3	1	8	5	5	5	3
6	8	8	8	8	8	8	8	5	5

:::: Puzzle (990) ::::

1	8	8	8	8	8	8	8	4	5
6	6	6	9	4	4	4	8	4	5
6	6	6	9	4	1	7	7	4	5
4	4	4	9	9	3	2	7	4	5
4	9	9	9	6	3	2	7	7	5
9	9	4	7	6	3	6	7	6	6
4	4	4	7	6	6	6	7	1	6
6	6	7	7	7	7	4	2	3	6
6	6	6	2	2	7	4	2	3	6
6	4	4	4	4	1	4	4	3	6

:::: Puzzle (991) ::::

6	6	6	4	4	4	4	7	7	8
6	6	5	5	7	7	7	7	8	8
5	6	5	5	2	2	7	5	5	8
5	2	2	5	3	3	5	5	5	8
5	1	6	6	3	2	2	8	8	8
5	5	6	5	5	5	5	9	5	5
1	8	6	6	6	1	5	9	9	5
8	8	8	8	8	9	9	9	9	5
8	1	4	4	8	5	9	9	3	5
2	2	4	4	5	5	5	5	3	3

:::: Puzzle (992) ::::

7	5	5	5	5	3	6	6	6	9
7	7	5	8	8	3	3	6	6	9
1	7	7	7	8	8	1	3	6	9
2	6	7	6	8	8	8	3	3	9
2	6	6	6	8	7	5	5	9	9
4	4	6	7	7	7	5	5	9	9
6	4	4	3	7	7	8	5	1	9
6	6	6	3	1	7	8	8	8	8
2	6	6	3	7	8	8	2	8	3
2	7	7	7	7	7	7	2	3	3

:::: Puzzle (993) ::::

4	5	5	5	6	6	6	6	5	5
4	4	5	5	9	6	3	6	5	5
4	5	4	9	9	9	3	3	5	6
5	5	4	4	4	9	6	6	6	6
5	5	7	3	9	9	9	9	5	6
2	7	7	3	2	2	8	3	5	5
2	6	7	3	8	8	8	3	3	5
6	6	7	7	8	6	6	6	6	5
6	6	3	7	8	1	2	2	6	6
6	3	3	1	8	8	1	3	3	3

:::: Puzzle (994) ::::

5	5	5	7	7	5	5	5	5	4
2	5	7	7	7	5	3	3	4	4
2	5	7	1	4	4	5	3	4	3
9	9	7	5	4	4	5	1	3	3
9	1	5	5	6	5	5	8	8	4
9	5	5	6	6	3	5	8	4	4
9	3	3	3	6	3	2	8	8	4
9	9	9	7	6	3	2	8	8	2
9	4	7	7	6	7	1	8	5	2
4	4	4	7	7	7	5	5	5	5

:::: Puzzle (995) ::::

5	5	5	5	5	9	4	4	6	6
3	4	4	3	2	9	9	4	6	6
3	4	4	3	2	1	9	4	6	6
3	1	8	3	1	9	9	9	4	7
2	8	8	2	2	3	9	4	4	7
2	8	2	1	3	3	9	6	4	7
8	8	2	4	1	6	6	6	7	7
8	5	4	4	2	6	3	6	4	7
8	5	4	3	2	3	3	1	4	7
5	5	5	3	3	1	2	2	4	4

:::: Puzzle (996) ::::

6	6	6	5	5	5	8	4	4	6
6	6	5	1	7	5	8	4	4	6
9	6	5	7	7	5	8	6	6	6
9	5	5	7	7	1	8	2	2	6
9	5	7	7	8	8	8	1	5	5
9	9	1	3	8	7	7	7	5	5
9	9	2	3	6	3	7	7	3	5
9	9	2	3	6	3	3	7	3	3
3	3	3	6	6	6	6	7	4	4
5	5	5	5	5	3	3	3	4	4

:::: Puzzle (997) ::::

8	8	8	8	8	7	7	7	7	7
4	8	5	8	8	9	9	7	4	7
4	4	5	5	2	2	9	4	4	4
4	5	5	3	3	3	9	9	9	9
1	3	6	6	6	6	5	3	9	9
3	3	8	6	6	5	5	3	2	7
5	8	8	3	3	7	5	3	2	7
5	5	8	3	1	7	5	4	7	7
5	8	8	1	7	7	4	4	7	7
5	8	8	7	7	7	4	2	2	7

:::: Puzzle (998) ::::

4	4	9	4	5	5	7	7	7	3
4	4	9	4	4	5	5	7	3	3
9	1	9	4	1	7	5	7	7	7
9	9	9	9	7	7	7	6	6	6
9	2	2	1	3	3	7	6	7	6
7	1	6	6	3	7	7	6	7	1
7	7	6	6	2	2	5	2	7	4
7	7	6	6	4	4	5	2	7	4
7	8	8	8	4	4	5	5	7	4
7	8	8	8	8	8	5	7	7	4

:::: Puzzle (999) ::::

2	2	1	7	8	8	3	3	4	3
3	3	7	7	3	8	8	3	4	3
3	5	5	7	3	1	8	4	4	3
5	5	7	7	3	6	8	8	8	2
5	9	1	7	2	6	6	4	4	2
4	9	6	6	2	6	6	6	4	4
4	9	9	6	6	1	7	7	7	6
4	4	9	9	6	6	7	6	6	6
3	3	4	9	9	7	7	5	5	6
3	4	4	4	9	7	5	5	5	6

:::: Puzzle (1000) ::::

2	4	7	7	7	7	7	6	6	6
2	4	7	6	6	7	2	2	6	6
5	4	3	1	6	6	8	8	8	6
5	4	3	3	6	8	8	8	8	7
5	5	5	9	6	8	6	6	7	7
8	8	8	9	9	9	9	6	6	7
4	8	8	9	9	9	4	6	1	7
4	4	8	6	6	9	4	6	7	7
4	1	8	6	6	5	4	4	3	3
2	2	8	6	6	5	5	5	5	3

Special Bonus for Logic Puzzles Lovers

Please go to the link below to download and print this 500 Easy to Hard logic puzzles and start having fun.

https://bit.ly/2BM2LSC

A Special Request

Your brief review could really help us.

Thank you for your support

www.ingramcontent.com/pod-product-compliance
Lightning Source LLC
Chambersburg PA
CBHW080736120726
48001CB00009B/2601
9789922636788